KB006275

GAME BOY

게임보이 퍼펙트 카탈로그

GAMEBOY PERFECT CATALOGUE

samho MEDIA

머리말

1989년 4월 21일 처음 발매된 이래, 벌써 30년을 넘겨버린 게임보이. 전 세계에서 1억 대가 넘는 판매량을 기록한 게임기이며 다른 기기에 비해 결코 지명도가 떨어지는 게임기도 아님에도 불구하고, 의외로 이를 기념하는 축사 하나조차 찾기 어려운 휴대용 게임기가, 바로 게임보이다.

이 책을 제작하게 된 계기는, 역시 '30주년'이라는 기념비적인 해를 그냥 넘길 수 없다는 이유가 가장 컸지만, 게임보이를 전문적으로 다룬 잡지나 출판물이 그간 이상하리만치 적었던 데 의문을 느꼈기 때문이기도 하다. 스스로 게임보이만을 다루는 책을 집필해봄으로써, 그 이유를 알아보고 싶었던 것이다.

모든 입고작업이 완료된 후 이 글을 쓰는 지금, 작업과정을 돌아보며 새삼 느낀 바는 '게임보이(를 비롯해 닌텐도의 모든 휴대용 게임기)는, 항상 우리 곁에 있는 매우 가깝고도 친숙한 존재'였다는 점이다. TV를 켜고, 게임기를 연결하고, 컨트롤러를 잡고……와 같은 순서를 밟을 필요 없이, 카트리지를 꽂아둔 채 게임보이의 스위치만 켜면 바로 게임이 시작되는 간편함. 게임을 즐기기에 너무나 편리해서 쾌감마저 느낀다. 하지만, 이는 곧 게임기 자체의 존재감이 희미하다는 의미도 된다.

곰곰이 생각해보면, 게임보이는 지나치게 친숙했던 게임기일지도 모른다. 「Sa·Ga」 시리즈, 「별의 커비」, 「드래곤 퀘스트 몬스터즈」 등 게임보이판이 원점인 인기 시리즈가 수없이 많음에도 불구하고, 겉치레를 극도로 배제했으며 자신의 존재감을 그다지 드러내지 않는 본체 디자인. 이 수줍음이야말로 게임보이의 참맛이 아니었을까.

이 책에서는 닌텐도 파워로 제공되었기에 패키지판이 없는 작품을 포함해 총 1,262개 타이틀을 모두 게재했다. 물론 이전까지의 퍼펙트 카탈로그와 마찬가지로, 게임보이의 하드웨어 해설은 물론 주변기기 소개에 이르기까지, 현 시점에서 가능한 한 모든 정보를 담아냈다. 이 책을 계기로, 독자 여러분이 게임보이의 매력을 다시 인식하게 된다면 기쁠 따름이다.

2018년 10월,
마에다 히로유키

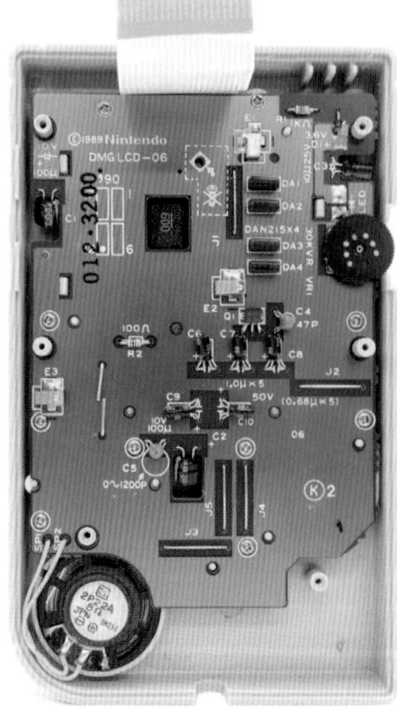

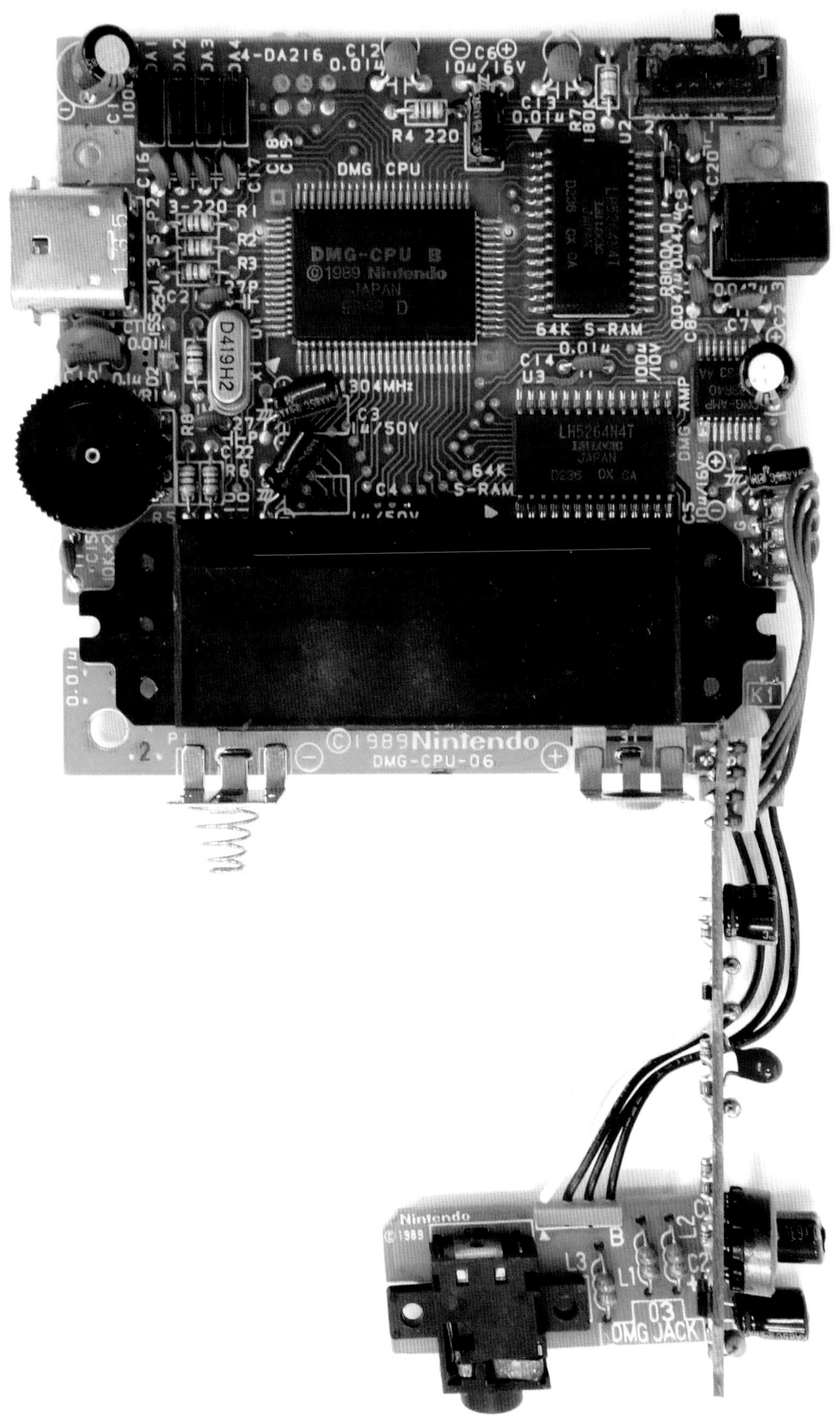
DMG CPU
DMG-CPU B
©1989 Nintendo
JAPAN
64K S-RAM
LH5264N4T
©1989 Nintendo
DMG-CPU-06
Nintendo
©1989
DMG JACK

GAME BOY

게임보이 퍼펙트 카탈로그

CONTENTS

Chapter 1

게임보이 하드웨어 대연구

Chapter 2

게임보이 일본 소프트 올 카탈로그

Chapter 3

게임보이 일본 소프트 가나다순 색인

Chapter 4

한국의 게임보이 이야기

- 이 책 안에서 다루는 게임기, 소프트, 기타 각 상품은 ™ 및 ©, ® 표기를 생략했으나, 각종 권리는 해당 회사의 소유이며, 각 회사의 상표 또는 등록상표입니다.
- 이 책 안에서 다루는 게임기, 소프트, 기타 각 상품은 일부를 제외하고 현재 판매 종료되었습니다. 문의처가 게재되어 있는 상품을 제외하고, 이 책의 정보를 근거로 각 회사에 직접 문의하시는 것은 삼가 주십시오.
- 이 책에 실린 사진은 저자가 촬영한 것을 제외하고는 모두 당시의 카탈로그, 위키미디어 공용의 사진을 사용하였습니다. http://commons.wikimedia.org/wiki/Main_Page
- 회사명 및 상품명은 발매 당시 기준입니다. 또한, 일부 회사명 및 상품명이 정확한 표기가 아닌 경우가 있습니다만, 가독성을 위해 조정한 것이며 오독·오해 유발 목적이 아닙니다.
- 회사명 표기 시에는 '주식회사' 등의 표기를 생략했습니다. 또한 개인 이름의 경칭은 생략했습니다.
- 가격 표시는 원칙적으로 일본의 소비세 제외 가격 기준이지만, 당시 표기를 따라 소비세가 포함되어 표기된 경우가 일부 있습니다.
- 한국어판의 추가 페이지는 모두 한국어판 감수자가 집필하였습니다.

Special Thanks To

게임샵 트레더	
공단용택	
꿀딴지곰	고전게임 컬럼니스트, 유튜브 채널 '꿀딴지곰의 게임탐정사무소' 운영
권생	목표는 '죽기전에 모아둔 게임 다 하기'인 컬렉터
그도모	
라판	레트로 수집가
Ali SAMIMI	Nintendo Worldwide Collector
오영욱	게임잡지의 DB를 꿈꾸는 게임개발자
이승준	'레트로장터' 행사 주최자
정세윤	http://blog.naver.com/plaire0
최준스	게임 유튜버/컬렉터, 유튜브 채널 '최준스' 운영
타잔	레트로 게임 컬렉터, 네이버 카페 '추억의 게임 여행' 운영자
홍성보	월간 GAMER'Z 수석기자

Chapter 1

게임보이 하드웨어 대연구

GAMEBOY HARDWARE CATALOGUE

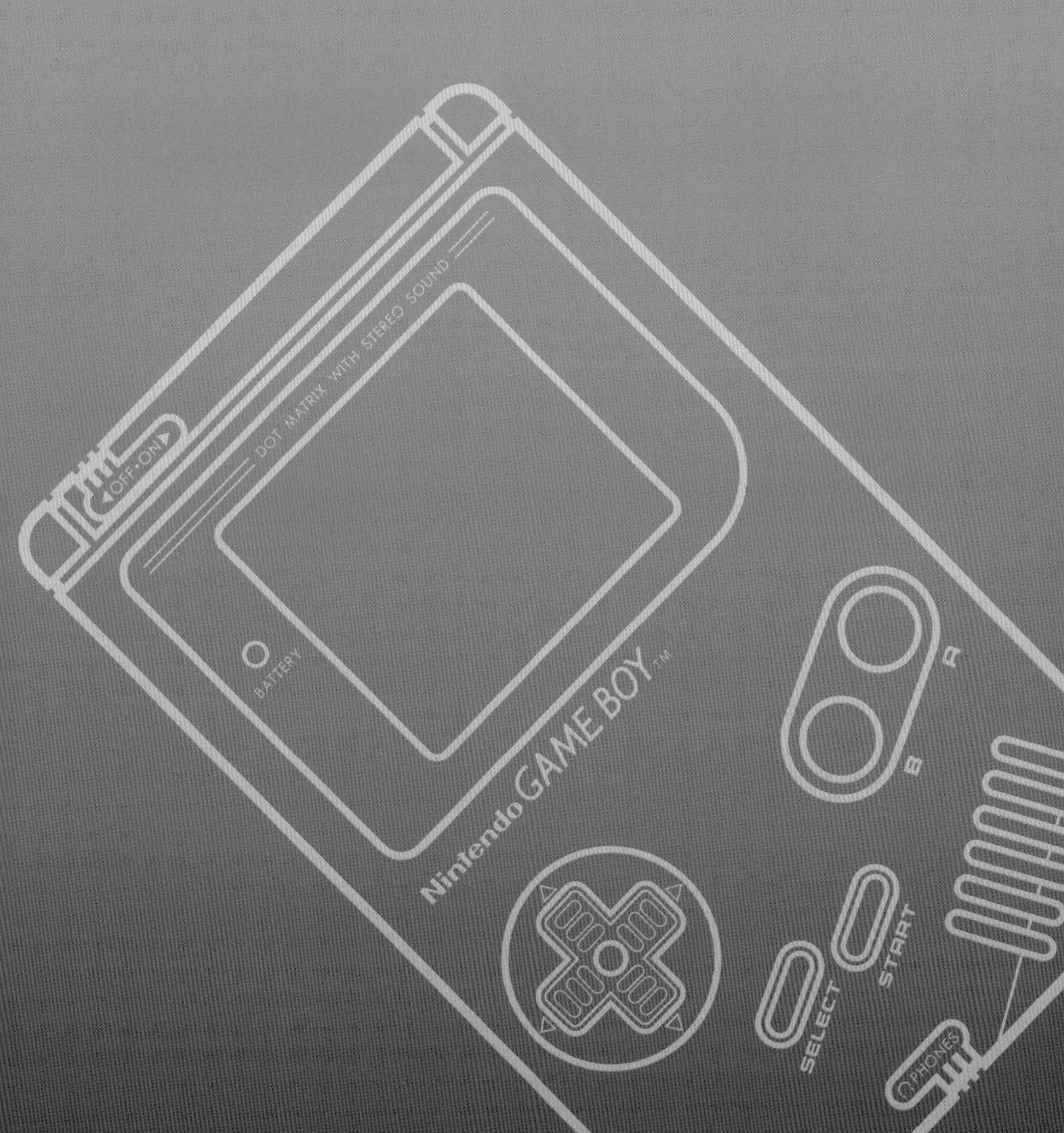

해설 현대까지 이어지는 휴대용 게임기의 원점을 돌아본다

COMMENTARY OF GAMEBOY #1

게임&워치의 밑바탕에서 태어난 게임보이

게임보이는 초창기의 휴대용 게임기 '게임&워치'를 개발한 요코이 군페이가 이끌던 닌텐도 개발 제1부가 제작한, 세계 최초의 본격적인 소프트 교환식 휴대용 게임기다. 게임보이 이전에도 '마이크로비전'(1979년, 미국 밀튼 브래들리 사)이나 '게임 포켓컴'(1985년, 에포크 사) 등 선행 상품이 있었으나, 화면 해상도가 낮은 등 게임기로서 도저히 실용적인 수준이 못 되었으며 지원되는 소프트도 불과 몇 가지 정도라, 거의 팔리지 않아 자취를 감추었다.

이후 패미컴이 발매되어 사회현상마저 일으키게 되자, 일본에서의 게임&워치는 급속도로 과거의 유산이 되어 밀려났다. 서양에서의 판매량이 여전했다고는 하나, 게임&워치의 후속 제품 개발이 필요해진 것은 자연스러운 흐름이었다고 할 수 있다.

게임보이의 기본적인 외장 디자인은 게임&워치의 '파노라마 스크린' 시리즈의 영향을 크게 받아, 접을 수 없다는 것을 제외하면 버튼 및 화면 레이아웃, 건전지 투입구 위치 등 공통점이 많다. 이를 종합하면, 게임보이의 토대는 게임&워치에 있다고 해도 과언은 아니리라.

▲ 게임&워치 파노라마 스크린「동키콩 JR」.

타사의 경쟁기 발매로 촉발된 휴대용 게임기 대유행

게임보이 초기의 킬러 타이틀이라면, 역시「테트리스」일 것이다. 휴대용 게임기 특유의 편리함, 그리고 게임기 2대를 케이블로 연결해 즐기는 '대전' 플레이라는 개념은 순식간에 일본 사회에 전파되어, 게임보이는 일거에 엄청난 화제가 되었다. 이러한 닌텐도의 독주를 엿보며, 휴대용 게임기란 블루오션으로의 참가를 호시탐탐 노리던 회사가 다수 있었다. 당시의 라이벌 기기들을 소개해 본다.

링스 (1989년, 아타리)
라이벌 휴대용 게임기 중에서는 가장 먼저 발매되었다. 가로 27cm에 달하는 거대한 크기 덕에 '휴대용 게임기'라 부르기엔 약간 무리가 있었으나, 16비트 CPU를 탑재했고 회전확대축소 표시도 가능했던 고성능 기종이었다.

게임 기어 (1990년, 세가)
자사의 가정용 게임기 '세가 마스터 시스템' 기반이며, 휴대용 게임기에 맞춰 스펙을 조정한 제품. TV 튜너를 별매해, 장착하면 휴대용 LCD TV로도 사용 가능한 게 특징이다. 발매 타이틀은 총 196종이며, 게임보이 다음으로 많다.

PC엔진 GT (1990년, NEC 홈 일렉트로닉스)
자사의 PC엔진을 그대로 소형화한 제품으로, 외장 디자인은 게임보이와 유사하다. PC엔진용 HuCARD를 그대로 사용 가능한 것이 최대의 특징.

▲ 링스

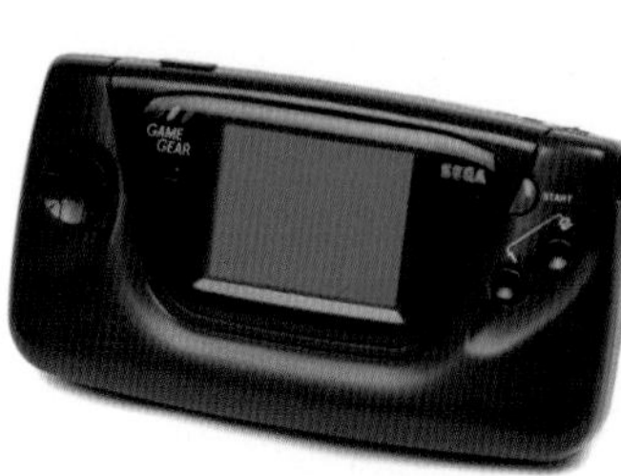

▲ 게임 기어

▲ PC엔진 GT

타사 라이벌 제품의 공통점은, 모두 컬러 LCD를 탑재했다는 것이다. 게임보이는 모노크롬(흑백) 화면이므로 컬러 화면 게임기라면 결정적인 이점이 되리라는 것이, 경쟁사들의 공통적인 인식이었다.

하지만 이 당시의 컬러 LCD란, 아직 비싸기도 했고 무엇보다 배터리 소모가 엄청난 부품이었다. 앞서 소개한 세 제품은 모두 AA형 건전지가 6개나 들어가면서도 가동시간은 불과 2~3시간 정도라, 도저히 실용적이지 못한 기기였다. 반면 닌텐도는 게임보이의 개발 과정에서 생산단가와 배터리 관리를 철저히 우선하여, 'AA형 건전지 4개로 35시간'이라는 비교불가급의 스태미나를 구현했다. 오히려 개발을 진두지휘했던 요코이 군페이가 "경쟁사가 컬러로 내면 우리가 이긴다"라고까지 발언했을 만큼, 게임보이의 흑백 LCD는 단순한 타협의 산물이 아니라, 그가 당초 목표로 삼은 게임기를 개발하는 데 필연적인 선택이었다. 그런 이유로 게임보이는 흑백 LCD에 머물렀으나, 후일 1998년의 게임보이 컬러가 드디어 반사형 TFT 컬러 LCD를 탑재함으로써, 초대 게임보이 발매로부터 9년이 지나서야 건전지의 소비전력 희생 없이도 염원하던 컬러화를 달성한다.

게임보이의 또 하나의 특징이었던 통신대전 기능은 라이벌 3기종도 모두 탑재했고, 특히 링스는 최대 8대까지 연결 가능하다는 압도적인 스펙이었다. 하지만 어느 기기나 게임보이만큼 통신대전의 매력을 살린 게임이 나오지 못해, 기획만 남고 끝나버린 느낌을 지울 수 없다.

지금의 게임기에도 계승되고 있는 게임보이의 유전자

닌텐도의 휴대용 게임기는, 1989년 게임보이가 발매된 이래 세대교체를 거듭하며 지금까지 계속 이어지고 있다. 특이한 점은 일관되게 이전 세대와의 하위호환성을 유지한다는 것으로, 게임보이 어드밴스의 경우 하위호환을 위해 메인 CPU와는 별개로 게임보이용 CPU까지 내장했을 정도다.

이런 하위호환 배려는 타사 게임기에서도 가끔 보이는데, 왜냐하면 게임기 발매 직후 반드시 대두되는 전용 게임 부족 문제를 과거 게임 지원으로 한동안은 커버할 수 있다는 이점 때문이다. 또한 게임기 말기에는 대부분의 개발사가 신작 게임 투입을 주저하기 마련이나, 후속 기종에서도 구세대용 게임이 동작한다면 개발사들도 마음 놓고 신작을 개발할 수 있다는 이점도 있다.

그렇다고 해도 초대 게임보이부터의 모든 게임을 전부 하위호환시킨다는 것은 비현실적이니, 하위호환 보장은 대체로 한두 세대 전까지로 잡는다. 그리하여 닌텐도는 옛날 게임기의 소프트 지원기능을 단계적으로 종료시키면서 유저들의 세대교체를 유도해 가며, 과거 작품들은 버추얼 콘솔 등의 다운로드 게임 형태로 복각 제공하는 정책을 취하고 있다.

닌텐도 휴대용 게임기의 소프트 지원 일람표 (2018년 기준)

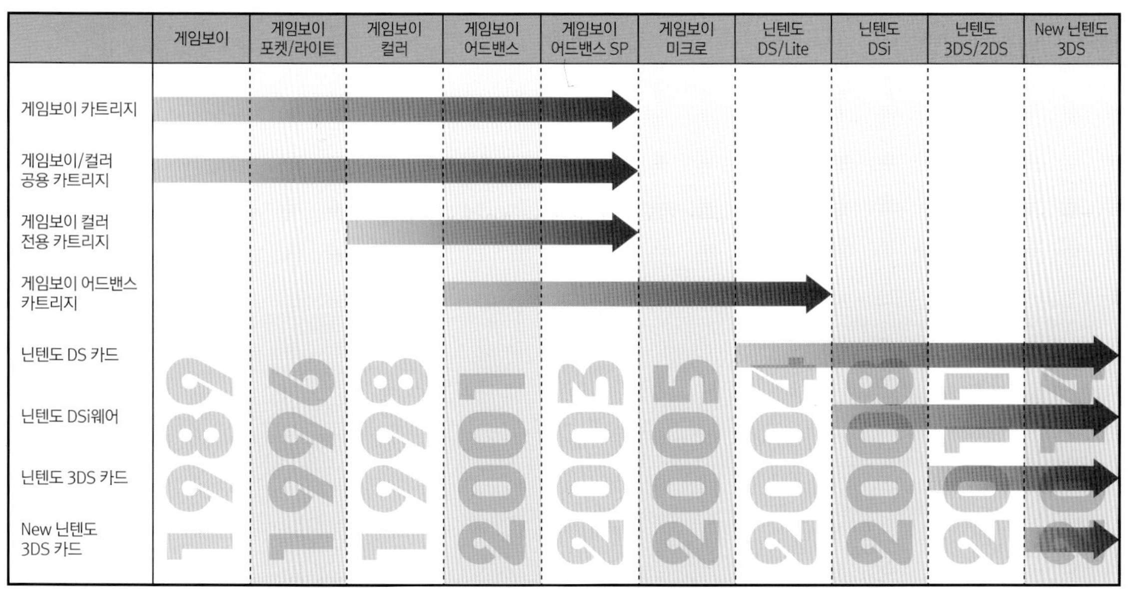

패미컴을 뛰어넘는 성능을 갖춘 범용형 휴대용 게임기

게임보이

1989년 4월 21일 12,500엔(세금 포함)

※ 1993년 6월 5일 9,800엔으로 가격 인하
※ 1994년 5월 1일 8,000엔으로 가격 인하

▲ 흑백 LCD를 상징하는 듯한 은색 바탕의 외장 패키지.

누런 화면은 반사판의 색상 때문

게임보이는 닌텐도와 샤프의 공동개발로 탄생한 게임기다. 형식번호의 'DMG'는 '도트 매트릭스 게임'의 약칭으로, 패미컴급의 하드웨어를 LCD가 내장된 휴대용 게임기로 담아낸다는 컨셉으로 개발을 진행했다. CPU의 설계·개발부터 LCD 패널에 이르기까지 샤프가 밀접하게 관여했으므로, 샤프의 기술 없이는 결코 나오지 못했을 제품이라 해도 과언은 아니다.

LCD 스크린의 경우 게임&워치 개발로 장단점을 파악하고 노하우를 축적한 결과, 게임&워치의 TN형 LCD보다 단가가 낮고 시야각이 넓어 보기 편하다는 이유로, 당시의 신 개발품이었던 STN형 LCD를 채용했다. STN형 LCD 특유의 색상이 주는 위화감을 줄이기 위해 일부러 금색 반사판을 사용하였는데, 게임보이의 LCD 화면이 누런 빛을 띠는 이유는 이 반사판 색깔 때문이다.

반면 STN형 LCD는 표시 전환 속도가 느려 잔상이 심하다는 결점도 있어, 개인의 감각에 맞춰 조정할 수 있도록 콘트라스트 조절용 다이얼을 설치해 배려했다. 이러한 LCD 문제는 이후 게임보이의 후속 모델이 계속 나오면서 조금씩 개량되었다. 게임보이의 뛰어난 완성도는 닌텐도와 샤프의 이인삼각 협력의 산물이라 할 수 있다.

컬러 바리에이션 ※ 초대 모델은 그레이만 발매

그레이 / 화이트 / 블랙 / 레드 / 옐로우 / 그린 / 스켈톤

게임보이의 사양

형식번호	DMG-01
CPU	SHARP LR35902(4.194304MHz), 16bit 주소(64KB)
메모리	RAM : 8KB SRAM, VRAM : 8KB SRAM
그래픽	160×144 픽셀, 모노크롬 4계조 표시 가능. 스프라이트 40개(1라인 당 10개), BG 화면 1장 탑재
사운드	모노럴 펄스 파 2음 + 파형 메모리 음원 1음 + 노이즈 1음
음성 출력	스피커 : (8Ω) 10mW 모노럴 출력(좌우 합성) 헤드폰 : (16Ω) 2mW 스테레오 출력
LCD	SHARP STN 도트 매트릭스 LCD
통신 기능	시리얼 통신 포트
전원 / 소비전력	AA형 건전지 4개(약 35시간 구동), 약 700mW
외형 치수 / 중량	90(가로) × 32(높이) × 148(세로) mm, 약 220g(건전지 미포함시)
부속품	AA형 건전지×4, 스테레오 헤드폰(초대 한정), 취급설명서

선전 문구는 '너와 함께라면 어디라도'

가정용 게임기를 전 세계 규모로 보급시키는 과정에서의 가장 큰 장벽은, 나

FRONT VIEW

REAR VIEW

TOP VIEW

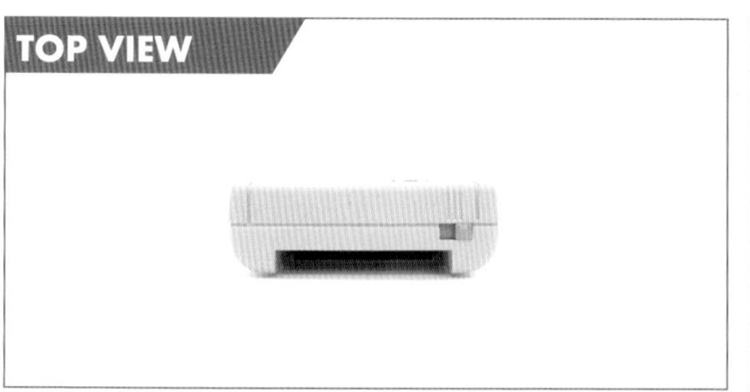

BOTTOM VIEW

LEFT SIDE VIEW

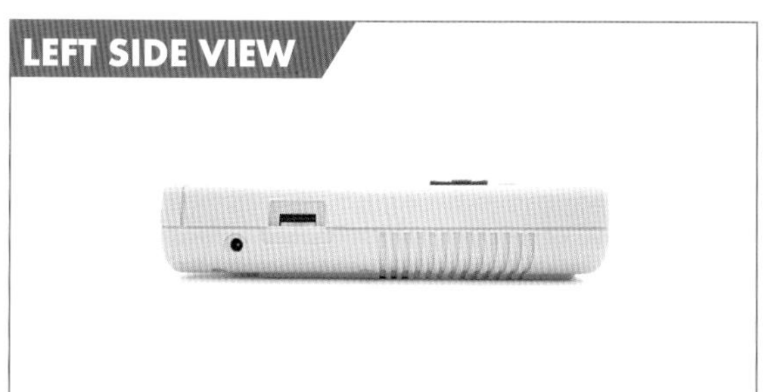

RIGHT SIDE VIEW

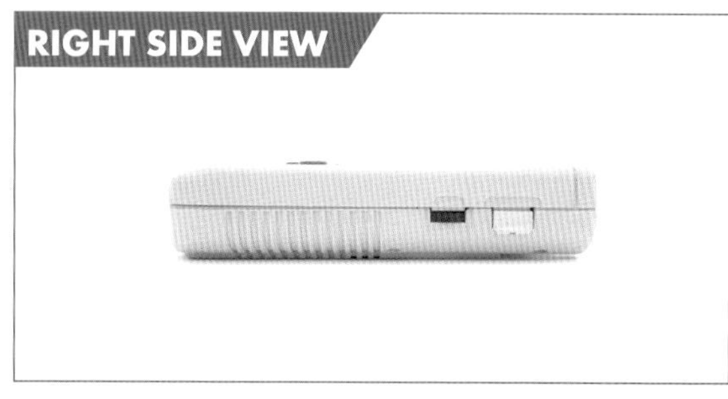

라마다 다른 TV 영상 수신 시스템과 전원 규격 문제였다. 게임보이는 이를 해결하기 위해 본체에 LCD 패널을 탑재한데다 전원도 AA형 건전지 4개로서, 세계 어디서나 즐길 수 있는 사양으로 출시되었다. 게다가 소프트 역시 전 세계의 어떤 게임보이로도 구동 가능하도록 리전 프리를 채용해, 그야말로 국경을 뛰어넘는 게임기였다.

그 결과 게임보이는 세계 각지 어디서나 사랑받는 게임기가 되어, '휴대용 게임기'라는 새로운 시장을 개척했음은 물론 「테트리스」, 「포켓몬스터」 등으로 새로운 놀이방법을 제안해, 세계의 게임 패러다임마저 바꿔버리는 영향력까지 갖게 되었다. 패미컴을 뛰어넘어 공전의 히트상품이 된 게임보이는 1억 2,000만 대가 넘는 판매량을 기록해. 지금도 많은 사람들의 가슴속에 살아 숨쉬는 위대한 게임기로 자리매김했다.

CATALOGUE

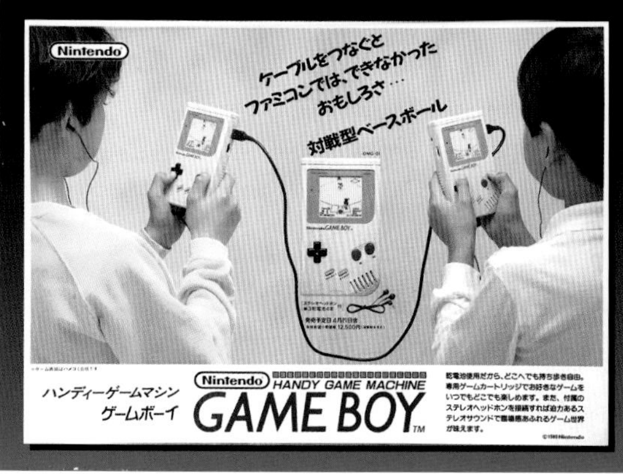

샤프가 개발한 원칩 프로세서

게임보이는 앞서의 설명대로 샤프와의 공동개발로 탄생한 게임기라, 사용된 CPU와 메모리 등의 반도체 부품들도 전부 샤프 개발품으로 구성되어 있다. 특히 CPU인 LR35902는 그래픽과 사운드는 물론 LCD 컨트롤러, 시리얼 통신 제어 등 게임보이의 주요 기능을 전부 칩 내에서 처리하므로, 그야말로 '원칩 복합 프로세서'라 할 수 있다.

CPU

CPU 자체는 미국 자일로그 사의 8비트 프로세서인 Z80과 유사한 명령어 세트로 구성된 커스텀 칩이다(4.194304MHz). 실제로는 Z80의 원점인 미국 인텔 사의 프로세서 i8080에 가까운 사양이지만, 샤프가 당시 Z80의 세컨드소스 칩을 제작했던 관계상 'Z80 커스텀'이라고 표기한 것으로 추측된다.

i8080과 Z80은 둘 다 동일인물이 설계한 CPU인지라 기본 명령어들이 매우 닮은 형제 관계이며, 주요 변경점은 레지스터 추가, DRAM 리프레시 회로 등이다. 이런 확장부분은 게임보이에서는 사용하지 않는 기능이니, 결과적으로 'i8080 기반의 커스텀 CPU'라고 표기하는 게 실제와 가깝지 않은가 한다.

게임보이용으로 추가된 명령어로는, '제로 페이지 어드레싱'이라는 미국 MOS 테크놀로지 사의 6502와 매우 유사한 명령어와, CPU와 LCD부의 전원 공급을 차단하는 명령어가 있다. 전자는 패미컴에 탑재된 6502 CPU에서 요긴히 쓰였던 명령어로, 특정 주소 공간을 짧은 명령어로 빠르게 읽고 쓸 수 있게 해준다. 아마도 패미컴 프로그래밍에 능숙해진 닌텐도 측이, 게임보이 개발 과정에서 샤프 측에 요구한 기능이 아닐까 생각된다.

후자는 소비전력 절감용 기능으로, 복귀를 위한 인터럽트가 발생하는 동안 CPU와 LCD 패널로 가는 전원 공급을 차단하는 것이다. 전지 지속시간이 유저의 만족도와 직결되는 휴대용 게임기인 만큼, 이러한 기능은 큰 이득이 된다. 여담이지만, 전원 공급이 차단된 LCD 패널은 당연히 아무것도 표시되지 않으나, 일반적인 모니터와는 반대로 전체가 '백색' 단색으로 간주된다.

사운드

게임보이의 사운드 기능은 구형파(펄스 파) 2음 + 파형 메모리 음원 1음 + 노이즈 1음으로 탑재돼 있으며, 스테레오 출력을 지원한다. 다만 본체의 내장 스피커는 모노럴 출력이므로, 스테레오 사운드를 즐기려면 헤드폰 단자를 사용해야 한다.

채널 1 : 구형파

'구형파'란 이른바 '뿅뿅 음'으로, FM 음원의 일반화 이전까지는 아케이드·가정용·컴퓨터를 불문하고 매우 널리 사용되었던 음원이다. 엔벨로프(실시간 음량 변화)와 스위프(실시간 음정 변화. 이른바 피치 컨트롤)가 가능하다.

채널 2 : 구형파

채널 1과 마찬가지로 구형파를 출력한다. 엔벨로프는 쓸 수 있지만, 채널 1에는 있는 스위프는 탑재되지 않았다.

채널 3 : 파형 메모리 음원

임의의 4비트 사운드 데이터를 입력하여 간략화된 실존 악기 음색이나 음성을 재생할 수 있다. 구형파를 입력해 채널 1·2처럼 사용할 수는 있으나, 음량 지정만 가능하며 엔벨로프는 탑재되지 않았다.

채널 4 : 노이즈

화이트노이즈('샤아~'와 비슷한 느낌의 가벼운 모래바람 소리)를 출력할 수 있다.

이들 4개 채널은 사운드 컨트롤 레지스터에서의 믹싱 제어를 거쳐, 내장 스피커 또는 헤드폰 단자로 출력된다. 각 채널 당 오프·왼쪽·오른쪽·중앙(양쪽)으로 출력 지정이 가능하며, 좌우의 마스터 볼륨은 각각 3비트(0~7의 8단계)로 지정할 수 있다. 추가로 카트리지에 별도 음원 칩이 탑재된 경우 Vin 신호를 통해 본체 음원과 믹싱 재생도 가능하나, 안타깝게도 이 기능을 사용한 게임이 발매된 적은 없었다.

사운드 기능 자체를 무효화하는 기능도 마련돼 있는데, 사운드용 회로를 정지시키면 소비전력을 16% 절약할 수 있다. 앞서 서술한 CPU 및 LCD 패널 전력 차단 기능과 마찬가지로, 조금이라도 소비전력을 낮출 수 있도록 배려했다는 점에서 닌텐도의 철저한 설계사상이 엿보인다.

그래픽

게임보이의 그래픽 화면은 패미컴의 스펙을 참고로 삼은 부분이 많아, 유사한 점이 여럿 있다. 그러므로 본 지면에서는 패미컴과 비교하면서 설명하겠다.

화면 해상도와 스프라이트 표시

화면 해상도는 가로 160픽셀 × 세로 144픽셀로, 패미컴의 256×240픽셀에 비해 약간 좁다. 스프라이트 표시 개수도 패미컴의 64개에 비하면 게임보이는 40개로 적으나, 해상도가 낮다 보니 스프라이트가 부족해 아쉽다는 느낌은 덜한 편이다. 게다가 가로 방향으로 스프라이트를 10개까지(패미컴은 8개까지) 나열할 수 있는데, 이 점만큼은 오히려 패미컴을 능가할 정도다.

BG 그래픽과 스크롤 기능

게임보이의 배경화면 처리는, 패미컴과 마찬가지로 8×8픽셀의 캐릭터 파츠를 조합하여 화면을 묘사하는 BG 그래픽을 채용했다. 게임보이에서는 이 캐릭터를 '타일'이라 칭하며, 192개까지 정의할 수 있다(패미컴은 256개). 다만 패미컴처럼 타일을 상하좌우로 반전시킬 수는 없으므로, 이 점만큼은 상당히 제한적이라 할 수 있다. 참고로 게임보이 컬러는 타일 등록 개수 증가 및 반전 기능 추가 덕에, 패미컴을 뛰어넘는 표현력을 보여준다.

또한 게임보이는 패미컴에 없는 기능인 32×32타일 분량의 가상 스크린이 있어, 이 범위 내라면 타일을 교체하지 않고도 자유롭게 스크롤할 수 있다. 추가로 수평 블랭킹 타이밍 내의 인터럽트 기능까지 내장해, 래스터 스크롤과 같은 특수 화면표현도 간단히 구현할 수 있어 개발 측면에서 상당한 진화를 이루었다(패미컴의 경우, 레이싱 게임 등의 커브 길 표현 구현조차도 큰 난관이었다).

컬러 팔레트

게임보이는 당연히 흑백 그래픽이므로 컬러 팔레트가 '흰색·연한 회색·진한 회색·검정색' 고정이지만, 팔레트 자체는 BG용인 'BG', 스프라이트용인 'OBP0'·'OBP1'으로 3개나 확보돼 있다. 일반 게임보이에서는 별 의미가 없는 기능이지만, 이 기능 덕에 슈퍼 게임보이(27p)나 게임보이 컬러(20p)의 유사 컬러 모드에서는 BG와 스프라이트 2종에 각각 별도의 색을 할당할 수 있다.

윈도우 기능

윈도우 기능이란, BG의 특정 영역에 마스킹을 걸어 스크롤되지 않도록 고정하는 기능이다. 잘 사용하면 BG 1장만으로도 마치 여러 장의 BG를 쓰는 듯한 효과를 낼 수 있으며, 실례로는 롤플레잉·어드벤처 게임의 메뉴나 메시지 창, 액션·슈팅 게임의 점수 표시 부분 등에 사용된다.

이 기능을 표준 탑재한 게임기는 게임보이 외에는 세가의 메가 드라이브 정도라, 매우 드문 기능이라 할 수 있다. 물론 패미컴도 이 기능은 없으므로, 아래 게재한 「앨리웨이」에서 블록 부분만 옆으로 스크롤되는 연출은 BG가 1장뿐인 타 기종에서는 구현 불가능한 것이다.

이처럼 게임보이는 첫 휴대용 게임기임에도 다채로운 표현력을 갖추었지만, LCD 패널의 느린 표시속도 탓에 우수한 영상표시 능력이 그다지 주목받지 못한 면이 있다. 지금부터라도 게임보이만의 다양한 화면 테크닉에 주목해보기 바란다.

게임보이의 그래픽 화면 기능 개요

타일 정의 개수에 대하여

'타일'이란, 스프라이트와 BG에 사용되는 8×8픽셀 단위의 캐릭터 정보를 말한다.
최대 192타일까지 정의할 수 있다.

게임보이의 화면 표시 개념도

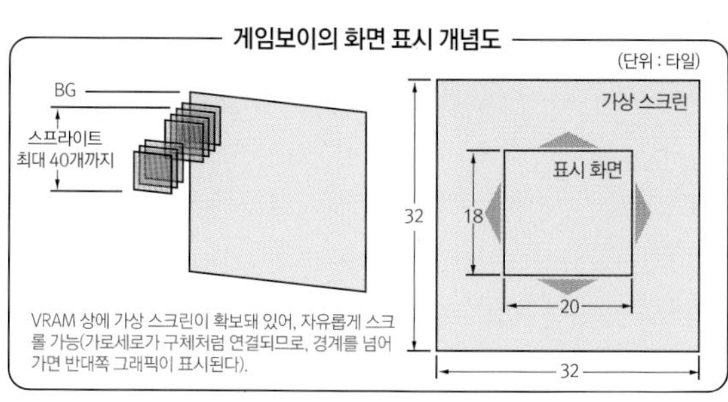

VRAM 상에 가상 스크린이 확보돼 있어, 자유롭게 스크롤 가능(가로세로가 구체처럼 연결되므로, 경계를 넘어가면 반대쪽 그래픽이 표시된다).

사용 가능한 스프라이트 사이즈

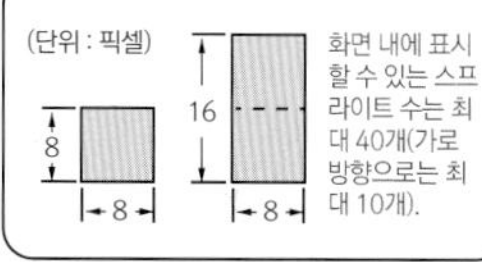

화면 내에 표시할 수 있는 스프라이트 수는 최대 40개(가로 방향으로는 최대 10개).

팔레트 정보에 대하여

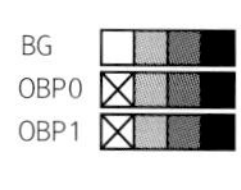

팔레트 정보는 4계조 모노크롬으로 고정. 스프라이트용으로는 팔레트 2개가 확보돼 있으나 이것도 고정.

윈도우 기능에 대하여

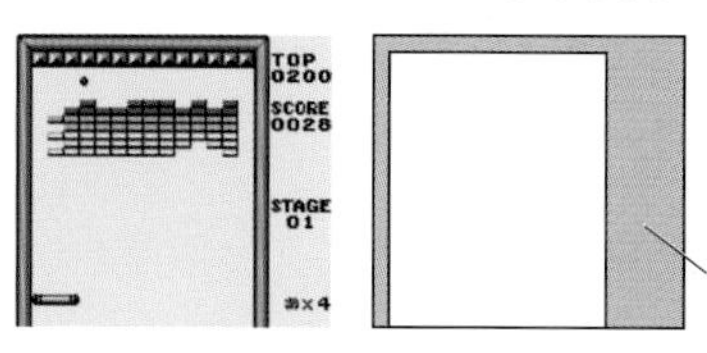

BG의 일부분을 스크롤되지 않도록 고정할 수 있는 기능. 능력치 표시나 메시지 표시 등에 사용 가능하다.

그림의 회색 부분이 윈도우 기능으로 스크롤을 고정시킨 곳이다.

ROM 카트리지

게임보이용 소프트는 ROM 카트리지로 공급되었다. 잘못 삽입하는 것을 막기 위해 연결부는 전후 비대칭형의 6각형 구조로 제작했으므로 뒤집어 삽입하는 것은 물리적으로 불가능하며, 초대 게임보이는 아예 카트리지 오른쪽 위의 각이 맞지 않으면 전원 자체를 켤 수 없도록 했다.

패키지의 겉 상사는 종이 재질이며, 플라스틱 재질의 인레이(안 상자)에 들어있는 상태로 포장되어 있다. 또한 카트리지에 전용 플라스틱 케이스를 표준으로 포함하여, 침수나 오염으로부터 보호할 수 있도록 했다. 이는 평소 가지고 다닐 일이 많은 휴대용 게임기의 소프트임을 고려한 조치라 할 수 있다. 참고로 게임보이 컬러 전용 게임부터는 포장 방식이 크게 바뀌어, 기존의 플라스틱 케이스는 없애고 안 상자 역시 종이로 제작했다.

카트리지 내부는 원칙적으로 닌텐도가 제공하는 기판 타입 중에서 선택해야 했으며, ROM 용량 및 부가기능(백업 메모리, 전지, 시계 기능 등)에 맞춰 개발사가 고르게 된다. 게임보이는 본체에 뱅크 메모리용 메모리 컨트롤러가 없으므로, 카트리지 쪽에 탑재된 메모리 컨트롤러 칩의 버전에 따라 최대 용량 및 종류가 구분된다.

특수 카트리지의 예로는 적외선 통신 기능을 탑재한 허드슨의 'GB Kiss', 실질적으로는 반다이의 '다마고치'계 게임 전용으로 쓰인 'TAMA5', 「포켓몬 핀볼」을 비롯해 여러 회사가 채용한 '진동 카트리지' 등, 휴대용 게임기다운 독특한 아이디어가 들어간 카트리지가 여럿 발매되었다. 게임보이의 ROM 카트리지 색상은 그레이가 기본색이지만, 특수 카트리지 중에는 구별을 위해 성형색을 차별화하여 제작한 것도 존재한다.

▲ ROM 카트리지의 앞면과 뒷면 사진. 특수 나사를 사용하여, 일반 공구로는 열 수 없다.

▲ 단자 부분을 잘 보면, 잘못 삽입하지 않도록 6각형 구조로 제작돼 있다.

▲ 오염이나 침수를 방지하는 전용 케이스에 들어있다.

▲ 초대 게임보이는 전원 스위치가 상단부에 있어, 카트리지를 끝까지 제대로 끼워야만 전원을 켤 수 있도록 했다.

컨트롤러

게임보이의 컨트롤러는 방향 키(십자버튼) 1개 + A·B·SELECT·START의 네 버튼으로 구성되어 있다.

게임보이는 기본적으로 휴대용 게임기이므로 외부 컨트롤러를 여러 개 연결하는 플레이스타일을 상정해 제작하지는 않았으나(다인수 플레이는 통신 케이블을 통한 대전 정도만 가능), 슈퍼 게임보이에서는 대전격투 게임처럼 같은 화면을 보며 대전 가능한 게임에 한해 소프트 하나로 2명 이상이 동시 플레이 가능하도록 기능을 추가했다. 여기까지 지원하는 게임이 발매된 적은 없긴 하나, 슈퍼 게임보이가 지원하는 컨트롤러 수는 최대 4개였다.

건전지 · 전원

게임보이가 사용하는 전원은 AA형 건전지 4개다. 충전식 배터리가 아니라 일반적으로 유통되고 있는 건전지를 채용하도록 결정한 사람은 닌텐도의 야마우치 사장(당시)이었다. "외국에서는 게임을 충전까지 하면서 즐기지 않는다"라는 것이 이유였는데, 실제로 개발도상국에서 오랫동안 게임보이가 현역이던 이유 중 하나로 전원 문제가 꼽혔다고 한다.

AA형 건전지 외에도 외부 전원공급 단자가 설치돼 있어, 이를 통해 가정용 전원으로 충전하면서 사용할 수 있는 충전식 어댑터와, C형 건전지를 넣어 40시간이나 사용 가능한 배터리 케이스(24p)도 발매되었다.

또한 닌텐도에서 직접 발매한 것은 아니나, 자동차용 시거잭으로 전원을 공급하는 카 어댑터도 정규 라이선스 상품 형태로 발매되었다.

◀ 본체 뒤쪽 하단에 마련된 건전지 삽입구. 35시간이라는 뛰어난 구동 스태미나는 흑백 LCD였기에 가능했다.

통신 포트

게임보이 최대의 특징이었던 통신대전 기능. 이를 가능케 한 비결은 전용 시리얼 통신 포트의 존재였다. 실은, 당초 설계 단계에서는 통신 포트의 유무가 그리 중요 고려사항이 아니었으며, 요코이 군페이가 '없애든 남기든 단가에 별 영향도 없고, 혹시 이걸로 뭔가 재미있는 놀이방식이 나올지도 모르니까'라는 단순한 이유로 남겨두었다고 한다.

실제로도, 통신규격 자체는 그리 좋은 사양이 아니었다. 통신 개시 신호를 전송하는 '스타트 비트'와 종료 신호를 전송하는 '스톱 비트'가 없기 때문에, 랙이나 에러가 일어나는지를 모두 프로그램 쪽에서 체크해 감시해야 하는 구조였던 것이다. 심지어 호스트와 타깃의 구별도 없어, 어느 쪽에 클럭을 동기화할지조차 일일이 프로그램이 직접 판단해야만 했다.

이후에 게임보이 포켓이 발매되면서 단자 사이즈는 한 단계 작아졌으며, 포켓 프린터(26p) 등의 관련 주변기기도 포켓 이후의 소형 단자 기준으로 나왔기 때문에, 실질적으로 이쪽이 표준이 되었다.

통신 케이블을 사용한 대전의 재미를 널리 알린 게임은, 모두 알다시피 게임보이에서 시작된 대히트 타이틀인 「테트리스」와 「포켓몬스터」다. 통신대전의 존재가 소프트 및 하드웨어의 판매량에 기여한 바는 두말할 나위가 없으며, 통신 케이블 역시 수요 급증을 공급이 따라가지 못해 품절사태가 발생할 정도였다. 당연히 닌텐도의 허가 없이 제조된 비정품 통신 케이블이 여러 회사에서 다수 발매되었고, 순정품보다 저렴했으므로 당시엔 상당량이 유통되었다. 다만 앞서 서술한 대로 게임보이의 통신규격은 매우 원시적이었으므로, 정상적인 통신이 되지 않는 사례도 빈발했다. 닌텐도조차도 나중엔 통신품질 향상을 위해 노이즈 제거용 페라이트 코어를 부착한 케이블을 발매했을 정도이니, 지금 입수하려는 사람은 유념하기 바란다.

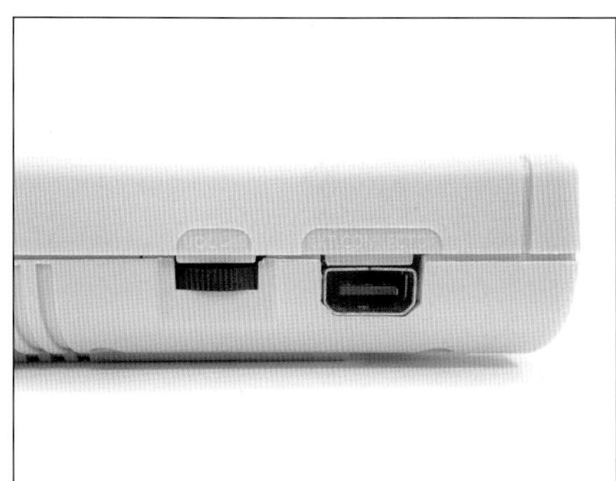

▲ 본체 우측면에 있는 시리얼 통신용 단자.

▲ 초대 게임보이용과, 게임보이 포켓 이후의 케이블 단자 사이즈 비교.

게임보이가 작고! 얇고! 가벼워졌다!

게임보이 포켓

1996년 7월 21일 6,800엔
※ 1998년 2월 14일 5,800엔으로 가격 인하
※ 1998년 11월 14일 3,800엔으로 가격 인하
1996년 10월 19일 7,800엔(실버)
1997년 4월 18일 7,800엔(골드)
1997년 7월 11일 6,800엔(핑크)
1997년 11월 21일 6,800엔(클리어 퍼플)

▲ 기존에 비해 외장 패키지도 슬림해진 느낌의 박스 아트. 처음부터 5가지 색상으로 동시 발매되었다.

기존 기기 대비 60%의 소형·경량화

게임보이 포켓(이하 포켓)은, 기존 게임보이를 소형·경량화하여 생산단가를 절감할 목적으로 개발된 후속 모델이다. 기존 게임보이용 게임을 그대로 즐길 수 있을 뿐만 아니라, LCD 패널의 성능 향상과 반사판 변경 등의 개량으로 기존 게임보이에 비해 화면이 더욱 뚜렷이 보이게 되었다. 초기의 포켓은 단가절감 차 전원 LED 램프를 삭제했으나, 유저들의 불만이 속출하여 핑크 모델 발매 후부터는 기존 컬러 모델까지도 LED 램프를 추가했다.

본체의 부피·중량 모두 기존 대비 60% 이하까지 줄이는 데 성공했으나, 전원을 AAA형 건전지 2개로 변경한 탓에 구동시간도 8시간으로 줄어, '역대 게임보이 중 최단 구동시간'이라는 불명예스러운 기록을 갖게 된 기종이기도 하다. 반면 소형화에 따라 시리얼 통신 포트와 AC 어댑터 연결단자도 소형화해 신규 도입하여, 이후의 게임보이 시리즈 주변기기 기본사양이 포켓 기준으로 확립되는 효과도 낳았다.

컬러 바리에이션

그레이 | 레드 | 옐로 | 그린 | 블랙 | 실버 | 골드 | 핑크 | 클리어 퍼플

게임보이 포켓의 사양

형식번호	MGB-001
CPU	SHARP LR35902(4.194304MHz), 16bit 주소(64KB)
메모리	RAM : 8KB SRAM, VRAM : 8KB SRAM
그래픽	160×144 픽셀, 모노크롬 4계조 표시 가능. 스프라이트 40개(1라인 당 10개), BG 화면 1장 탑재
사운드	모노럴 펄스 파 2음 + 파형 메모리 음원 1음 + 노이즈 1음
음성 출력	스피커 : (8Ω) 10mW 모노럴 출력(좌우 합성) 헤드폰 : (16Ω) 2mW 스테레오 출력
LCD	SHARP STN 도트 매트릭스 LCD
통신 기능	시리얼 통신 포트
전원 / 소비전력	AAA형 건전지 2개(약 8시간 구동), 약 700mW
외형 치수 / 중량	77.6(가로) × 25.3(높이) × 127.6(세로) mm, 약 125g(건전지 미포함시)
부속품	AAA형 건전지×2, 취급설명서

▲ 나란히 놓아보면 바로 느껴지는 사이즈 차이. 게임보이의 미니어처를 보는 듯한 기분이다.

FRONT VIEW

REAR VIEW

TOP VIEW

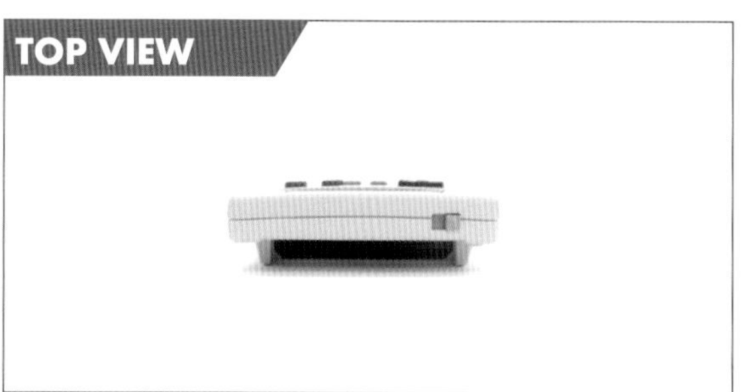

BOTTOM VIEW

LEFT SIDE VIEW

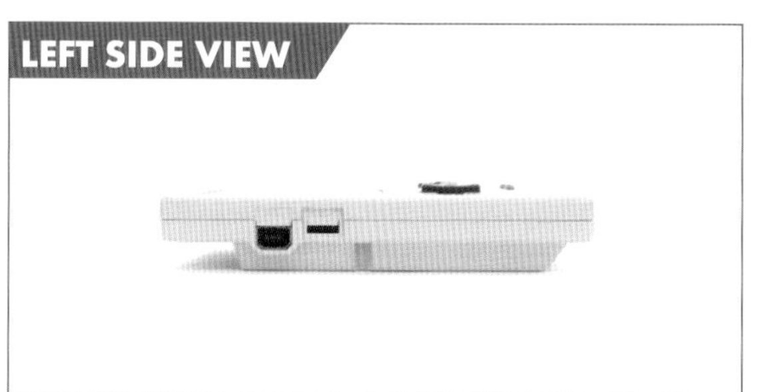

RIGHT SIDE VIEW

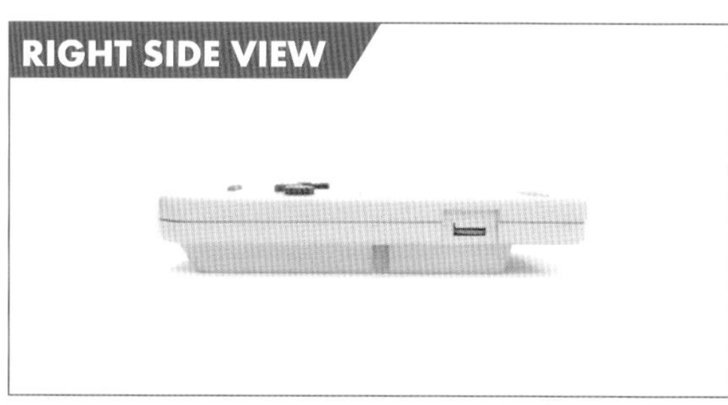

여자아이에게도 게임보이를

포켓은 발매 당초부터 다양한 컬러 바리에이션 모델을 발매한데다, 유저 층 확대에 맞춰 여러 추가색상판을 발매한 것도 큰 특징 중 하나다. 특히 「포켓몬스터」 히트 이후 여성 유저가 늘어남에 따라 추가된 '핑크', 애플의 iMac보다도 일찍이 스켈톤 바디를 채용한 '클리어 퍼플', 세련된 성인 취향으로 금·은색 도장 처리한 '골드'·'실버' 등 다양한 제품을 전개하였다. 포켓은, 게임보이라는 플랫폼이 일본에서만큼은 단순한 게임기를 벗어나 국민적 보급 기기로 넘어가는 전환점적인 기종이었다 할 수 있다.

CATALOGUE

유기 EL 백라이트를 탑재해, 어두운 곳에서도 즐길 수 있다!

게임보이 라이트

1998년 4월 14일 6,800엔

▲ 팸플릿과 마찬가지로, '빛난다'는 점을 강조한 외장 패키지. 사진을 사용해 고급스런 인상을 주었다.

유기 EL 탑재로, 화면이 빛나는 게임보이

게임보이 라이트(이하 라이트)는, 게임보이 포켓의 기본노선을 계승하면서 '유기 EL(전계발광) 백라이트'라는 부가요소를 추가한 모델이다. 외관은 포켓의 실버 모델과 매우 유사하지만, 금형은 신규 제작이며 본체 크기도 포켓에 비해 가로·세로·두께 모두 살짝 늘어났다.

본 제품의 최대 특징은 유기 EL 백라이트지만, 실은 표시 패널 자체에 유기 EL을 채택한 것은 아니며, 어디까지나 백라이트 발광용으로 사용할 뿐이다. 표시 패널 부분은 기존 게임보이처럼 샤프의 STN LCD를 사용했으니 유의하자(다만, 반응속도를 기존 모델에 비해 크게 개선했으므로 보기는 편해졌다).

전원은 AA형 건전지 2개를 사용하며, 더욱 소비전력이 절감되도록 개량해 백라이트 ON 시 연속 12시간, OFF 시에는 20시간이라는 장시간 구동을 구현했다. AA형 건전지를 다시 채용한 탓에 본체 후면 아랫부분이 약간 튀어나온 디자인이 되었는데, 덕분에 굴곡에 양쪽 손가락을 걸쳐 쥘 수 있게 되어 오히려 그립감이 향상되는 부가적 효과가 생겨났다. 이 디자인은 후속 모델인 게임보이 컬러에도 활용되었다.

컬러 바리에이션

실버 골드

※ 이외에도 ASTRO BOY 스페셜(테즈카 오사무 월드 한정품), 피카츄 옐로(도쿄 포켓몬 센터 한정품) 등, 캐릭터 일러스트가 들어간 콜라보 한정 컬러 2종이 나왔다.

게임보이 라이트의 사양

형식번호	MGB-101
CPU	SHARP LR35902(4.194304MHz), 16bit 주소(64KB)
메모리	RAM : 8KB SRAM, VRAM : 8KB SRAM
그래픽	160×144 픽셀, 모노크롬 4계조 표시 가능. 스프라이트 40개(1라인 당 10개), BG 화면 1장 탑재
사운드	모노럴 펄스 파 2음 + 파형 메모리 음원 1음 + 노이즈 1음
음성 출력	스피커 : (8Ω) 10mW 모노럴 출력(좌우 합성) 헤드폰 : (16Ω) 2mW 스테레오 출력
LCD	SHARP STN 도트 매트릭스 LCD
통신 기능	시리얼 통신 포트
전원 / 소비전력	AA형 건전지 2개(백라이트 ON시 약 12시간 구동 / 백라이트 OFF시 약 20시간 구동), 약 600mW
외형 치수 / 중량	80(가로) × 29(높이) × 135(세로) mm, 약 125g(건전지 미포함시)
부속품	AA형 건전지×2, 취급설명서

▲ 전원 스위치는 3접식으로 바뀌어, 백라이트 ON/OFF 기능 전환도 전원 스위치가 겸하는 구조다.

FRONT VIEW

REAR VIEW

TOP VIEW

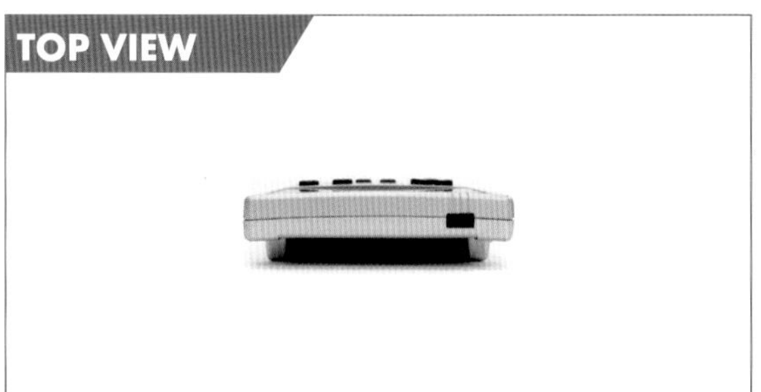

BOTTOM VIEW

LEFT SIDE VIEW

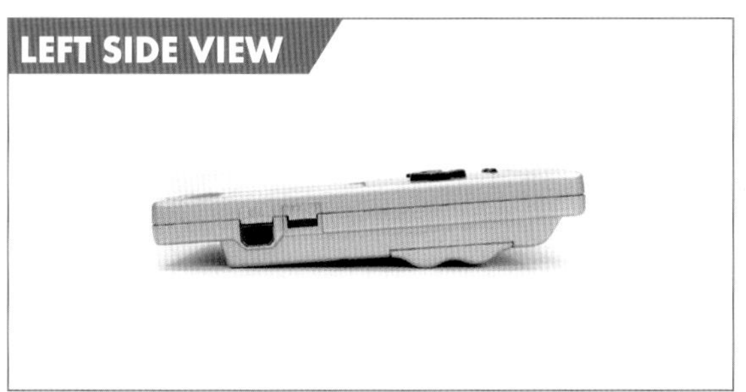

RIGHT SIDE VIEW

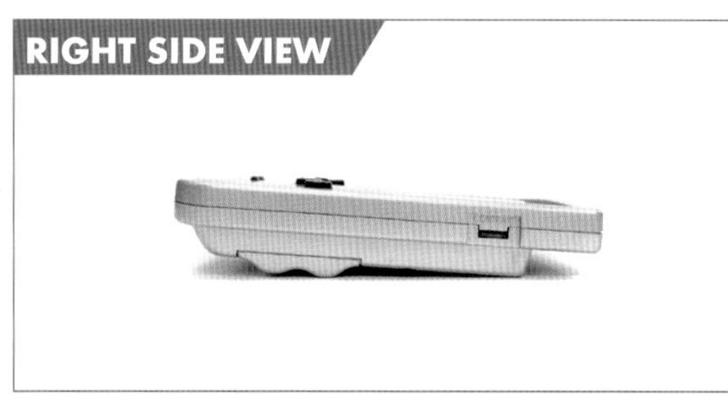

통신 포트와 각종 단자는 이전 모델인 포켓과 완전히 동일해, 포켓을 지원하는 주변기기라면 모두 그대로 이용할 수 있다. 라이트는 형식번호마저도 'MGB-101'이니, 'MGB-001'인 포켓의 발전형 포지션으로 보는 게 올바른 해석이 아닐까 싶다.

일본에만 발매되었기에, 오히려 인기가 높아진 기종

라이트는 앞서 서술한 대로 오랫동안 유저들이 바라왔던 '백라이트 탑재' 요망을 채워준 제품이긴 하나, 불과 반년 후 게임보이 컬러가 발매되는 바람에 애처로울 만큼 수명이 짧았던 기종이기도 하다. 일본 내에만 발매된 탓도 있어 세계의 수집가들에겐 인기가 상당한 기종 중 하나이지만, 상태가 좋은 물건이 적어 지금은 수요 대비로 물량이 턱없이 부족한 상황이다.

주요 문제로는, 일단 고급감 연출을 위해 넣었던 금·은색 도장이 게임을 오랫동안 즐기면 벗겨져나가므로 외관 열화가 심각하다는 점(특히 항상 손가락이 닿는 버튼 주변과, 부딪히고 쓸리기 마련인 모서리 부분의 칠이 벗겨지기 쉽다), 그리고 백라이트용으로 사용한 당시의 유기 EL이 수명이 짧다보니 열화되어 백라이트가 들어오지 않는 경우가 태반이라는 점, 이 두 가지가 꼽힌다.

만약 당시의 라이트를 아직 간직하고 있다면, 매우 귀중한 기기일 수도 있으니 꼭 소중히 다루도록 하자.

CATALOGUE

컬러 화면만 추가된 게 아니다! 대폭 업그레이드된 신세대 모델

게임보이 컬러

1998년 10월 21일 8,900엔
※ 1999년 5월 23일 6,800엔으로 가격 인하

▲ '컬러'임을 강조하듯 화려한 이미지를 내세운 외장 패키지.

새로 개발된 반사형 TFT LCD를 탑재

게임보이 컬러(이하 컬러)는, 게임보이 발매 이래 최대 과제였던 '컬러 화'를 실용적인 수준으로 구현한 혁신적인 기종이다. 앞서의 지면들에서 설명한 대로, 게임보이 개발 당시 컬러 LCD를 채택하지 않았던 이유는 '비싼 단가'와 '높은 소비전력'이란 문제점을 해결할 수 없었기 때문이었지만, 샤프가 새로 개발한 반사형 TFT LCD가 제품화됨으로써 단숨에 오랜 숙원이 현실화되었다.

TFT LCD란 지금의 LCD TV와 디스플레이에도 매우 일반적으로 사용되는 방식의 LCD로, 기존의 STN LCD에 비해 압도적인 고화질과 반응속도를 자랑한다. 이제까지는 잔상 때문에 제대로 플레이가 어려웠던 구작 게임도 컬러에선 깨끗한 화면으로 나와, 당시엔 감동마저 느껴질 정도였다.

이전 모델인 게임보이 라이트보다 2,000엔 정도 고가였지만, LCD가 압도적으로 보기 편해졌고 무엇보다 '컬러'라는 이점이 비교 불가능할 만큼 컸기에, 1998년 연말상전의 대히트 상품이 되었다.

컬러 바리에이션

※ 이외에도 토이저러스·TSUTAYA·로손 등의 판매점 및 특정 게임과의 콜라보 한정 컬러가 다수 있다.

레드 퍼플 옐로 블루 클리어 퍼플 클리어

게임보이 컬러의 사양

항목	사양
형식번호	CGB-001
CPU	SHARP LR35902(4.194304MHz / 8.388608MHz(2배속 모드)), 16bit 주소(64KB)
메모리	RAM : 32KB SRAM, VRAM : 16KB SRAM
그래픽	160×144 픽셀, 32,768색 중 56색 표시 가능. 스프라이트 40개(1라인 당 10개), BG 화면 1장 탑재
사운드	모노럴 펄스 파 2음 + 파형 메모리 음원 1음 + 노이즈 1음
음성 출력	스피커 : (8Ω) 10mW 모노럴 출력(좌우 합성) 헤드폰 : (16Ω) 2mW 스테레오 출력
LCD	SHARP 반사형 TFT LCD
통신 기능	시리얼 통신 포트, 적외선 통신
전원 / 소비전력	AA형 건전지 2개(약 20시간 구동), 약 600mW
외형 치수 / 중량	78(가로) × 27.4(높이) × 133.5(세로) mm, 약 138g(건전지 미포함시)
부속품	AA형 건전지×2, 취급설명서

▲ 닌텐도 게임기로는 처음으로 스트랩 장착용 구멍을 신설했다. 이것도 초대 게임보이 때부터 계속 추가를 보류해왔던 기능.

FRONT VIEW

REAR VIEW

TOP VIEW

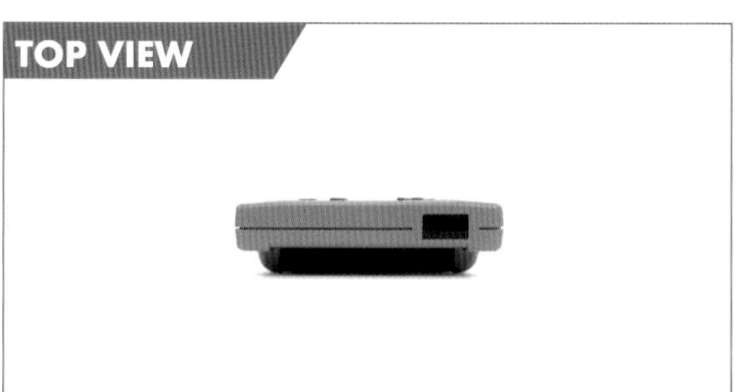

BOTTOM VIEW

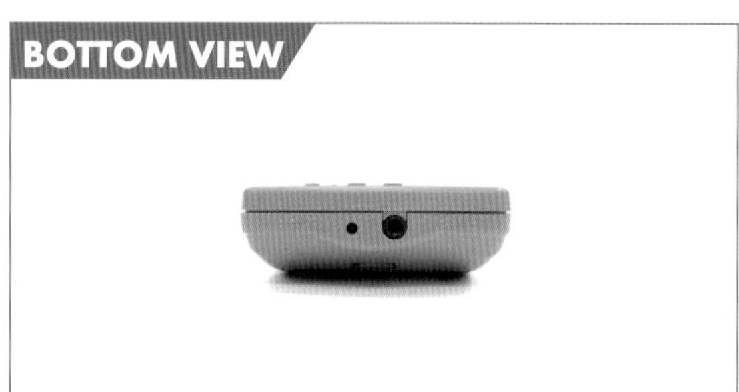

LEFT SIDE VIEW

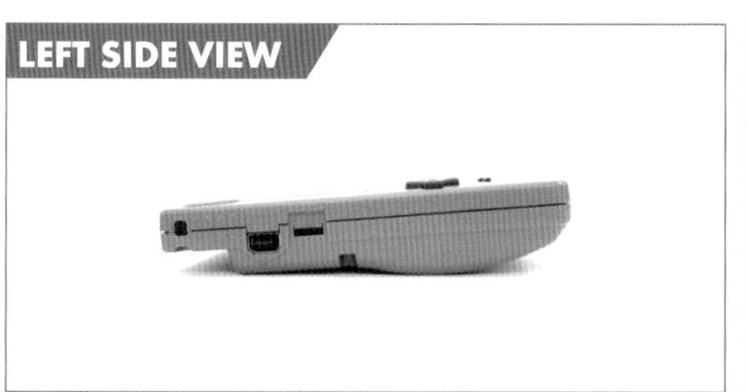

RIGHT SIDE VIEW

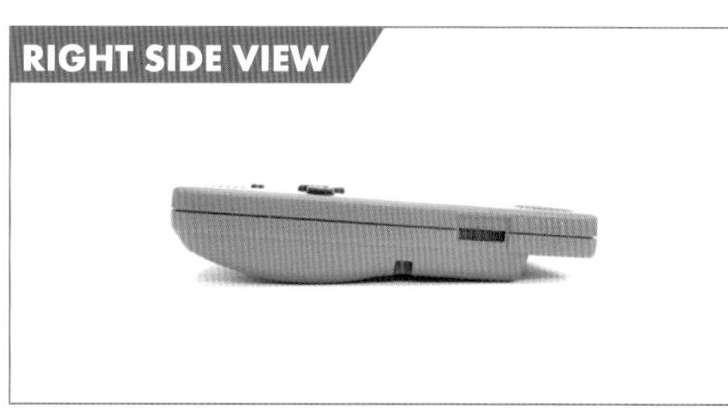

경쟁사들을 물리치고 정상에 군림하다

게임보이 컬러의 발매시기 전후는「포켓몬스터」 히트 덕에 일본 휴대용 게임기 시장이 급거 팽창하던 시기로, 네오지오 포켓(SNK)·원더스완(반다이) 등 차세대 게임보이 자리를 노린 상품이 속속 출시를 발표하던 때이기도 했다. 하지만 가상 라이벌을 게임보이 포켓으로 잡았던 경쟁사들이 하나같이 흑백 LCD 모델 일색으로 발매하는 바람에, 하필 그 직후 컬러가 등장하자 닌텐도는 단숨에 급소를 찌른 셈이 되었다. 결국 컬러는 거의 독주 상황으로 당시의 휴대용 게임기 시장을 제압함으로써, 차세대의 배턴을 게임보이 어드밴스에 넘겨줄 때까지 안정적으로 시장의 정상에 계속 군림할 수 있었다.

CATALOGUE

색상과 형태로 알아보는, 게임보이의 카트리지 구별법

기존의 게임보이용 ROM 카트리지(그레이)를 기본으로 하여, '흑백/컬러 양대응' 게임인 블랙 카트리지와 '컬러 전용'인 클리어 블랙 카트리지 규격이 제정되었다. 참고로 반짝이가 들어간 클리어 블루 카트리지인 「포켓몬스터 크리스탈 버전」처럼 특별 성형색을 채용한 게임도 일부 있으므로, 모든 게임보이용 소프트가 이 규칙을 따른 것은 아니다.

▲ 왼쪽부터 '흑백 전용', '흑백/컬러 양대응', '컬러 전용' 카트리지.

3개 계통으로 나뉜 지원 소프트

게임보이 컬러가 발매됨에 따라, 이후의 게임보이용 소프트는 '흑백 전용'·'흑백/컬러 양대응'·'컬러 전용' 3종류로 정리되어, 카트리지 색상 및 형태가 규격으로 제정되었다(본 페이지 상단의 박스 기사 참조). '컬러 전용' 카트리지는 오른쪽 상단의 홈이 없으므로, 초대 게임보이(DMG-01)에서는 물리적으로 구동이 불가능하다. 포켓 및 라이트에는 삽입 가능하나, '컬러 전용' 등의 메시지가 표시될 뿐 게임이 시작되지 않는다.

기존의 '흑백 전용' 게임을 컬러에서 기동할 경우엔, 본체에 사전 설정된 팔레트에 따라 '간이 컬러' 화면으로 구동된다. 팔레트는 총 12개 패턴이 내장돼 있으며, 전원을 켜고 GAME BOY 로고가 표시되는 시점에 십자 키 + A·B 버튼을 조합해 입력하면 그에 대응되는 팔레트가 선택되는 식이다(참고로, 게임보이 어드밴스에서도 동일 조작으로 간이 컬러 모드의 팔레트를 고를 수 있다). 또한 '흑백 전용' 게임을 컬러화한 경우 4색·7색·10색 중 하나로 표시되며, 표시 색수는 앞에 서술한 12가지 패턴 중 무엇을 골랐느냐로 결정된다.

게임보이 컬러 발매 이전에 슈퍼 게임보이(27p)도 간이 컬러 모드를 구현했던 바 있으나, 양쪽은 전혀 호환성이 없으므로, 슈퍼 게임보이 지원 게임을 컬러에서 구동해도 슈퍼 게임보이용의 색상 정보는 반영되지 않는다. 반대로 '흑백/컬러 양대응' 게임을 슈퍼 게임보이로 구동하더라도, 슈퍼 게임보이 지원이 아닐 경우엔 흑백 게임으로 인식된다.

2배속 클럭 CPU를 탑재

게임보이 컬러의 CPU는 기본적으로 기존 모델과 동일하나, 고도의 연산처리가 필요한 게임을 구동할 수 있도록 기존의 2배 클럭(처리속도)으로 구동되는 '2배속 클럭 모드'를 추가했다. 이 클럭은 통신 케이블 및 다음 단락에 서술할 적외선 통신 기능에도 사용되므로, 통신 속도를 향상시키는 역할도 했다. 그러나 2배속 클럭 상태일 때는 소비전력도 급증해 건전지 수명이 짧아지므로, 특정 레지스터 수치를 변경하면 언제든 클럭을 가변할 수 있는 사양으로 제작했다.

다만 클럭 전환 시에는 화면이 불안정해지는 문제점도 있었기에, 대부분의 게임은 타이틀 화면이나 옵션 화면에서는 저속으로, 게임 본편에서는 2배속으로 클럭을 변경하는 테크닉을 활용했다.

▲ 중앙에 보이는 가장 큼직한 칩이, 게임보이 컬러용으로 개발된 CPU다.

게임보이 컬러에서 추가된 주요기능 일람

CPU에 2배속 클럭 모드를 추가

클럭 가변은 특정 레지스터의 수치만 변경하면 언제든지 가능하다.
다만 클럭 변경 시엔 화면이 흔들리므로, 게임 구동 도중의 빈번한 전환은 추천하지 않는다.

4.194MHz (일반 클럭 모드 : 기존 게임보이와 호환)
8.388MHz (2배속 클럭 모드)

통신 기능의 확장

통신 케이블 외에, 적외선 통신도 추가했다. 통신규격은 양쪽 모두 시리얼 전송 방식. 고속 모드도 추가. CPU를 2배속 클럭으로 구동시키면 기존 대비 최대 64배 속도로 통신이 가능하다.

8,192Hz - 1KB/s (일반 모드 : 기존 게임보이와 호환)
16,384Hz - 2KB/s (2배속 클럭 모드)
262,144Hz - 32KB/s (고속 통신 + 일반 모드)
524,288Hz - 64KB/s (고속 통신 + 2배속 클럭 모드)

메인 RAM 및 VRAM의 확장

메인 RAM은 8KB에서 32KB로 확장.
VRAM은 8KB에서 16KB로 확장.
확장된 VRAM 영역은 아래 서술할 타일 수 확장에 사용하며, BG의 속성(팔레트 정보, 수평·수직 반전) 정보 저장에도 사용한다.

타일 정의 개수에 대하여

타일이란, 스프라이트와 BG에 사용되는 8×8픽셀 단위의 캐릭터 정보를 말한다.
정의 개수의 상한은 기존의 192타일에서 384타일까지 확장했다.

컬러 팔레트에 대하여

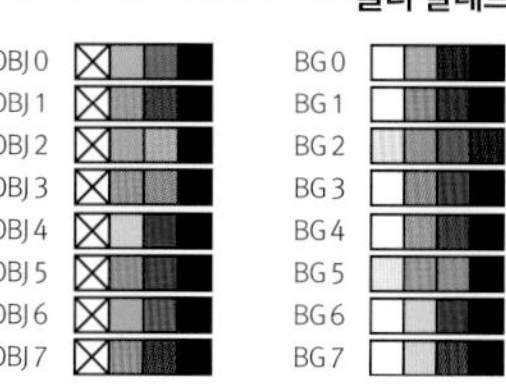

4색 컬러 팔레트가 스프라이트(OBJ) 및 BG용으로 각각 8개씩 준비된다.
다만 스프라이트용 팔레트는 색 하나가 투명색에 강제 할당되므로, 최대 동시표시 색수는 56색이 된다.

적외선으로 구현한 무선 통신

게임보이 컬러는 기존의 통신 케이블을 사용하는 통신 방식은 물론, 본체 윗면에 적외선 통신용 송수신부를 추가했다. 통신규격 자체는 기존과 동일한 시리얼 통신으로, 통신 포트를 변경하기만 하면 어느 쪽으로든 동일한 데이터의 송수신이 가능하다. 다만 적외선 통신의 특성상 30cm 정도의 단거리로 두 기기의 윗면을 서로 마주보게 한 상태여야만 통신이 되므로 플레이하다 보면 본체가 움직이게 되는 액션 게임 등의 대전에는 맞지 않아, 기본적으로는 「포켓몬스터」와 같은 게임의 데이터 교환용 수단으로 이용되었다. 게다가 컬러 발매 후에도 기존 게임보이로 계속 즐기는 유저가 많았기에, 적외선 통신은 결국 유저들 사이에서 데이터 통신 수단의 주류가 되지 못했는지 지원 소프트도 그리 많이 나오지 않았다.

여담으로, 소프트 쪽에서의 지원이 필요하긴 하나, 컬러 2대간의 통신에 한해 고속 송수신이 가능한 '고속 통신 모드'가 존재한다는 것도 덧붙여 둔다.

합리적인 방식으로 컬러화를 실현하다

게임보이 컬러 최대의 개량점은 두말할 것 없이 'LCD의 컬러화'인데, 알고 보면 이는 기존 게임보이와의 호환성을 완전히 유지하면서도 컬러화하기 위해 VRAM을 뱅크 전환으로 추가하는 테크닉을 사용해 구현한 것이다.

'뱅크 전환'이란, 책을 예로 삼아 설명하자면, 책의 쪽수를 늘리지 않고서 특정 쪽을 접어 넣는 형태로 길게 늘려 추가 지면을 확보하는 것과 비슷한 수법이라면 이해가 될지 모르겠다. 이미 패미컴 시절부터 ROM 용량을 늘리기 위해 흔히 쓰이던 수법인데, 이처럼 뱅크 전환으로 VRAM의 페이지를 늘려 추가되는 용량에 컬러 정보를 추가한 것이다. 이렇게 하면 기기 내부의 메모리 맵을 조정할 필요 없이, 컬러 지원 소프트를 구동할 때에 한해 뱅크 부분을 읽어오기만 하면 된다. 참고로 지상파 방송이 아날로그이던 시절의 TV 방송도, 처음엔 흑백(Y: 휘도 신호) TV로 시작했으나 후일 컬러 정보(C: 컬러 신호)를 전파에 추가하여 컬러 TV 방송을 구현한 바 있으니, 발상 자체로는 표준적인 수법이라 하겠다.

표시 색수의 경우, 32,768색 중 4색(스프라이트는 3색)을 고르면 팔레트 하나가 되며, 팔레트는 스프라이트용과 BG용으로 각각 8개씩 준비되므로, 합계 56색을 표시할 수 있다. 각 팔레트는 흑백 표시 시를 고려해 백색부터 짙은 색 순서로 4색을 배정하는 수법(위의 표를 참조)이 일반적이었으나, 이렇게 제작하면 색 선택의 자유도가 낮아지고 제한이 많아지므로, 흑백/컬러 양대응 게임일 때는 ROM 카트리지 하나 안에 흑백용과 컬러용으로 별개 제작한 그래픽 데이터를 모두 수록한 경우도 많았다.

나중에는 1라인 별로 팔레트 데이터를 교체하는 수법으로 발색수를 늘리는 테크닉도 개발되어, 서양 게임 중에는 「Alone in the Dark : The New Nightmare」처럼 무려 2,000색의 동시발색을 구현한 작품마저 있을 정도다.

▲ 아무리 봐도 게임보이 컬러의 그래픽이라고는 믿어지지 않을 정도인, 「Alone in the Dark : The New Nightmare」의 한 장면.

충실하게 준비된 닌텐도 순정품 액세서리를 완전 망라

게임보이의 주변기기

게임보이의 주변기기는 서드파티 발매품, 무허가 제품까지 포함시키면 엄청나게 방대하다. 본 지면에서는 닌텐도 순정품으로 한정해, 다채로운 액세서리를 소개한다.

전원 POWER SUPPLY

※1 : 1997년부터 세금 별도로 가격 변경

DMG-03

충전식 어댑터

1989년 4월 21일　3,800엔(세금 포함) ※1

완전충전 시 7~10시간을 사용할 수 있는 배터리.
가정용 콘센트에 연결하면 그대로 AC 어댑터로도 사용 가능.

DMG-05

배터리 케이스

1989년 4월 21일　1,400엔(세금 포함)

C형 건전지 4개를 삽입하여 40시간을 사용할 수 있는
대용량 외부전원. 출하량이 적었던 레어 아이템이다.

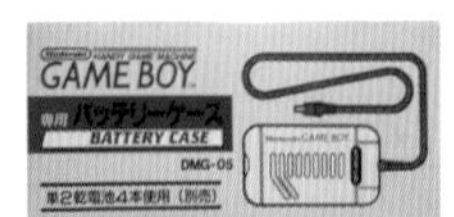

MGB-002

배터리 팩

1997년 11월 21일　1,900엔

완전충전 시 7~10시간을 사용할 수 있는 배터리 팩.
충전하려면 아래의 배터리 팩 충전기 세트가 필요하다.

배터리 팩 충전기 세트

1997년 11월 21일　3,500엔

배터리 팩(MGB-002)과, 가정용 콘센트로
충전 가능한 충전기(MGB-003JPN)의 세트 상품.

MGB-005

AC 어댑터

1996년 7월 21일　1,500엔

게임보이 포켓 이후 기종부터 사용 가능한 AC 어댑터.
가정용 콘센트에 연결한 상태로 게임을 즐길 수 있다.

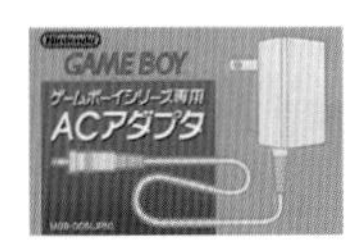

게임보이 지원

게임보이 포켓 / 게임보이 라이트 지원

게임보이 컬러 지원

CATALOGUE

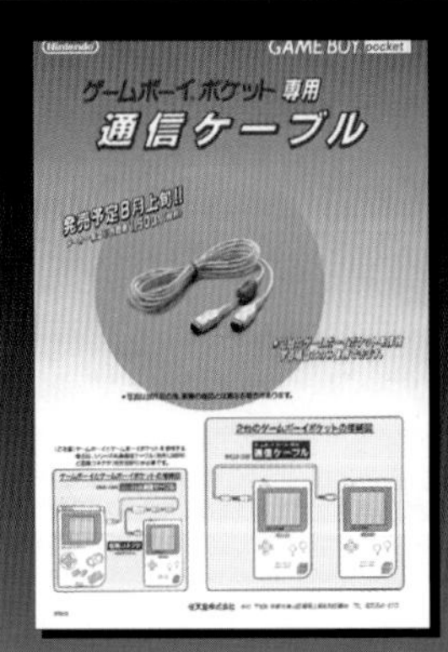

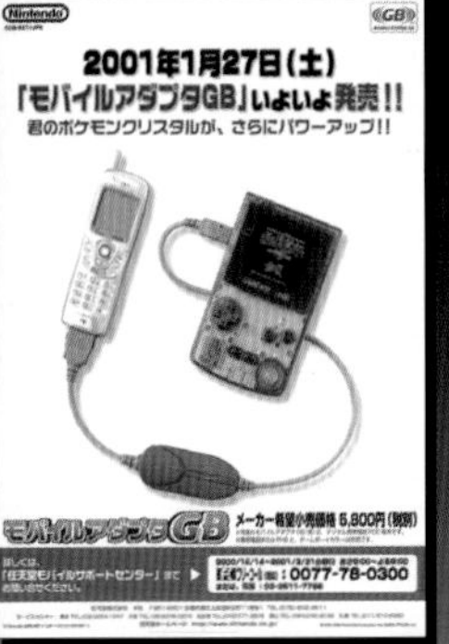

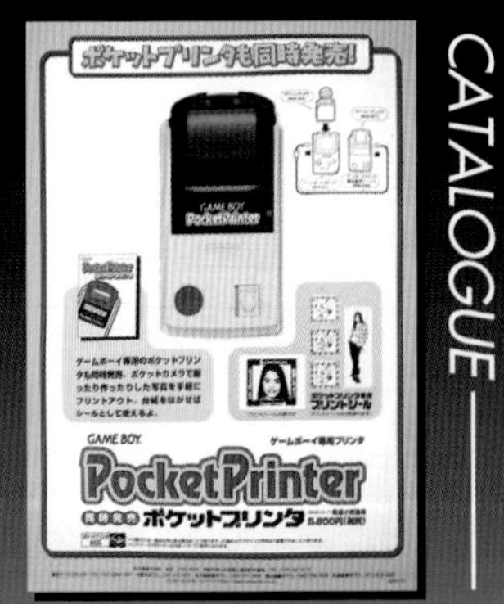

통 신 COMMUNICATION

※1 : 1997년부터 세금 별도로 가격 변경
※2 : 2001년 7월 19일부터 3,800엔으로 가격 변경

DMG-04

게임보이

통신 케이블

1989년 4월 21일 1,500엔(세금 포함) ※1

초대 모델끼리 통신대전을 할 때 필요한 케이블.
후일 통신품질 향상을 위해 페라이트 코어를 추가한 DMG-04A도 발매되었다.

▲ 사진은 DMG-04A.

DMG-07

게임보이

4인용 어댑터

1990년 11월 9일 3,000엔

4인 플레이 지원 게임에서 대전 플레이를 할 때 사용한다.
본 제품뿐만 아니라 대전자 수만큼의 통신 케이블도 필요하다.

MGB-004

게임보이 포켓 라이트 컬러

변환 커넥터

1996년 7월 21일 800엔

초대 모델용 통신 케이블(DMG-04 / DMG-04A)을 사용해,
초대 게임보이와 포켓·라이트·컬러 간에 통신하기 위해 필요한 커넥터.

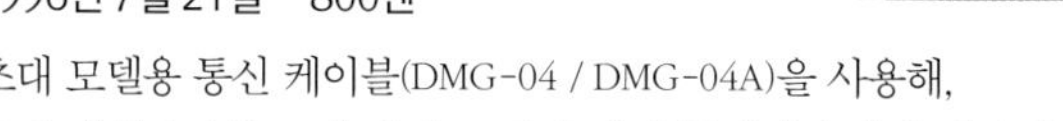

MGB-008

포켓 라이트 컬러

통신 케이블

1996년 7월 21일 1,500엔

포켓 이후부터 채용된 소형 통신 단자에 대응되는 통신 케이블.
후일 통신품질을 향상시킨 MGB-008A, MGB-008B도 발매되었다.

CGB-003

포켓 라이트 컬러

통신 케이블

1998년 10월 21일 1,500엔

게임보이 컬러와 동시 발매된 통신 케이블이지만,
위의 포켓용 통신 케이블(MGB-008B)과 동등한 제품이다.

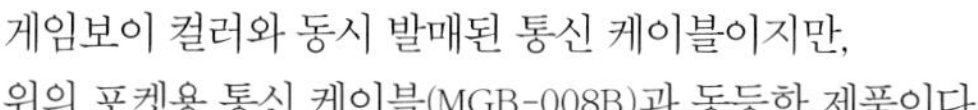

CGB-005

컬러

모바일 어댑터 GB

청색 : 디지털 휴대폰(PDC)용, **황색** : cdmaOne 방식(ASYNC)용,
적색 : DDI 포켓(PHS)용

2001년 1월 27일 5,800엔 ※2

당시 일본의 휴대폰 및 PHS(역주 ※)를 사용해, 게임보이 컬러로 네트워크 통신 서비스와 연결 가능했던 케이블로, 서비스 회사별로 각각 전용 케이블이 발매되었다. 동봉 소프트 「모바일 트레이너」로 Web 브라우징과 메일 송수신도 가능했지만, 현재는 서비스 종료.

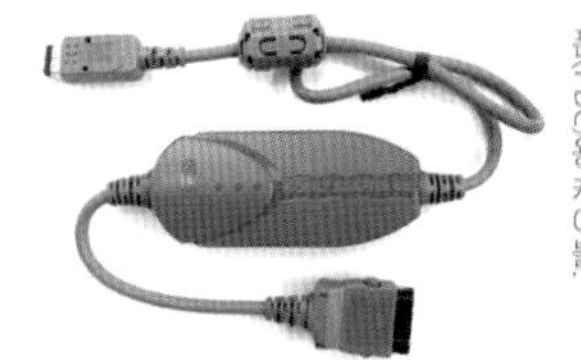

◀ 사진은 디지털 휴대폰(PDC)용 케이블.

기 타 OTHERS

※1 : 1997년부터 세금 별도로 가격 변경

DMG-02

게임보이 포켓 라이트 컬러

스테레오 헤드폰

1989년 4월 21일 1,000엔(세금 포함) ※1

초기 모델의 동봉품과 동등한 스테레오 헤드폰.
모든 게임보이 시리즈에서 사용 가능하다.

DMG-06

게임보이

소프트 케이스

1989년 4월 21일 800엔(세금 포함)

게임보이 본제와 소프트를 휴대하기에 편리한 천 재질의 파우치.
모든 게임보이에 사용이 가능하나, 초대 모델용으로 만들어졌기 때문에 다소 큼직하다.

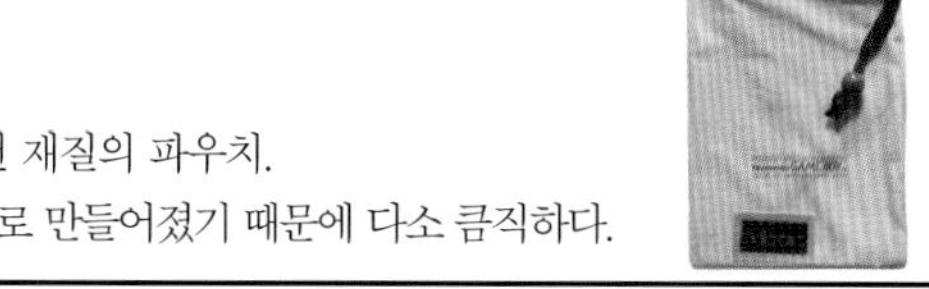

(역주 ※) 90년대 후반~2000년대에 일본에서 대중화되었던 저렴한 휴대폰 서비스.

기 타 OTHERS

※1 : 1997년부터 세금 별도로 가격 변경

DMG-08

클리닝 키트

1989년 4월 21일 800엔(세금 포함) ※1

본체 쪽과 카트리지 쪽의 단자 접점을 청소하기 위한 키트. 이후 패키지 디자인의 모델을 바꿔 재발매했다.

MGB-006

포켓 카메라

1998년 2월 21일 5,500엔

게임보이를 디지털 카메라로 만들어주는 주변기기. 일반적인 카메라 기능 외에도, 카메라를 이용한 게임 3개를 비롯해 사진 편집 툴, 뮤직 툴 등 많은 기능이 들어있어, 단순한 카메라 이상의 제품이다.

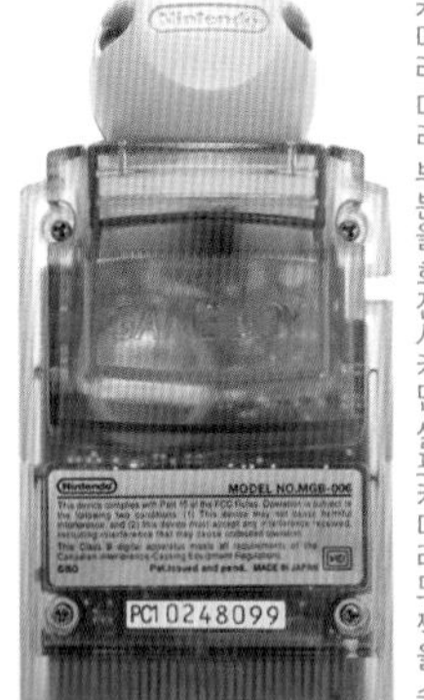

◀ 카메라 머리 부분을 회전시키면 셀프카메라도 찍을 수 있다.

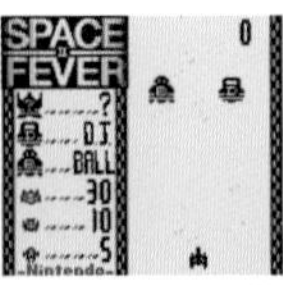
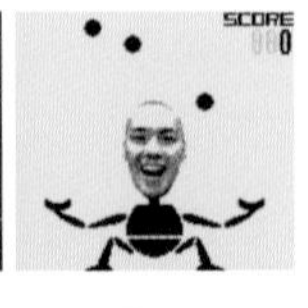

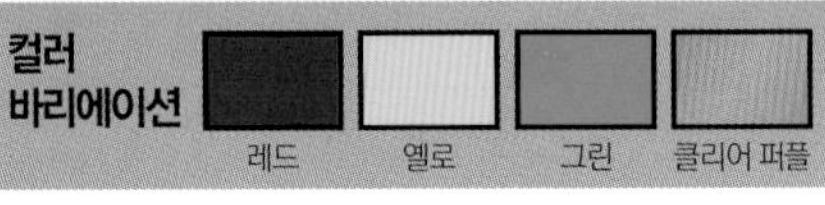

포켓 카메라의 사양

초점거리	20cm~∞
화소 수	14,336(세로 112×가로 128)화소, 모노크롬 4계조
소비전력	DC 5V, 45mW(게임보이 본체에서 공급)
외형치수/중량	57(가로) × 37(높이) × 111(세로) mm, 약 55g

▲ 외장 패키지는 간이 스탠드로 제작 가능해, 셀프카메라 등에 활용할 수 있다. 페이퍼크래프트로 카메라용 모자도 제공하는 등, 즐길 거리를 많이 넣었다.

MGB-007

포켓 프린터

1998년 2월 21일 5,800엔

사진 데이터를 전용 스티커 종이로 출력할 수 있는, 게임기의 역사를 통틀어 매우 독특한 주변기기. 위의 포켓 카메라와 조합하면 오락실에서 흔히 보는 '스티커 사진기' 대용으로 쓸 수도 있고, 특정 게임에서 도감을 완성하면 표창장이 인쇄되는 등의 재미있는 활용법도 있었다. 전원이 AA형 건전지 6개로만 들어가는 등 건전지를 많이 먹는데다, 인쇄물 사이즈도 작고 화질도 나빠서 널리 보급되진 못했다.

인쇄물 예시

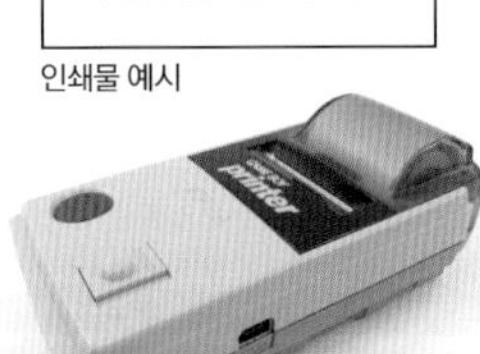

▲ 오른쪽 면에 있는 포켓 이후 기종용 미니 통신 단자로 연결한다. 케이블은 별도로 준비해야 한다.

포켓 프린터의 사양

인쇄 방식	감열식
인쇄 폭	약 26.6mm (160픽셀)
전원	AA형 건전지×6개
접속단자	게임보이 포켓 전용 통신 케이블용 단자

▶ 일반판 패키지와, 한정판인 피카츄 옐로 패키지.

MGB-009

프린트 스티커 (황색·청색·백색)

1998년 2월 21일 각 500엔

위의 포켓 프린터에 사용하는 별매품 프린트 스티커. 황색·청색·백색의 3가지 색상이 있었으며, 기분에 따라 분위기가 다른 스티커를 만들 수 있다.

슈퍼 패미컴으로 게임보이용 게임을 즐길 수 있는 주변기기

슈퍼 게임보이

1994년 6월 14일 6,800엔

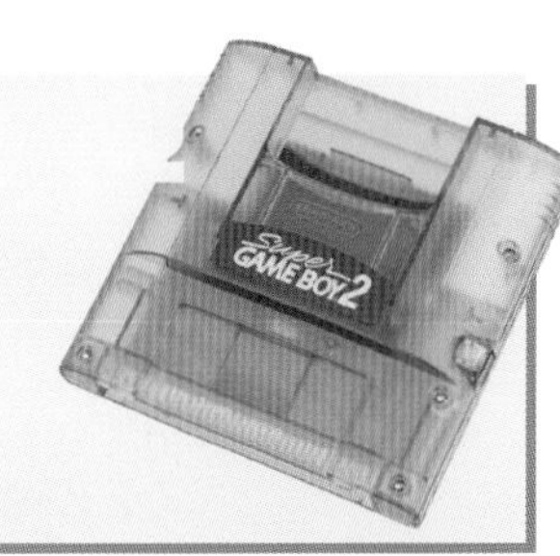

슈퍼 게임보이 2

1998년 1월 30일 5,800엔

포켓 이후 기종 기준의 통신 단자를 추가하고, 일부 호환성을 개선한 후속 모델. 일본에서만 발매되었다.

◀일반 슈퍼 패미컴 카트리지에 비해 1.5배 정도의 길이를 자랑하는 슈퍼 게임보이의 카트리지.

CATALOGUE

Nintendo スーパーファミコン専用 T-DMG-AKXJ-JPN

Super GAME BOY

スーパーゲームボーイ

TV 화면으로 건전지 걱정 없이 즐기자!

슈퍼 게임보이는 게임보이와 동등한 기능을 슈퍼 패미컴 상에서 구현해주는 주변기기다. 게임보이의 모노크롬 4계조에 사전 설정색 또는 임의의 색상을 할당하여, TV 화면을 통해 간이 컬러 모드로 즐길 수 있는 것이 최대의 특징이다. 본 제품 발매 시점에선 게임보이 컬러가 아직 없었던 탓에 컬러 전용 게임은 지원하지 않으며, 흑백/컬러 양대응 게임도 흑백 게임보이용 게임으로 간주한다.

게임보이의 특징이었던 휴대성은 희생되지만, 반응도 신속하고 크게 볼 수 있는 TV 화면을 통해 게임을 즐길 수 있으며, 본체의 전원을 쓰므로 건전지 잔량을 걱정할 필요도 없고, 자신의 취향에 맞는 컨트롤러를 고를 수도 있는 등 장점이 많아, 제법 굳건한 팬이 많은 제품이다.

일부 지원 게임은 슈퍼 게임보이 장착 시에 한해 슈퍼 패미컴의 기능을 살려 색상 수나 사운드가 확장되기도 해, 이런 부가요소를 즐길 수 있는 것도 슈퍼 게임보이만의 매력이다.

◀슈퍼 게임보이 내에는 기본적으로 몇 종류의 픽처 프레임이 수록돼 있으므로, 원하는 틀을 선택해 플레이할 수 있다.

보기만 해도 재미있는 오리지널 픽처 프레임

슈퍼 게임보이 지원 게임 중에는 오리지널 픽처 프레임이 들어있는 작품도 있는데, 각각 제작진의 취향이 담겨있어 실로 재미있다. 꼭 슈퍼 게임보이로 구동해 확인해보자.

로손의 멀티미디어 단말기를 사용해 게임을 제공

닌텐도 파워

2000년 3월 1일 서비스 개시

※ 2002년 8월 31일 로손 점포 서비스 종료
※ 2007년 2월 28일 닌텐도 우편대응 서비스 종료

게임보이로도 온라인 판매를 제공

닌텐도 파워는 일본 24시간 편의점 업계의 대기업인 로손과 공동으로 서비스한, 슈퍼 패미컴 및 게임보이 소프트 판매 서비스다. 먼저 전용 플래시 메모리 카트리지를 로손의 멀티 미디어 단말기 'Loppi'(롭피)에 삽입하여 원하는 소프트를 구입한다. 이후 출력된 영수증을 계산대로 가져가 대금을 지불하면, 계산대에서 게임을 카트리지에 기록해주는 시스템이었다.

과거부터 닌텐도는 디스크 라이터(패미컴 + 디스크 시스템용 소프트 기록 판매 서비스)와 새틀라뷰(슈퍼 패미컴용 위성 다운로드 서비스), 랜드넷(닌텐도 64 + 64DD용 네트워크 통신 서비스) 등등 기존의 소프트 유통망에 의존하지 않는 저렴한 데이터 판매 서비스 사업을 모색해왔기 때문에, 게임 소프트 판매에 뛰어들고 싶었던 로손과 이해가 일치하여 서비스 개시로 이어졌다는 경위가 있다. 그렇다보니, 닌텐도 파워 독점이나 선행판매 신작 타이틀도 있긴 했으나 기본적으로는 구작 타이틀 중심으로, 소프트 하나의 가격도 600엔부터 1,000엔 전후라는 염가로 설정했다. 최종적으로는 게임보이용만 세면 총 214개 타이틀이 제공되었다.

◀ 카드 내부는 8개 블록으로 나뉘어 있어, 7개까지 소프트를 저장할 수 있었다(1블록은 관리용 영역). 왼쪽 사진처럼 처음부터 소프트가 기록돼 있는 사전설치판도 발매되었다.

구입신청 자체는 Loppi에서 하지만 실제로 기록하는 작업은 편의점 직원이 전용 기계로 해줘야 했기에 시간도 품도 들어가는 데다, 중고 소프트가 시중에서 더 싸게 돌기 시작하자 서비스 당초의 예측만큼 이용자가 늘지 않게 되었다. 후일 「Loppi 퍼즐 매거진」 등의 자체제작 타이틀을 투입해 재활성화를 꾀하기도 했으나 결정적인 타개책은 되지 못해, 불과 2년여 만에 로손은 서비스 철수 결단을 내리게 되었다.

Loppi 서비스 종료 후엔 닌텐도가 사후지원을 인계받아, 닌텐도로 카트리지를 우편 발송하면 기록 후 반송해주는 서비스로 이어졌지만, 이 서비스 역시 2007년에 종료되었다.

당시는 슈퍼 패미컴과 게임보이 자체가 구세대 기종 취급받던 시기였던지라, 아무래도 성공한 서비스라고는 하기 어렵다. 하지만 편의점에서 지금처럼 선불카드 판매가 일반화되기 이전의 과도기적인 온라인 서비스의 밑바탕 중 하나였다는 사실만큼은 분명하므로, 게임 역사의 한 페이지로 남을 가치 있는 사례가 되지 않을까.

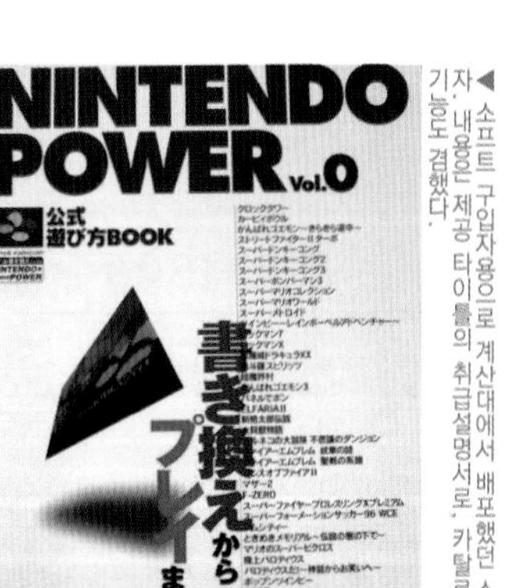

◀ 소프트 구입자용으로 계산대에서 배포했던 소책자. 내용은 제공 타이틀들의 취급설명서로, 카탈로그 기능도 겸했다.

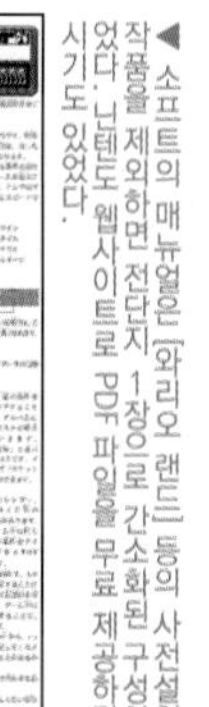

◀ 소프트의 매뉴얼은 「와리오 랜드」 등의 사전설치 작품을 제외하면 전단지 1장으로 간소화된 구성이었다. 닌텐도 웹사이트로 PDF 파일을 무료 제공하던 시기도 있었다.

Chapter 2

게임보이 일본 소프트 올 카탈로그

GAMEBOY SOFTWARE ALL CATALOGUE

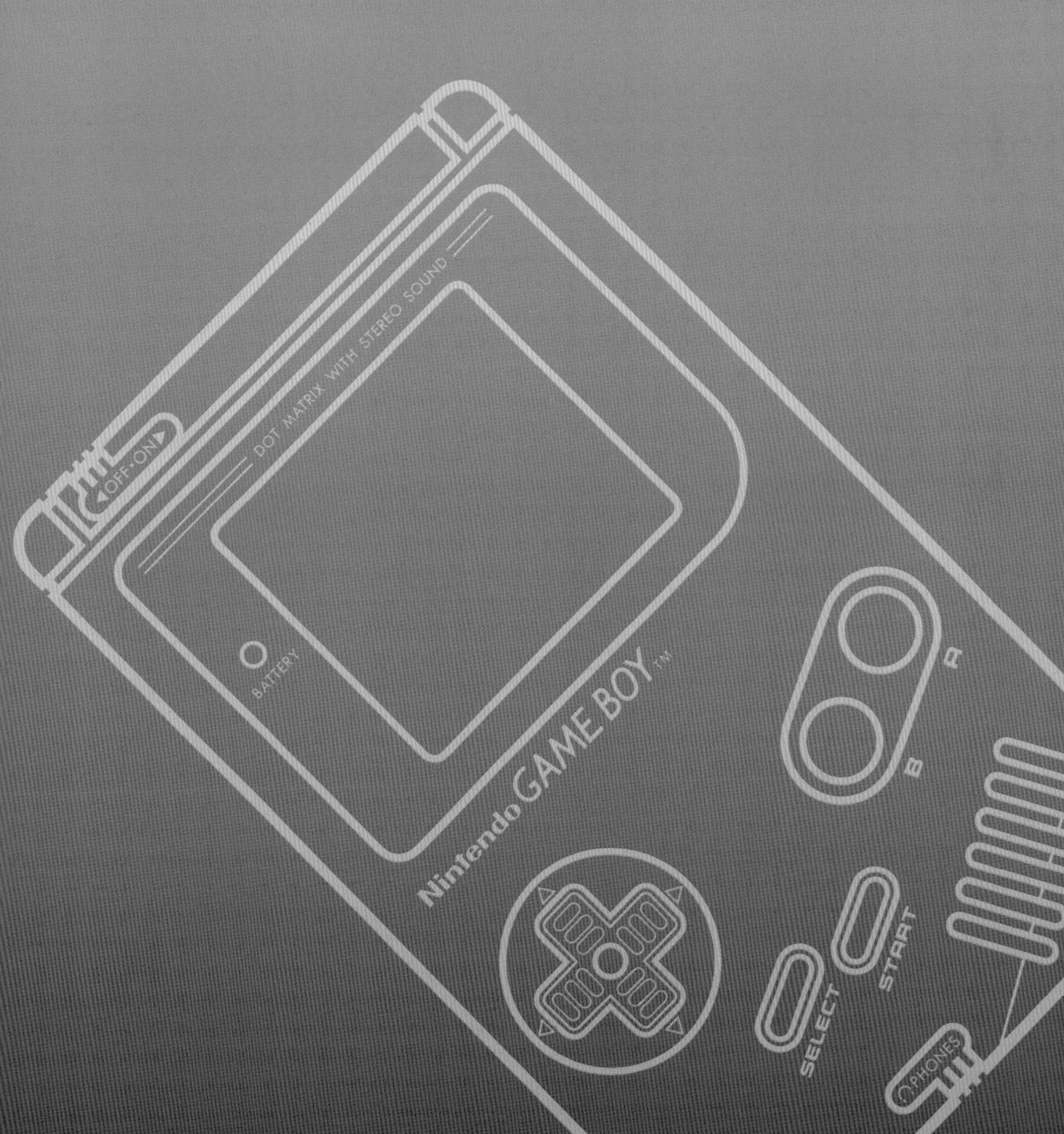

해설 '히트작에 전적으로 편승했던' 소프트 라인업

COMMENTARY OF GAMEBOY #2

게임보이를 대표하는 타이틀, 「테트리스」와 「포켓몬스터」

이 책에서 게임보이의 대표작으로서 여러 차례 등장하는 「테트리스」와 「포켓몬스터」. 단순한 수식어가 아닌 말 그대로의 의미로서, 게임보이의 대표작으로 이 두 게임을 꼽는 데 이의를 제기할 사람은 분명 없을 터이다. 하지만, 이 책에서 이 두 타이틀을 특별히 강조하는 이유는 단순히 '잘 팔려서', '유명해서', '게임으로서의 완성도가 뛰어나서'만이 아니다. 실은 두 타이틀 모두, 당시의 게임보이 소프트 시장을 상징한다는 공통점이 있기 때문이다. 본 지면에서는 이 점을 해설하면서, 게임보이 소프트 시장을 총괄해보고자 한다.

인기작을 베낀 유사 게임이 난립하다

새로운 시대를 개척한 히트 타이틀 하나가 등장한 후, 이를 베낀 유사 작품이 쏟아지는 일은 으레 있는 현상이다. 「스트리트 파이터 Ⅱ」가 히트하니 너나할 것 없이 격투 게임을 내놓던 시기가 있었고, 「아이돌마스터」가 성공하자 여기저기에서 앞다투어 아이돌 게임과 애니메이션을 쏟아내던 때도 있었다. 게임보이의 경우에도 시장 전체가 들썩일 정도의 게임이 나왔던 예가 있었으니, 그것이 바로 「테트리스」와 「포켓몬스터」 두 타이틀이었다.

「테트리스」는 본래 플레이어 자신의 반사 신경과 지구력을 시험하는 1인용 퍼즐 게임이지만, 게임보이로 이식하면서 통신 케이블을 사용한 '2플레이어 모드'가 추가되었다. 한꺼번에 여러 줄을 없애면 상대편에 블록을 보낸다는 규칙을 추가한 것만으로, 「테트리스」는 완전히 다른 게임으로 승화하는 데 성공했다. 이러한 '대전' 개념의 추가는 소프트 개발사에게도 매력적이었는데, '대전하려면 소프트 2개가 필요하니, 2배로 팔릴 것'이라는 점이었다. 그렇다보니 대전 요소가 굳이 필요 없는 게임마저 대전 모드를 탑재하기 시작해, 「테트리스」 붐에 편승하여 안이하게 제작한 고정화면 낙하계 퍼즐 게임이 대량으로 범람하는 결과를 낳았다.

그럼 「포켓몬스터」는 어땠을까. 이 작품은 포켓몬 도감을 완성하기 위해 각지를 여행하는 RPG다. 혼자서는 아무리 열심히 해도 포켓몬 도감 완성이 불가능한데, 이는 다른 플레이어와 포켓몬을 교환해야만 모두 채워지도록 구성했기 때문이다. 이전까지는 없었던 스타일의 게임이었던 만큼 개발이 난항이었고, 발매되기까지 무려 6년이나 걸려야 했던 초대작이었다. 특히 이 작품의 획기적인 점은 각기 몬스터 출현률이 다른 '적'·'녹' 두 버전으로 발매했다는 것으로, 이것이 포켓몬 교환을 적극 유도하는 요인이 되었다.

게임은 대성공해, 닌텐도 스스로조차도 어마어마한 「포켓몬스터」 효과와 사회현상까지 불러일으킬 정도의 영향력을 체감했다. 결산발표회 자리에서 야마우치 당시 사장이 직접, 향후의 게임 개발은 '수집'·'육성'·'통신'·'대전'의 4가지 키워드에 중점을 두겠다는 요지의 발언을 했을 정도다.

이후 당연히 타사의 게임보이용 소프트 라인업에도 「포켓몬스터」의 영향이 뻔히 엿보이는 유사 타이틀이 대량으로 올라왔고, 육성 대상도 몬스터는 물론이고 곤충이나 갖가지 애완동물 등 어지간한 아이디어들이 총동원되어 상품화되는 이상사태를 낳았다. 무려 「드래곤 퀘스트」조차도 여기에 편승해, 시리즈 첫 게임보이용 타이틀로 발매된 「드래곤 퀘스트 몬스터즈 : 테리의 원더랜드」는 몬스터 도감 채우기와 육성·교환 요소를 첨가하는 등 「포켓몬스터」의 영향이 짙게 드리운 게임이었다.

게다가 「포켓몬스터」를 따라 여러 버전을 동시 발매하는 소프트도 다수 나타났으니, 게임보이 소프트 시장에서 「포켓몬스터」의 영향력이 얼마나 컸는지를 짐작할 수 있으리라.

▲ 어마어마한 인기로 소프트와 본체가 동봉된 세트까지 발매되었던 「테트리스」.

▲ 수집한 몬스터를 전투에 내보낸다는 새로운 놀이 방법을 제안한 「포켓몬스터」.

학습용 게임부터 전자수첩까지, '인프라'의 영역에 들어온 게임보이

이 책에 게재된 게임보이용 소프트는 총 1,262개 타이틀이다. 소프트가 14년 동안이나 발매된 게임기인 만큼 당연히 발매 타이틀 수가 많기도 하겠으나, 타 기종에는 보이지 않는 특징이 있는데 다름 아닌 '게임이 아닌 타이틀'이 다수 발매되었다는 점이다. 구체적으로는 퀴즈 형식으로 학습을 도와주는 「합격 보이」 시리즈, 제과 레시피 등을 수록한 「친근한 쿠킹」 시리즈, 경주마 데이터를 입력하면 사야 할 마권을 예상해주는 「마권왕」, 게임보이를 전자수첩으로 만들어주는 「나노노트」 등의 실용 소프트가 많이 나왔다.

게임보이가 나올 당시인 20~30년 전은, 스마트폰은 고사하고 태블릿이나 소형 모바일 기기조차 거의 존재치 않았던 시대였다. 수천 엔 정도면 본체를 살 수 있고, 야외로 갖고 나갈 수 있으며, 데이터 교환용 통신 케이블과 프린터까지도 발매되었던 게임보이는 일종의 정보 인프라 역할도 담당했던 것이다. 물론 기능 면에서는 매우 원시적인 대용품 수준이라 현대의 스마트폰에 익숙한 지금 시각으로 보면 장난감에 지나지 않겠지만, '다양한 정보를 제공하는 단말기가 될 가능성을 지닌 전자기기'였다는 점은 분명 게임보이가 지닌 일면이었다.

단순한 게임기의 틀을 뛰어넘은 게임보이의 의외의 활용방법이 당시 분명 존재했었다는 사실만큼은, 후세에도 꼭 기억되었으면 한다.

▲ 게임 이외의 활용방법을 모색한 각종 실용 소프트의 예시. 게임보이는 당대의 범용 모바일 단말기가 아니었을까!?

이 책에 게재된 카탈로그의 범례

① 대응 기종별 마크

대응 기종을 구별하는 마크. 다음의 3종류가 있다.

 게임보이 지원  게임보이 비지원  게임보이 컬러 지원

② 게임 타이틀명

③ 게임 화면

사진 설명과 함께 게임 화면을 게재했다.

④ 패키지 표지

⑤ 내용 설명

(예시)
① 게임보이 컬러 / 게임보이 ② 포켓몬스터 금
⑥ RPG ⑦ 닌텐도 1999년 11월 21일 3,800엔
⑧ 통신 케이블 지원 / 적외선 통신 지원 / 슈퍼 게임보이 지원 / 포켓 프린터 지원
③ ▲ 컬러를 제대로 지원해, 색이 다른 포켓몬도 획득 가능.
④ ⑤ 새로운 시나리오와 맵은 물론, 100 종류의 포켓몬이 새로 추가된 「포켓몬스터」 속편. 카트리지에 시계 기능을 내장해, 게임 내에서도 리얼타임으로 시간이 흘러가는 것이 큰 특징이다.

⑥ 장르 아이콘

게임 장르를 10종류로 분류한 아이콘.

STG	슈팅 게임	**ACT**	액션 게임	**PZL**	퍼즐 게임	**RPG**	롤플레잉 게임	**SLG**	시뮬레이션 게임
SPT	스포츠 게임	**RCG**	레이싱 게임	**AVG**	어드벤처 게임	**ETC**	교육·기타	**TBL**	보드 게임

⑦ 기본 스펙 표기란

발매 회사, 발매일, 가격(세금이 포함된 경우 '세금 포함'을 병기).

⑧ 기능·지원 주변기기 아이콘

통신 케이블 및 주변기기 지원 여부를 표시한 아이콘.

 통신 케이블 지원 게임 (24p)
 적외선 통신 지원 게임 (23p)
4인용 어댑터 지원 게임 (25p)
슈퍼 게임보이 지원 게임 (27p)
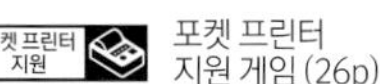 포켓 프린터 지원 게임 (26p)

GAME BOY
SOFTWARE ALL CATALOGUE

1989년은 게임보이가 발매된 기념비적인 첫해다. 「슈퍼 마리오 랜드」를 포함해 4개 소프트가 동시 발매됨으로써, 이후 14년에 걸쳐 이어지는 게임보이의 역사가 막을 올렸다.

초기 타이틀은 휴대성을 중시해서인지, 그다지 반사 신경이 필요 없는 퍼즐 게임과 규칙이 단순한 보드 게임이 많았다. 그러나 「테트리스」의 폭발적인 히트를 계기로, 일약 패미컴을 뛰어넘는 새로운 플랫폼으로 인식되기 시작한다.

GB 게임보이 슈퍼 마리오 랜드
ACT 닌텐도 1989년 4월 21일 2,600엔(세금 포함)

통신 케이블 지원 / 적외선 통신 지원 / 슈퍼 게임보이 지원 / 포켓 프린터 지원

▲「슈퍼 마리오브라더스」와는, 에리어 워프가 없는 등의 차이가 있다.

게임보이 본체와 같은 날 발매된 횡스크롤 액션 게임으로, 「슈퍼 마리오」시리즈 4번째 작품. 우주괴인 타탕가에게 납치당한 사라사 랜드의 데이지 공주를 구하러 차이 왕국으로 향한다. 새로운 스탭들이 제작에 참가했고, 신규 요소로 탈것에 탑승해 이동하는 강제 스크롤 슈팅 스테이지 등이 추가되었다. 게임보이 역대 소프트 판매량 2위를 기록한 초대작이다.

GB 게임보이 앨리웨이
ACT 닌텐도 1989년 4월 21일 2,600엔(세금 포함)

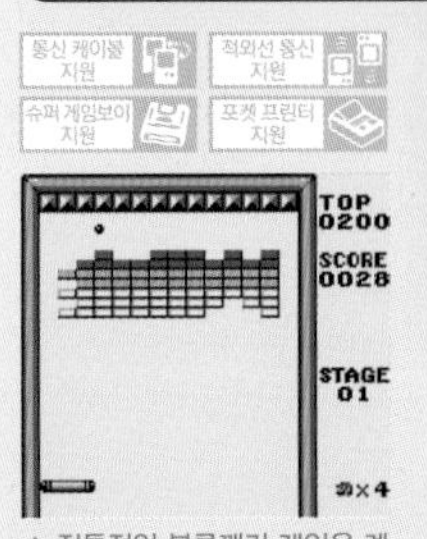
▲ 전통적인 블록깨기 게임을 계승한 심플한 화면.

패들로 볼을 쳐날려 블록을 부수는 고전적인 블록깨기 게임. 스테이지 진행 중 깨지지 않는 벽이나 움직이는 블록도 등장하며, 십자 버튼과 A·B 버튼을 조합해 패들의 속도를 조절하며 이동시킨다.

GB 게임보이 베이스볼
SPT 닌텐도 1989년 4월 21일 2,600엔(세금 포함)

▲ 수비 중엔 선수가 자동으로 타구를 쫓아가지만, 직접 조작도 가능.

게임보이 본체와 동시 발매된 작품. 두 팀 중 하나를 골라 대전한다. JPN 모드와 USA 모드가 있는데, 구속·카운트 표시·BGM이 달라진다. USA 모드에서는 투수로 MARIO와 LUIGI가 등장한다.

GB 게임보이 역만
TBL 닌텐도 1989년 4월 21일 2,600엔(세금 포함)

▲ 패를 파악하기 좋게 화면을 구성해, 마작에 몰두할 수 있다.

게임보이로 고전적인 일본 마작을 즐기는 2인 대국 마작 게임. 대전 상대로 5명 중 하나를 선택하여 변화무쌍한 대전을 즐긴다. 패가 심플하면서도 파악하기 좋게 그려져 있다. 통신 케이블로 대전도 가능.

GB 게임보이 테니스
SPT 닌텐도 1989년 5월 29일 2,600엔(세금 포함)

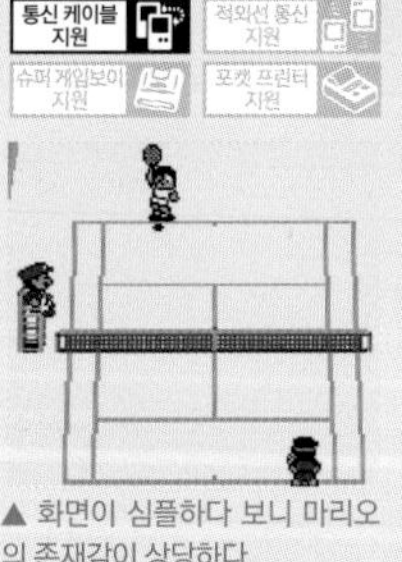
▲ 화면이 심플하다 보니 마리오의 존재감이 상당하다.

단식으로 플레이하는 고전적인 테니스 게임. 구성은 단출하지만, 로브와 스매시를 나눠 구사할 수 있어 제법 리얼한 감각의 시합을 맛볼 수 있다. 통신 케이블로 2인 대전도 가능. 심판은 마리오다.

테트리스
PZL 닌텐도 1989년 6월 14일 2,600엔(세금 포함)

▲ 끝없이 라인을 없애나가는 A타입과, 25라인 단위로 고득점을 겨루는 B타입을 즐긴다.

낙하계 퍼즐의 원조라 할 만한 게임으로서 세계적으로 대히트한, 같은 제목 타이틀의 이식판. 휴대하며 즐길 수 있고, 게임보이판에서 최초로 대전 플레이를 지원하여, 일본 내 출하량 약 424만장으로 게임보이 소프트의 단일 매출로는 1위를 기록하였으며, 본체 보급에도 크게 공헌하였다. 초기 버전과 후기 버전은 수록된 BGM이 다르다.

상하이
PZL HAL 연구소 1989년 7월 28일 2,980엔(세금 포함)

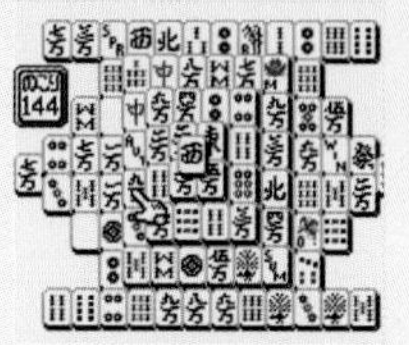

▲ 현재 보이는 패를 힌트 삼아, 무엇부터 빼낼지 생각하자.

일정 패턴으로 쌓아올린 마작패들을 규칙에 따라 한 쌍씩 빼나가는 퍼즐 게임. 초기 「상하이」답게 패를 쌓는 방식은 1종류로, 클리어 시 나오는 플레이어 축하 메시지는 여러 패턴이 있다.

창고지기
PZL 포니 캐년 1989년 9월 1일 3,090엔(세금 포함)

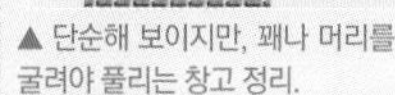

▲ 단순해 보이지만, 꽤나 머리를 굴려야 풀리는 창고 정리.

미로와도 같은 창고 안에서, 화물을 밀어 지정된 장소까지 옮겨야 하는 퍼즐 게임. 룰은 단숨에 이해될 만큼 심플하지만, 총 108스테이지를 모두 클리어하기란 매우 힘들다. 에디트 모드도 탑재.

미키 마우스
ACT 켐코 1989년 9월 5일 2,980엔(세금 포함)

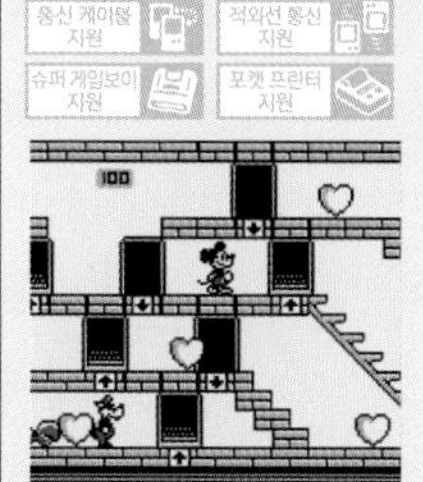

▲ 계단과 토관을 잘 활용하여 클리어해 보자!

미키 마우스가 주인공인 액션 게임. 방에 떨어진 하트를 전부 모으면 스테이지 클리어인 심플한 게임이지만, 점프 없이 좌우 이동만 가능한 제약 덕분에 다양한 공략요소가 발생해 호평받은 작품.

모토크로스 매니악스
RCG 코나미 1989년 9월 20일 2,900엔(세금 포함)

▲ 정확한 타이밍에 점프하는 게 완주의 키포인트.

기복과 변화가 다채로운 코스를 주파하는 횡스크롤 바이크 레이싱 게임. 단출한 화면 구성에서 느껴지는 선입관과는 정반대로, 공중회전과 니트로 가속 등을 구사해 꽤나 다이내믹한 공략이 가능하다.

하이퍼 로드 러너
ACT 반다이 1989년 9월 21일 2,800엔

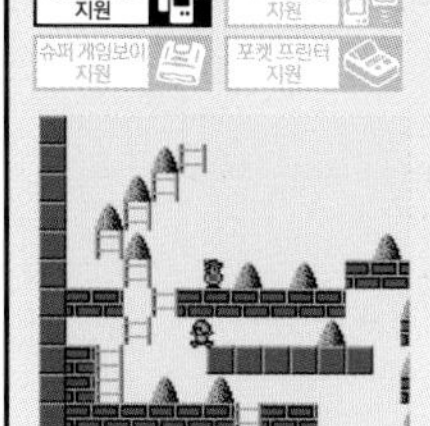

▲ 금괴를 모두 입수할 수 있도록 이동 코스를 잘 짜는 게 포인트.

적에게서 도망치며 돌바닥에 구멍을 파고, 금괴를 모아 골인해야 하는 퍼즐 액션 게임. 총 50스테이지로 컴팩트하지만, 시간차로 구멍 파기 등의 테크닉이 필요한 고난이도 스테이지가 많다.

핀볼 : 66마리의 악어 대행진
ACT HAL 연구소 1989년 10월 18일 2,980엔

▲ 게임 자체는 매우 평범한 핀볼이다.

장치나 배경 등으로 악어가 도처에 등장하는 핀볼 게임. HAL 연구소 개발 작품이다. 게임 내는 물론, 타이틀 화면 등 여기저기에 악어가 잔뜩 나온다. 총 66마리라니, 모두 찾아보는 것도 재미있겠다.

 게임보이 지원
 게임보이 비지원
 게임보이 컬러 지원
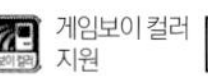 통신 케이블 지원 게임
 적외선 통신 지원 게임

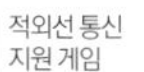 슈퍼 게임보이 지원 게임

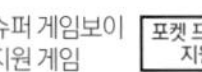 포켓 프린터 지원 게임
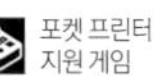

GB 게임보이 드라큘라 전설

ACT 코나미 1989년 10월 27일 3,300엔(세금 포함)

통신 케이블 지원 / 적외선 통신 지원 / 슈퍼 게임보이 지원 / 포켓 프린터 지원

▲ 독특한 세계관을 표현한 그래픽과, 소울 뮤직 풍 BGM으로 호평받았다.

「악마성 드라큘라」 시리즈 최초의 휴대용 게임기용 작품. 초대 「악마성 드라큘라」의 주인공 시몬의 선조인 '크리스토퍼 벨몬드'가 주인공으로, 드라큘라 백작을 토벌하러 가는 과거 에피소드를 그린 외전격 작품이다. 총 4스테이지 구성이고 컨티뉴도 무제한이지만, 세이브 기능이나 패스워드 컨티뉴 등은 없다.

GB 게임보이 시사이드 발리

SPT 톤킨 하우스 1989년 10월 31일 2,980엔(세금 포함)

통신 케이블 지원 / 적외선 통신 지원 / 슈퍼 게임보이 지원 / 포켓 프린터 지원

▲ 여성 팀은 특유의 활기로 게임 분위기를 한층 돋워준다.

비치발리볼이 소재인 스포츠 게임. 남녀로 나뉜 4개국 팀 중에서 플레이어가 선택해 즐긴다. 통신 케이블로 2인이 동시에 즐길 수 있으며, 대전은 물론 협력 플레이도 가능. 조작성도 뛰어난, 괜찮은 작품이다.

GB 게임보이 퍼즐 보이

PZL 아틀라스 1989년 11월 24일 2,980엔(세금 포함)

통신 케이블 지원 / 적외선 통신 지원 / 슈퍼 게임보이 지원 / 포켓 프린터 지원

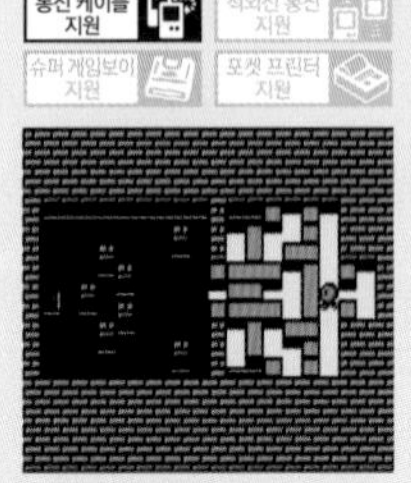

▲ 우선 초심자용 스테이지부터 연습하자!

탑뷰 스타일의 퍼즐 게임. 돌을 움직이거나, 회전하는 문을 돌파해 골로 향하자. 조작은 상하좌우 이동이 전부로, 심플하고 단순명쾌해 누구나 즐길 수 있다. 등장 캐릭터는 주인공을 포함해 모두 야채다.

GB 게임보이 골프

SPT 닌텐도 1989년 11월 28일 2,600엔(세금 포함)

통신 케이블 지원 / 적외선 통신 지원 / 슈퍼 게임보이 지원 / 포켓 프린터 지원

▲ 흑백 화면인데도 골프 코스를 잘 표현해냈다.

2등신 마리오가 귀여운, 고전적인 골프 게임. 탑뷰형 화면이지만, 입체적으로 날아가는 볼과 상황에 맞춰 줌인되는 코스 묘사 덕에 화면을 파악하기 쉬워, 스크린이 작은데도 쾌적하게 즐길 수 있다.

GB 게임보이 파친코 타임

SLG 코코너츠 재팬 1989년 12월 8일 3,280엔(세금 포함)

통신 케이블 지원 / 적외선 통신 지원 / 슈퍼 게임보이 지원 / 포켓 프린터 지원

▲ 처음은 하네모노부터 공략하며 구슬을 늘리자.

이 회사의 간판 캐릭터 '파치오 군'이 주인공인 파친코 게임. 점포의 기기를 공략하며 구슬을 불려, 구슬을 일정량 벌면 다음 점포로 갈 수 있다. 당시의 파친코 게임으론 드물게, 보유 구슬을 옮길 수 있었다.

GB 게임보이 마계탑사 Sa·Ga

RPG 스퀘어 1989년 12월 15일 3,500엔(세금 포함)

통신 케이블 지원 / 적외선 통신 지원 / 슈퍼 게임보이 지원 / 포켓 프린터 지원

▲ 참신한 시스템을 도입했음에도, 플레이에 몰두하게 되는 게임 밸런스가 훌륭했다.

스퀘어의 게임보이 참가 첫 작품은 게임보이 오리지널의 필드맵 RPG. 인간·에스퍼·몬스터 중에서 캐릭터를 선택해 편성하는 파티, 종족에 따라 달라지는 성장 시스템, '계층 세계'라는 설정 등 실험적인 요소가 가득 담겨있다. 신이 만들어냈지만 지금은 황폐해진 세계라는 설정도 당시 시점에선 꽤 신선해, 두근거리는 마음으로 플레이할 수 있었다.

쇼기

SLG 포니 캐년 1989년 12월 19일 3,400엔(세금 포함)

▲ 상대의 말이 보이지 않는 모드는 거의 감으로 플레이해야 한다.

일반적인 룰로 대전하는 모드와 '박보장기 모드', 상대 말이 보이지 않는 '?!쇼기 모드'가 있는 쇼기(일본 장기) 게임. '?! 모드'를 최고 레벨로 설정하면 모든 말이 감춰져, 스릴 넘치는 승부를 즐길 수 있다.

해전 게임 네이비블루

SLG 유스 1989년 12월 22일 3,400엔(세금 포함)

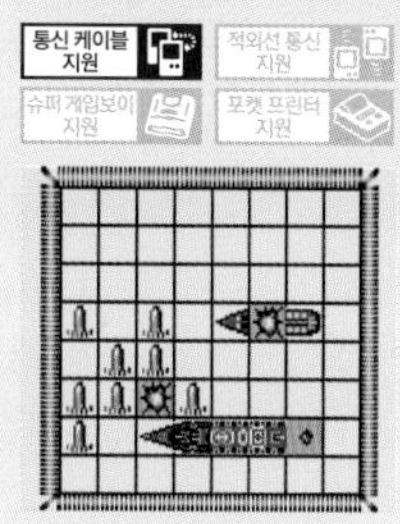

▲ 깊이 있는 전략성에 빠져든 사람이 많았을 듯.

세계적으로 널리 유행한 유명 보드 게임을 게임보이로 즐기는 작품. 스테이지를 진행할수록 함선과 무장이 늘어난다. 덕분에 보드 게임으로는 맛보기 힘든 다채로운 전략이나 GB판 고유의 정석이 만들어졌다.

큐 빌리언

PZL 세타 1989년 12월 22일 2,980엔(세금 포함)

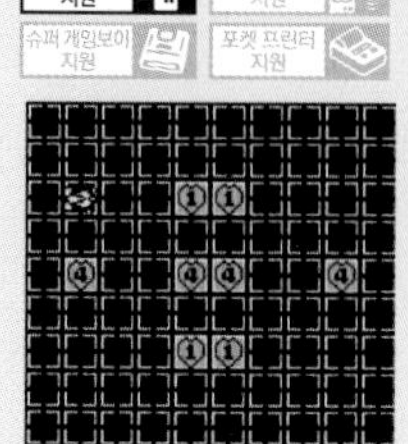

▲ 같은 무늬의 블록은 4개를 붙이면 1단만큼 없앨 수 있다.

쌓아올린 블록들을 한 단씩 내려, 모든 블록을 지면에 놓는 것이 목적인 퍼즐 게임. 숫자는 쌓인 단수를 의미하며, 한 단 높이의 블록만 밀 수 있으므로 잘 생각하고 움직이지 않으면 바로 외통수로 몰린다.

북두의 권 : 처절 십번승부

ACT 토에이 동화 1989년 12월 22일 3,500엔(세금 포함)

▲ '북두의 권'의 세계를 작은 화면에 도트 그래픽으로 재현했다.

지금도 절대적인 인기를 자랑하는 만화 '북두의 권'. 원작에 등장하는 캐릭터 11명 중 하나를 골라, 남은 10명과 싸우는 격투 게임 풍의 액션 게임. 게임보이 화면인데도 각 캐릭터의 특징을 잘 묘사했다.

아장아장! 아스믹 군 월드

ACT 아스믹 1989년 12월 27일 3,090엔

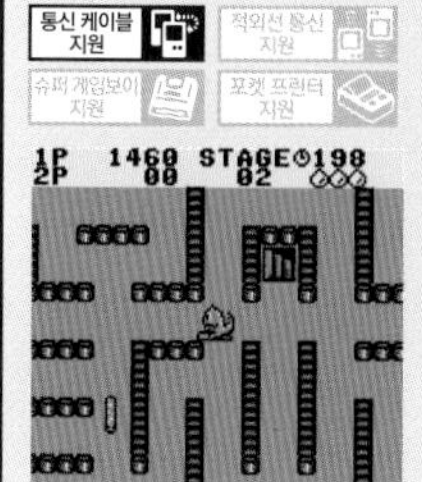

▲ 게임 난이도가 높아, 많은 유저들을 고생시켰다.

아스믹 군이 대마왕 자우존을 물리치러 탑을 오른다. 아스믹 군은 기본적으로 구멍을 파고 메우는 일만 가능. 보스를 물리쳤다고 끝이 아니라, 탑을 다시 내려와야 하는 등 독특한 전개로 플레이어를 놀라게 했다.

마스터 카라테카

ACT 신세이 공업 1989년 12월 28일 2,900엔(세금 포함)

▲ 카라테카의 조작법은 심플하지만, 막판의 적은 물리치기 어렵다.

카라테카를 조작해 펀치와 킥으로 적을 물리치고 사로잡힌 마리코 공주를 구한다는, 애플 Ⅱ판이 원작인 액션 게임. 기본적으로 1 : 1 대전이지만, 가끔 수리검이나 새 등의 변칙적인 공격도 날아와 방심할 수 없다.

셀렉션 : 선택받은 자

RPG 켐코 1989년 12월 28일 3,090엔(세금 포함)

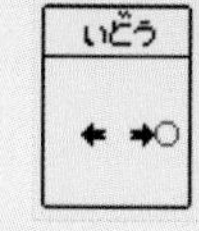

▲ 어드벤처 게임 풍으로 이동화면을 구성한 것이 의외였다.

어둠에 사로잡힌 왕에게서 벗어나 은밀히 키워진 왕자 '하인'. 그가 나라를 구하러 떨쳐 일어나, 희망의 검을 찾아 나선다는 스토리다. 게임 화면은 3D 던전 RPG 풍이지만 조작은 커맨드 선택식 어드벤처 게임에 가까우며, '보다'·'두드리다'·'열다' 등의 커맨드를 골라 퍼즐을 풀며 진행한다. 전투 도중 적끼리 싸우기도 하는 등, 독특한 전투 시스템도 주목할 점이다.

GAME BOY
SOFTWARE ALL CATALOGUE

전년도의 「테트리스」 히트 덕에 패미컴을 대신할 만한 플랫폼으로 우뚝 선 게임보이는, 단숨에 출시작이 늘어나 이 해에만 118개 타이틀이 발매되었다. 특히 '대전이 잘 먹히면 소프트가 2배로 팔린다'는 이유로 통신대전 기능을 넣은 소프트 비율이 높았으니, 「테트리스」의 영향이 얼마나 컸는지를 짐작할 수 있다. 한편, 타 기종판의 이식작이 아닌 게임보이 오리지널 타이틀도 늘어나기 시작했다.

히어로 집합!! 핀볼 파티
GB 게임보이 TBL 잘레코 1990년 1월 12일 2,980엔(세금 포함)

통신 케이블 지원 / 적외선 통신 지원 / 슈퍼 게임보이 지원 / 포켓 프린터 지원

▲ 플리퍼가 없어진다는 어마어마한 페널티가 존재한다.

역대 잘레코 게임의 히어로들이 등장하는 핀볼 게임. 「닌자 쟈쟈마루 군」의 쟈쟈마루, 「돼지 씨」의 돼지 씨 등이 나온다. 게임 자체는 평범한 핀볼이므로, 캐릭터를 몰라도 충분히 즐길 수 있다.

월드 볼링
GB 게임보이 SPT 아테나 1990년 1월 13일 3,090엔(세금 포함)

통신 케이블 지원 / 적외선 통신 지원 / 슈퍼 게임보이 지원 / 포켓 프린터 지원

▲ 나라마다 레인에 특징이 있어, 끝까지 흥미롭게 즐길 수 있다.

6개국을 돌며 각국의 레인마다 설정된 스코어를 넘는 것이 목적. 난이도가 높은 편으로, 따야 하는 스코어가 꽤 크게 설정되어 있다. 스트라이크를 따내려면 운도 필요해, 많은 플레이어를 힘들게 했다.

헤이안쿄 에일리언
GB 게임보이 ACT 멜닥 1990년 1월 14일 3,000엔(세금 포함)

통신 케이블 지원 / 적외선 통신 지원 / 슈퍼 게임보이 지원 / 포켓 프린터 지원

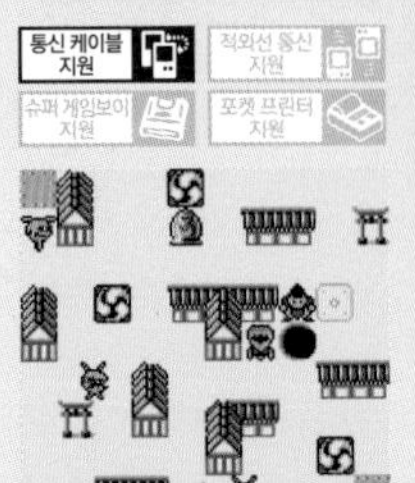

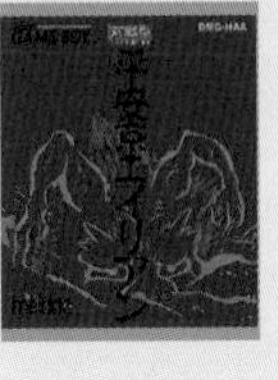

▲ 에일리언의 움직임을 예측해, 효율적으로 구멍을 파자.

구멍을 파서 헤이안쿄에 출현한 에일리언을 물리치는, 왕년의 인기 아케이드 게임 리메이크판. 원작보다 큼직한 캐릭터, 경쾌한 BGM, 구멍 파기 속도 향상 등의 개량 덕에, 쾌적한 템포로 즐길 수 있다.

솔라 스트라이커
GB 게임보이 STG 닌텐도 1990년 1월 26일 2,600엔(세금 포함)

통신 케이블 지원 / 적외선 통신 지원 / 슈퍼 게임보이 지원 / 포켓 프린터 지원

▲ 난이도가 높지 않은 편이라, 슈팅 초보자도 안심.

게임보이로서는 물론, 닌텐도가 만든 종스크롤 슈팅 게임이란 지극히 희귀한 타입의 게임. 총 6스테이지 구성이며 알기 쉽고 즐기기 쉽고 심플한, 닌텐도가 게임보이에 바란 이상적인 게임의 형태를 보여주는 작품.

오델로
GB 게임보이 TBL 카와다 1990년 2월 9일 2,980엔(세금 포함)

통신 케이블 지원 / 적외선 통신 지원 / 슈퍼 게임보이 지원 / 포켓 프린터 지원

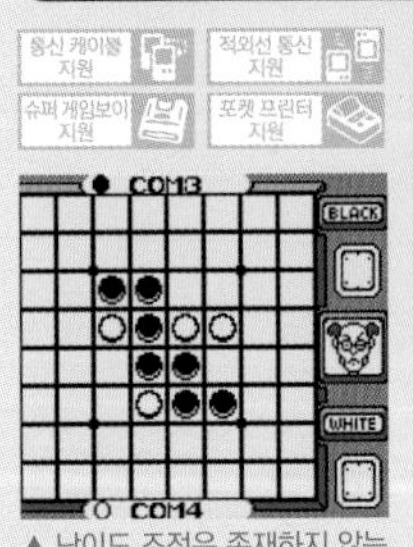

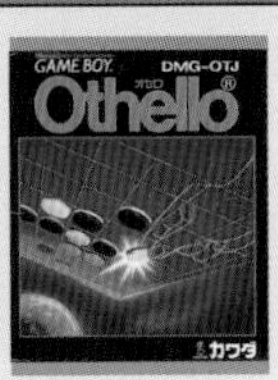

▲ 난이도 조정은 존재하지 않는다. 이길 때까지 해보자!

쓸데없는 장식이 일체 없는, 순수한 오델로 게임. 오델로 외의 기능은 전혀 없어, 그야말로 오델로 팬을 위한 게임이다. COM끼리의 대전 설정도 가능해, 처음이라면 COM 대전을 관전하며 연구하는 방법도 있다.

대국 렌쥬
GB 게임보이 TBL 토와 치키 1990년 2월 23일 2,980엔(세금 포함)

통신 케이블 지원 / 적외선 통신 지원 / 슈퍼 게임보이 지원 / 포켓 프린터 지원

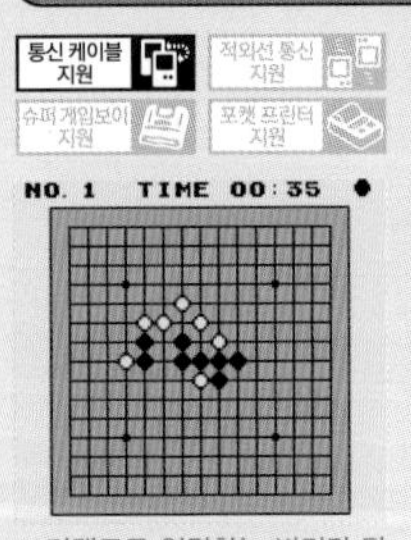

▲ 커맨드로 입력하는 비기가 타이틀 화면 속에 숨어있다!

오목에서 파생된 게임 '렌쥬'를 소재로 한 작품. 패미컴 소프트 업계에서 유명했던 토와 치키 사가 개발했다. 1인 플레이 외에 통신 케이블 대전 플레이, 이 소프트의 특징인 '묘수풀이 렌쥬' 모드도 있다.

네메시스

GB 게임보이 STG 코나미 1990년 2월 23일 3,500엔(세금 포함)

통신 케이블 지원 / 적외선 통신 지원 / 슈퍼 게임보이 지원 / 포켓 프린터 지원

▲ 스테이지마다 전혀 다른 보스가 등장. 유명한 모아이가 등장하는 스테이지도 있다.

캡슐을 획득해 게이지식으로 파워업하는 횡스크롤 슈팅 게임 「그라디우스」를 기반으로 하여 제작한 슈팅 게임. 스테이지 구성과 보스전은 원작을 대담하게 개변했으며, 타 기종의 역대 「그라디우스」 시리즈 BGM을 편곡한 곡을 다수 수록한 것 등, 코나미 팬이라면 꼭 즐겨봐야 할 작품이다. 물론 코나미 팬이 아니라도 재미있게 즐길 수 있는 작품.

베이스볼 키즈

GB 게임보이 SPT 잘레코 1990년 3월 15일 3,300엔(세금 포함)

통신 케이블 지원 / 적외선 통신 지원 / 슈퍼 게임보이 지원 / 포켓 프린터 지원

▲ 타격이 좀 까다롭지만, 익숙해지면 홈런도 간단!?

게임보이용 스포츠 게임으론 초기작품. 수비 시 점프로 타구를 캐치하는 등 다른 작품에선 볼 수 없는 요소가 있으며, 「불타라!! 프로야구」를 만든 잘레코답게 화끈한 플레이를 즐길 수 있는 게 특징이다.

플리풀

GB 게임보이 PZL 타이토 1990년 3월 16일 3,090엔(세금 포함)

통신 케이블 지원 / 적외선 통신 지원 / 슈퍼 게임보이 지원 / 포켓 프린터 지원

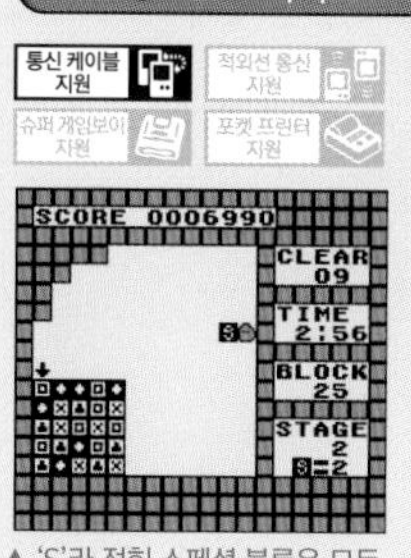

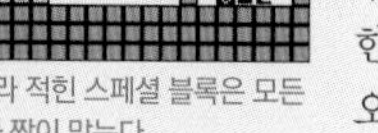

▲ 'S'라 적힌 스페셜 블록은 모든 블록과 짝이 맞는다.

쌓여있는 블록과 같은 무늬의 블록을 던져 지워나가는, 아케이드판 원작의 퍼즐 게임. 일정 수의 블록을 지우면 다음 스테이지로 넘어간다. 경쾌한 음악은 이어폰으로 들으면 스테레오 느낌이 나 더욱 즐겁다.

쿼스

GB 게임보이 PZL 코나미 1990년 3월 16일 3,300엔(세금 포함)

통신 케이블 지원 / 적외선 통신 지원 / 슈퍼 게임보이 지원 / 포켓 프린터 지원

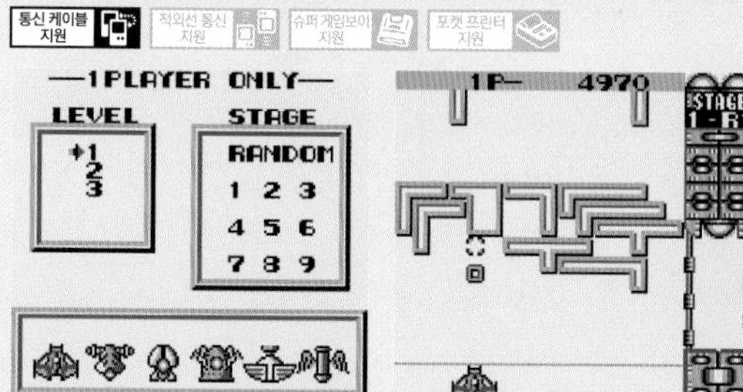

▲ 퍼즐 게임으로서의 완성도도 뛰어나지만, 스팀 펑크 풍 비주얼도 매력적이다.

종스크롤 슈팅 풍으로 화면이 구성된 퍼즐 게임. 스크롤되며 점차 내려오는 블록에 블록 피스를 쏴 맞춰 사각형을 완성하면 사라진다는 독특한 룰이 특징이다. 다량의 블록을 한꺼번에 지웠을 때의 쾌감은 이 게임이기에 맛볼 수 있다. 게임보이판은 플레이어 기체가 6종류로, 고른 기체에 따라 2종류의 BGM이 나온다.

펭귄 랜드

GB 게임보이 ACT 포니 캐년 1990년 3월 21일 3,090엔(세금 포함)

통신 케이블 지원 / 적외선 통신 지원 / 슈퍼 게임보이 지원 / 포켓 프린터 지원

▲ 구멍을 파거나 바위를 움직이는 등, 퍼즐 요소가 풍부하다.

타 기종으로 발매되었던 「두근두근 펭귄 랜드」의 이식작품. 여자친구가 기다리는 지하의 방까지 알을 운반하는 액션 퍼즐 게임이다. 적 캐릭터에는 닿아도 괜찮지만, 알이 깨지면 목숨이 줄어든다.

플래피 스페셜

GB 게임보이 PZL 빅터음악산업 1990년 3월 23일 3,300엔(세금 포함)

통신 케이블 지원 / 적외선 통신 지원 / 슈퍼 게임보이 지원 / 포켓 프린터 지원

▲ 스테이지가 복잡한 '모드 A'와, 적이 많은 '모드 B'를 수록했다.

정체불명의 생물 '플래피'가 실버 스톤을 밀어 골로 운반하는 고정화면식 액션 퍼즐 게임. 스테이지 도중 바닥이 없으면 스톤이 아래로 낙하하므로, 구멍을 메워 골까지 이어지는 코스를 만드는 과정이 어렵다.

GB 게임보이 SD건담 SD 전국전 땅따먹기 이야기

SLG 반다이 1990년 3월 24일 3,500엔(세금 포함)

통신 케이블 지원 / 적외선 통신 지원 / 슈퍼 게임보이 지원 / 포켓 프린터 지원

▲ 각종 커맨드를 잘 활용하여 시나리오 클리어를 노리자.

'SD건담' 캐릭터가 등장하는 시뮬레이션 게임. 일본 전국시대를 연상시키는 배경의 캐릭터가 등장하며, '무사 건담' 중심으로 스토리가 전개된다. 적진에 있는 성으로 쳐들어가 보스를 쓰러뜨리면 맵이 클리어된다.

GB 게임보이 트럼프 보이

TBL 팩 인 비디오 1990년 3월 29일 3,090엔(세금 포함)

통신 케이블 지원 / 적외선 통신 지원 / 슈퍼 게임보이 지원 / 포켓 프린터 지원

▲ 작은 그림으로도 트럼프 카드를 잘 묘사한 것이 훌륭하다.

'대부호', '스피드', '신경쇠약' 세 게임을 즐길 수 있는 카드 게임 모음집. 화면이 좁은데도 다인 플레이를 잘 재현한 '대부호', 십자 버튼으로 즐길 수 있는 '스피드' 등, 게임보이의 특성을 잘 연구해 제작했다.

GB 게임보이 스페이스 인베이더

STG 타이토 1990년 3월 30일 3,090엔(세금 포함)

통신 케이블 지원 / 적외선 통신 지원 / 슈퍼 게임보이 지원 / 포켓 프린터 지원

▲ 나고야 어택은 가능하지만, 레인보우는 발생하지 않는다.

위에서 압박해오는 인베이더들을 이동포대로 전멸시키는 대히트 슈팅 게임의 이식판. 10스테이지 단위로 클리어할 때마다 커피 브레이크, 30스테이지 클리어로 엔딩이 표시된다. 통신대전 모드도 있다.

GB 게임보이 펭귄 군 WARS vs.

ACT 아스키 1990년 3월 30일 3,090엔(세금 포함)

통신 케이블 지원 / 적외선 통신 지원 / 슈퍼 게임보이 지원 / 포켓 프린터 지원

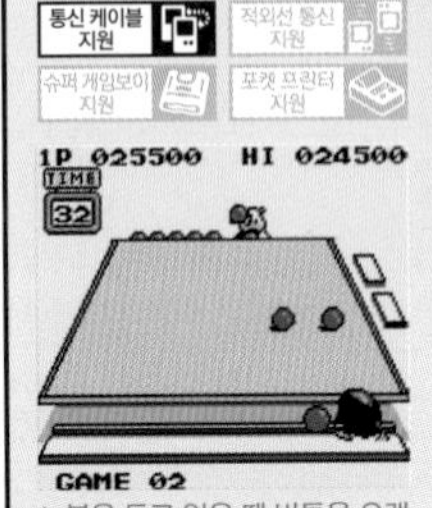

▲ 볼을 들고 있을 때 버튼을 오래 누르면 파워 던지기가 가능.

명작 「펭귄 군 워즈」의 이식판. 자기 진영의 볼 5개를 주고받으며 시간 내에 상대 진영으로 더 많이 보낸 쪽이 승리하며, 상대에 볼을 맞춰 쓰러진 틈을 타 볼을 전부 보내도 승리한다. 심플하지만 재미있는 작품.

GB 게임보이 뱀 둘러싸기

PZL 나그자트 1990년 4월 6일 3,090엔(세금 포함)

통신 케이블 지원 / 적외선 통신 지원 / 슈퍼 게임보이 지원 / 포켓 프린터 지원

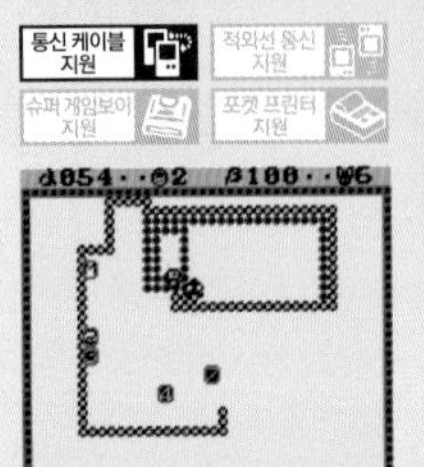

▲ 기본 조작법은 이동뿐이지만, 미사일을 입수하면 발사도 가능!

탑뷰형 대전 게임. 뱀을 조작해 상대를 둘러싸 봉쇄하면 이긴다는 간단한 룰이다. 긴 몸을 사용해 상대를 효과적으로 둘러싸거나, 출현 아이템을 활용해 상대를 공격할 수도 있어 전략의 폭이 넓다.

GB 게임보이 SD 루팡 3세 : 금고털이 대작전

ACT 반프레스토 1990년 4월 13일 3,300엔(세금 포함)

통신 케이블 지원 / 적외선 통신 지원 / 슈퍼 게임보이 지원 / 포켓 프린터 지원

▲ 바닥 조작과 점프로 적과의 접촉을 피하며 나아가자.

'루팡 3세'의 등장인물을 SD 캐릭터화시킨 탑뷰형 액션 게임. 루팡 3세를 조작해 제니가타 경감에게 잡히지 않도록 움직이며 금고를 탈취하자. 게임 중 흐르는 음악이 매우 인상적이라 팬도 많았다.

GB 게임보이 퀵스

PZL 닌텐도 1990년 4월 13일 2,600엔(세금 포함)

통신 케이블 지원 / 적외선 통신 지원 / 슈퍼 게임보이 지원 / 포켓 프린터 지원

▲ 퀵스의 독특한 움직임이 아름다워, 넋 놓고 보게 된다.

화면 내를 불규칙하게 움직이는 적(퀵스)에 닿지 않도록 플레이어 기체를 조작해, 라인을 그려 진지를 획득하는 땅따먹기 게임. 아케이드판의 그래픽과 미래적인 사운드를 잘 재현한, 완성도 높은 작품이다.

GB 게임보이 폭렬전사 워리어

ACT 에포크 사 1990년 4월 13일 3,090엔(세금 포함)

통신 케이블 지원 / 적외선 통신 지원 / 슈퍼 게임보이 지원 / 포켓 프린터 지원

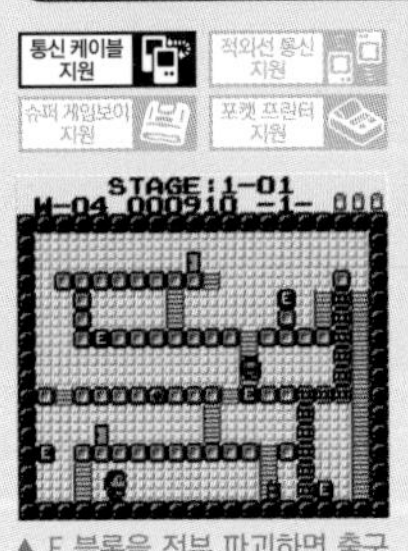

▲ E 블록을 전부 파괴하면 출구가 열린다.

악의 과학자 로그에게 여동생을 납치당한 주인공이, 동료와 함께 여동생 구출에 나선다는 사고형 액션 게임. 퍼즐 요소가 강해 블록을 대충 부수다가는 클리어 불가능이 되기 십상이니, 잘 생각하며 진행하자.

배트맨

GB 게임보이 ACT 선 소프트 1990년 4월 13일 3,400엔(세금 포함)

▲ 배트맨다운 독특한 느낌의 점프 액션이 매력.

영화를 소재로 삼은 횡스크롤 액션 게임. 게임을 진행하며 파워 업을 거듭해, 최후에 기다리고 있는 조커를 물리치는 것이 목적. 후반에는 배트모빌을 타고 진행하는 슈팅 스테이지도 펼쳐진다.

슈퍼 차이니즈 랜드

GB 게임보이 ACT 컬처 브레인 1990년 4월 20일 3,300엔(세금 포함)

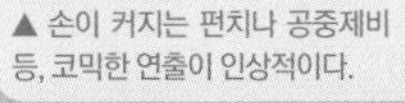

▲ 손이 커지는 펀치나 공중제비 등, 코믹한 연출이 인상적이다.

패미컴용 「슈퍼 차이니즈」 시리즈의 게임보이판. 다양한 아이템을 입수해, 12명의 적을 물리치면 열리는 문으로 들어가면 스테이지 클리어다. 특정 공격만 통하는 적 등, 적의 종류도 풍부하다.

데드 히트 스크램블

GB 게임보이 RCG 코피아 시스템 1990년 4월 20일 3,300엔(세금 포함)

▲ 적 차량과 접촉하면 아이템을 얻을 수 있다. 적극적으로 노리자.

상공 시점의 레이싱 게임. 하프파이프 형태의 코스는 가장자리로 주행하면 중앙으로 밀려오는 특징이 있어, 이를 제어하면서 점프도 활용해 골인해야 한다. 적 차량과 접촉해도 페널티가 없는 진기한 작품.

블로디아

GB 게임보이 PZL 톤킨 하우스 1990년 4월 20일 3,000엔(세금 포함)

▲ 볼이 항상 움직이고 있어 매우 바쁜 게임.

파이프를 따라 굴러가는 볼이 떨어지지 않도록, 패널을 교체해가며 골까지 운반하는 퍼즐 게임. 볼이 계속 움직이기 때문에 빠른 판단이 필요하지만, 일시정지를 걸어놓고 생각하며 진행할 수도 있다.

모험! 퍼즐 로드

GB 게임보이 PZL 빅 토카이 1990년 4월 20일 2,980엔(세금 포함)

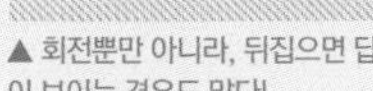

▲ 회전뿐만 아니라, 뒤집으면 답이 보이는 경우도 많다!

다양한 모양의 블록을 돌리거나 가로세로로 뒤집으며 조작해 틀 안에 깔끔하게 모두 끼워 넣는, 심플하면서도 유연한 사고력이 필요한 퍼즐 게임. 총 42스테이지가 있지만, 초반부터 난이도가 상당한 편이다.

뽀빠이

GB 게임보이 ACT 시그마 상사 1990년 4월 20일 3,500엔(세금 포함)

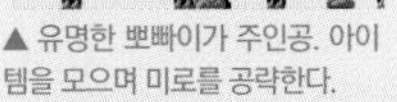

▲ 유명한 뽀빠이가 주인공. 아이템을 모으며 미로를 공략한다.

만화로 유명한 캐릭터 '뽀빠이'가 등장하는 액션 게임. 미로 안에서 올리브를 구출하고, 뽀빠이 캔을 모으면 출현하는 스위피를 획득하면 스테이지 클리어다. 닌텐도의 게임 「뽀빠이」와는 다른 작품.

사커 보이

GB 게임보이 SPT 에픽 소니 1990년 4월 27일 3,000엔(세금 포함)

▲ 통신 케이블을 사용하면 2인 대전도 즐길 수 있다.

게임보이 최초의 축구 게임. 드리블과 패스 외에도 다양한 액션이 가능하다. 당시에는 축구 게임이 아직 많지 않았기 때문에, 축구 게임을 즐기고 싶었던 유저 층을 중심으로 호평을 받았다.

천신괴전

GB 게임보이 STG 멜닥 1990년 4월 27일 3,500엔(세금 포함)

▲ 캐릭터의 조합을 생각하며 공략해야 한다.

도쿠가와 이에야스에 의해 소환된 천신 5인조가 온갖 요괴들을 토벌하는 슈팅 게임. 플레이어 기체가 될 캐릭터를 돈으로 4명까지 고용해, 포메이션을 짜고 싸운다. 횡스크롤로 진행하며 요괴를 물리치자.

 게임보이 지원
 게임보이 비지원
 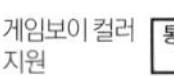 게임보이 컬러 지원
 통신 케이블 지원 게임
 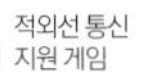 적외선 통신 지원 게임
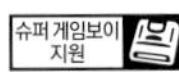 슈퍼 게임보이 지원 게임
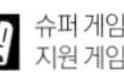 포켓 프린터 지원 게임

GB 게임보이 스누피의 매직 쇼
ACT 켐코 1990년 4월 28일 2,980엔(세금 포함)

통신 케이블 지원 / 적외선 통신 지원 / 슈퍼 게임보이 지원 / 포켓 프린터 지원

▲ 아쉽게도 마술을 보여주는 게임은 아니다.

인기 애니메이션 캐릭터인 '스누피'를 조작하여 화면 내의 우드스톡을 전부 회수하는, 스테이지 클리어 형식의 퍼즐 게임. 반사되면서 이동하는 볼에 닿으면 목숨이 줄어드니 주의하도록.

GB 게임보이 로큰 체이스
ACT 데이터 이스트 1990년 5월 11일 3,300엔(세금 포함)

통신 케이블 지원 / 적외선 통신 지원 / 슈퍼 게임보이 지원 / 포켓 프린터 지원

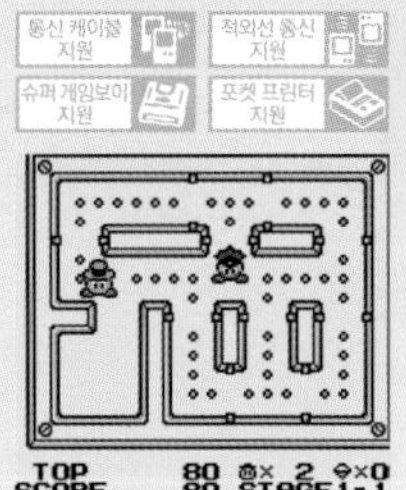

▲ 셔터를 닫아 방해 캐릭터인 경찰관과의 접촉을 피하자.

루팡을 조작해 코인을 모으는 이른바 '도트 먹기' 게임. 아케이드판의 이식작이지만 슬롯과 아이템 등 재미있는 추가점이 있으며, 튜토리얼도 친절해 초보자도 경험자도 신선하게 즐길 수 있다. 총 18스테이지.

 레드 아리마 : 마계촌 외전
ACT 캡콤 1990년 5월 2일 3,300엔(세금 포함)

통신 케이블 지원 / 적외선 통신 지원 / 슈퍼 게임보이 지원 / 포켓 프린터 지원

▲ 경험치 요소가 없어, 레드 아리마는 이벤트와 아이템 입수로만 강화 가능.

「마계촌」의 적 캐릭터였던 레드 아리마가 주인공인 액션 RPG. 마계를 습격해온 정체불명의 대군단을 물리치려 싸우는 스토리를 그렸다. 게임은 액션 파트와 RPG 파트로 나뉘며, 특정 장소에 들어가거나 적과 조우하면 액션 파트로 넘어간다. 메인 스테이지에는 보스도 등장한다. 「마계촌」의 배경음악을 연상시키는 소절을 슬쩍 넣은 BGM으로도 호평받았다.

GB 게임보이 복싱
SPT 톤킨 하우스 1990년 5월 18일 3,000엔(세금 포함)

통신 케이블 지원 / 적외선 통신 지원 / 슈퍼 게임보이 지원 / 포켓 프린터 지원

▲ 링에서 끝까지 버티려면 회피와 연타가 중요하다.

3D 시점으로 싸우는 권투 게임. 각종 펀치는 물론 스웨이와 더킹, 클린치를 활용한 회복 등을 상황에 따라 잘 구사해야 한다. 적과 접근전을 펼치기 전까지는, 링 전체가 보이는 2D 시점 형태로 진행한다.

GB 게임보이 요괴의 성
RPG 세타 1990년 5월 25일 3,500엔(세금 포함)

통신 케이블 지원 / 적외선 통신 지원 / 슈퍼 게임보이 지원 / 포켓 프린터 지원

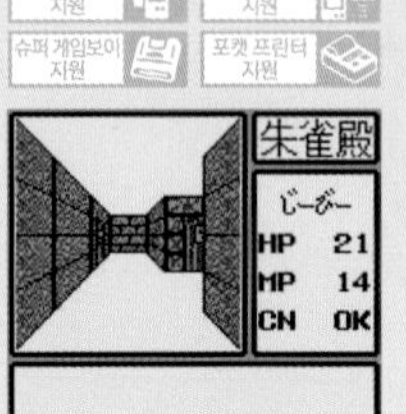

▲ 지도와 장비품은 현지조달. 빠짐없이 획득해 신중히 진행하자.

전국시대가 무대인 일본 풍 3D 던전 RPG. 아시카가 요시아키가 부활시킨 음양사 '도만'을 물리치려, 닌자 하야부사는 강마의 검을 찾아 다섯 던전에 도전한다. 인술을 구사해 요괴와 싸우는 전투가 뜨겁다.

GB 게임보이 울트라맨 클럽 : 적 괴수를 발견하라!
SLG 반다이 1990년 5월 26일 3,300엔(세금 포함)

통신 케이블 지원 / 적외선 통신 지원 / 슈퍼 게임보이 지원 / 포켓 프린터 지원

▲ 배분받은 카드 4장을 잘 조합해 괴수를 쓰러뜨려라!

'울트라맨'이 주인공인 시뮬레이션 게임. 울트라맨 쪽과 괴수 쪽 맵을 살피면서 상대의 진지로 쳐들어가, 배분받은 카드를 조합해 특정 행동을 발동시켜 각자의 턴에 사용해 싸우는 시스템이다.

GB 게임보이 PITMAN
PZL 애스크 코단샤 1990년 6월 1일 2,980엔(세금 포함)

통신 케이블 지원 / 적외선 통신 지원 / 슈퍼 게임보이 지원 / 포켓 프린터 지원

▲ 몇 번이고 같은 장면을 반복 플레이해 정답을 찾아내는 쾌감.

고양이로 변해버린 2명의 주인공을 교체해가며, 화면 내의 바위를 움직여 발판을 만들고 이를 이용해 적을 전멸시키는 퍼즐 게임. 되돌리기 기능이 있으므로 부담 없이 최적의 공략법을 연구해볼 수 있다.

코스모탱크
게임보이 STG 아틀라스 1990년 6월 8일 3,500엔(세금 포함)

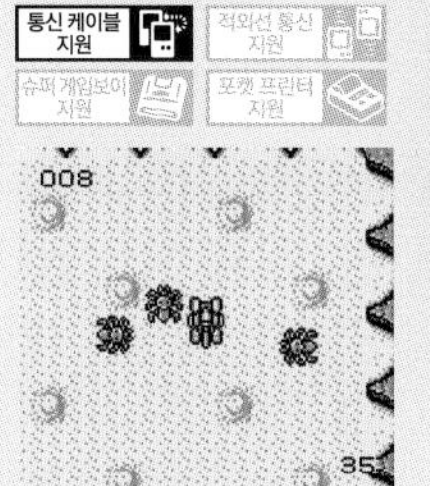
▲ 적을 잔뜩 파괴해 탱크를 레벨업시켜라!

기본은 8방향 스크롤식 슈팅 게임이지만, 던전 안에서는 3D 시점의 RPG와 같은 감각으로 게임이 진행된다. 이 장르의 게임 개발에는 정평이 난 아틀라스 작품답게, 게임 밸런스가 매우 안정적이다.

카드 게임
게임보이 TBL 코코너츠 재팬 1990년 6월 15일 3,400엔(세금 포함)

▲ 전형적인 카드 게임이라 진중하게 즐길 수 있다.

게임보이로 '포커', '블랙잭', '페이지 원' 3종류의 트럼프 게임을 즐길 수 있는 소프트. 그밖에도 '점괘 모드'나, 플레이 도중 일정 시간이 지나면 알람이 울리는 '타이머 기능' 등을 수록하였다.

ZOIDS : 조이드 전설
게임보이 STG 토미 1990년 6월 15일 3,090엔(세금 포함)

▲ 까다로운 지형이 도처에 있는 것이 특징. 수풀조차도 닿으면 대미지를 입을 정도다.

인기 완구 '조이드'를 탄생시킨 토미사가 직접 제작한 최초의 조이드 게임. 플레이어는 공화국 혹은 제국 소속이 되어 적 수도에 공격을 감행, 오랫동안 계속된 전쟁을 끝내는 것이 목적이다. 게임을 시작하면 계급과 탑승하는 조이드의 스펙이 표시되는 등, 팬의 마음을 자극하는 연출이 인상적이다. 게임 난이도는 낮은 편으로, 초보자도 쉽게 즐길 수 있도록 조정했다.

퍼니 필드
게임보이 PZL SNK 1990년 6월 15일 3,090엔(세금 포함)

▲ 공주를 구하는 스토리인데, 가장 나쁜 녀석이 다름 아닌 공주.

하얀 필드를 뒤집어 모든 필드를 칠하며 진행하는 게임. 가로세로에 같은 색이 있으면 오델로처럼 연속으로 뒤집히며, 여기에 적을 휘말리게 해 기절시킬 수도 있다. 스토리가 코믹해 재미있게 즐길 수 있는 수작.

창고지기 2
게임보이 PZL 포니 캐년 1990년 6월 22일 3,090엔(세금 포함)

▲ 가을밤에 깨작깨작 즐겨볼 만한 퍼즐 게임.

전작의 볼륨을 대폭 업그레이드해 총 120스테이지로 돌아온, 「창고지기」의 속편. 룰은 전작과 동일하지만, 시작 직후와 10스테이지 클리어 시에 삽입되는 데모 화면도 살짝 업그레이드되어 재미있다.

부라이 파이터 디럭스
게임보이 STG 타이토 1990년 6월 27일 3,400엔(세금 포함)

▲ 보스는 약점이 여럿 있어, 하나만 파괴해서는 물리칠 수 없다.

패밀리 컴퓨터판 원작을 이식한 하드코어 슈팅 게임. 8방향으로 샷을 쏠 수 있으며, 이식되면서 공격 버튼을 누르고 있으면 사격 방향이 고정되도록 변경했다. 슈팅 게임 팬들에게 큰 호평을 받은 명작.

발리파이어
게임보이 STG 토에이 동화 1990년 6월 29일 3,200엔(세금 포함)

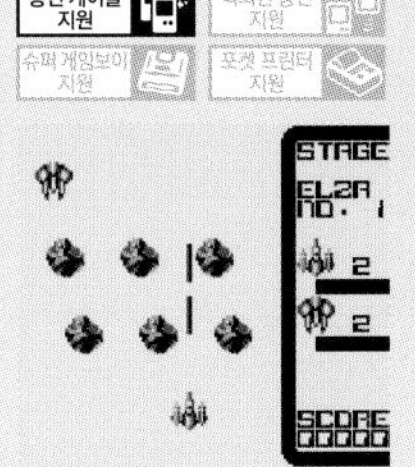
▲ BGM 량이 풍부해, 멋진 곡들이 다수 수록돼 있다.

화면 상단의 적과 1 : 1로 운석 무리를 가운데 끼고 대결해, 상대의 내구력을 전부 깎으면 승리하는 슈팅 게임. 적의 스펙이 플레이어와 동일하고 적에게도 목숨 개념이 있는 등, 시스템이 독특하다.

파이프 드림

GB 게임보이 PZL BPS 1990년 7월 3일 3,090엔(세금 포함)

통신 케이블 지원 / 적외선 통신 지원 / 슈퍼 게임보이 지원 / 포켓 프린터 지원

▲ 시간을 낭비하면 점점 밀려오는 물. 적절한 긴장감이 즐겁다.

파이프를 이어 붙여, 흘러나오는 물을 정해진 파이프 수만큼 통과시키는 퍼즐 게임. 생각 없이 플레이하면 파이프 순서가 꼬여 외통수에 걸리기도 하는 등, 심플하지만 깊은 전략성이 있는 작품이다.

사천성

GB 게임보이 PZL 아이렘 1990년 7월 13일 3,090엔(세금 포함)

통신 케이블 지원 / 적외선 통신 지원 / 슈퍼 게임보이 지원 / 포켓 프린터 지원

▲ 이제는 마작패 퍼즐 게임의 표준이 된 「사천성」.

빈틈없이 나열된 마작패 중, 일정 규칙에 따라 같은 그림패를 골라 뒤집는 퍼즐 게임. 50스테이지의 '노멀 모드'와, 득점에 따라 크레디트와 힌트가 늘어나는 시스템인 '챌린지 모드'를 수록했다.

더블 드래곤

GB 게임보이 ACT 테크노스 재팬 1990년 7월 20일 3,500엔(세금 포함)

통신 케이블 지원 / 적외선 통신 지원 / 슈퍼 게임보이 지원 / 포켓 프린터 지원

▲ 이식하면서 캐릭터를 크게 키우고, 이에 맞춰 스테이지를 리뉴얼했다.

납치당한 애인 '마리안'을 구출하러 주인공 빌리가 활약하는 벨트스크롤 액션 게임. 패미컴판의 불만점이었던 레벨 개념을 없애, 처음부터 대부분의 기술을 사용 가능하다. 동시에 적의 밸런스도 조정했으므로, 난이도가 그리 낮지는 않다. 통신 케이블을 이용한 플레이어 간 1 : 1 대전도 지원하는 등, 패미컴판의 업그레이드형이라고 할 만한 완성도의 작품이다.

닥터 마리오

GB 게임보이 PZL 닌텐도 1990년 7월 27일 2,600엔(세금 포함)

통신 케이블 지원 / 적외선 통신 지원 / 슈퍼 게임보이 지원 / 포켓 프린터 지원

▲ 통신 케이블 대전 시엔, 여러 개를 동시에 없애면 상대 쪽 병에 캡슐이 떨어진다.

패미컴판과 동시 발매된 인기 퍼즐 게임. 병 안에서 증식하는 신종 바이러스를, 의사가 된 마리오가 특효약 캡슐로 퇴치한다. 스피드는 3단계, 레벨은 20까지 설정 가능하며, BGM도 2종류와 OFF를 선택 가능. 스피드 MID의 레벨 20, 또는 스피드 HI의 레벨 5·10·15·20을 클리어하면 보너스로 커피 브레이크 화면이 나오니, 실력을 연마해 직접 보도록 하자!

태즈메이니아 이야기

GB 게임보이 ACT 포니 캐년 1990년 7월 27일 3,090엔(세금 포함)

통신 케이블 지원 / 적외선 통신 지원 / 슈퍼 게임보이 지원 / 포켓 프린터 지원

▲ 태즈메이니안데블이 공포의 괴물로 나온다…….

태즈메이니안데블이란 괴물을 피해 화면 내의 식물을 전부 획득하는 스테이지 클리어형 액션 게임. 낙하 또는 트램펄린 점프 중엔 적과 닿아도 목숨이 줄지 않는다. 폭탄으로 적을 기절시킬 수도 있다.

란마 1/2

GB 게임보이 PZL 반프레스토 1990년 7월 28일 3,300엔(세금 포함)

통신 케이블 지원 / 적외선 통신 지원 / 슈퍼 게임보이 지원 / 포켓 프린터 지원

▲ 의외로, '란마 1/2'의 최초 게임화가 이 게임보이판이었다.

같은 제목의 인기 만화를 게임화했다. 주인공 란마가 약혼녀 텐도 아카네의 아이템을 모으는 퍼즐 게임이다. 란마의 변신능력을 작품에도 반영하여, 남녀 성능차를 이용해 게임을 진행하게 된다.

퍼즈닉
PZL 타이토 1990년 7월 31일 3,400엔(세금 포함)

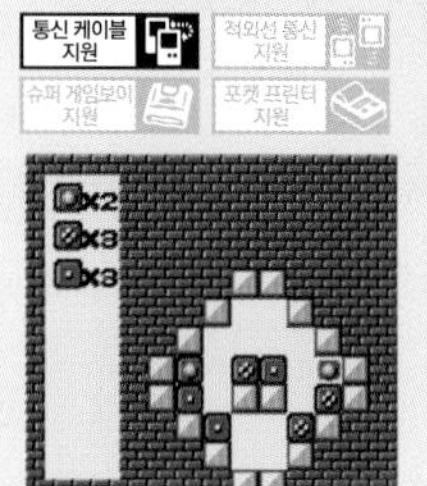
▲ 어느 블록을 동시에 지울지 판단하는 것이 포인트다.

같은 모양의 블록이 2개 이상 붙으면 사라지는 성질을 이용해, 필드 내의 모든 블록을 없애는 것이 목적인 퍼즐 게임. 총 50스테이지로, 10스테이지씩 클리어할 때마다 소녀의 일러스트가 표시된다.

이시도 [石道]
PZL 아스키 1990년 8월 2일 3,090엔(세금 포함)

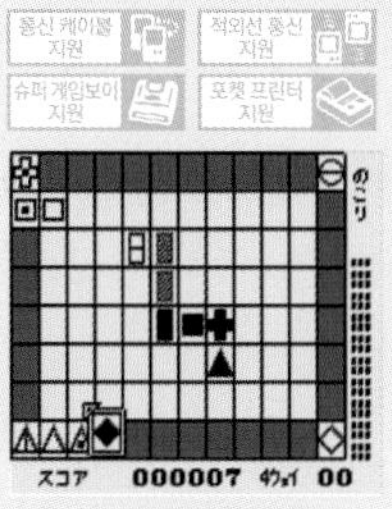
▲ 완성도가 높은 작품이라, 지금도 그 재미는 손색이 없다.

원작은 매킨토시용 퍼즐 게임. 가진 돌을 스테이지에 배치된 동일 형태나 동일 모양 돌 옆에 하나씩 놓아, 모든 돌을 털면 클리어다. 완벽한 정답을 고민하다 보면 어느새 빠져드는, 중독성 높은 작품.

틴에이지 뮤턴트 닌자 터틀즈
ACT 코나미 1990년 8월 3일 3,500엔(세금 포함)

▲ 캐릭터 성능은 별 차이가 없으니, 취향껏 고르자.

납치당한 에이프릴을 구출하러 닌자 거북이들이 활약하는 액션 게임. 슈레더·크랭 등의 인기 캐릭터가 등장한다. 순수한 액션 게임으로서 완성도가 뛰어나, 원작 만화를 몰라도 충분히 재미있다.

돌격!! 남자훈련소 : 명황도 결전
ACT 유타카 1990년 8월 4일 3,500엔(세금 포함)

▲ 팀 배틀로 싸우므로, 캐릭터들이 다수 등장한다.

인기 만화 '돌격!! 남자훈련소'가 원작인 액션 게임. 팀 배틀로 토너먼트를 돌파해 토도 효에를 쓰러뜨리는 '천도오륜 모드', 등장인물 중 하나를 선택해 전원과 대결하는 '고독한 히어로 모드'가 있다.

대소동! 펭귄 BOY
ACT 나츠메 1990년 8월 8일 3,090엔(세금 포함)

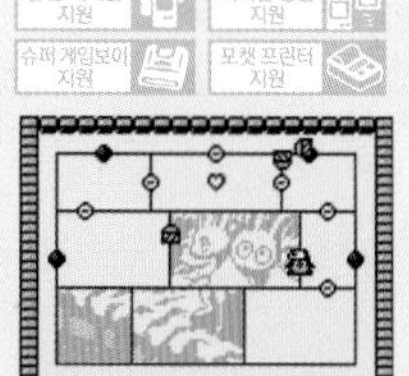
▲ 게임보이 초기 작품이지만, 조작성이 뛰어나 쾌적하다.

주인공 펭귄을 움직여 흑·백색의 봉인을 파괴해 스테이지를 전부 덧칠해버리는, 아케이드용 게임 「아미다」가 연상되는 작품. 필드를 돌아다니는 적 캐릭터는 덧칠에 말려들게 할 수 있으니 잘 활용해 물리치자.

VS 배틀러
ACT 유스 1990년 8월 10일 3,400엔(세금 포함)

▲ 직접 봐야 적인지 아군인지 알 수 있다. 맵에도 '?'로 표시된다.

거대한 지하미로에서 싸우고 있는 시리우스 군과 밸리언트 군. 두 진영 중 하나를 골라 적군을 섬멸하는 것이 목적인 3D 액션 게임이다. 통신케이블을 사용하면 대전 플레이로 즐길 수도 있다.

홍콩
PZL 토쿠마쇼텐 1990년 8월 11일 2,900엔(세금 포함)

▲ 무너진 후의 패 배치를 예측할 수 있어야 공략이 가능하다.

산처럼 쌓여있는 마작패들을 '동·남·서·북·백·발·중' 순서로 빼내 가는 퍼즐 게임. 밸런스를 생각하지 않고 멋대로 빼내면 산이 무너지기 때문에, 몇 수 앞을 예측하면서 빼내 가는 것이 요령이다.

드래곤 슬레이어 Ⅰ
RPG 에포크 사 1990년 8월 12일 3,090엔(세금 포함)

▲ 「하이드라이드」 등과 함께, 일본의 3대 PC RPG로 불렸던 작품.

PC에서 대히트한 고전 명작 RPG의 게임보이 이식판이다. 미로 형태의 던전을 탐색하며, 머리가 셋인 드래곤을 물리쳐 왕관을 갖고 돌아오면 스테이지 클리어. 게임보이판은 2스테이지를 클리어하면 엔딩이다.

파워 미션

GB 게임보이 SLG 바프 1990년 8월 24일 3,500엔(세금 포함)

통신 케이블 지원 / 적외선 통신 지원 / 슈퍼 게임보이 지원 / 포켓 프린터 지원

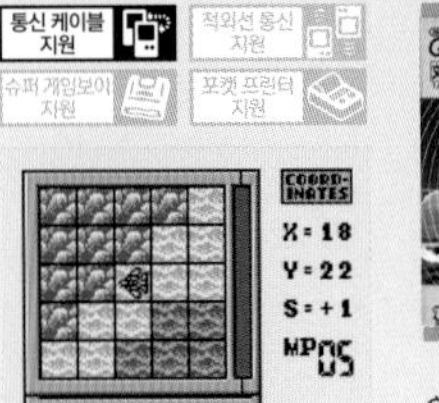

▲ 기뢰를 활용해 상대 진지를 혼란시키면 효과적이다.

해상 전투가 테마인 시뮬레이션 게임. 2인 대전 플레이가 가능하며, 상대의 진지를 볼 수 없으므로 긴장감이 상당하다. 상대의 기체 종류에 따라 공격 가능한 무기가 정해져 있어, 신중한 판단이 필요하다.

기동경찰 패트레이버 : 위기의 도시 1990

GB 게임보이 AVG 유타카 1990년 8월 25일 3,500엔(세금 포함)

통신 케이블 지원 / 적외선 통신 지원 / 슈퍼 게임보이 지원 / 포켓 프린터 지원

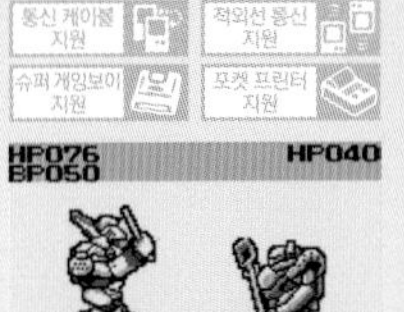

▲ 클리어하려면 꽤 끈기가 필요하나, 패스워드 컨티뉴가 가능.

인기 애니메이션·만화인 '기동경찰 패트레이버'의 게임판. RPG 요소를 도입해 난이도가 제법 높은 어드벤처 게임이다. 필드 이동 도중에 적과 조우하면 커맨드 선택식 배틀이 전개된다.

배틀 핑퐁

GB 게임보이 SPT 퀘스트 1990년 8월 31일 3,300엔(세금 포함)

통신 케이블 지원 / 적외선 통신 지원 / 슈퍼 게임보이 지원 / 포켓 프린터 지원

▲ 볼의 그림자와 궤적이 표시되므로 거리감 파악이 쉽다.

심플한 탁구 게임. 플레이어 쪽은 라켓만 보이지만 라이벌로 다양한 캐릭터가 등장하며, 후반에는 판다 곰이 대전 상대로 나오기도 한다. 변화구가 그리 다양하지 않아, 구질을 읽기 쉬운 편이다.

봄버보이

GB 게임보이 ACT 허드슨 1990년 8월 31일 3,500엔(세금 포함)

통신 케이블 지원 / 적외선 통신 지원 / 슈퍼 게임보이 지원 / 포켓 프린터 지원

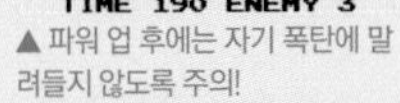

▲ 파워 업 후에는 자기 폭탄에 말려들지 않도록 주의!

명작 「봄버맨」을 바탕으로, 스크롤되는 스테이지나 상점에서 산 아이템을 미리 장비하는 시스템 등의 독자적인 개변을 가한 액션 게임. 원작 기준의 시스템인 '봄버맨 모드'도 남겨두었다.

패미스타

GB 게임보이 SPT 남코 1990년 9월 14일 3,500엔(세금 포함)

통신 케이블 지원 / 적외선 통신 지원 / 슈퍼 게임보이 지원 / 포켓 프린터 지원

▲ 시리즈 특유의 경쾌한 BGM도 그대로다.

이것을 빼고는 일본의 야구 게임을 논할 수 없는 「패밀리 스타디움」의 이식판으로, 남코의 게임보이용 첫 게임이기도 하다. 통신 케이블로 2인 대전을 지원하며, 이닝 수를 5회·9회 중 고를 수도 있는 것이 특징.

프로레슬링

GB 게임보이 SPT 휴먼 1990년 9월 14일 3,500엔(세금 포함)

통신 케이블 지원 / 적외선 통신 지원 / 슈퍼 게임보이 지원 / 포켓 프린터 지원

▲ 등장 캐릭터엔 당시 유명 레슬러의 영향이 은근슬쩍!?

프로레슬링 게임의 선구자, 휴먼의 「파이어 프로레슬링」시리즈의 하나로 꼽히는 작품. 레슬러 8명 중 하나를 골라 싸우는 '싱글 매치'와, 4 : 4 토너먼트 전을 즐기는 '일리미네이션 매치'를 수록했다.

사이드 포켓

GB 게임보이 SPT 데이터 이스트 1990년 9월 21일 3,300엔(세금 포함)

통신 케이블 지원 / 적외선 통신 지원 / 슈퍼 게임보이 지원 / 포켓 프린터 지원

▲ 게임보이에서 근사한 당구장 느낌을 만끽하자.

같은 제목의 아케이드 게임 이식판으로, 인기 시리즈답게 안정적인 재미를 보장한다. 룰은 모든 볼을 집어넣는 '포켓'과 대중적인 '나인볼' 2종류. 플레이 도중의 BGM도 두 곡 중에서 선택할 수 있다.

욕심쟁이 오리아저씨

GB 게임보이 ACT 캡콤 1990년 9월 21일 3,300엔(세금 포함)

통신 케이블 지원 / 적외선 통신 지원 / 슈퍼 게임보이 지원 / 포켓 프린터 지원

▲ 클리어 상황에 따라 엔딩이 바뀌는 시스템이다.

같은 제목 애니메이션(원제는 '덕테일즈')의 게임판. 세계제일의 부자 오리 '스크루지'를 조작해, 각종 보물을 찾아 돈을 버는 횡스크롤 액션 게임이다. 각 스테이지에서 모을 수 있는 보물이 눈부시게 많다.

보울더 대시
ACT 빅터음악산업 1990년 9월 21일 3,400엔(세금 포함)

▲ 바위에 눌려 죽지 않으려면, 몇 수 앞을 내다봐야 한다.

바위와 다이아몬드가 가득한 땅속을 파면서 진행해, 일정 수의 다이아몬드를 모아 골인하는 퍼즐 액션 게임. 원작은 PC용이다. 바위는 바로 밑을 파면 떨어져버리니, 주의하면서 플레이해야 한다.

루나 랜더
ACT 팩 인 비디오 1990년 9월 21일 3,500엔(세금 포함)

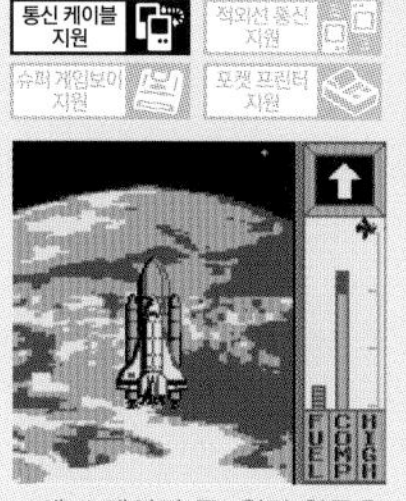
▲ 세 스테이지 중, 월면 착륙은 난이도가 지독하다.

원작인 아타리 사의 아케이드 게임을 대폭 개변한 이식판. 달의 광석을 탐색해 획득하고 귀환하는, 리얼리티가 있는 작품. '발사'·'월면 착륙'·'광석 탐색' 세 스테이지를 순서대로 진행해 클리어해야 한다.

F1 보이
RCG 애스크 코단샤 1990년 9월 28일 3,300엔(세금 포함)

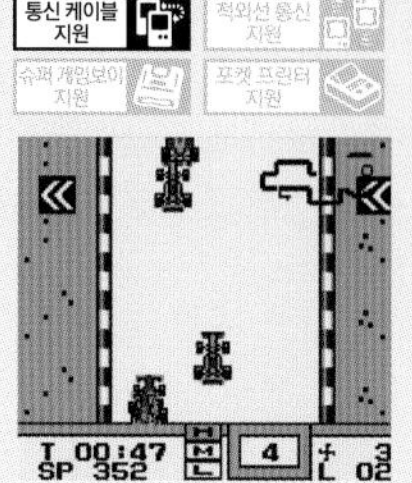
▲ 총 16레이스를 제패하여 우승을 노리자!

탑뷰 시점의 레이싱 게임. 'F-1'·'SUPER'·'F3000' 세 레이스 중 하나를 선택할 수 있다. 플레이어의 머신은 라이벌에 비해 파워가 부족하므로, 코너링 등을 치열하게 연구해 공략하는 실력이 필요하다.

나는 쟈쟈마루다! 세계대모험
ACT 잘레코 1990년 9월 28일 3,400엔(세금 포함)

▲ 다채로운 보스 캐릭터를 공략해 사쿠라 공주를 구하자!

「닌자 쟈쟈마루 군」 시리즈 유일의 게임보이용 작품. 납치당한 공주를 구출하러 싸우는 횡스크롤 액션 게임이다. 세계 각국을 순회한다는 설정이며, 적 보스도 재미있는 캐릭터들로 가득 채워져 있다.

물고기즈
ACT 토와 치키 1990년 10월 5일 3,090엔(세금 포함)

▲ 자신보다 작은 물고기를 먹어가며, 큰 물고기로부터 도망쳐라!

약육강식의 바다 속에서 물고기가 되어 살아남아야 하는 액션 게임. 버튼을 눌러 입을 열고, 다른 물고기를 물면 연타해 먹는 알기 쉽고 단순명쾌한 게임이다. 겉보기는 변변찮지만 명작으로 꼽히는 작품.

SD건담 외전 : 라크로언 히어로즈
RPG 반다이 1990년 10월 6일 3,800엔(세금 포함)

▲ 프라우 공주의 명을 받들어 여행을 떠나는 나이트 건담.

당시 카드다스로 전개되던 'SD건담 외전'이 원작인 RPG. 스토리도 카드다스를 기반으로 하여 크게 개변을 가했다. 건담의 명대사도 다수 수록해, 팬이라면 빙긋이 웃을 만한 요소가 가득한 작품.

노부나가의 야망 : 게임보이판
SLG 코에이 1990년 10월 10일 5,800엔(세금 포함)

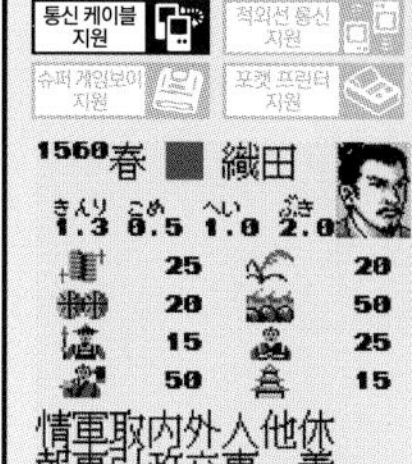
▲ 자칫하면 순식간에 멸망하므로 방심하면 안 된다.

코에이의 게임보이 참가 제 1탄. 초대 「노부나가의 야망」과 「전국군웅전」을 결합시킨 내용이다. 이식하면서 시스템을 간략화한 탓에 실제 역사와는 다른 상황이 자주 벌어지므로, 끝까지 방심할 수 없는 게임.

아스트로 래비
ACT IGS 1990년 10월 12일 3,300엔(세금 포함)

▲ 지형에 끼이지 않도록 주의하면 클리어하긴 어렵지 않다.

빼앗긴 파워 업 파츠 10개를 되찾기 위해 로봇 '래비'가 활약하는 액션 게임. 난이도가 낮은 편이라 누구나 쉽게 즐길 수 있는 게임이다. 래비의 귀여움과 독특한 조작감 덕에 묘하게 빠져드는 작품.

 게임보이 지원  게임보이 비지원  게임보이 컬러 지원 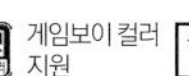  통신 케이블 지원 게임  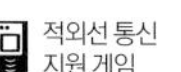 적외선 통신 지원 게임  슈퍼 게임보이 지원 게임 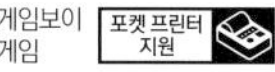 포켓 프린터 지원 게임

트윈비다!!

GB 게임보이 STG 코나미 1990년 10월 12일 3,500엔(세금 포함)

통신 케이블 지원 / 적외선 통신 지원 / 슈퍼 게임보이 지원 / 포켓 프린터 지원

▲ 특유의 경쾌한 음악과, 벨을 맞추면 나오는 효과음이 기분 좋다.

코나미 종스크롤 슈팅 게임의 대표작 「트윈비」의 게임보이 이식작. 통신 케이블을 사용하면 2인 동시 플레이가 가능하다. 야채 등을 모델로 제작한 적 캐릭터를 피하면서 구름에 숨어있는 벨을 샷으로 계속 맞춰, 벨의 색깔을 적절히 바꿔 입수하면 다양하게 파워 업! 각 스테이지마다 등장하는 개성적인 보스를 공략하면서 2인 동시 플레이를 즐길 수 있다.

팰러메데스

GB 게임보이 PZL HOT·B 1990년 10월 12일 3,300엔(세금 포함)

통신 케이블 지원 / 적외선 통신 지원 / 슈퍼 게임보이 지원 / 포켓 프린터 지원

▲ 내려오는 주사위와 하단의 저장분을 항상 의식하자.

위에서 내려오는 주사위에, 플레이어가 들고 있는 주사위를 던져 없애가는 퍼즐 게임. 사라진 주사위는 화면 하단에 저장되며, 이를 조합해 특정 패를 만들어 발동시키면 단숨에 주사위 여러 줄을 없앨 수 있다.

고스트버스터즈 2

GB 게임보이 ACT HAL 연구소 1990년 10월 16일 3,400엔(세금 포함)

통신 케이블 지원 / 적외선 통신 지원 / 슈퍼 게임보이 지원 / 포켓 프린터 지원

▲ 2인 1조로, 빔 조작과 흡수를 적절히 구분해 사용하자.

영화 '고스트버스터즈 2'를 게임화한 작품. 각 맵의 유령을 전부 정리해, 도중의 방에서 기다리는 보스를 물리치며 진행하는 탑뷰 시점 액션 게임이다. 타이틀 화면에서는 원작의 흥겨운 테마곡도 나온다.

몬스터 트럭

GB 게임보이 RCG 바리에 1990년 10월 19일 3,200엔(세금 포함)

통신 케이블 지원 / 적외선 통신 지원 / 슈퍼 게임보이 지원 / 포켓 프린터 지원

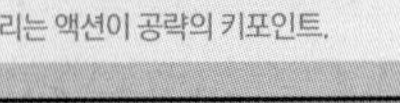
▲ 적 차량을 윌리로 쳐서 날려버리는 액션이 공략의 키포인트.

통나무와 언덕길 등의 장애물투성이 코스를 몬스터 트럭으로 돌파하는 레이싱 게임. 레이스 승리로 얻은 상금으로 차량을 계속 개조해, 최종적으로 전미 챔피언을 노린다. 적과의 몸통박치기 공방이 격렬한 작품.

로드스터

GB 게임보이 RCG 톤킨 하우스 1990년 10월 19일 3,300엔(세금 포함)

통신 케이블 지원 / 적외선 통신 지원 / 슈퍼 게임보이 지원 / 포켓 프린터 지원

▲ 드라이버의 이름 기본값은 'MACCHI'.

탑뷰 시점의 레이싱 게임. 조작 감각이 RC 카와 비슷해, 익숙해지기 전까지는 부딪히기 쉽다. 1위가 되면 포인트를 받으며, 이를 이용해 능력을 강화하여 레이스를 더욱 유리하게 진행할 수 있다.

아미다 군

GB 게임보이 ACT 코코너츠 재팬 1990년 10월 23일 2,980엔

통신 케이블 지원 / 적외선 통신 지원 / 슈퍼 게임보이 지원 / 포켓 프린터 지원

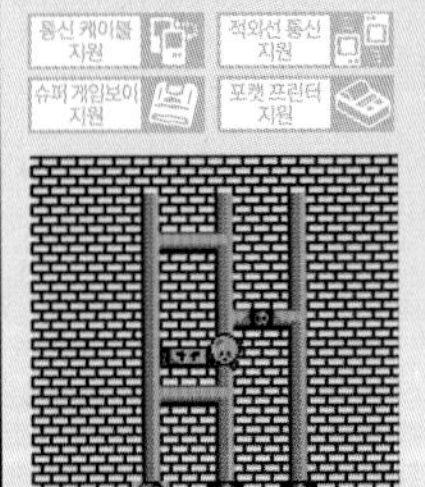
▲ 독특한 룰과 각 레벨 클리어 후의 영상이 재미있다.

사다리 게임의 룰을 잘 변용한 퍼즐 게임. 사다리 위를 걷고 있는 주인공 '코로스케'를 무사히 골까지 인도하는 것이 목적이다. 플레이어는 사다리의 가로줄을 조작해, 코로스케가 이동할 길을 만들어야 한다.

해전 게임 : 레이더 미션

GB 게임보이 SLG 닌텐도 1990년 10월 23일 2,600엔(세금 포함)

통신 케이블 지원 / 적외선 통신 지원 / 슈퍼 게임보이 지원 / 포켓 프린터 지원

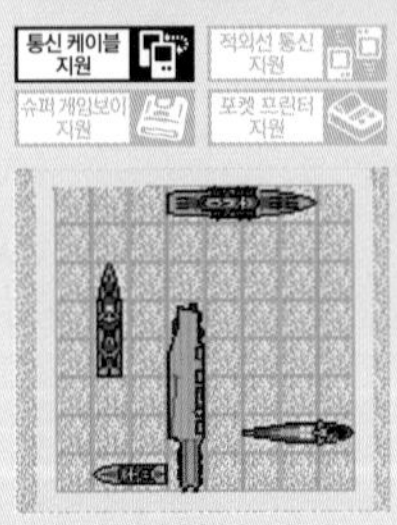
▲ 잠수함을 조작하는 게임인 '모드 B'가 꽤나 재미있다.

게임 2종류가 수록된 해전 시뮬레이션 게임. 함대를 지휘하는 전략 시뮬레이션 게임인 '모드 A'와, 잠수함에 탑승하여 적 함대를 격침시키는 슈팅 게임인 '모드 B'가 있다.

애프터 버스트

ACT 메사이야 1990년 10월 26일 3,090엔(세금 포함)

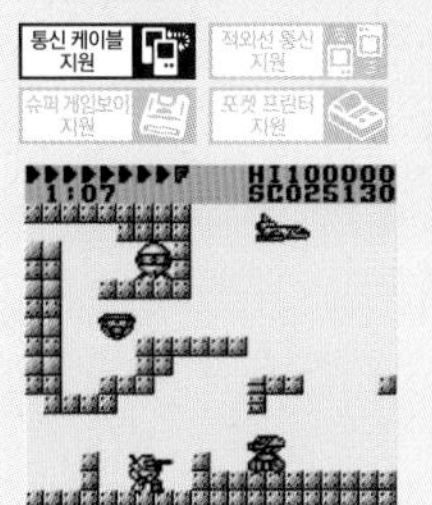
▲ 적 유닛을 파괴하면 클리어로 판정되는 모드도 마련했다.

맵에 존재하는 구형태의 메인 컴퓨터를 파괴하는 것이 목적인 액션 게임. 퍼즐 요소도 있으며, 단시간 클리어도 가능할 만큼 구성이 치밀하다. 게임보이 초기의 숨겨진 수작 중 하나로 꼽힌다.

베리우스 : 롤랜의 마수

ACT 사미 1990년 10월 26일 3,300엔(세금 포함)

▲ 게임의 스토리는 총 4화로 구성되어 있다.

RPG 풍의 액션 게임. 필드를 이동하며 적을 쓰러뜨리면서 각 스테이지의 보스를 격파하면 클리어다. 무기는 항상 새로 입수한 것을 사용하는 시스템이므로, 장비 선택은 불가능하다.

F1 레이스

RCG 닌텐도 1990년 11월 9일 2,600엔(세금 포함)

▲ 속도가 다른 '스피드'와 '제트' 두 머신 중에서 선택한다.

모드는 그랑프리, 타임 트라이얼, 대전 플레이 3종류가 있으며, 최초의 4인용 어댑터 지원 게임이라 4명까지 대전 가능하다. 제트 가속과 슬립스트림 등을 구사하여 9개 나라의 서킷을 공략해야 한다.

트럼프 보이 II

TBL 팩 인 비디오 1990년 11월 9일 3,500엔(세금 포함)

▲ 게임 중의 BGM은 누구나 아는 친숙한 곡들 뿐.

트럼프 게임인 '대부호', '페이지 원', '도미노'가 수록된 작품. 대전 상대는 포커페이스에 익숙하지 않은 동물 캐릭터들이라, 표정을 보면 각 플레이어들의 심리상태를 파악할 수 있도록 했다.

신비한 블로비 : 프린세스 블롭을 구하라!

ACT 잘레코 1990년 11월 9일 3,400엔(세금 포함)

▲ 함정이 많으니, 방심하지 않도록 진행하자.

주인공인 보이를 조작해 정체불명의 생물 '블로비'를 유도하여 사로잡힌 공주를 구출하는 액션 게임. 캔디를 먹으면 다양한 모습으로 변신하는 블로비와, 보이가 서로 의지하는 우정 액션이 특징인 작품이다.

아레사

RPG 야노만 1990년 11월 16일 3,800엔(세금 포함)

▲ 귀여운 그래픽이 특징인 본격 RPG.

마왕 하워드에 의해 멸망해버린 왕국 아레사의 왕녀 마테리아가 마왕을 물리치기 위해 여행을 떠나는 스토리다. 전형적인 필드형 RPG지만, 캡슐 몬스터와 혼잣말 힌트 등의 독자적인 시스템을 탑재했다.

팩맨

ACT 남코 1990년 11월 16일 3,500엔(세금 포함)

▲ 총 13스테이지이며, 전부 클리어하면 처음으로 돌아간다.

몬스터를 피해 미로 안의 먹이를 먹는 인기 '도트 먹기' 게임의 이식판. 화면이 스크롤되므로 워프 터널 반대편이 안 보이는 공포와, 적이 전부 같은 색이라 패턴을 파악하기 어렵기 때문에 플레이 감각이 신선하다.

아기천사 두두

ACT 에포크사 1990년 11월 16일 3,300엔(세금 포함)

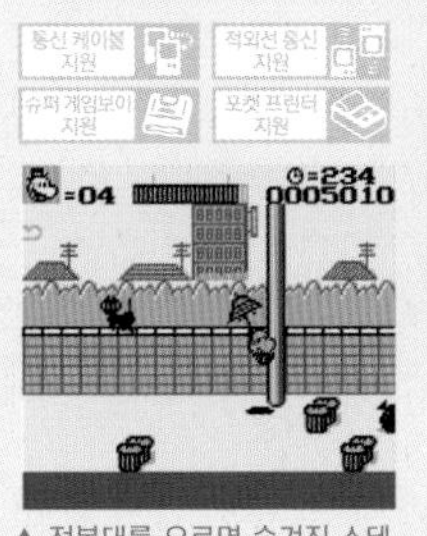
▲ 전봇대를 오르면 숨겨진 스테이지가!? 곳곳에 비밀이 숨어있다.

후지코 후지오의 만화(원제는 '파라솔 헨베')를 소재로 삼은 횡스크롤 액션 게임. 주인공 두두를 조작하여, 개와 고양이에게 닿지 않도록 주의하며 골까지 잘 도착하면 스테이지 클리어다.

 게임보이 지원
 게임보이 비지원
 게임보이 컬러 지원
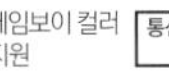 통신 케이블 지원 게임
 4인용 어댑터 지원 게임
 슈퍼 게임보이 지원 게임
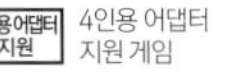 포켓 프린터 지원 게임

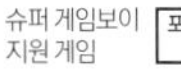

고! 고! 탱크

GB 게임보이 ACT 코피아 시스템 1990년 11월 30일 3,400엔(세금 포함)

통신 케이블 지원 / 적외선 통신 지원 / 슈퍼 게임보이 지원 / 포켓 프린터 지원

▲ 탱크는 딴딴하지만, 비행기는 약하다. 신중한 조작이 필요하다.

비행기를 조작해 탱크를 골 지점까지 유도하는, 독특한 스타일의 액션 게임. 비행기의 갈고리를 잘 활용해 화물을 움직여 발판을 만들고, 탱크를 골까지 성공적으로 유도하면 스테이지 클리어다.

캐딜락 II

GB 게임보이 PZL 헥트 1990년 11월 30일 3,300엔(세금 포함)

통신 케이블 지원 / 적외선 통신 지원 / 슈퍼 게임보이 지원 / 포켓 프린터 지원

▲ 로열 스트레이트 플래시에 성공하면 쾌감 만점!

트럼프 카드와 포커 규칙을 활용한 낙하계 퍼즐 게임. 각종 카드로 상하좌우 중 한 줄로 패를 만들어 없애 가며, 카드 52장을 없애면 스테이지 클리어다. 유명한 클래식 곡들을 편곡한 BGM이 특징이다.

배틀 불

GB 게임보이 ACT 세타 1990년 11월 30일 3,500엔(세금 포함)

통신 케이블 지원 / 적외선 통신 지원 / 슈퍼 게임보이 지원 / 포켓 프린터 지원

▲ 도중에 아이템을 입수하면 미사일 발사도 가능하다.

퍼즐 요소가 포함된 액션 게임. 화면의 블록을 밀어, 적 캐릭터를 벽까지 날려 블록과 벽 사이에 끼워 없애 전멸시키면 스테이지 클리어. 적을 물리칠 때마다 돈을 받으며, 이 돈으로 각종 파츠를 업그레이드한다.

해전 게임 네이비블루 90

GB 게임보이 SLG 유스 1990년 12월 7일 3,500엔(세금 포함)

통신 케이블 지원 / 적외선 통신 지원 / 슈퍼 게임보이 지원 / 포켓 프린터 지원

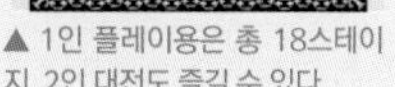
▲ 1인 플레이용은 총 18스테이지. 2인 대전도 즐길 수 있다.

정해진 예산 내에서 전함과 장비를 마련해 8×8칸 보드 위에 배치하고, 적의 위치를 탐색하면서 싸우는 턴제 해전 시뮬레이션 게임. 적이 인접한 칸을 공격하면 큰 파도가 일어나므로 대략의 위치를 알 수 있다.

굴리다이스

GB 게임보이 PZL 킹 레코드 1990년 12월 7일 3,300엔(세금 포함)

통신 케이블 지원 / 적외선 통신 지원 / 슈퍼 게임보이 지원 / 포켓 프린터 지원

▲ 골 지점에서 '1'을 딱 맞추기가 의외로 어렵다.

오른쪽 위의 시작 지점부터 왼쪽 아래의 골까지 주사위를 굴려 이동해, 윗면이 '1'인 상태로 골 지점에 도달시키는 퍼즐 게임. 구덩이 함정과 보이지 않는 벽을 피하며 주사위 눈을 잘 조정해야 해, 사고력이 필요하다.

스코틀랜드 야드

GB 게임보이 SLG 토에이 동화 1990년 12월 7일 3,300엔(세금 포함)

통신 케이블 지원 / 적외선 통신 지원 / 슈퍼 게임보이 지원 / 포켓 프린터 지원

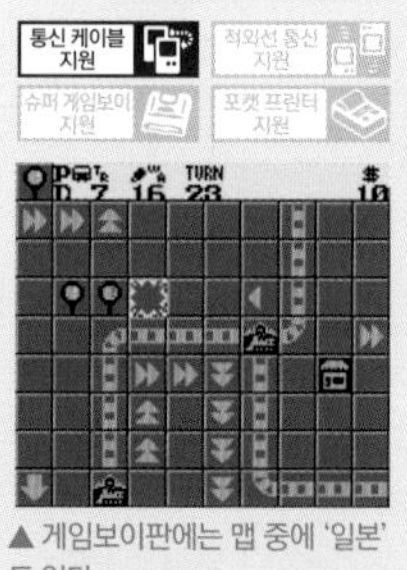
▲ 게임보이판에는 맵 중에 '일본'도 있다.

보드 게임으로 인기가 많은 '스코틀랜드 야드'를 게임화한 작품. 플레이어는 스코틀랜드의 형사가 되어, 도망치는 괴도를 체포해야 한다. 통신 기능을 사용하면 대전 플레이도 가능하다.

열혈경파 쿠니오 군 : 번외난투 편

GB 게임보이 ACT 테크노스 재팬 1990년 12월 7일 3,500엔(세금 포함)

통신 케이블 지원 / 적외선 통신 지원 / 슈퍼 게임보이 지원 / 포켓 프린터 지원

▲ 필살기 어퍼는… 그 유명한 기술의 모션과 닮았다!?

명가 테크노스 재팬 사의 격투 게임. 쿠니오 군을 조작해 진행하는 벨트스크롤 액션 게임이다. 펀치와 킥 외에 이번엔 어퍼컷 공격도 가능하나, 보스 중에는 어퍼컷을 회피하는 녀석도 있다.

마루코는 아홉 살 : 용돈 대작전!

GB 게임보이 RPG 타카라 1990년 12월 7일 3,400엔(세금 포함)

통신 케이블 지원 / 적외선 통신 지원 / 슈퍼 게임보이 지원 / 포켓 프린터 지원

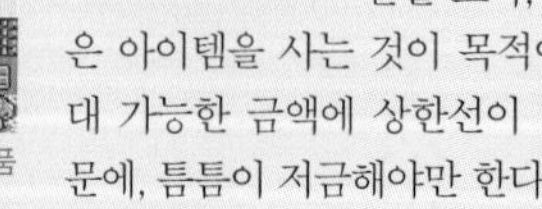
▲ 마루코가 갖고 싶어 하는 상품 5종류를 어떻게든 사라!

만화 '마루코는 아홉 살'의 마루코가 주인공인 미니게임 모음집. 미니게임을 클리어해 용돈을 모아, 갖고 싶은 아이템을 사는 것이 목적이다. 휴대 가능한 금액에 상한선이 있기 때문에, 틈틈이 저금해야만 한다.

버블 보블

GB 게임보이 ACT 타이토 1990년 12월 7일 3,600엔(세금 포함)

▲ 거품을 잘 이용해 적을 한꺼번에 처리하면 고득점이다.

괴수 '버블룬'을 조작해, 거품에 적을 가두고 그 거품을 터뜨려 적을 물리치는 액션 게임. 원작인 아케이드판은 고정화면식이지만, 게임보이판은 해상도 제한 탓에 스크롤 화면식으로 개변 이식되었다.

페인터 모모피

GB 게임보이 ACT 시그마 상사 1990년 12월 7일 3,300엔(세금 포함)

▲ 코너에 몰려 적에게 잡히지 않도록 잘 이동하자.

견습 마녀 '모모피'가 넓은 방을 꼼꼼히 청소하는, 스크롤식 도트 먹기 게임. 프루룬 왕국에 나타난 괴물 집단을 퇴치하기 위해 성 바닥을 전부 칠하자. 스테이지를 클리어하면 마법을 쓸 수 있게 된다.

헤드 온

GB 게임보이 ACT 테크모 1990년 12월 7일 3,300엔(세금 포함)

▲ 고전 명작 게임을 게임보이로도 즐겨보자.

플레이어 차를 조작해 동심원처럼 펼쳐진 코스 안의 도트를 먹는 게임. 적 차량은 1대 뿐이지만, 방해에 능숙해 만만치 않다. 세가 아케이드 게임의 이식작으로, 아이템과 장애물이 추가된 스페셜 모드도 있다.

귀인강마록 ONI

GB 게임보이 RPG 반프레스토 1990년 12월 8일 3,800엔(세금 포함)

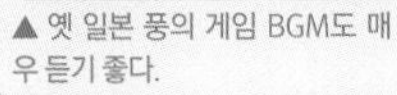

▲ 옛 일본 풍의 게임 BGM도 매우 듣기 좋다.

조작이 쾌적하고 맵 구성이 간단한 초보자 친화적인 일본 풍 RPG. 전투신은 주인공의 특수 스킬이 재미있고, 이를 구사해 적과 싸운다. 홀로 여행한다는 설정이라, 동료 없이 고독하게 플레이하는 것도 보기 드문 특징.

스파르탄 X

GB 게임보이 ACT 아이렘 1990년 12월 11일 3,500엔(세금 포함)

▲ 명작 「스파르탄 X」가 리메이크되어 돌아왔다.

쿵푸의 달인 '토머스'가 병기기술자 행방불명 사건을 쫓은 끝에 흑막 '잽 모건'을 물리치는 과정을 그린 액션 게임. 횡스크롤되는 스테이지를 진행하며, 펀치와 킥으로 적을 쓰러뜨린다.

프리프리 : PRIMITIVE PRINCESS!

GB 게임보이 ACT 선 소프트 1990년 12월 12일 3,200엔(세금 포함)

▲ 난해한 퍼즐이 있는 스테이지도 많으니 마음 단단히 먹자!

스테이지 내의 크리스탈을 전부 모으면 출구에 사다리가 나타나는, 고정화면식 액션 게임. 주인공의 해머로 바닥 블록을 부수거나 복구시킬 수 있다. 매 5스테이지마다 나오는 공주의 그래픽이 귀엽다.

드래곤 테일

GB 게임보이 ACT 아이맥스 1990년 12월 13일 3,500엔(세금 포함)

▲ 못을 박으면 파괴할 수 있게 되는 블록도 있다!

경쾌한 분위기의 액션 퍼즐 게임. 주인공은 벽에 '못'을 박고, 이를 발판 삼아 골로 향한다. 블록 종류에 따라 못이 박히지 않는 경우도 있으며, 못은 화면 내에 2개까지만 박을 수 있다.

Sa·Ga 2 : 비보전설

GB 게임보이 RPG 스퀘어 1990년 12월 14일 4,800엔(세금 포함)

▲ 전작보다 더 세련되게 다듬은 게임 시스템이 매력.

호평을 받은 「마계탑사 Sa·Ga」의 정통 속편. 종족에 '메카'를 추가해 게임의 폭이 넓어졌다. 부제목에도 있는 '비보'는 다양한 효과가 있는 것 중 딱 하나만 장비 가능해, 전략성 향상에도 성공했다.

은하

GB 게임보이 PZL HOT·B 1990년 12월 14일 3,500엔(세금 포함)

통신 케이블 지원 / 적외선 통신 지원 / 슈퍼 게임보이 지원 / 포켓 프린터 지원

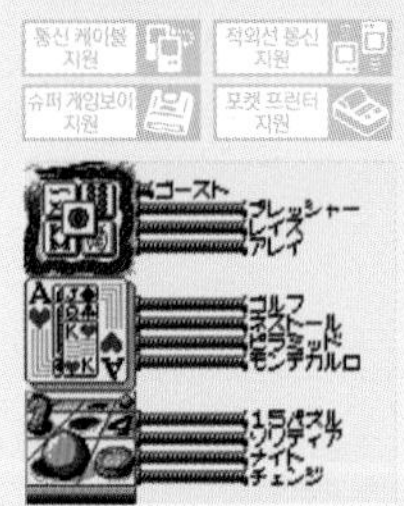
▲ 개별 게임 하나를 열심히 파고든 사람도 많았으리라.

'15 퍼즐', '솔리테어' 등 대중적인 게임 12종류를 수록. 잠깐 시간이 날 때 가볍게 즐길 수 있는 게임으로 가득해, 휴대 가능한 게임보이에 딱 맞도록 부담 없이 즐길 수 있는 타이틀 중 하나다.

클랙스

GB 게임보이 PZL 허드슨 1990년 12월 14일 3,500엔(세금 포함)

통신 케이블 지원 / 적외선 통신 지원 / 슈퍼 게임보이 지원 / 포켓 프린터 지원

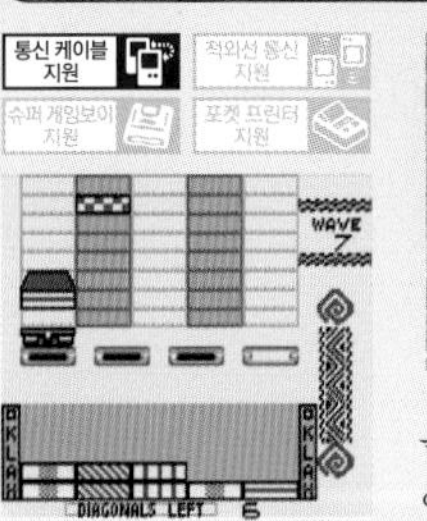
▲ 계속 내려오는 패널을 처리하기에만도 바쁜 게임.

아타리 사가 제작한 퍼즐 게임의 이식작. 위에서 굴러 내려오는 패널을 패들로 받아내, 화면 아래 필드에 같은 패널이 3장 이상 붙도록 배치해 없애나간다. 화면 구성 문제로 원작의 입체적 표현은 생략했다.

네코쟈라 이야기

GB 게임보이 RPG 켐코 1990년 12월 14일 3,300엔(세금 포함)

통신 케이블 지원 / 적외선 통신 지원 / 슈퍼 게임보이 지원 / 포켓 프린터 지원

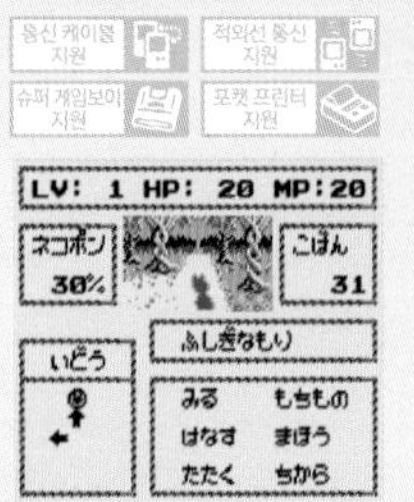
▲ 스토리의 완성도가 매우 좋아, 감정이입이 된다.

고양이 모습으로 변해버린 주인공이 인간 모습으로 돌아가기까지를 그린, 훈훈한 분위기의 RPG. 의인화된 고양이 등의 동물들과 함께, 플레이어가 고양이의 눈높이로 게임을 진행한다. 팬이 많은 숨겨진 명작.

포켓 스타디움

GB 게임보이 SPT 아틀라스 1990년 12월 14일 3,300엔(세금 포함)

통신 케이블 지원 / 적외선 통신 지원 / 슈퍼 게임보이 지원 / 포켓 프린터 지원

▲ 선수마다 특징이 있고, 투수별로 던질 수 있는 구종이 다르다.

야구를 소재로 하고 시뮬레이션 요소를 첨가한 작품. 투수와 타자에 초점을 맞추고, 타격의 심리전을 즐기는 데 주안점을 두었다. 일반적인 야구 게임과는 달리, 수비 등의 조작은 일절 불가능하다.

고질라 군 : 괴수대행진

GB 게임보이 ACT 토호 1990년 12월 18일 3,500엔(세금 포함)

통신 케이블 지원 / 적외선 통신 지원 / 슈퍼 게임보이 지원 / 포켓 프린터 지원

▲ 화살표에 주의. 자칫하면 계속 동일 스테이지를 반복하게 된다.

고질라 군을 조작해 연인을 구출하는, 퍼즐 요소가 있는 사이드뷰 액션 게임. 바위를 전부 부숴 나온 패널에 닿으면 스테이지 클리어. 패널이 여럿 나오며, 화살표 방향이 다음 스테이지를 결정하는 게 포인트다.

폰타와 히나코의 이상한 여행 : 우정 편

GB 게임보이 ACT 나그자트 1990년 12월 20일 3,400엔

통신 케이블 지원 / 적외선 통신 지원 / 슈퍼 게임보이 지원 / 포켓 프린터 지원

▲ 히나코가 라이프 0이 되면 목숨이 줄어드니 주의하자.

너구리 '폰타'와 참새 '히나코'가 '참새 여관'으로 가는 여정을 그린 횡스크롤 액션 게임. 제한시간이 있어, 14분 내 클리어 여부로 엔딩이 분기된다. 비주얼은 귀엽지만 고난이도다. 히나코를 위해 열심히 싸우자.

이시다 요시오의 묘수풀이 파라다이스

GB 게임보이 TBL 포니 캐년 1990년 12월 21일 3,400엔(세금 포함)

통신 케이블 지원 / 적외선 통신 지원 / 슈퍼 게임보이 지원 / 포켓 프린터 지원

▲ 힌트 기능을 쓰면 쉽게 풀리니, 봉인하고 도전해보자.

명예칭호 '24세 본인방'의 이시다 요시오가 감수한 바둑 묘수풀이 게임. 묘수풀이 100문제를 수록했고, 정답을 맞히면 해설이 표시된다. 하나를 풀 때마다 기력판정이 나와, 자신의 기력 성장을 실감할 수 있다.

캡콤 퀴즈 : 물음표?의 대모험

GB 게임보이 ETC 캡콤 1990년 12월 21일 3,500엔

통신 케이블 지원 / 적외선 통신 지원 / 슈퍼 게임보이 지원 / 포켓 프린터 지원

▲ 아케이드로도 인기였던 퀴즈 게임이 게임보이로.

같은 제목 아케이드 게임의 개변 이식판. 캡콤의 역대 게임이 테마인 맵에서 주사위를 굴려 진행해, 멈춘 장소에서 발생하는 이벤트를 거쳐 퀴즈를 풀어간다. 그리운 캡콤 게임들의 명곡도 들을 수 있다.

그렘린 2 : 신·종·탄·생

GB 게임보이 | ACT 선소프트 1990년 12월 21일 3,400엔(세금 포함)

통신 케이블 지원 / 적외선 통신 지원 / 슈퍼 게임보이 지원 / 포켓 프린터 지원

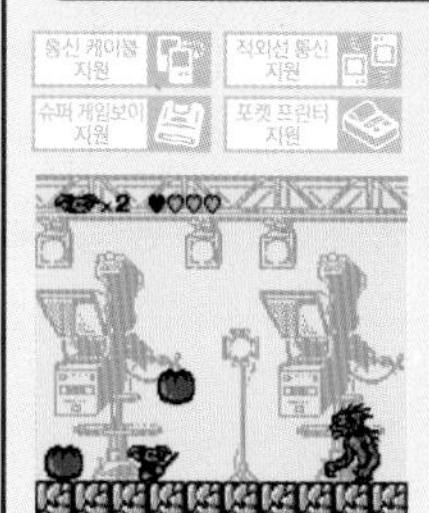

▲ 원작 영화대로, 기즈모는 약하다. 아이템을 활용해 진행하자.

같은 제목의 영화가 원작인 액션 게임. 무대는 뉴욕이다. 기즈모가 물에 젖으면 태어나 버리는 그렘린을 쓰러뜨리기 위해 클램프 센터를 돌파한다. 난이도가 높아 제법 하드코어한 게임이다.

배틀 유닛 ZEOTH

GB 게임보이 | STG 잘레코 1990년 12월 21일 3,400엔(세금 포함)

통신 케이블 지원 / 적외선 통신 지원 / 슈퍼 게임보이 지원 / 포켓 프린터 지원

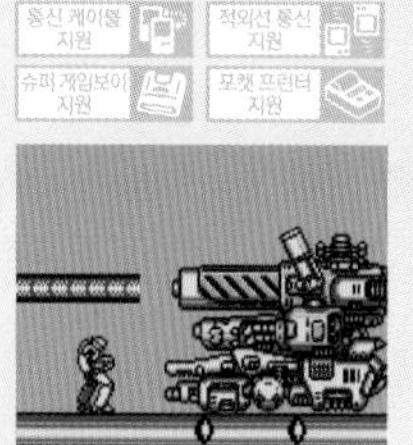

▲ 마구 밀어 붙여도 이기지만, 기왕이면 스타일리시하게.

인간형 병기 'ZEOTH'를 조작해 싸우는 사이드뷰 액션 슈팅 게임. 홀수 스테이지는 가로, 짝수 스테이지는 세로 스크롤이다. 플레이어가 탄막을 펼치는 상쾌함과 낮은 난이도로, 모두 재미있게 즐길 수 있는 작품.

버블 고스트

GB 게임보이 | ACT 포니 캐년 1990년 12월 21일 3,090엔(세금 포함)

통신 케이블 지원 / 적외선 통신 지원 / 슈퍼 게임보이 지원 / 포켓 프린터 지원

▲ 타임 오버가 없으니 천천히 공략하지.

고스트를 조작하여 버블을 출구까지 운반하는 미로 탈출형 게임. 고스트는 숨을 뿜어 버블을 이동시키며, 이를 이용해 양초 등을 불어 끌 수도 있다. 진득하게 즐길 수 있는 퍼즐 게임이다.

비룡의 권 외전

GB 게임보이 | ACT 컬처 브레인 1990년 12월 22일 3,500엔(세금 포함)

통신 케이블 지원 / 적외선 통신 지원 / 슈퍼 게임보이 지원 / 포켓 프린터 지원

▲ 외전이라, '용비'를 제외한 용전사는 등장하지 않는다.

복면 프로레슬러 '쥬신 선더 라이거'도 추천한 작품. '비룡의 메달'을 지키기 위해, 주인공 '용비'가 새로운 적 다크 드래곤과 맞선다. 시리즈 굴지의 난이도를 자랑해, 잠시도 방심할 수 없는 게임이다.

몬스터 메이커

GB 게임보이 | PZL 소프엘 1990년 12월 22일 3,500엔(세금 포함)

통신 케이블 지원 / 적외선 통신 지원 / 슈퍼 게임보이 지원 / 포켓 프린터 지원

▲ 카드 게임 느낌을 휴대용 게임기로 잘 녹여낸 시스템이 훌륭하다.

같은 제목 카드 게임의 캐릭터를 바탕으로 한 판타지 RPG. 4명 중에서 고른 주인공과, 돈으로 고용한 동료로 파티를 짜 모험한다. 카드 게임을 의식한 연출이 다수 나오며, 등장인물과 몬스터가 카드에 그려진 그림 느낌으로 표시된다. 던전에 선 카드를 뒤집어 숨겨진 통로를 찾는가 하면, 전투 중에는 카드 커맨드로 아이템과 마법을 쓸 수 있는 것이 특징.

미국 횡단 울트라 퀴즈

GB 게임보이 | ETC 토미 1990년 12월 23일 3,980엔(세금 포함)

통신 케이블 지원 / 4인용 어댑터 지원 / 슈퍼 게임보이 지원 / 포켓 프린터 지원

▲ 최대 4명까지 함께 즐길 수 있는 대전 모드도 수록.

니폰TV 계열에서 방영했던 유명 퀴즈 프로를 게임화했다. 총 1,200문제로, 전부 실제 TV 프로에서 사용된 것들을 수록했다. 머드 퀴즈와 뉴욕 맞대결, 각 스테이지 탈락 후의 벌칙 게임 등, 원작을 잘 재현했다.

드루아가의 탑

GB 게임보이 | ACT 엔젤 1990년 12월 31일 3,500엔(세금 포함)

통신 케이블 지원 / 적외선 통신 지원 / 슈퍼 게임보이 지원 / 포켓 프린터 지원

▲ 미로처럼 구성된 탑을 모험하며 60층 도달을 노린다.

탑 꼭대기에 갇혀 있는 무녀 '카이'를 구출하러, 주인공 '길'이 각층에 숨겨진 보물상자를 열고 아이템을 얻어 성장하며 진행한다. HP제와 보스전 등, 원작인 아케이드판에 없는 요소도 추가했다.

GAME BOY
SOFTWARE ALL CATALOGUE

전년 말에 컬러 LCD를 탑재한 PC엔진 GT와 게임 기어가 발매되었음에도, 흑백 LCD라는 게 전혀 결점이 아니라는 듯 이 해에도 판매가 호조였던 게임보이. 발매 타이틀 수는 110종에 달했고, 패미컴판 이식작과 오리지널 RPG 등 '진득하게 즐기는' 스타일의 게임이 늘어나기 시작한 것도 이 시기다. 본체와 소프트가 패미컴보다 저렴해 어린아이에게 사주기 좋다는 점도 한몫 하여, 저연령 유저용 소프트 라인업이 늘어난 것도 이 해의 특징이다.

GB 게임보이 혼두라
ACT 코나미 1991년 1월 8일 3,500엔(세금 포함)

통신 케이블 지원 / 적외선 통신 지원 / 슈퍼 게임보이 지원 / 포켓 프린터 지원

▲ 사이드뷰와 탑뷰로 구성된 총 5개 스테이지를 수록.

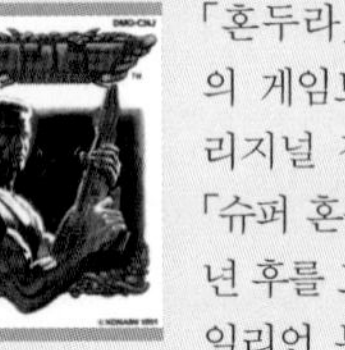

「혼두라」 시리즈의 게임보이판 오리지널 작품으로, 「슈퍼 혼두라」의 1년 후를 그렸다. 에일리언 부활 정보를 입수한 연방군의 지령으로, 빌이 홀로 적 기지에 돌격한다. 게임보이의 사양 탓에 1인용 전용.

GB 게임보이 돌격! 고철 탱크
STG HAL 연구소 1991년 1월 8일 3,300엔(세금 포함)

통신 케이블 지원 / 4인용 어댑터 지원 / 슈퍼 게임보이 지원 / 포켓 프린터 지원

▲ 포탑이 우회전만 가능하다. 그래서 '고철 탱크'라고.

마을사람들이 빼앗은 탱크를 조종해, 적군과 싸우게 되는 슈팅 게임. 8방향으로 포탑을 회전시켜, 별별 것들을 파괴하며 돌진해야 한다. 난이도가 낮은 편으로, 누구나 쉽게 즐길 수 있도록 했다.

GB 게임보이 타이토 체이스 H.Q.
RCG 타이토 1991년 1월 11일 3,600엔(세금 포함)

통신 케이블 지원 / 적외선 통신 지원 / 슈퍼 게임보이 지원 / 포켓 프린터 지원

▲ 코스 분기와 일반 차량 등, 범인 추적을 방해하는 요소가 많다.

암행순찰차로 범인 차량을 추적해 들이받아 저지하는 아케이드 레이싱 게임의 이식판. 한 스테이지에서 3번까지 사용 가능한 니트로로 가속이 가능. 원작에서 유명했던 낸시의 음성은 아쉽게도 삭제됐다.

GB 게임보이 돌격 감자돌이즈
ACT 아틀라스 1991년 1월 25일 3,300엔(세금 포함)

통신 케이블 지원 / 적외선 통신 지원 / 슈퍼 게임보이 지원 / 포켓 프린터 지원

▲ GB 굴지의 컬트 게임으로 평가받는 레어 소프트.

「퍼즐 보이」의 스핀오프 작품으로, 납치당한 공주를 구출하러 탑을 오르는 탑뷰 시점의 액션 게임. 무기를 사용할 수 없는 층이나 조명이 없는 층 등, 다양한 퍼즐 장치가 준비되어 있다.

GB 게임보이 오니가시마 파친코점
AVG 코코너츠 재팬 1991년 2월 8일 3,500엔(세금 포함)

통신 케이블 지원 / 적외선 통신 지원 / 슈퍼 게임보이 지원 / 포켓 프린터 지원

▲ 동료가 없는 상태로 치면 이기기 쉽지 않다.

파친코로 비겁하게 돈을 벌고 있는 귀신을 모모타로가 벌하러 간다는 스토리의 파친코 게임. 동료인 개·원숭이·꿩은 못 상태를 간파하는 등의 편리한 능력이 있다. 잘 활용하여 가게의 파친코를 정복해보자.

GB 게임보이 레이 선더
STG 일본물산 1991년 2월 8일 3,600엔(세금 포함)

통신 케이블 지원 / 적외선 통신 지원 / 슈퍼 게임보이 지원 / 포켓 프린터 지원

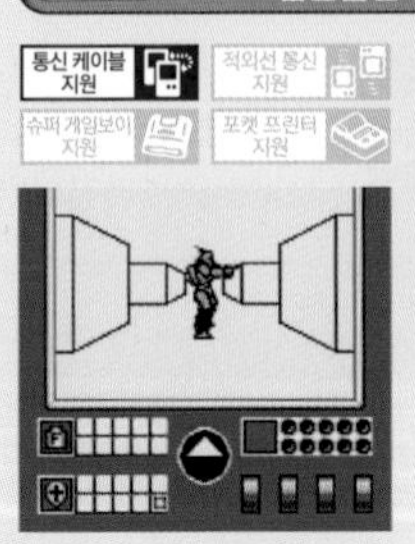
▲ 당시엔 매우 드물었던 1인칭 시점의 슈팅 게임.

폭주하여 인간을 습격하기 시작한 경비 로봇을 물리치러, 3D 던전을 진행하며 적을 쓰러뜨리는 FPS 풍 슈팅 게임. 플레이어 기체는 공격력과 스피드가 각기 다른 3가지 타입 중에서 선택할 수 있다.

버거 타임 디럭스

GB 게임보이 ACT 데이터 이스트 1991년 2월 15일 3,300엔(세금 포함)

▲ 거대한 햄버거를 완성시키기 위해 열심히 달리자!

화면 내에 놓인 번·햄버그·달걀프라이 등을 밟아 아래로 떨어뜨려 햄버거를 완성시키는 액션 게임. 아케이드 게임의 이식작이지만, 그래픽이 원작에 비해 '디럭스'라 할 만큼 호화스러운 것이 특징이다.

삼색털 고양이 홈즈의 기사도

GB 게임보이 AVG 애스크 코단샤 1991년 2월 15일 3,500엔(세금 포함)

▲ 등장인물의 인간관계가 복잡한 게 아침드라마급이다.

아카가와 지로의 소설 '삼색털 고양이 홈즈의 기사도'를 게임화한 작품. 커맨드 선택식 어드벤처 게임이라, 조작이 어려워 막힐 일은 없다. 추리물이라기보다 스토리 감상물 성격이 강한 게임이다.

분노의 요새

GB 게임보이 ACT 잘레코 1991년 2월 26일 3,400엔(세금 포함)

▲ 맵을 파악해, 지형에 적합한 최적의 무기를 선택하여 돌파하자.

적의 거대요새에 잠입하여 비밀병기를 파괴하는 것이 목적인 밀리터리 액션 게임. 미로처럼 복잡한 요새 내부에서 중화기로 적을 물리치며 진행한다. 플레이어는 중화기를 다루는 'MASATO'와 움직임이 빠른 'MIZUKI' 중에서 고를 수 있어, 각 캐릭터의 장점을 활용하면서 공략해야 한다. 총 4스테이지로서, 각각 개성적인 보스 캐릭터가 기다리고 있다.

F-1 스피리트

GB 게임보이 RCG 코나미 1991년 2월 28일 3,500엔(세금 포함)

▲ MSX판과는, 적 차량과의 충돌판정이 없는 등의 차이가 있다.

MSX로 발매된 레이싱 게임을 게임보이로 개변 이식했다. F3·F3000·F1 카테고리가 있으며, F1에서는 월드 챔피언을 목표로 도전한다. 3분간의 예선과 피트 인 개념도 있으며, 차량의 설정도 디테일하다.

레이싱 혼

GB 게임보이 RCG 아이렘 1991년 2월 28일 3,500엔(세금 포함)

▲ 노비스 클래스부터 시작해, A 클래스까지 총 6레이스를 돈다.

바이크가 소재인 레이싱 게임. 4종류의 바이크 중 하나를 골라, 일본 각지의 서킷에서 열리는 레이스에 도전한다. 난이도는 낮지만 라이벌의 블로킹이 치열해, 긴장감이 있는 플레이를 즐길 수 있다.

도라에몽 : 대결 비밀도구!!

GB 게임보이 ACT 에포크 사 1991년 3월 1일 3,500엔(세금 포함)

▲ 탑뷰 맵과 사이드뷰 스테이지로 구성되어 있다.

타임머신을 즐기던 도중 연기에 휩싸여, 신비한 미로공간에 떨어져버린 도라에몽. 반란을 일으킨 비밀도구들과 싸우며, 사라진 진구와 친구들을 구출하여 미로공간에서 탈출을 꾀한다는 내용이다.

로보캅

GB 게임보이 ACT 에픽 소니 1991년 3월 1일 3,500엔(세금 포함)

▲ 로보캅의 묵직한 움직임을 재현한 액션 게임이다.

범죄자와 옴니 사로부터 도시를 지키려 로보캅이 활약하는 횡스크롤 액션 게임. 원작 영화처럼 모션이 메카니컬한 로보캅을 조작하며, 앉기와 점프로 적의 공격을 피하는 나름의 맛이 있는 게임이다.

슈퍼 모모타로 전철

GB 게임보이 TBL 허드슨 1991년 3월 8일 4,500엔(세금 포함)

통신 케이블 지원 / 4인용 어댑터 지원 / 슈퍼 게임보이 지원 / 포켓 프린터 지원

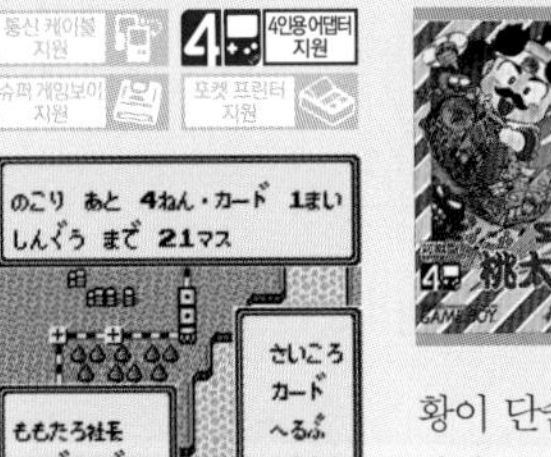

▲ 가정용으로 대유행한 「모모타로 전철」. 휴대용과도 안성맞춤.

일본 전역을 철도 여행하며 건물을 사들여, 구입한 건물의 매출액을 겨루는 보드 게임. 킹봄비는 없지만, 상황이 단숨에 뒤집히는 이벤트는 여전하다. 통신 케이블로 최대 4명까지 동시 플레이가 가능.

센고쿠 닌자 군

GB 게임보이 ACT UPL 1991년 3월 8일 3,800엔(세금 포함)

통신 케이블 지원 / 적외선 통신 지원 / 슈퍼 게임보이 지원 / 포켓 프린터 지원

▲ 귀여운 닌자 군을 성장시켜 임무를 달성하자.

오다 노부나가의 명령으로, 다케다 신겐의 생사여부를 파악하러 여행을 나선 닌자 군. 적과 싸우며 필드를 탐색하는 액션 RPG다. 경험치와 레벨 개념 없이, 아이템 획득으로 성장하는 시스템을 채용했다.

루프스

GB 게임보이 PZL 마인드스케이프 1991년 3월 15일 3,090엔(세금 포함)

통신 케이블 지원 / 적외선 통신 지원 / 슈퍼 게임보이 지원 / 포켓 프린터 지원

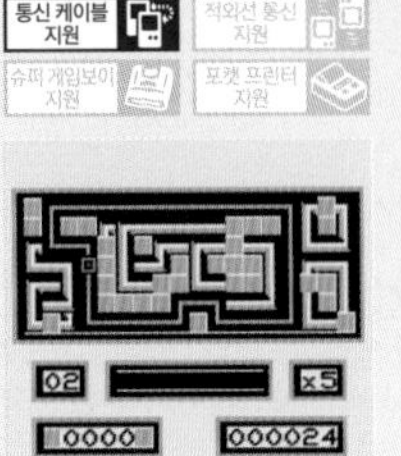

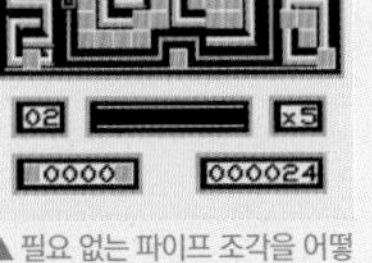

▲ 필요 없는 파이프 조각을 어떻게 처리할지가 공략 포인트.

다양한 형태의 파이프처럼 생긴 조각들을 필드 위에 배치해 루프(고리) 모양으로 완성시키면 사라지는 룰의 퍼즐 게임. 화면은 좁은데 조각들은 큼직한 편이라, 잘 연결하기가 제법 어려운 편이다.

R-TYPE

GB 게임보이 STG 아이렘 1991년 3월 19일 3,600엔(세금 포함)

통신 케이블 지원 / 적외선 통신 지원 / 슈퍼 게임보이 지원 / 포켓 프린터 지원

▲ 스테이지 4·5가 삭제됐고, 플레이어의 장비에도 차이가 있다.

아케이드 게임을 이식한 횡스크롤 슈팅 게임. 모아 쏘기로 발사하는 '파동포', 기체에 장착·이탈 가능한 무적 옵션 '포스', 생물적인 디자인의 적 캐릭터와 거대전함 등, 참신한 시스템은 게임보이판에도 여전하다.

패스티스트 랩

GB 게임보이 RCG 바프 1991년 3월 20일 3,800엔(세금 포함)

통신 케이블 지원 / 적외선 통신 지원 / 슈퍼 게임보이 지원 / 포켓 프린터 지원

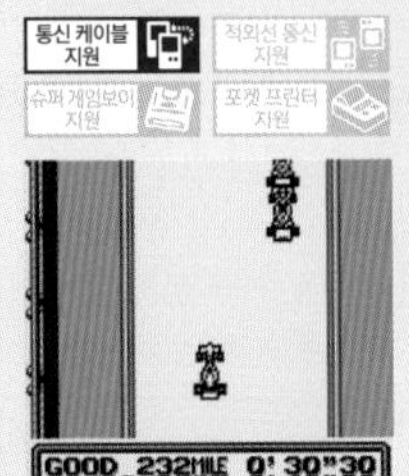

▲ 게임 중에 나오는 음악이 매우 호평받았다.

탑뷰 시점의 카 레이싱 게임. 타이틀명에서 연상되는 대로 '최대한 빨리 달려 골인하기'라는 레이싱 게임 본래의 재미를 추구한 작품이라, 라이벌 차량과의 충돌 판정을 아예 없애버렸다.

젬젬

GB 게임보이 PZL 빅 토카이 1991년 3월 29일 3,800엔(세금 포함)

통신 케이블 지원 / 적외선 통신 지원 / 슈퍼 게임보이 지원 / 포켓 프린터 지원

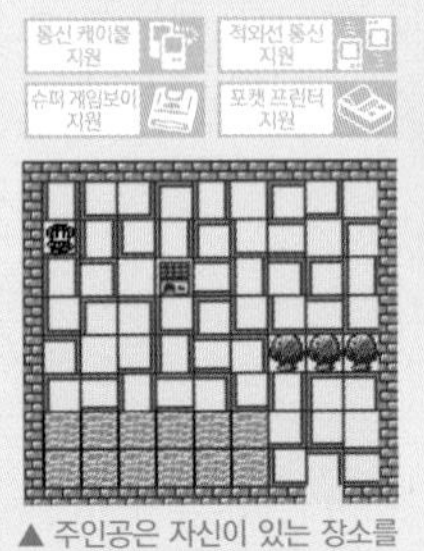

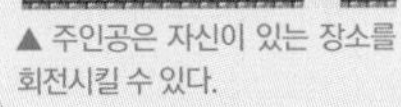

▲ 주인공은 자신이 있는 장소를 회전시킬 수 있다.

마도사에 의해 미로로 변해버린 마을을 돌파하며 전설의 젬을 찾으러 가는 퍼즐 게임. 통로는 회전시킬 수 있어, 이를 이용해 길을 연결하면서 진행한다. 몬스터와 접촉하면 가위바위보 대결이 벌어진다.

패밀리 자키

GB 게임보이 SPT 남코 1991년 3월 29일 3,500엔(세금 포함)

통신 케이블 지원 / 적외선 통신 지원 / 슈퍼 게임보이 지원 / 포켓 프린터 지원

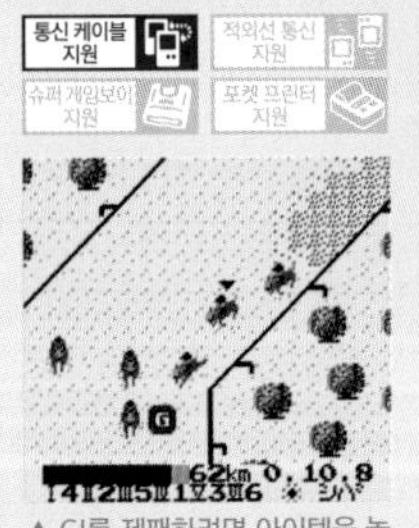

▲ GI를 제패하려면 아이템을 놓치지 않고 습득해야 한다.

말을 직접 조작해 레이스에서 승리하며 텐노 상을 노리는 경마 레이싱 게임. 단기필마로 잔디도 더트도 장애물도 돌파하며, 코스에 출현한 아이템을 입수해 말의 능력을 상승시키는 심플한 시스템을 채용했다.

솔로몬즈 클럽

GB 게임보이 PZL 테크모 1991년 4월 5일 3,300엔(세금 포함)

통신 케이블 지원 / 적외선 통신 지원 / 슈퍼 게임보이 지원 / 포켓 프린터 지원

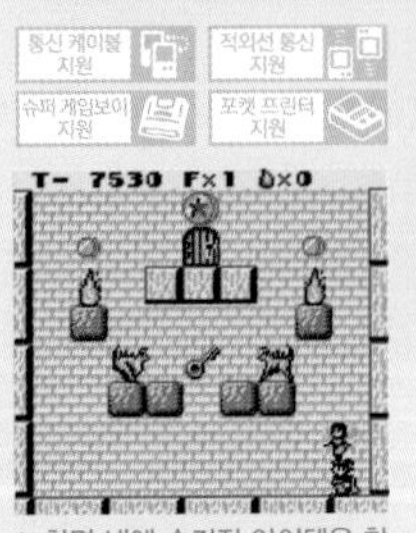

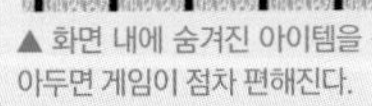

▲ 화면 내에 숨겨진 아이템을 찾아두면 게임이 점차 편해진다.

마법으로 발판이 될 돌을 만들거나 지우면서 골로 이동하는 퍼즐 액션 게임. 심플하지만 공략하려면 제법 테크닉이 필요하다. 같은 제목의 패미컴용 게임 이식작이지만, 아이템 구입 등의 신 요소도 추가했다.

파로디우스다!

GB 게임보이 STG 코나미 1991년 4월 5일 3,800엔(세금 포함)

패러디 게임이라지만 난이도는 제대로인 슈팅 게임. 삭제된 스테이지가 있으나 전체적인 이식도는 높으며, 치밀하게 그린 배경과 귀여운 움직임의 캐릭터, 심지어 보스 '치치빈타 리카'의 허리놀림까지도 재현했다.

▲ 숨겨진 커맨드를 입력하면 사운드 테스트도 즐길 수 있다.

파이널 리버스

GB 게임보이 ACT 토에이 동화 1991년 4월 12일 3,400엔(세금 포함)

통신 케이블 지원

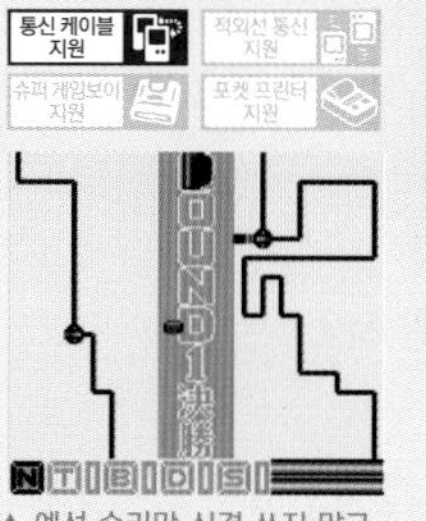

대전형 슈팅 게임. 화면 좌우에 각각 기체가 배치되어 상대를 저격하는 룰이다. 한붓그리기 요령으로 레일을 그려두면, 본선에서 그 레일이 상대의 이동 가능 범위가 된다. 본선과 예선이 있고, 예선의 레일 작성이 중요.

▲ 예선 승리만 신경 쓰지 말고, 본선이 유리하게끔 공략하자.

월드 아이스하키

GB 게임보이 SPT 아테나 1991년 4월 12일 3,500엔(세금 포함)

통신 케이블 지원

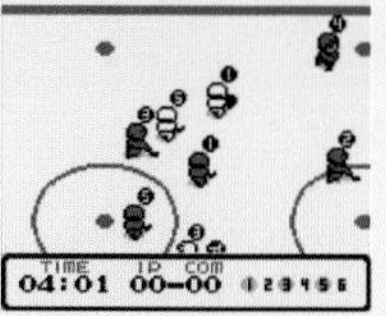

세계 8개국 팀이 등장하는 하키 게임. 미팅 때 작전과 포지션을 잘 설정하면 시합을 유리하게 끌고 갈 수 있다. 경쾌한 BGM과 피리어드 종료 시 나오는 치어리더 등, 디테일의 완성도가 빛을 발하는 작품.

▲ 엑시비션 모드와 토너먼트 모드를 수록했다.

카브노아

GB 게임보이 RPG 코나미 1991년 4월 19일 3,800엔(세금 포함)

도전할 때마다 구조가 변화하는 던전으로 들어가, 각 던전마다 설정된 퀘스트를 클리어하는 로그라이크 스타일의 RPG. 플레이어는 레벨 업 개념이 없어, 아이템으로 파워 업해야 한다.

▲ 꾸준히 도전하여, 더욱 어려운 퀘스트도 클리어해 보자.

챠챠마루 패닉

GB 게임보이 ACT 휴먼 1991년 4월 19일 2,900엔(세금 포함)

4인용 어댑터 지원

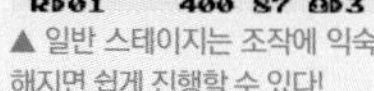

당시 일본의 TV 프로 '패미소년 대집합'에 나오던 '챠챠마루'가 주인공인 작품. 미끄러운 얼음 위의 저주받은 석판을 직접 부딪쳐 쓰러뜨린다. 조작은 십자 키와 브레이크 버튼뿐. 보너스와 보스 출현 스테이지도 있다.

▲ 일반 스테이지는 조작에 익숙해지면 쉽게 진행할 수 있다!

리틀 마스터 : 라이크반의 전설

GB 게임보이 SLG 토쿠마쇼텐 인터미디어 1991년 4월 19일 4,200엔(세금 포함)

귀여운 캐릭터가 특징인 시뮬레이션 RPG. 도중 퇴각이 가능하므로, 시나리오 공략이 잘 되지 않으면 일단 후퇴하고 이전에 클리어한 스테이지를 반복 플레이해, 유닛을 성장·합체시켜 아군 전력을 강화시킬 수 있다.

▲ 합체로 새 종족을 만들어 강화시켜, 총 15시나리오를 제패하라.

슈퍼로봇대전

GB 게임보이 SLG 반프레스토 1991년 4월 20일 3,980엔(세금 포함)

통신 케이블 지원

▲ 일부 로봇에 추가시킨 개성이 호평받아, 원작의 파일럿 설정에 역추가되기도.

지금도 신작이 발매되는 인기 시리즈의 기념비적인 첫 작품. '건담'·'마징가'·'겟타' 세 팀 중 참가 팀을 선택해, 우주괴수 '길길건' 타도와 세뇌당한 로봇 구출을 위해 싸운다. 발매 당초엔 '컴퍼티 히어로' 시리즈의 일환이자 「대전략」의 로봇판이란 기획이었으므로, 파일럿 개념이 없고 기지 제압 요소가 있는 등, 이후 시리즈 작품과 차이점이 많다.

스모 파이터 : 토카이도 대회

GB 게임보이 ACT 아이맥스 1991년 4월 26일 3,500엔(세금 포함)

통신 케이블 지원 / 적외선 통신 지원 / 슈퍼 게임보이 지원 / 포켓 프린터 지원

▲ 각 보스에는 다양한 작품에 대한 오마쥬를 넣은 듯하다.

주인공인 스모 선수 '본짱'이 약혼자 카요를 구하러 가는 횡스크롤 액션 게임. 진행 중 손바닥 밀치기나 던지기 등을 구사하며 리얼 & SD 풍인 적들을 물리친다. 연출 등에 독특한 세계관이 엿보인다.

열혈고교 축구부 : 월드컵 편

GB 게임보이 SPT 테크노스 재팬 1991년 4월 26일 3,500엔(세금 포함)

통신 케이블 지원 / 적외선 통신 지원 / 슈퍼 게임보이 지원 / 포켓 프린터 지원

▲ 라이벌도 날려버린다!? 필살기 슛으로 골을 노려라!

열혈고교의 쿠니오 군이 이끄는 멤버들로 축구 승부를 벌이는 게임. 시리즈 첫 작품부터 일관된 작품인데, 스포츠 게임이면서도 파울 개념이 전혀 없다. 수단방법을 가리지 않고 점수를 낼 수 있어 재미있다.

미키 마우스 II

GB 게임보이 ACT 켐코 1991년 4월 26일 3,090엔(세금 포함)

통신 케이블 지원 / 적외선 통신 지원 / 슈퍼 게임보이 지원 / 포켓 프린터 지원

▲ 패스워드 컨티뉴로 총 28+1 스테이지를 공략하자.

미키 마우스를 조작하여 스테이지에 배치된 열쇠를 전부 모으는 것이 목적인 액션 게임. 문과 토관 등을 드나들며 진행하는 시스템은 전작과 동일하지만, 스테이지 내의 장치가 풍부해져 재미가 늘었다.

미니 펏

GB 게임보이 SPT A-WAVE 1991년 4월 26일 3,400엔(세금 포함)

통신 케이블 지원 / 적외선 통신 지원 / 슈퍼 게임보이 지원 / 포켓 프린터 지원

▲ 어떻게 쳐야 될지 감이 안 잡힐 만큼 복잡한 코스도 등장한다.

게임보이로 부담 없이 퍼터 골프를 즐겨보는 게임. 다양한 장애물이 설치돼 있어 플레이어가 지루할 틈이 없다. 난이도도 4단계를 준비했으며, 전부 클리어하려면 상당히 연구하며 파고들어야 한다.

럭키 몽키

GB 게임보이 ACT 나츠메 1991년 4월 26일 3,090엔(세금 포함)

통신 케이블 지원 / 적외선 통신 지원 / 슈퍼 게임보이 지원 / 포켓 프린터 지원

▲ 바로바로 판단해 볼을 쓸 수 있게 되면 플레이가 쉬워진다.

원숭이 '웃키'가 리프팅할 때마다 점점 거대해지는 '마법의 럭키볼'로 적을 쓰러뜨리는 스테이지 클리어형 액션 게임. 볼은 버튼 입력에 따라 적을 쓰러뜨리거나 기절시키는 등으로 구분해 사용 가능하다.

꼭두각시 검호전 : 무사시 로드

GB 게임보이 ACT 유타카 1991년 4월 27일 3,500엔(세금 포함)

통신 케이블 지원 / 적외선 통신 지원 / 슈퍼 게임보이 지원 / 포켓 프린터 지원

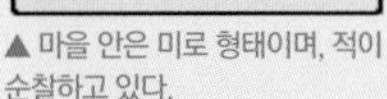
▲ 마을 안은 미로 형태이며, 적이 순찰하고 있다.

꼭두각시 인간이 살고 있는 '지팡구' 나라의 '무사시'가, 지팡구 제일의 무예자가 되러 무예전 참가를 위한 여행길에 오른다. 세계관도 일본 풍이고 BGM도 일본 풍에다 리드미컬해, 작품의 분위기를 띄운다.

토피도 레인지

GB 게임보이 STG 세타 1991년 4월 27일 3,800엔(세금 포함)

통신 케이블 지원 / 적외선 통신 지원 / 슈퍼 게임보이 지원 / 포켓 프린터 지원

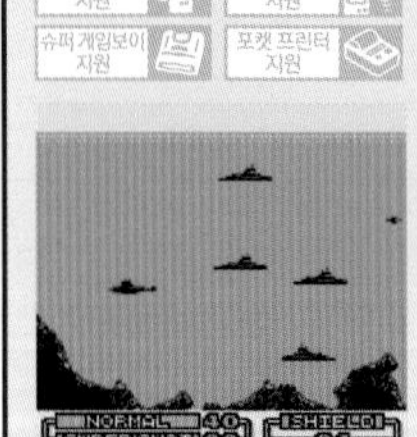
▲ 숨겨진 게임으로, 퍼즐 게임 'FERILL'을 수록했다.

잠수함을 조작해 적을 물리치고 적 기지까지 파괴하는 것이 목적. 맵 상에서 적함을 발견해 접촉하면 전투화면으로 넘어간다. 전투화면은 적 타입에 따라 다수 준비돼 있어, 각 상황에 맞는 테크닉이 필요하다.

키친 패닉

GB 게임보이 ACT 코코너츠 재팬 1991년 5월 10일 3,800엔(세금 포함)

통신 케이블 지원 / 적외선 통신 지원 / 슈퍼 게임보이 지원 / 포켓 프린터 지원

▲ 벌레는 SD화돼 등장하므로, 벌레가 싫은 사람이라도 안심.

미니화된 '치이' 군을 조작해, 엄마를 위해 부엌의 해충을 구제하는 액션 게임. 벌레뿐만 아니라 쥐도 퇴치해야 한다. 조작성이 좋아 상쾌하게 플레이할 수 있는, 게임보이 초기의 숨겨진 수작이다.

GB 게임보이 산리오 카니발

PZL 캐릭터 소프트 1991년 5월 11일 3,296엔(세금 포함)

통신 케이블 지원 / 적외선 통신 지원 / 슈퍼 게임보이 지원 / 포켓 프린터 지원

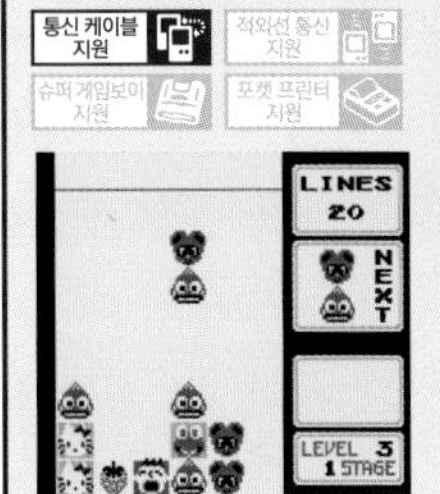

▲ 친숙한 캐릭터들이 잔뜩 나오는 퍼즐 게임.

산리오의 인기 캐릭터들이 등장하는 낙하계 퍼즐 게임. 같은 캐릭터를 3개 붙이면 없어지는 간단한 룰이라 입문이 쉽지만, 없어진 후에도 캐릭터가 떨어지지 않는 모드도 있는데 이쪽이 의외로 어렵다.

GB 게임보이 일발역전! DX 마권왕

ETC 아스믹 1991년 5월 17일 5,900엔(세금 포함)

통신 케이블 지원 / 적외선 통신 지원 / 슈퍼 게임보이 지원 / 포켓 프린터 지원

サツポロ予想着順
1−2−3−4−5
連複式予想 1▸1−2
2▸2−3 3▸3−4
4▸4−5 5▸3−5
大混戦！ 大穴㊙

▲ 복승식 도입 이전의 소프트라, 단승식과 복연승식만 예상해준다.

이 작품은 게임이 아니라, 다양한 데이터를 입력하면 경마에서 승리마를 예상해주는 소위 실용계 소프트다. 30항목 이상을 시뮬레이션하여, 세밀한 분석과 예상으로 경주마의 착순 등을 보여준다.

GB 게임보이 러블 세이버

ACT 킹 레코드 1991년 5월 17일 3,500엔(세금 포함)

통신 케이블 지원 / 적외선 통신 지원 / 슈퍼 게임보이 지원 / 포켓 프린터 지원

▲ 플레이어 기체는 앵커 사출 등 기능이 많은 로봇 '맥스'.

패미컴용 게임 「미라클 로핏」의 리메이크작. 행방불명된 오빠를 찾으러 여동생 '앤'이 정체불명의 로봇 '맥스'에 탑승해, 총 9스테이지를 공략한다. 이식하면서 난이도를 조정해, 문제없이 즐길 수 있도록 했다.

GB 게임보이 SD 커맨드 건담 G-ARMS : 오퍼레이션 건담

ACT 반다이 1991년 5월 18일 3,500엔(세금 포함)

통신 케이블 지원 / 적외선 통신 지원 / 슈퍼 게임보이 지원 / 포켓 프린터 지원

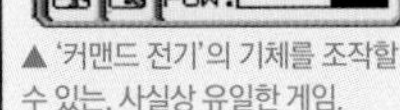

▲ '커맨드 전기'의 기체를 조작할 수 있는, 사실상 유일한 게임.

밀리터리 풍을 전면에 내세운 SD건담 장난감 시리즈 'SD 커맨드 전기 G-ARMS'를 소재로 삼은 액션 게임. 완성도가 높고 밸런스도 좋아, 커맨드 전기 팬은 반드시 입수해야 할 게임이라 해도 과언이 아닌 작품.

GB 게임보이 게임보이 워즈

SLG 닌텐도 1991년 5월 21일 3,500엔(세금 포함)

통신 케이블 지원 / 적외선 통신 지원 / 슈퍼 게임보이 지원 / 포켓 프린터 지원

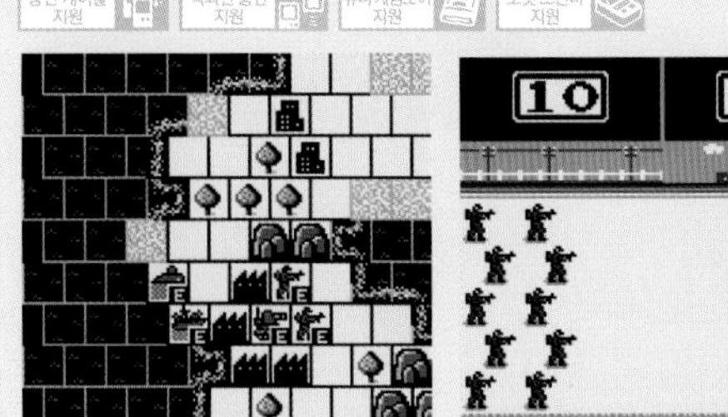

▲ 유닛의 상성을 고려해 공격법을 짜는 게 마치 퍼즐 게임 같아, 중독성이 있다.

패미컴판으로 인기였던, 레드 스타 군과 화이트 문 군 두 진영이 근대병기로 싸우는 시뮬레이션 게임의 이식작. 아군의 세력을 확대해 적의 수도를 점령하면 승리다. 필드는 정사각형이 엇갈려 배치되는 간이 헥스 방식으로, 본격적인 워 시뮬레이션 게임을 즐길 수 있다. 총 16종류의 맵에서 24종류의 병기 유닛을 구사하는 격렬한 싸움이 전개된다.

GB 게임보이 아스믹 군 월드 2

PZL 아스믹 1991년 5월 24일 3,900엔(세금 포함)

통신 케이블 지원 / 적외선 통신 지원 / 슈퍼 게임보이 지원 / 포켓 프린터 지원

▲ 아이들을 지켜야 하지만, 지키지 않는 게 더 편할 때가 많다.

액션 게임이었던 전작과 달리, 퍼즐 게임으로 등장했다. 처음 받게 되는 패널을 사용해 골까지 길을 연결하는 게 목적이다. 패널을 남김없이 사용해야만 하는 등, 난이도는 제법 높은 편이다.

GB 게임보이 스노우 브라더스 주니어

ACT 나그자트 1991년 5월 24일 3,800엔(세금 포함)

통신 케이블 지원 / 적외선 통신 지원 / 슈퍼 게임보이 지원 / 포켓 프린터 지원

▲ 하트를 잃은 탓에 둘로 갈라진 세계를 구하러 가자.

아케이드판에서 주인공이었던 '닉'과 '톰'의 아들이 플레이어 캐릭터다. 2인 동시 플레이는 지원하지 않지만, 적을 눈덩이로 만들어 굴려 다른 적까지 휘말리게 해 일소하는 통쾌함은 충실히 재현했다.

 게임보이 지원
 게임보이 비지원
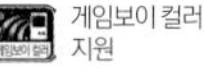 게임보이 컬러 지원
 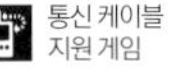 통신 케이블 지원 게임
 적외선 통신 지원 게임
  슈퍼 게임보이 지원 게임
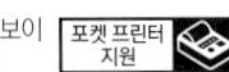 포켓 프린터 지원 게임

레전드 : 내일을 향한 날개

GB 게임보이 RPG 퀘스트 1991년 5월 31일 4,500엔(세금 포함)

▲ 마법 이름들이 대단하다. 이 이상 직관적일 수 없을 정도.

무대는 이세계 '레전더리아'. 악마를 물리치기 위해 4가지 진정한 단어 '망토'를 찾아, 용사와 세 종자가 여행을 나선다. 플레이하기 쉽도록 커맨드 등을 잘 정리하여, 스트레스 없이 즐길 수 있다.

사커

GB 게임보이 SPT 톤킨 하우스 1991년 6월 7일 3,500엔(세금 포함)

통신 케이블 지원

▲ 게임 클리어 후의 애니메이션은 볼만한 가치가 있다.

톤킨 하우스가 개발한 '축구 게임'. 상하 스크롤을 게임성에 잘 결합시켜, 롱 패스 등을 하는 순간 경기장 전체가 보이게끔 시점이 변경된다. 승부차기 시에는 특히 속도감이 느껴져서 제법 재미있다.

대전략

GB 게임보이 SLG 히로 1991년 6월 12일 4,800엔(세금 포함)

통신 케이블 지원

▲ 의외로 리얼타임으로 진행되어, 전개가 참신하다.

PC 등으로 유명한 워 시뮬레이션 게임의 타이틀을 달고 등장한 시뮬레이션 게임. 맵을 열람하는 모드 외에는 모든 유닛이 실시간으로 동시에 움직이므로, 원작과는 스타일이 완전히 다른 게임이 되었다.

마법동자☆타루루토

GB 게임보이 ACT 반다이 1991년 6월 15일 3,500엔(세금 포함)

▲ 캐릭터가 디테일하게 그려져 상당히 귀엽다.

만화·애니메이션으로 인기였던 같은 제목 작품(원제는 '매지컬☆타루루토 군')을 게임화했다. 플레이어 캐릭터인 혼마루가 점프 액션으로 스테이지를 클리어해간다. 아이템을 얻으면 보조 캐릭터로 타루루토가 출현한다.

정글 워즈

GB 게임보이 RPG 포니 캐년 1991년 6월 21일 4,800엔

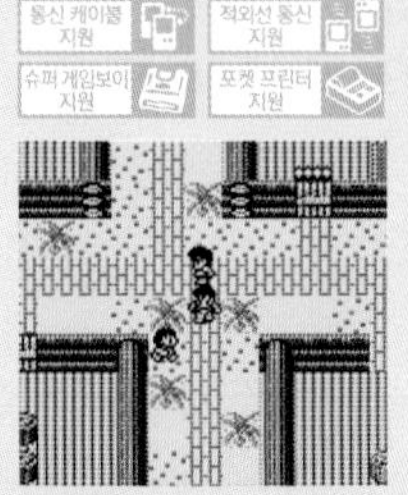

▲ 적에게 납치당한 아빠를 구하러 여행을 떠나자.

갑자기 나타난 '고트 단'이 정글의 평화를 어지럽힌다. 정글의 평화를 되찾기 위해 정글 보이가 일어선다. 소년소녀가 힘을 합쳐 수많은 문제를 해결하며 진행하는, 권선징악의 왕도 RPG다.

차플리프터 II

GB 게임보이 STG 빅터음악산업 1991년 6월 21일 3,400엔(세금 포함)

▲ 이 작품은 헬기에 포로가 압사되지 않으니 안심하고 즐길 수 있다.

미국 브로더번드 사가 제작한 유명 게임의 게임보이 오리지널 속편. 횡스크롤되는 스테이지 내를 헬기로 비행·착륙하며 포로를 구출하는 것이 목적이다. 원작에 비해 지형과 배경 패턴이 다양해졌다.

에어로 스타

GB 게임보이 STG 빅 토카이 1991년 6월 28일 3,300엔(세금 포함)

▲ 보스가 큼직하고, 화면 전체를 이동한다. 방심은 금물.

플레이어 기체가 전투기지만 지상을 주행하며, A 버튼을 누르면 게이지에 비례하여 점프하게 된다. 적탄에 높낮이 개념이 있기 때문에, 점프를 잘 활용하면 수월하게 게임을 공략할 수 있다.

인생게임 전설

GB 게임보이 TBL 타카라 1991년 6월 28일 3,980엔(세금 포함)

4인용 어댑터 지원

▲ 가장 많이 돈을 번 플레이어에게 나라가 양도된다.

판타지 월드의 모험가가 되어, 왕이 있는 곳에 도달할 때까지 번 액수를 경쟁한다. 멈춘 칸에 따라 전직 등의 '인생게임'다운 이벤트는 물론, 몬스터의 습격을 받는 등 RPG스러운 이벤트도 발생한다.

GAMEBOY 1989 1990 1991 1992 1993 1994 1995 1996 1997 1998 1999 2000 2001 2002 2003

성검전설 : 파이널 판타지 외전

RPG 스퀘어 1991년 6월 28일 4,800엔(세금 포함)

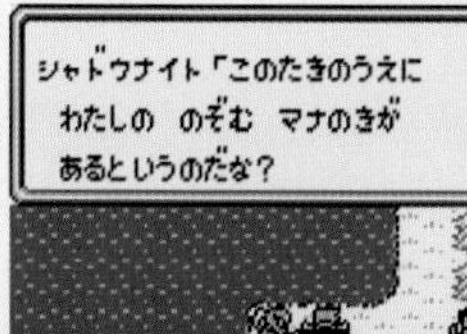

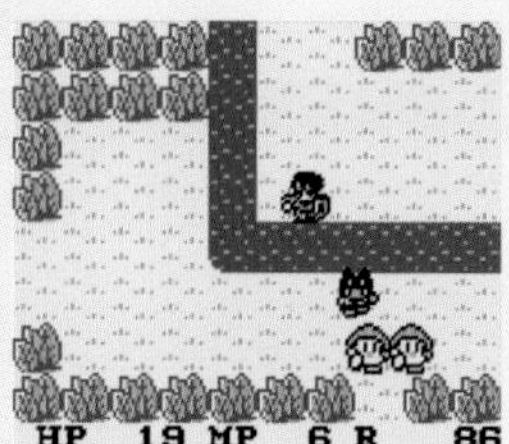

▲ 화면 하단의 게이지를 모으면 공격과 마법 위력이 상승한다.

「파이널 판타지」 시리즈의 외전으로 등장한 액션 RPG. 그란스 공국의 노예 검사가 기억상실 소녀와 만나 기구한 운명에 말려드는 스토리를 그렸다. 액션 RPG로서는 전형적인 시스템이지만 완성도가 뛰어나며, 애절한 스토리와 서정적인 BGM이 어우러져 큰 호평을 받았다. 아이템, 탈것, 마법 등으로「파이널 판타지」와 이름이 같은 것들이 다수 나온다.

원조!! 얀차마루

ACT 아이렘 1991년 7월 11일 3,600엔(세금 포함)

▲ 1스테이지의 보스 '마네린'. 뿅뿅 뛰어다니며 공격해온다.

패미컴판에서 이어지는 시리즈 제3탄. 납치당한 쿠루미 공주와 빼앗긴 성의 두루마리를 콘키드에게서 되찾는 것이 목적이다. 귀엽게 디자인된 적 캐릭터가 인상적이며, 액션이 경쾌해 쾌적하게 즐길 수 있다.

바틀 기우스

STG IGS 1991년 7월 12일 3,900엔(세금 포함)

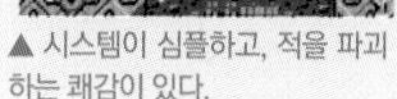

▲ 시스템이 심플하고, 적을 파괴하는 쾌감이 있다.

게임보이의 오리지널 종스크롤 슈팅 게임. 플레이어 기체의 고도를 2단계로 전환해 공중의 적은 고공비행으로, 지상의 적은 저공비행으로 파괴한다. 스테이지 클리어 시 플레이어 기체를 3종류 중 선택 가능.

드라큘라 전설 II

ACT 코나미 1991년 7월 12일 3,800엔(세금 포함)

▲ 서브웨폰을 사용 가능하고, 조작성도 우수해졌다.

전작인「드라큘라 전설」로부터 15년 후, 은밀히 살아남은 드라큘라 백작에게 조종당하는 아들 '솔레이유 벨몬드'를 구출하기 위해 크리스토퍼가 다시 일어선다. 이번 작품은 패스워드 컨티뉴 기능도 도입했다.

자금성 : SHI KIN JYO

PZL 토에이 동화 1991년 7월 16일 3,500엔(세금 포함)

통신 케이블 지원

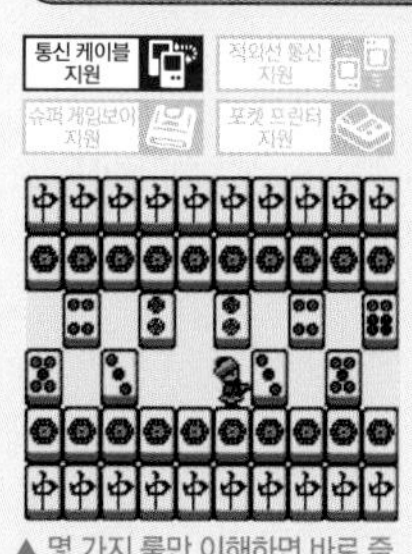

▲ 몇 가지 룰만 이해하면 바로 즐길 수 있다.

필드 내의 마작패를 밀어 공간을 만들며 출구까지 이동하는 퍼즐 게임. 숫자 패는 움직일 수 있지만 글자 패는 고정되며, 같은 숫자의 패를 붙이면 사라지는 등의 룰을 이용해 통로를 만드는 독특한 게임이다.

해트리스

PZL BPS 1991년 7월 19일 3,500엔(세금 포함)

통신 케이블 지원

▲ 게임 화면에서 어딘가 멕시칸 분위기가 풍긴다.

「테트리스」의 제작자가 개발한 퍼즐 게임. 떨어지는 모자를 조작해, 같은 모자를 세로로 5개 붙여 지워간다. 모자를 태워 없애는 파이어볼 등의 도움 아이템도 있지만, 몇 수 뒤의 위험을 예측하는 게 핵심.

사랑은 밀고당기기

PZL 포니 캐년 1991년 7월 21일 3,090엔(세금 포함)

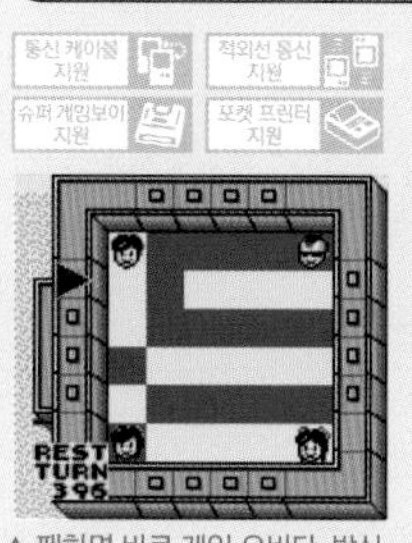

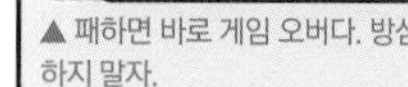

▲ 패하면 바로 게임 오버다. 방심하지 말자.

적과 교대로 한 줄씩 움직여, 우하단의 애인까지 하얀 길로 연결하는 게 목적인 퍼즐 게임. 반대로 검은 길이 우상단에서 좌하단까지 연결되면 패배다. 룰은 단순하지만 제법 머리를 써야 하는, 다소 어려운 게임.

GB 게임보이 배니싱 레이서

ACT 잘레코 1991년 7월 26일 3,500엔(세금 포함)

통신 케이블 지원 / 적외선 통신 지원 / 슈퍼 게임보이 지원 / 포켓 프린터 지원

▲ 각 스테이지는 해당 도시다운 배경으로 그려냈다.

폐차 직전인 차 '사부로 군'을 조작해, 악의 폭주차를 물리치며 여신의 부탁대로 미국을 횡단해 뉴욕에 도착해야 한다. 스테이지는 총 5가지가 있으며, 각 스테이지 마지막에는 보스가 기다리고 있다.

GB 게임보이 록맨 월드

ACT 캡콤 1991년 7월 26일 3,500엔(세금 포함)

통신 케이블 지원 / 적외선 통신 지원 / 슈퍼 게임보이 지원 / 포켓 프린터 지원

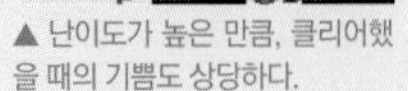

▲ 난이도가 높은 만큼, 클리어했을 때의 기쁨도 상당하다.

유명한 「록맨」 시리즈가 게임보이로 등장했다. 샷과 점프를 구사하며 진행하는 액션 게임으로, 각 스테이지의 보스를 격파할 때마다 주인공이 보스의 특수기능을 하나씩 입수하게 된다.

GB 게임보이 차차마루 모험기 3 : 어비스의 탑

RPG 휴먼 1991년 8월 2일 3,900엔(세금 포함)

통신 케이블 지원 / 적외선 통신 지원 / 슈퍼 게임보이 지원 / 포켓 프린터 지원

▲ 점프로 이동할 수 있는 장소를 찾는 것이 중요하다.

휴먼의 명물 홍보 담당자 '차차마루 씨'가 주인공인 필드형 RPG. 맵 상의 적과 조우하면 적을 몸통박치기로 격파하는 전투 화면으로 넘어간다. 이동에는 가속과 점프가 가능한 등의 액션 요소도 있다.

GB 게임보이 퍼즐 보이 II

PZL 아틀라스 1991년 8월 2일 3,300엔(세금 포함)

통신 케이블 지원 / 적외선 통신 지원 / 슈퍼 게임보이 지원 / 포켓 프린터 지원

▲ 야채들로 구성된 스테이지 클리어 그래픽이 귀엽다.

전작에 이은, 아틀라스 사가 개발한 탑뷰형 퍼즐 게임. 돌을 움직여, 회전하는 문을 지나 골을 향해 이동한다. 기본적인 틀은 전작과 동일하나, 시나리오 모드와 초보자용 스테이지 등이 추가되었다.

GB 게임보이 플리트 커맨더 VS.

SLG 아스키 1991년 8월 2일 4,635엔(세금 포함)

통신 케이블 지원 / 적외선 통신 지원 / 슈퍼 게임보이 지원 / 포켓 프린터 지원

▲ 게임보이판에 추가된 BGM은 들어볼 가치가 있다.

일본 PC잡지에 게재되었던 독자 투고 게임이 원작인, 시뮬레이션 워 게임의 시조가 게임보이로 등장했다. 가상의 해전이지만 병기는 실명이라는 설정과 기본 시스템은 원작과 거의 동일해, 불변의 재미를 보장한다.

GB 게임보이 페케와 포코의 다루만 버스터즈

PZL 반프레스토 1991년 8월 3일 3,300엔(세금 포함)

통신 케이블 지원 / 적외선 통신 지원 / 슈퍼 게임보이 지원 / 포켓 프린터 지원

▲ 당황해서 좌우를 헛갈리지 않도록 주의하자.

화면 위의 '나나'를 지키기 위해, 좌우에서 블록을 쳐 날려 토대를 이루는 블록을 빼내가며 다루마를 아래로 떨어뜨리는 게 목적. 시스템은 단순하지만 그만큼 제대로 파고들어야 풀리는, 제법 깊이가 있는 게임이다.

GB 게임보이 엘리베이터 액션

ACT 타이토 1991년 8월 9일 3,400엔(세금 포함)

통신 케이블 지원 / 적외선 통신 지원 / 슈퍼 게임보이 지원 / 포켓 프린터 지원

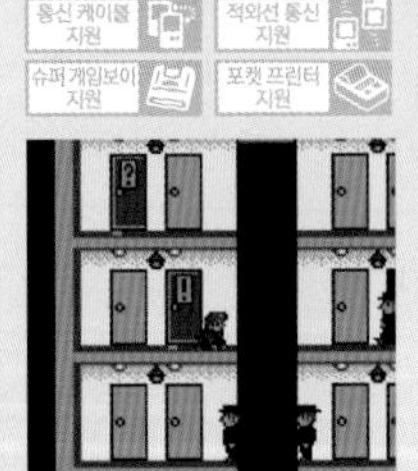

▲ 흑백 화면이다 보니, 문에 색깔 대신 마크를 붙였다.

빌딩에 침입한 스파이를 조작해, 기밀서류를 훔쳐내 탈출하는 게임. 이식하면서 라이프제로 변경하고, 무기와 새로운 종류의 적을 추가했다. 난이도도 조정해, 더욱 쉽게 즐길 수 있는 스타일로 변화시켰다.

GB 게임보이 네메시스 II

STG 코나미 1991년 8월 9일 3,800엔(세금 포함)

통신 케이블 지원 / 적외선 통신 지원 / 슈퍼 게임보이 지원 / 포켓 프린터 지원

▲ 'II'가 되어, 신선한 분위기로 즐기는 슈팅 게임이 되었다.

횡스크롤 슈팅 게임의 속편. 파워 업은 전작의 게이지 시스템을 계승했지만 스테이지와 BGM은 전작과 분위기가 크게 달라져, 전작 이상으로 완전 오리지널 작품이라는 인상이 강해졌다.

배틀 시티
ACT 노바 1991년 8월 9일 3,090엔(세금 포함)

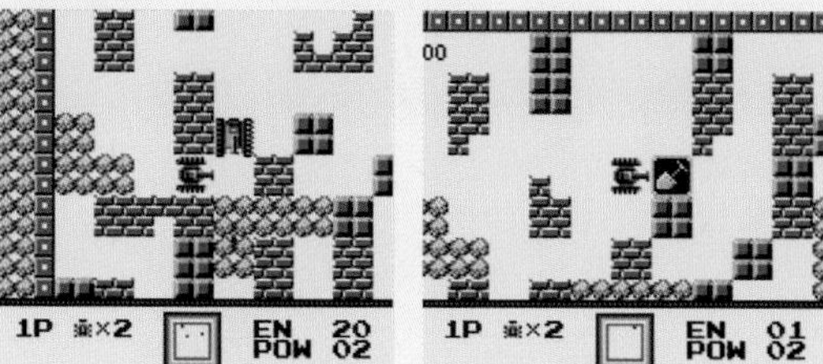

▲ 본거지에 접근하는 적을 빨리 물리치려면, 때론 벽을 직접 파괴하는 대담함도 필요하다.

남코가 개발한 같은 이름의 패미컴용 게임을 게임보이로 이식했다. 사령부인 본거지가 파괴당하지 않도록, 자신의 탱크를 조작해 레이더를 보며 일정 수의 적 탱크를 파괴해야 한다. 가끔 출현하는 아이템으로 파워 업도 가능. 게임보이판은 한 화면을 넘는 부분을 스크롤로 보완해 게임성을 재현했다. 각 스테이지의 전체 맵은 게임 도중 일시정지하면 볼 수 있다.

히가시오 오사무 감수 프로야구 스타디움 '91
SPT 토쿠마쇼텐 인터미디어 1991년 8월 9일 4,200엔(세금 포함)

▲ 도중 경과를 세이브할 수도 있다. 짬짬이 플레이해도 즐겁다!

세이부 라이온즈를 대표하는 스타 선수, 히가시오 오사무가 감수한 야구 게임. 감수자 본인이 투수이다 보니 투구·타격 시스템에 심혈을 기울였고, 송구에 높이 개념을 넣었다. 선수명도 실명으로 등록했다.

메갈릿
PZL 아스믹 1991년 8월 9일 3,900엔(세금 포함)

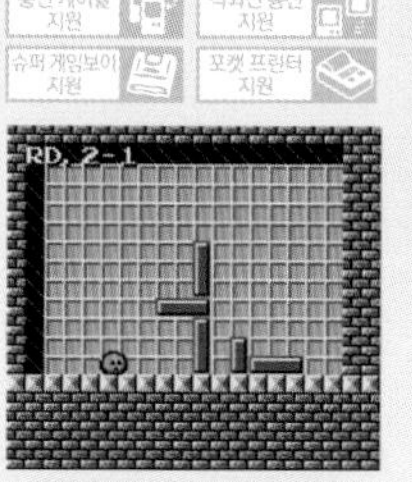

▲ 블록은 반 블록 단위로 움직인다. 공략할 때 매우 중요한 포인트.

쌓여있는 블록들을 모두 바닥에 닿도록 하면 클리어지만, 룰이 단순하면서도 절묘해 제법 난이도가 높다. 순수한 퍼즐 게임으로서의 완성도가 높은 작품으로, 안심하고 추천할 수 있는 게임이다.

봄버 킹 : 시나리오 2
ACT 선 소프트 1991년 8월 23일 3,400엔(세금 포함)

▲ 원작에서도 호평받았던 경쾌한 BGM은 이 작품도 잘 재현했다.

허드슨이 제작한 패밀리 컴퓨터용 게임의 이식판. 폭탄을 설치해 폭발로 적을 물리치는 탑뷰 액션 게임이다. 이식하면서 게임 밸런스를 조정했으며, 폭발 타이밍을 늦춰 자폭의 위험도 줄였다.

시공전사 무
RPG 허드슨 1991년 9월 13일 4,500엔(세금 포함)

▲ 주인공 얼굴을 만드는 데만도 꽤 시간이 걸린다!?

마물에게 습격당한 무 대륙의 왕국 '프리나'를 구하려는 여행길을 그린 판타지 RPG. 필드 상에서 적과 랜덤 인카운트하는 전형적인 스타일의 RPG지만, 주인공의 얼굴을 만들 수 있는 시스템이 매우 참신했다.

마루코는 아홉 살 2 : 디럭스 마루코 월드
AVG 타카라 1991년 9월 13일 3,800엔(세금 포함)

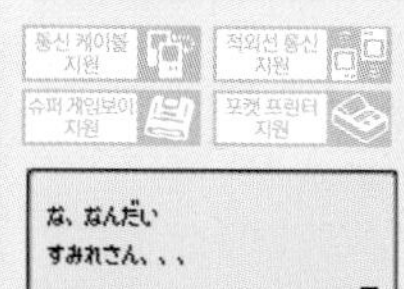

▲ 마지막 난관은 금붕어 건지기. 이게 의외로 어렵다!

마루코가 주인공인 게임의 속편. 전작처럼 미니게임이 가득하다. 전작에서는 용돈을 모으려면 게임을 적극적으로 플레이해야 했지만, 이번 작품은 시스템을 리뉴얼해 느긋하게 즐길 수 있게 되었다.

나이트 퀘스트
RPG 타이토 1991년 9월 13일 3,600엔(세금 포함)

▲ 전투는 커맨드 선택식. 간단한 애니메이션도 나온다.

주인공 '윌'이 기사로서 대성하기 위해 싸움에 몸을 던지는 판타지 RPG. 적에게는 약점이 있어 이를 제대로 노리면 높은 대미지를 가할 수 있는 등, 전략적인 사고를 요구하는 작품이다.

위너즈 호스

GB 게임보이 | SPT | 메사이야 | 1991년 9월 20일 | 4,000엔(세금 포함)

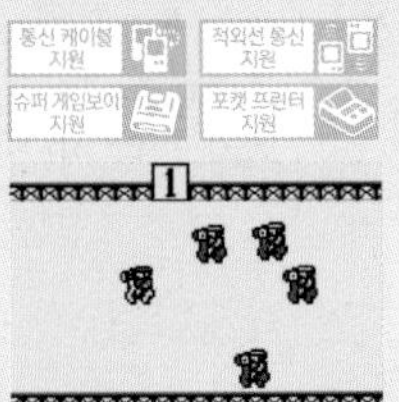

▲ 부족한 동시발음수를 고속 아르페지오로 보완한 음악도 매력.

경주마를 키우는 육성 시뮬레이션+경마예상 소프트. 육성 모드에서는 기한 내에 말 한 마리로 상금 10억 엔을 획득하는 게 목표다. 「프론트 미션」의 디자이너인 츠치다 토시로가 제작한 작품이기도 하다.

아레사 II

GB 게임보이 | RPG | 야노만 | 1991년 9월 27일 | 4,800엔(세금 포함)

▲ 캐릭터 그래픽 등이 대폭 강화되었다.

GB판 「아레사」 시리즈 2번째 작품. 아레사 세계의 지형을 자유롭게 변화시킬 수 있는 마법의 아이템 '아레사기'를 워윅에게 빼앗겼음을 알게 된 '마테리아'는, 동료인 '돌'과 함께 다시 여행에 나선다.

소년 아시베 : 유원지 패닉

GB 게임보이 | RPG | 타카라 | 1991년 9월 27일 | 3,800엔(세금 포함)

▲ 맵의 공략 순서를 생각하며 진행하는 것이 포인트.

같은 제목 만화의 캐릭터가 등장하는 RPG. 할아버지가 만든 유원지에서, 아시베가 선물을 모은다는 내용이다. 전투 요소는 있지만, 경험치 시스템이 없으므로 캐릭터가 성장하지는 않는다. 물범 '점박이'가 귀엽다.

테크모 보울 GB

GB 게임보이 | SPT | 테크모 | 1991년 9월 27일 | 3,800엔(세금 포함)

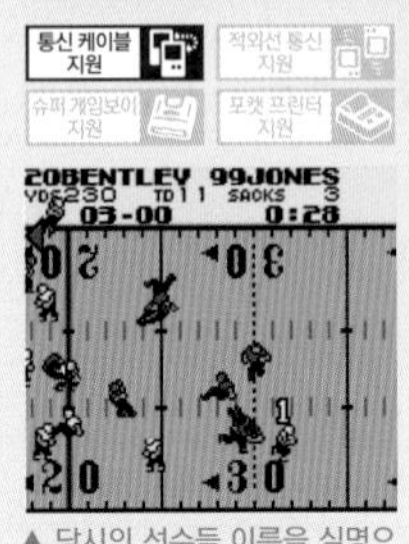

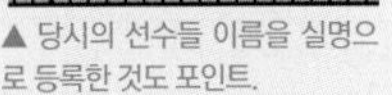
▲ 당시의 선수들 이름을 실명으로 등록한 것도 포인트.

미식축구를 소재로 삼은 작품. 당시 축구 게임 등의 스포츠 게임을 여러 기종으로 발매했던 테크모의 작품으로. 12개 팀 중 한 팀을 선택하여 우승을 노린다. 우선은 지구 우승부터 시작해보자.

위저드리 외전 Ⅰ : 여왕의 수난

GB 게임보이 | RPG | 아스키 | 1991년 10월 1일 | 4,635엔(세금 포함)

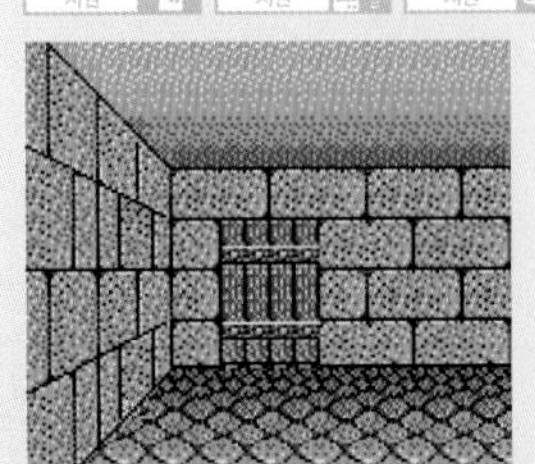
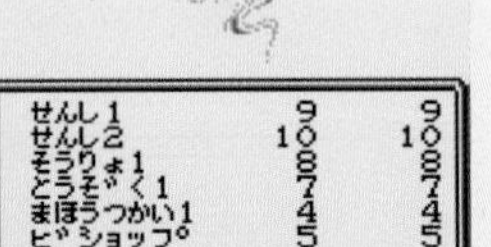

▲ 기존작의 시스템을 유지해, 시리즈 팬도 안심하고 즐길 수 있었다.

게임보이용으로 제작된, 유명 3D 던전 RPG 「위저드리」의 외전. 오리지널 시나리오를 채용해 일본 오리지널의 「위저드리」 작품, 즉 이른바 '일본산 Wiz'가 꾸준히 제작되는 계기를 제공한 기념비적인 작품이기도 하다. 당시엔 이 작품의 발매를 우려하던 팬들의 여론도 많았지만, 발매되고 보니 결과적으로 그런 우려를 가볍게 날려버릴 만큼 큰 호평을 받았다.

저드의 전설

GB 게임보이 | RPG | 빅 토카이 | 1991년 10월 18일 | 3,980엔(세금 포함)

▲ 개성이 강한 부분이 많아, 진지하게 즐겨볼 만한 작품이다.

악의 길에 물든 쌍둥이 형을 쓰러뜨리려 여행하는 왕자의 이야기를 그린 RPG. 얼핏 왕도 스토리 같지만 전개와 연출이 유저의 상상을 초월해, 모르는 사이에 흠뻑 빠졌다는 팬이 많은 명작이다.

드래곤즈 레어

GB 게임보이 | ACT | 에픽 소니 | 1991년 10월 25일 | 3,500엔(세금 포함)

▲ 플레이하다 보면 점프 감각이 점점 날카로워진다.

방대한 맵 도처에 있는 '생명의 돌'이란 아이템 194개를 모아 골에 도달하는 것이 목적인 액션 게임. 화면 곳곳에 설치된 수많은 함정들을 오로지 점프로만 돌파해야 하는, 실로 고전적인 스타일의 작품이다.

코나믹 골프

GB 게임보이 SPT 코나미 1991년 11월 1일 3,800엔(세금 포함)

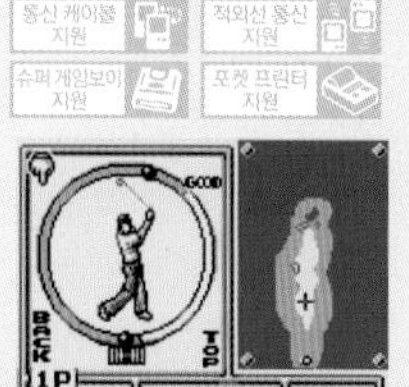
▲ 2인 플레이도 가능한데, 통신 케이블 없이 교대로 즐기는 식이다.

샷을 세밀하게 조정할 수 있는, 매니아가 좋아할 만한 스타일의 골프 게임. 각 코스마다 언듈레이션(기복)이 설정돼 있어, 타사의 골프 게임과는 다른 차원의 공략을 즐길 수 있는 부분이 많다.

열혈고교 피구부 : 강적! 투구전사 편

GB 게임보이 SPT 테크노스 재팬 1991년 11월 8일 3,600엔(세금 포함)

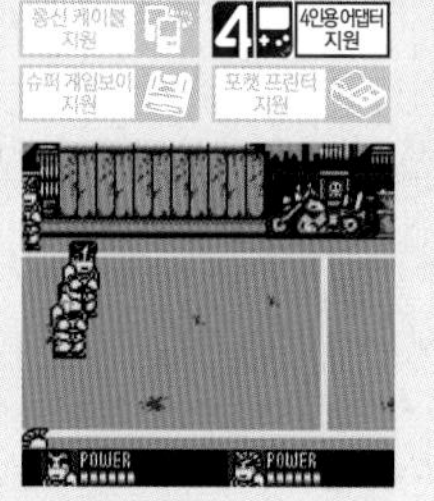
▲ 상대 팀 주장과 1 : 1 대결이 가능한 보너스 스테이지도 있다.

테크노스 재팬의 「열혈고교 피구부」를 게임보이로 이식했다. 쿠니오 군이 라이벌과 피구로 싸우는 스포츠 액션 게임이다. 필살기인 강력 슛으로 적 팀 멤버를 날려버릴 수 있어 실로 쾌감이 넘친다.

틴에이지 뮤턴트 닌자 터틀즈 2

GB 게임보이 ACT 코나미 1991년 11월 15일 3,800엔(세금 포함)

▲ 수리검 공격은 빈틈이 크니, 근거리 공격을 잘 활용하자.

코나미 벨트스크롤 액션 게임의 대표작. 4명의 닌자 거북이 중 한 캐릭터를 선택하여, 총 5스테이지를 공략한다. 원거리 공격인 수리검을 잘 활용하며 스테이지를 돌파해, 보스를 쓰러뜨리자!

비전음양기공법 : 화타

GB 게임보이 PZL 파티 룸 21 1991년 11월 22일 3,500엔(세금 포함)

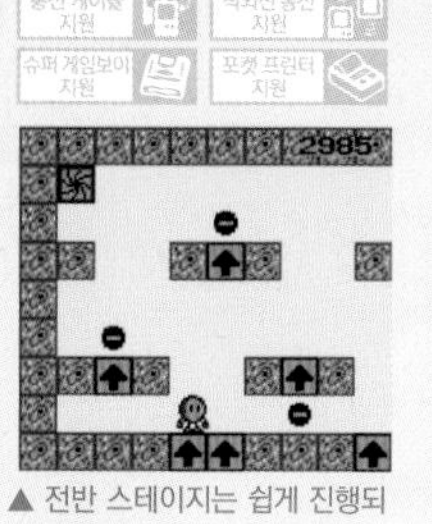
▲ 전반 스테이지는 쉽게 진행되지만 후반엔 퍼즐 요소가 많다!

소녀 5명의 몸에서 사귀옥을 제거하는, 기공(氣功)을 소재로 삼은 액션 퍼즐 게임. 입수한 사기옥 색깔로 플레이어 캐릭터가 물들면 같은 색 화살표와 반발해 점프력이 상승하는 특성을 이용해 골을 노린다.

뽀빠이 2

GB 게임보이 ACT 시그마 상사 1991년 11월 22일 3,500엔(세금 포함)

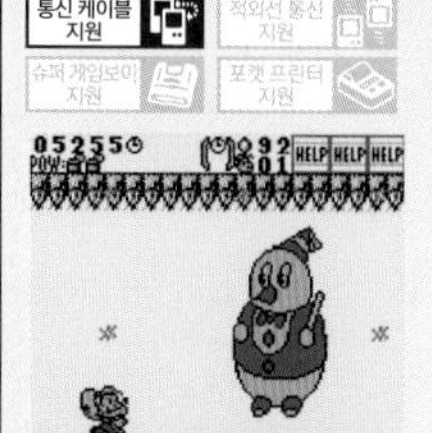
▲ 뽀빠이의 코믹한 움직임을 재현한 액션 게임이다.

「뽀빠이」의 속편은 전작과 달리 전형적인 스크롤 점프 액션 게임이다. 뽀빠이는 여전히 거대한 팔을 휘둘러 블록을 파괴하며 스테이지를 진행한다. 각 라운드 마지막에 기다리고 있는 보스도 개성적이다.

얼터드 스페이스

GB 게임보이 PZL 에픽 소니 1991년 11월 29일 3,500엔(세금 포함)

▲ 각 화면의 연결도와 함정을 고려하며 진행하자.

쿼터뷰로 미로처럼 묘사된 로켓 내부를 탐색하고 퍼즐을 풀어, 로켓 끝부분에 있는 출구를 향해 이동해야 하는 SF 퍼즐 액션 게임. 패미컴용 게임 「솔스티스」의 디자인을 계승한 작품이다.

슈퍼 차이니즈 랜드 2 : 우주대모험

GB 게임보이 ACT 컬처 브레인 1991년 11월 29일 3,980엔(세금 포함)

▲ 적과 조우하면 액션 게임이 되고, 보스전은 커맨드 입력식이다.

우주여행 중 은하 초투사 닌자 부대에게 습격을 받아 어느 행성에 불시착한 '잭'과 '류'의 모험을 그린 액션 RPG. 시리즈 특유의 펀치와 킥, 그리고 '인술'을 구사하여 적을 쓰러뜨려야 한다.

남코 클래식

GB 게임보이 SPT 남코 1991년 12월 3일 3,500엔(세금 포함)

▲ 친구와 통신 케이블로 즐기는 매치 플레이가 꽤나 뜨겁다.

기본적으로는 탑뷰 시점인 골프 게임. 그린에 근접하면 확대화면으로 바뀌어 잔디 상태를 읽을 수 있게 된다. '스트로크 플레이'와 '토너먼트 플레이'가 있으며, 통신대전에서는 '매치 플레이'도 가능하다.

 게임보이 지원
 게임보이 비지원
 게임보이 컬러 지원
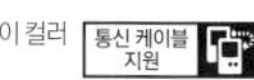 통신 케이블 지원 게임
 4인용 어댑터 지원 게임

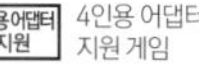 슈퍼 게임보이 지원 게임
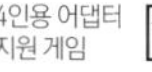
 포켓 프린터 지원 게임

GB 게임보이 닷지 보이

SPT　톤킨 하우스　1991년 12월 6일　3,500엔(세금 포함)

통신 케이블 지원 / 적외선 통신 지원 / 슈퍼 게임보이 지원 / 포켓 프린터 지원

▲ 코트 재질을 고를 수 있는, 의외로 드문 스포츠 게임.

피구를 재현한 게임. 코트 재질을 선택할 수 있으며, 이동과 조합해 필살 볼을 던질 수 있는 등 게임다운 연출도 있다. 화면이 스크롤되기 때문에, 빠른 볼을 피하기가 쉽지 않은 편이다.

GB 게임보이 사가이아

STG　타이토　1991년 12월 13일　3,600엔(세금 포함)

통신 케이블 지원 / 적외선 통신 지원 / 슈퍼 게임보이 지원 / 포켓 프린터 지원

▲ 도트 그래픽이 아름다운 탓에, 넋 놓고 적을 감상하는 일도 있다!?

아케이드에서 인기를 얻은 「다라이어스 Ⅱ」의 게임보이 이식판. 루트 분기를 없애고 파워업에 필요한 캡슐 양도 낮추는 등, 즐기기 쉽도록 개변했다. 작은 화면인데도 미려하게 그린 그래픽의 완성도가 훌륭하다.

GB 게임보이 시공의 패자 Sa·Ga 3 : 완결편

RPG　스퀘어　1991년 12월 13일　4,900엔(세금 포함)

통신 케이블 지원 / 적외선 통신 지원 / 슈퍼 게임보이 지원 / 포켓 프린터 지원

▲ 본격적인 시스템의 RPG라, 매우 몰입해 플레이하게 된다.

시리즈 완결편. 시스템이 변경되어 캐릭터는 레벨에 맞춰 성장하고, 파티도 인간과 에스퍼가 고정 멤버이며 여기에 게스트가 가입하는 형태가 되었다. 수몰된 사가의 세계를 구하러 시간을 여행하는 이야기다.

GB 게임보이 닌자용검전 GB : 마천루 결전

ACT　테크모　1991년 12월 13일　3,800엔(세금 포함)

통신 케이블 지원 / 적외선 통신 지원 / 슈퍼 게임보이 지원 / 포켓 프린터 지원

▲ 원작과는 플레이 감각이 다르지만, 완성도는 높다.

플레이어는 닌자 '류 하야부사'를 소작해, 갈프 황제에게 지배당한 미국을 구하기 위해 싸움에 몸을 던진다. 검과 점프·후크·인술 등을 구사해, 각 스테이지 끝에서 기다리고 있는 보스를 격파하자.

GB 게임보이 파친코 서유기

AVG　코코너츠 재팬　1991년 12월 13일　3,900엔(세금 포함)

통신 케이블 지원 / 적외선 통신 지원 / 슈퍼 게임보이 지원 / 포켓 프린터 지원

▲ 본 작품의 '손오공'은 사실 전작의 원숭이와 동일 캐릭터다.

옛날이야기 소재의 파친코 게임 시리즈 제 2탄. 삼장법사가 천축에 함께 갈 동료를 파친코로 모은다. 「오니가시마 파친코점」처럼, 동료가 늘어나면 못 상태를 볼 수 있게 되는 등 능력이 늘어난다.

GB 게임보이 배틀 오브 킹덤

ACT　멜닥　1991년 12월 13일　3,800엔(세금 포함)

통신 케이블 지원 / 적외선 통신 지원 / 슈퍼 게임보이 지원 / 포켓 프린터 지원

▲ 자신이 부리는 몬스터가 오른쪽 끝에 도착하면 승리다.

이웃나라에 의해 멸망 직전인 왕국을 구하기 위해, 용사가 몬스터를 부려 싸우는 횡스크롤 액션 게임. 포인트를 소비해 몬스터를 구입하고, 커맨드로 행동을 지시한다. 총 6스테이지라 볼륨은 충분하다.

GB 게임보이 마인스위퍼 : 소해정

PZL　팩 인 비디오　1991년 12월 13일　3,500엔(세금 포함)

통신 케이블 지원 / 적외선 통신 지원 / 슈퍼 게임보이 지원 / 포켓 프린터 지원

▲ 한 번만 실수해도 게임 오버라, 긴장감이 어마어마하다.

오픈한 칸에 적힌 숫자를 힌트삼아, 맵에 숨어있는 폭탄을 찾아내 깃발을 설치해가는 유명 퍼즐 게임. 노멀 게임 외에, 힌트가 있는 문제를 10연속으로 맞춰야 하는 '7 미션'과 '에디트 모드'가 있다.

GB 게임보이 월드 비치발리 : 1991 GB CUP

SPT　IGS　1991년 12월 13일　3,900엔(세금 포함)

통신 케이블 지원 / 적외선 통신 지원 / 슈퍼 게임보이 지원 / 포켓 프린터 지원

▲ PC엔진판의 이식작. 즐기기 쉽도록 시스템을 개변했다.

'프리 모드'와 '토너먼트 모드'가 수록된 비치발리볼 게임. '토너먼트 모드'에서는 세계 6개국 선수와 경쟁한다. 통신 케이블을 사용하면 2인 대전과 '토너먼트 모드'로의 협력 플레이도 즐길 수 있다.

울티마 : 잃어버린 룬

RPG　포니 캐년　1991년 12월 14일　4,800엔(세금 포함)

통신 케이블 지원 / 적외선 통신 지원 / 슈퍼 게임보이 지원 / 포켓 프린터 지원

▲ 중후한 「울티마」 세계를 액션 게임화해, 경쾌하게 즐길 수 있다.

RPG의 고전 「울티마」를 기반으로, 시스템을 대담하게 개변한 액션 롤플레잉 게임. 맵 화면은 울티마스럽지만, 그런 맵 위를 실시간으로 배회하는 몬스터와 액션으로 전투를 벌이는 게임 시스템은 게임보이판의 오리지널 디자인. 플레이어 캐릭터로는 「울티마」 시리즈에 등장해온, 능력이 각기 다른 4명 중 원하는 캐릭터를 선택하여 진행하게 된다.

요시의 알

PZL　닌텐도　1991년 12월 14일　2,600엔(세금 포함)

통신 케이블 지원 / 적외선 통신 지원 / 슈퍼 게임보이 지원 / 포켓 프린터 지원

▲ 알의 윗부분과 아랫부분을 잘 활용하는 것이 공략 포인트.

계속해서 내려오는 닌텐도의 유명 캐릭터를 쌓아올려, 같은 그림끼리 붙이면 사라지는 퍼즐 게임. 화면 아래에 있는 마리오로 세로줄을 교체하며 진행한다. 알을 완성시키면 요시가 등장한다.

금붕어 주의보! : 와비코의 두근두근 스탬프 랠리!

ETC　유타카　1991년 12월 14일　3,500엔(세금 포함)

통신 케이블 지원 / 적외선 통신 지원 / 슈퍼 게임보이 지원 / 포켓 프린터 지원

▲ 스테이지 클리어 시 나오는 주인공의 표정이 매우 귀엽다!

주인공 '와비코'가 다양한 미니게임을 클리어하여 보상으로 받는 스탬프를 모으는, 같은 제목 만화의 원작물. 미니게임뿐만 아니라, 주인공이 다니는 중학교 안을 이동하는 도중에 나오는 이벤트에도 꽤 공을 들였다.

미국 횡단 울트라 퀴즈 PART 2

ETC　토미　1991년 12월 20일　3,980엔(세금 포함)

통신 케이블 지원 / 적외선 통신 지원 / 슈퍼 게임보이 지원 / 포켓 프린터 지원

▲ 전작에는 없었던 패스워드 컨티뉴를 도입했다.

전작과 패미컴판에 이은 시리즈 3번째 작품. 1,200문제로 볼륨이 크게 늘었고, 전작보다 액션성도 향상시켰다. '바이크 스턴트', '15 퍼즐', '핀볼', '낚시', '미식축구' 등 다채로운 미니게임을 수록했다.

지구용사 선-가드 GB

STG　아이렘　1991년 12월 20일　3,800엔(세금 포함)

통신 케이블 지원 / 적외선 통신 지원 / 슈퍼 게임보이 지원 / 포켓 프린터 지원

▲ 모아쏘기를 병행하면서 공략하자!

같은 제목 애니메이션(원제는 '태양의 용자 파이버드')을 게임화했으며, 장르는 종스크롤 슈팅이다. 총 5스테이지 구성이며, 준비된 3종류의 기체로 진행한다. 작중의 애니메이션 파트도 공들여 제작했으니 꼭 보자.

모노폴리

TBL　토미　1991년 12월 20일　3,980엔(세금 포함)

통신 케이블 지원 / 적외선 통신 지원 / 슈퍼 게임보이 지원 / 포켓 프린터 지원

▲ 사람끼리의 대전 플레이가 뜨거운, 보드 게임의 명작.

보드를 돌며 부동산을 구매해 자산을 불리는 보드 게임의 고전이 게임보이로 등장했다. 간단히 표시한 전체 맵과 이동 시의 확대화면을 병행해, 좁은 화면임에도 불편 없이 즐길 수 있도록 배려했다.

록맨 월드 2

ACT　캡콤　1991년 12월 20일　3,500엔(세금 포함)

통신 케이블 지원 / 적외선 통신 지원 / 슈퍼 게임보이 지원 / 포켓 프린터 지원

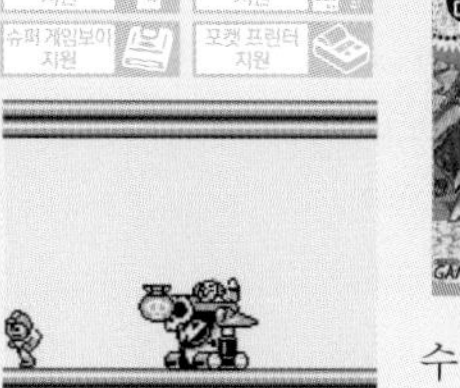

▲ 친숙한 각 스테이지 및 보스전 음악도 꼭 들어보자!

패밀리 컴퓨터용 「록맨 2」·「록맨 3」 두 작품을 믹스하여 재구성한 액션 게임. 슬라이딩 등의 신규 요소를 다수 추가하고 일부 특수기능도 강화해, 쾌적하게 즐길 수 있는 게임으로 잘 다듬었다.

GB 게임보이 힘내라 고에몽 : 사로잡힌 에비스마루

ACT 코나미 1991년 12월 25일 3,800엔(세금 포함)

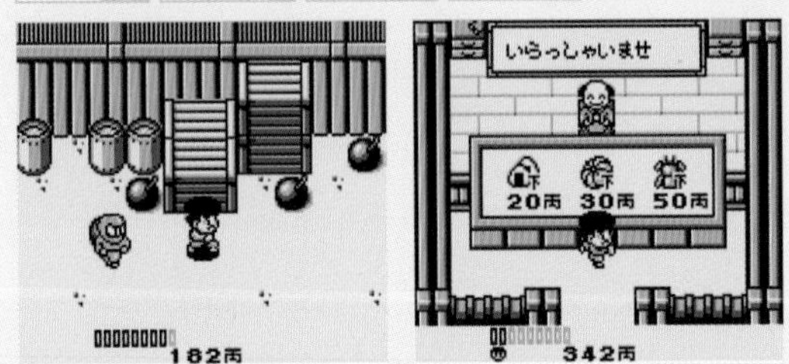

▲ 각 스테이지마다 존재하는 미로 안에는, 공략에 유리한 아이템이 숨겨져 있다.

'야기 쥬베에'에게 납치당한 절친 '에비스마루'를 구하러, 인기 캐릭터 '고에몽'이 에도를 떠나 히젠으로 향하는 액션 게임. 미로 형태로 이어진 스테이지에서 숨겨진 아이템과 통로를 찾으며 곰방대로 적을 물리치는 기본 시스템은 과거 발매되었던 패미컴판 「힘내라 고에몽 : 꾹 두각시 여행길」이 기반이라, 역대 시리즈 팬이라면 편안하게 즐길 수 있을 것이다.

GB 게임보이 모모타로 전설 외전

RPG 허드슨 1991년 12월 26일 4,500엔(세금 포함)

▲ 부담 없이 즐기는 시나리오가 3개나 수록돼, 가성비가 뛰어나다.

타이틀명대로, 「모모타로 전설」의 외전격 RPG. 이전 시리즈에 등장했던 야샤히메·우라시마 타로·빈보가미가 각각 주인공인 3편의 시나리오를 수록했고, 모두 독립적으로 즐기는 옴니버스 형식이다.

GB 게임보이 천하무적 묵찌빠

ACT 메사이야 1991년 12월 27일 3,600엔(세금 포함)

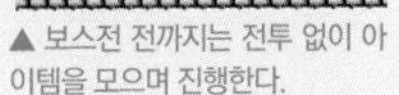

▲ 보스전 전까지는 전투 없이 아이템을 모으며 진행한다.

같은 제목의 애니메이션(원제는 '쟝켄맨')을 게임화한 횡스크롤 액션 게임. 비겁가면에 사로잡힌 동료를 구한다는 스토리로, 스테이지 끝에서 기다리는 보스와 가위바위보로 승부해 세 판을 먼저 이기면 승리다.

GB 게임보이 나카지마 사토루 감수 F-1 HERO GB

RCG 바리에 1991년 12월 27일 3,500엔(세금 포함)

▲ 전 코스를 주행해 승리해야만 F1 히어로가 된다!

레이서 나카지마 사토루 씨가 감수한 3D 시점 F1 레이싱 게임. 게임 도중 코스 전체 상황을 볼 수 없다는 점이 아쉽고, 머신 세팅도 난이도가 높은 편이지만, 1위를 독주하며 달리는 기분이 매우 상쾌한 작품.

GB 게임보이 삐약이

ACT 카네코 1991년 12월 27일 3,600엔(세금 포함)

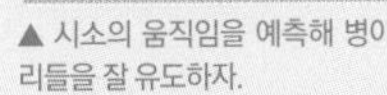

▲ 시소의 움직임을 예측해 병아리들을 잘 유도하자.

어미닭이 늑대로부터 병아리들을 구출하는 액션 게임. 어미닭은 화면 위쪽에서 알을 떨어뜨려 필드 상의 시소에 맞추는 행동밖에 할 수 없다. 시소로 병아리를 간접 점프시켜, 최상단까지 유도하면 구출된다.

GB 게임보이 절대무적 라이징오

ACT 토미 1991년 12월 28일 3,200엔(세금 포함)

▲ 검왕, 봉왕, 그리고 수왕 형태를 오가면서 클리어를 노리자.

애니메이션 '절대무적 라이징오'를 게임보이로 게임화했다. 횡스크롤형 대전격투 액션 게임으로, 커맨드로 기체를 선택해 3기 합체에 성공하면 라이징오가 된다. 사악수들을 격파하며 작품의 세계에 빠져보자.

GB 게임보이 울트라맨

ACT 벡 1991년 12월 29일 3,500엔(세금 포함)

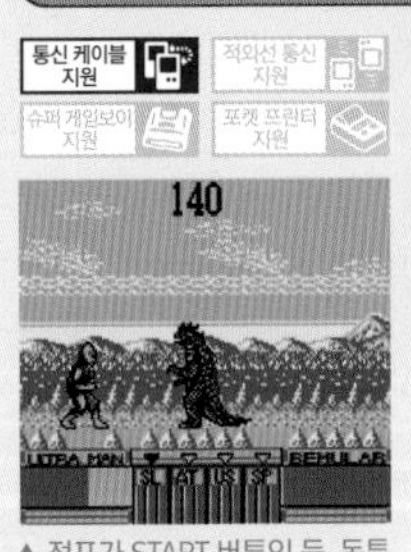

▲ 점프가 START 버튼인 등, 독특한 버튼 배치도 특징.

3분의 제한시간동안 격투기와 광선기를 구사해 괴수나 우주인의 체력을 빼앗아, 스페시움 광선으로 결정타를 날리는 액션 게임. 게임보이판은 괴수 수를 줄였지만, 대신 제 2대 발탄 성인이 등장한다.

GAME BOY
SOFTWARE ALL CATALOGUE

이 해에 발매된 소프트는 115개 타이틀이다. 가정용 게임기 시장이 16비트로 거의 이행 완료되어 패미컴 시장이 쇠락해가던 상황이라, 소프트 개발비용이 비교적 저렴한 게임보이 쪽으로 방향을 돌린 개발사가 많았던 것이 이 시기의 특징이었다.

또한, 경마예상 소프트와 전자수첩 소프트 등 게임 외 용도의 소프트들이 본격적으로 등장한 때도 이 시기로서, 아직 스마트폰 등이 없던 시대의 개인용 정보단말기 역할을 게임보이가 맡게 되었던 것도 눈여겨볼 점이겠다.

기갑경찰 메탈잭
GB 게임보이 SLG 타카라 1992년 1월 8일 3,800엔(세금 포함)

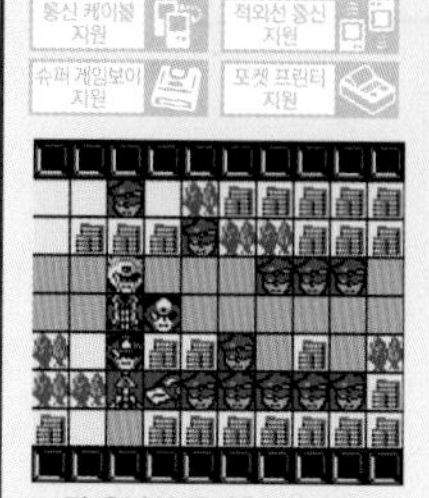
▲ 각 유닛의 특징을 파악해두면 쾌적한 진행이 가능하다.

애니메이션 '기갑경찰 메탈잭'이 소재인 시뮬레이션 게임. 커맨드 선택으로 유닛을 배치하여, 적 유닛들을 전멸시켜야 한다. 패스워드를 입력하면 플레이하던 게임을 이어서 진행할 수 있다.

토키오 전귀 : 영웅열전
GB 게임보이 SLG 휴먼 1992년 1월 10일 4,500엔(세금 포함)

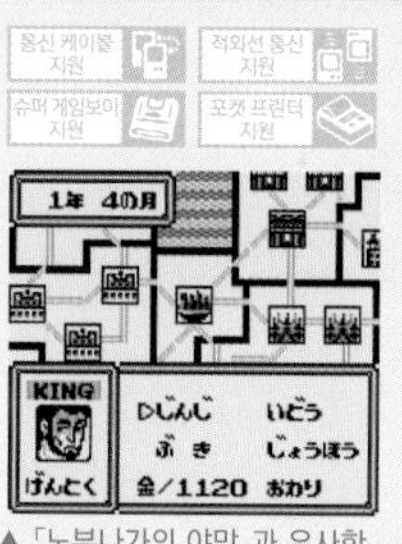
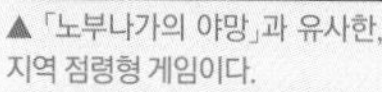
▲ 「노부나가의 야망」과 유사한, 지역 점령형 게임이다.

도쿄가 모티브인 '토키오 대륙'을 무대로 펼쳐지는 시뮬레이션 게임. 5개의 시나리오를 준비했으며, 통일을 목표로 전투를 벌인다. 커맨드 수를 매우 간소화해, 시뮬레이션 게임 초보자도 부담 없이 즐길 수 있다.

Q*버트
GB 게임보이 ACT 잘레코 1992년 1월 14일 3,900엔(세금 포함)

▲ 귀여운(?) Q버트가 게임보이에서도 대활약한다.

고틀리브 사의 아케이드 게임이 원작인 게임보이 이식판. 정체불명의 생물 'Q*버트'를 조작해, 화면상에 쌓여있는 큐브를 색칠해가는 액션 게임이다. 점프로만 적을 피하며 색을 칠해야 해, 제법 어렵다.

SD건담 SD 전국전 2 : 천하통일 편
GB 게임보이 SLG 반다이 1992년 1월 18일 4,800엔(세금 포함)

▲ '가샤퐁 전사' 시리즈처럼, 전투 시에는 액션 게임으로 바뀐다.

SD건담의 전국시대 풍 액션 시뮬레이션 게임. 건담 군단을 통솔해 암황제를 물리치는 것이 목적이다. 'SD 전국전 풍림화산 편'과 'SD 전국전 천하통일 편'이 원작으로, 총 12스테이지 구성이다.

메트로이드 II : RETURN OF SAMUS
GB 게임보이 ACT 닌텐도 1992년 1월 21일 3,500엔(세금 포함)

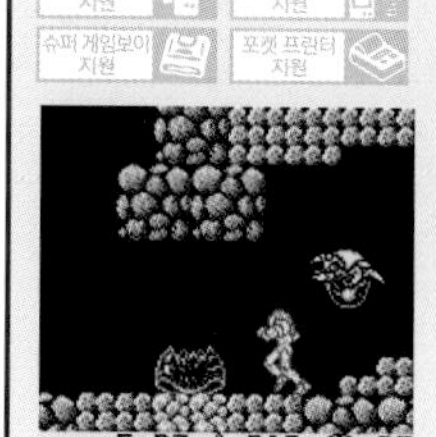
▲ 성장하는 메트로이드는 SF 호러 풍의 공포를 선사한다.

패미컴에서 인기였던 탐색 액션 게임의 속편이 놀랍게도 게임보이로 등장! 탈피할수록 거대해지는 메트로이드를 물리치기 위해 광대한 행성을 탐색하자. 아이템 입수로 행동범위가 점점 넓어지는 맵 디자인이 일품.

꼬리로 붕!
GB 게임보이 ACT 바프 1992년 1월 24일 3,800엔(세금 포함)

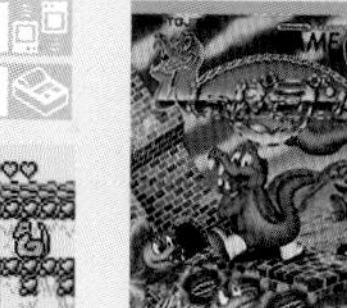
▲ '꼬리를 휘두르는' 독특한 공격 방법으로 적을 쓰러뜨리자.

용장군 '기라'의 습격을 받은 동물왕국 모베리랜드를 구하기 위해 악어용사 '찰리'가 싸우는 액션 게임. 찰리는 꼬리를 휘둘러 적을 쓰러뜨린다. 열쇠를 얻어 탈출하면 스테이지 클리어다.

 게임보이 지원
 게임보이 비지원
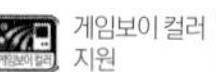 게임보이 컬러 지원
 통신 케이블 지원 게임
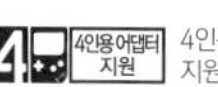 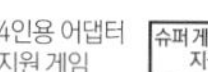 4인용 어댑터 지원 게임
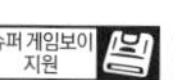 슈퍼 게임보이 지원 게임
 포켓 프린터 지원 게임

작탁 보이
TBL 남코 1992년 1월 24일 3,500엔(세금 포함)

통신 케이블 지원 / 4인용 어댑터 지원 / 슈퍼 게임보이 지원 / 포켓 프린터 지원

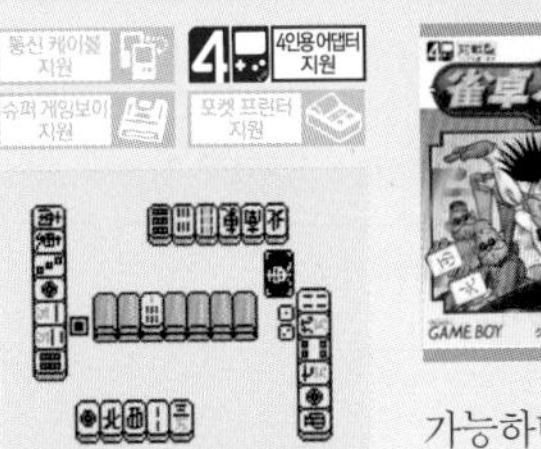
▲ 마작패가 없어도, 게임보이만 있으면 간편히 마작이 가능!

게임보이로 즐기는 정통파 4인 대국 마작 게임. '1인용 연승전', '1인용 프리 대국', '2인 대전', '4인 대전'이 가능하다. '4인 대전'에서는 사람이 모자라면 CPU를 끼워 플레이할 수도 있다.

TWIN
RPG 아테나 1992년 1월 31일 3,900엔(세금 포함)

통신 케이블 지원 / 적외선 통신 지원 / 슈퍼 게임보이 지원 / 포켓 프린터 지원

▲ 전사와 마법사, 2가지 스타일로 즐기는 롤플레잉 게임.

빛의 세계를 침략하려 하는 마왕 데스타크를 봉인하기 위해 전설의 보옥을 찾아 떠나는 판타지 RPG. 주인공을 전사와 마법사 중에서 골라 모험을 시작한다. 화면은 탑뷰와 사이드뷰를 혼용했다.

타이니 툰 어드벤처즈
ACT 코나미 1992년 2월 1일 3,500엔(세금 포함)

통신 케이블 지원 / 적외선 통신 지원 / 슈퍼 게임보이 지원 / 포켓 프린터 지원

▲ 미국 애니메이션 풍의 코믹한 캐릭터가 재미있는 게임.

미국의 애니메이션 '타이니 툰'의 캐릭터를 사용한 게임. 여배우가 되겠다고 여행을 떠나버린 뱁스 버니를 찾으러 다니는 버스터 버니와 동료들이 주인공으로 활약하는 점프 액션 게임이다.

WWF 슈퍼스타즈
SPT HOT·B 1992년 2월 14일 3,900엔(세금 포함)

통신 케이블 지원 / 적외선 통신 지원 / 슈퍼 게임보이 지원 / 포켓 프린터 지원

▲ 다양한 기술이 가능하지만, 그 중에서도 드롭킥이 일품!

헐크 호건을 비롯한 유명 레슬러들이 등장하는 프로레슬링 게임. 선택 가능한 선수는 5명이며, 사이드뷰 시점의 링에서 경기가 진행된다. 로프 반동으로 돌아오는 상대에게 드롭킥을 먹이면 실로 쾌감 만점이다.

트랙 미트 : 가자! 바르셀로나
SPT 히로 1992년 2월 14일 3,800엔(세금 포함)

통신 케이블 지원 / 적외선 통신 지원 / 슈퍼 게임보이 지원 / 포켓 프린터 지원

▲ 통신 케이블을 사용하는 2인 대전 모드도 마련했다.

육상경기 7종목을 즐길 수 있는 스포츠 게임. 한 종목이 끝날 때마다 성적별로 포인트를 주며, 대전 상대보다 포인트가 많으면 다음 종목으로 넘어갈 수 있다. 좀처럼 이기기 어렵다면 연습 모드에서 특훈하자.

분노의 요새 2
ACT 잘레코 1992년 2월 21일 3,900엔(세금 포함)

통신 케이블 지원 / 적외선 통신 지원 / 슈퍼 게임보이 지원 / 포켓 프린터 지원

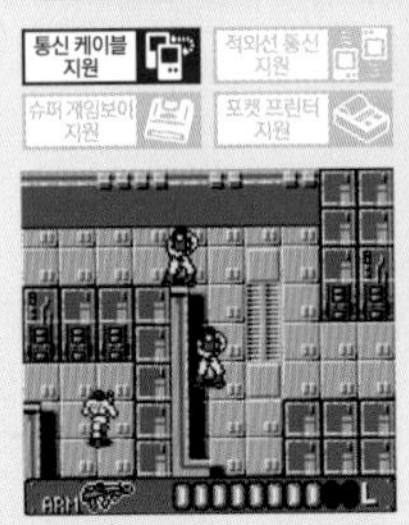
▲ 파워 업한 게임 시스템과 BGM이 뜨겁다!

전작과 동일한 화면 전환식 밀리터리 액션 게임. 플레이어 캐릭터 'MIZUKI'와 'MASATO'는 새로운 임무를 부여받아, 다시 한 번 싸움에 몸을 던진다. 2명을 적절히 교대하며 공략을 진행하자.

베리우스 II : 복수의 사신
RPG 사미 1992년 2월 21일 4,200엔(세금 포함)

통신 케이블 지원 / 적외선 통신 지원 / 슈퍼 게임보이 지원 / 포켓 프린터 지원

▲ 캐릭터가 큼직해져, 화면 구성이 한결 보기 편해졌다.

되살아난 베리우스를 쓰러뜨리기 위해 다시 모험을 떠나는 RPG. 동료 캐릭터가 7명 등장하며, 주인공을 포함해 8명에서 선택할 수 있다. 무기를 다른 무기로 강화시킬 수도 있는 등, 시스템도 보강했다.

ONI II : 은인(隱忍)전설
RPG 반프레스토 1992년 2월 28일 4,980엔(세금 포함)

통신 케이블 지원 / 적외선 통신 지원 / 슈퍼 게임보이 지원 / 포켓 프린터 지원

▲ 전작보다 용량이 증가해, BGM 곡수도 늘어났다.

전설의 악귀 '슈텐도지'의 부활 저지를 위해, 실력파 퇴마사가 동료와 함께 싸우는 일본 풍 RPG. 전신(변신) 시스템은 삭제했지만, 파티제 도입과 아이템 창 개량 등으로 게임을 좀 더 쾌적하게 개선했다.

GB 게임보이 신세기 GPX 사이버 포뮬러

TBL 바리에 1992년 2월 28일 3,980엔(세금 포함)

통신 케이블 지원 / 적외선 통신 지원 / 슈퍼 게임보이 지원 / 포켓 프린터 지원

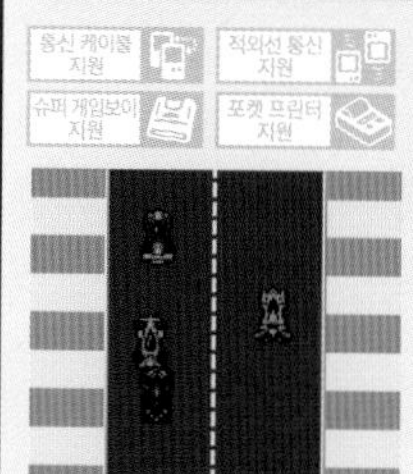

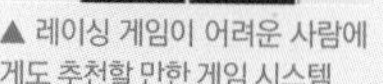

▲ 레이싱 게임이 어려운 사람에게도 추천할 만한 게임 시스템.

같은 제목 애니메이션의 게임화. 차량이 주인공인 게임이니 레이싱 장르려나 싶겠지만, 실은 주사위와 커맨드 입력으로 적 차량과 경쟁하여 골인하는 말판놀이 게임이다. 제작사는 '레이싱 시뮬레이션'이라 칭한다.

GB 게임보이 헤이세이 천재 바카본

ACT 남코 1992년 2월 28일 3,500엔(세금 포함)

통신 케이블 지원 / 적외선 통신 지원 / 슈퍼 게임보이 지원 / 포켓 프린터 지원

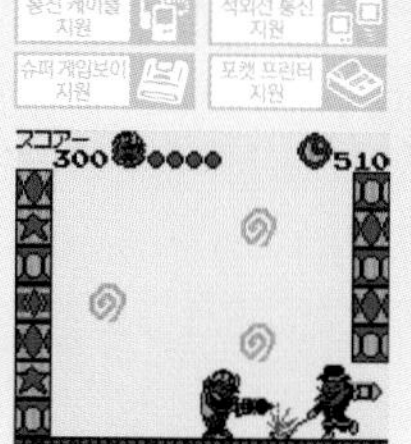

▲ 도트로 그린 바카본 파파와, 보기만 해도 재미있는 배경.

애니메이션(국내명은 '얼렁뚱땅 반쪽이네')이 모티브인 액션 게임. 납치당한 마마와 하지메를 찾으러, 바카본 파파가 바카다 대학교에서 점프 액션을 펼친다. 개성적인 화면과 쾌적한 템포의 스테이지 구성이 인상적.

GB 게임보이 타카하시 명인의 모험도 II

ACT 허드슨 1992년 3월 6일 3,800엔(세금 포함)

통신 케이블 지원 / 적외선 통신 지원 / 슈퍼 게임보이 지원 / 포켓 프린터 지원

▲ 과일이 출현하는 장소와 함정 위치를 외워 공략하자!

허드슨의 명물 캐릭터 '타카하시 명인'이 활약하는 액션 게임. '어드벤처 아일랜드'를 주파하며, 사로잡힌 애인 '티나'를 구출하는 게 목적이다. 스케이트보드에 탔을 때의 상쾌함과 스피드감이 일품.

GB 게임보이 드래곤 슬레이어 외전 : 잠의 왕관

RPG 에포크 사 1992년 3월 6일 4,500엔(세금 포함)

통신 케이블 지원 / 적외선 통신 지원 / 슈퍼 게임보이 지원 / 포켓 프린터 지원

▲ 캐릭터별로 다양한 특징을 즐길 수 있는 시스템 개변이 일품.

니혼팔콤의 「드래곤 슬레이어」를 개변 이식한 액션 RPG. 플레이어가 고를 수 있는 4종류의 직업은 각각 진행방식이 다른데, 특히 몬스터와 직접 부딪쳐 그대로 먹어버리는 '대식가'가 상당한 존재감을 뽐낸다.

GB 게임보이 러블 세이버 II

STG 킹 레코드 1992년 3월 6일 3,800엔(세금 포함)

통신 케이블 지원 / 적외선 통신 지원 / 슈퍼 게임보이 지원 / 포켓 프린터 지원

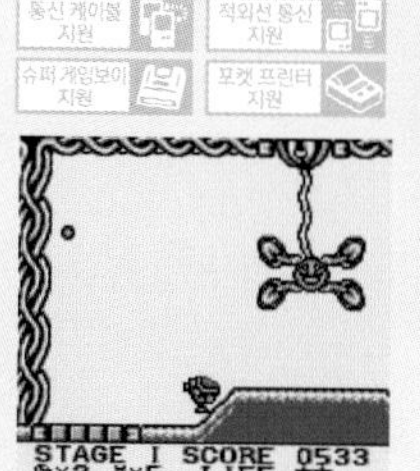

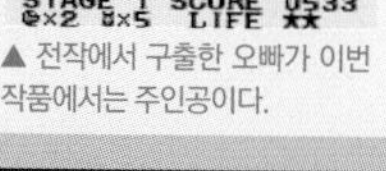

▲ 전작에서 구출한 오빠가 이번 작품에서는 주인공이다.

샷과 와이어를 활용해 싸우는 횡스크롤 액션 게임. 발판을 잘 이용하면서, 와이어를 천정에 걸며 진행하자. 스테이지 마지막에 기다리는 보스는 얼핏 강력해 보이지만, 약점을 찾아내 공격하면 된다.

GB 게임보이 허드슨 호크

ACT 에픽 소니 1992년 3월 13일 3,500엔(세금 포함)

통신 케이블 지원 / 적외선 통신 지원 / 슈퍼 게임보이 지원 / 포켓 프린터 지원

▲ 훔칠 물건은 매우 많다! 화면 구석구석까지 찾아보자.

같은 제목의 브루스 윌리스 주연 영화를 점프 액션 게임화했다. 코믹하게 그린 캐릭터를 조작해 횡스크롤 중심의 스테이지에 떨어져 있는 돈과 마지막에 기다리고 있는 보물을 훔쳐내는 게임이다.

GB 게임보이 독본 유메고요미 : 천신괴전 2

AVG 멜닥 1992년 3월 13일 4,500엔(세금 포함)

통신 케이블 지원 / 적외선 통신 지원 / 슈퍼 게임보이 지원 / 포켓 프린터 지원

▲ 계속 일러스트가 표시되는 화면이 참신한 게임 시스템.

슈팅 게임이었던 전작과 달리, 4분할 화면으로 일러스트와 텍스트가 표시되며 진행하는 어드벤처 게임풍 시스템으로 바뀌었다. 화풍도 코믹해졌으며, 전투에는 카드 배틀 시스템을 채용했다.

GB 게임보이 슈퍼 스트리트 바스켓볼

SPT 바프 1992년 3월 19일 4,200엔(세금 포함)

통신 케이블 지원 / 적외선 통신 지원 / 슈퍼 게임보이 지원 / 포켓 프린터 지원

▲ 슛할 때는 게이지를 정확히 멈춰야 한다.

2-on-2로 플레이하는 농구 게임. 팀은 캐릭터 4명 중에서 골라 편성한다. 슛할 때에는 박력 있는 줌 화면으로 전환되며, 이때 표시되는 게이지를 정확히 멈추면 득점이 되는 시스템이다.

 게임보이 지원
 게임보이 비지원
 게임보이 컬러 지원
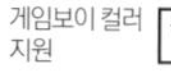  통신 케이블 지원 게임
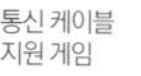  4인용 어댑터 지원 게임
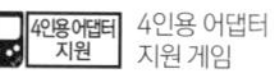  슈퍼 게임보이 지원 게임
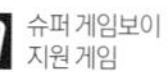  포켓 프린터 지원 게임

로보캅 2

GB 게임보이 ACT 에픽 소니 1992년 3월 19일 3,500엔(세금 포함)

통신 케이블 지원 / 적외선 통신 지원 / 슈퍼 게임보이 지원 / 포켓 프린터 지원

▲ 로보캅의 도트 그래픽이 큼직해져 박력이 상승!

전작보다 캐릭터가 커지고 그래픽이 대폭 파워 업했다. 범죄왕 카인을 체포하기 위해 다시 한 번 로보캅이 활약한다. 플레이어 캐릭터 크기가 큼직해지다보니, 화면도 상하로 스크롤되도록 변경했다.

캡틴 츠바사 VS

GB 게임보이 SLG 테크모 1992년 3월 27일 4,200엔(세금 포함)

통신 케이블 지원 / 적외선 통신 지원 / 슈퍼 게임보이 지원 / 포켓 프린터 지원

▲ 각 등장인물들의 특기를 잘 활용하여 시합을 진행하자!

만화 '캡틴 츠바사'의 초등학생 편을 게임화했다. 패미컴판에서 호평받았던 '스포츠 시뮬레이션' 시스템을 채용해 박력만점의 시합을 즐길 수 있다. 전략을 세워 슛을 성공시켜, 갈수록 강해지는 라이벌 팀을 이기자!

장시로

GB 게임보이 TBL 사미 1992년 3월 27일 3,800엔(세금 포함)

통신 케이블 지원 / 4인용 어댑터 지원 / 슈퍼 게임보이 지원 / 포켓 프린터 지원

▲ 패스워드로 컨티뉴가 가능해, 느긋하게 즐길 수 있다.

4인용 어댑터를 사용해 4인 대국을 즐길 수 있는 마작 게임. 화면이 좁아 대전 상대가 버린 패를 전부 보여주지 않는 등의 결점은 있지만, 게임 모드가 다양하고 실용적이며 매우 친절히 설계되어 호감을 준다.

괴짜 레이스

GB 게임보이 RCG 아틀라스 1992년 3월 27일 3,900엔(세금 포함)

통신 케이블 지원 / 적외선 통신 지원 / 슈퍼 게임보이 지원 / 포켓 프린터 지원

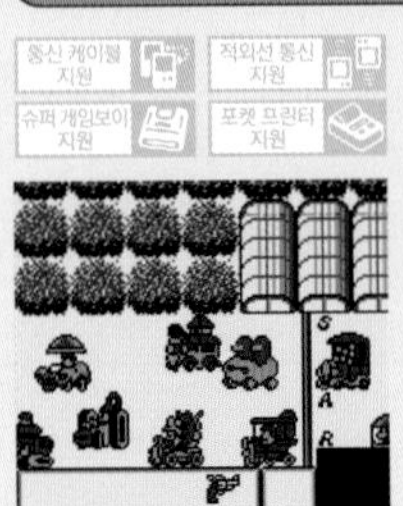

▲ 괴짜 차량들이 계속해서 등장하는, 즐거운 레이싱 게임.

해나-바베라 프로덕션 제작 애니메이션(원제는 'Wacky Races')의 게임화. 플레이어는 개성적인 레이싱 카 10종류 중 하나를 골라 레이스에 참가한다. 아이템을 쓰면 애니메이션 컷인이 나오는 연출이 재미있다.

마루코는 아홉 살 3 : 노려라! 게임대상 편

GB 게임보이 ETC 타카라 1992년 3월 27일 3,800엔(세금 포함)

통신 케이블 지원 / 적외선 통신 지원 / 슈퍼 게임보이 지원 / 포켓 프린터 지원

▲ 그래픽은 원작을 충실히 재현해, 원작의 분위기를 만끽 가능.

스토리 도중 미니게임 11종류가 진행되는 타이틀. 마루코가 다니는 학교가 창립 100주년을 기념해 게임대회를 개최한다는 스토리로, 최종적으로 '게임대상'을 획득해 호화 경품을 타는 것이 목적이다.

프로 사커

GB 게임보이 SPT 이매지니어 1992년 3월 27일 3,800엔(세금 포함)

통신 케이블 지원 / 적외선 통신 지원 / 슈퍼 게임보이 지원 / 포켓 프린터 지원

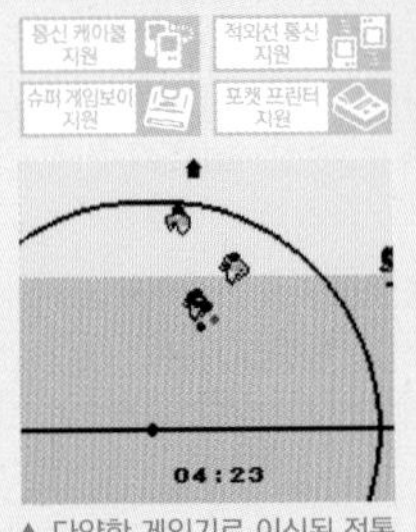

▲ 다양한 게임기로 이식된 정통 축구 게임.

심플한 축구 게임. 게임 모드는 'TEST MATCH'와 'WORLD CUP' 2종류이며, 팀은 일본·독일·이탈리아 등의 8개국 중에서 선택할 수 있다. 포메이션까지 준비되어 있을 만큼, 축구 게임의 본분에 충실하다.

리틀 마스터 2 : 뇌광의 기사

GB 게임보이 SLG 토쿠마쇼텐 인터미디어 1992년 3월 27일 4,800엔(세금 포함)

통신 케이블 지원 / 적외선 통신 지원 / 슈퍼 게임보이 지원 / 포켓 프린터 지원

▲ 각 시나리오 클리어 후에 동료가 되는 유닛도 있다.

라이트한 시뮬레이션 RPG의 속편. 전작보다 유닛 종류가 늘었고, 레벨 상한 상승과 맵 볼륨 증가 등의 정통진화를 가했다. 이 작품을 시리즈 최고 걸작으로 꼽는 팬도 많을 만큼, 높은 완성도로 정평이 난 수작.

배트맨 : 리턴 오브 더 조커

GB 게임보이 ACT 선 소프트 1992년 3월 28일 3,800엔(세금 포함)

통신 케이블 지원 / 적외선 통신 지원 / 슈퍼 게임보이 지원 / 포켓 프린터 지원

▲ 만화판 원작의 배트맨은 총을 쓰지 않는다는 철칙이 있다.

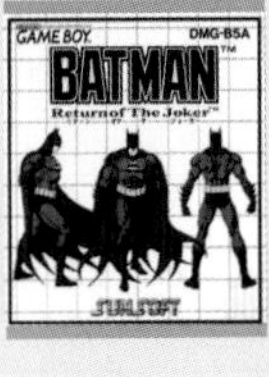

선 소프트가 게임보이로 발매한 2번째 '배트맨' 게임. 벽에 붙어 삼각 점프하거나 와이어를 걸어 진자처럼 건너뛰는 등, 공중을 아크로바틱하게 이동 가능한 액션이 특징인 작품이다.

후크
ACT 에픽 소니 1992년 4월 3일 3,500엔(세금 포함)

어른이 된 피터 팬의 모험을 그린, 같은 제목의 영화를 점프 액션 게임화했다. 스테이지 내의 아이템을 모아서 출구를 찾아가자. 팅커 벨과 합류하면 동료가 되어 플레이어의 공격을 도와준다.

▲ 다양한 아이템을 잘 활용해 각 스테이지를 공략하자.

DX 마권왕 Z
ETC 아스믹 1992년 4월 17일 5,900엔

전작처럼, 입력한 정보를 토대로 우승마를 예상해주는 소프트. 본 작품엔 정보를 상세히 입력하여 예상하는 모드 외에, '될대로 모드'라 하여 마번에 ◎○△▲× 마크만 매겨주는 모드도 마련했다.

▲ 유력마와 복병마를 예상할 수 있다. 사진은 '유력마 예측 모드'.

피구왕 통키
SPT 허드슨 1992년 4월 24일 4,500엔(세금 포함)

같은 제목의 인기 만화(원제는 '불꽃의 투구아 도지 단페이')가 소재인 7인제 피구 게임. 볼을 던지는 액션 하나에도 다양한 조작이 필요하며, 시뮬레이션 게임 풍으로 라이벌 팀과 대전하는 것이 특징이다.

▲ 각종 애니메이션을 감상하며 즐기는 플레이도 재미있다.

미그레인
PZL 어클레임 재팬 1992년 4월 24일 3,980엔(세금 포함)

화면을 가로지르는 레이저를, 거울 각도를 바꿔 반사시키며 골까지 유도하는 퍼즐 게임. 도중에 있는 크래시 볼을 파괴하거나 전구를 켜는 등의 추가 목표로 더 높은 난이도의 퍼즐을 즐길 수 있다.

▲ 광선이 반사되는 방향을 예측하여 거울 방향을 바꿔야 한다.

별의 커비
ACT 닌텐도 1992년 4월 27일 2,900엔(세금 포함)

▲ 귀여운 캐릭터와 BGM '그린 그린'은 이후 시리즈에서도 인기가 많다.

지금도 인기가 많은 「별의 커비」 시리즈의 기념비적인 첫 작품. 적을 빨아들이는 능력과 하늘을 나는 능력을 지닌 커비를 조작해 진행하는 횡스크롤 액션 게임이다. 디디디 대왕에게 나라의 모든 음식과 보물 '반짝반짝 별'을 빼앗긴 푸푸푸랜드를 구하러 디디디 산으로 가자. 훗날 시리즈의 상징이 되는, 적을 흡수해 새 능력을 얻는 '카피 능력'은 이 작품에선 아직 들어가지 않았다.

포켓 배틀
SLG 시그마 1992년 4월 28일 3,500엔(세금 포함)

맵 상에서 최대 4개 세력이 싸우는 땅따먹기 시뮬레이션 게임. 전사의 클래스는 검사와 샤먼 등의 전형적인 직업부터 괴상한 직업까지 다종다양하며, 공격법도 자유도가 높다. 심플해 보여도 꽤 깊이가 있는 작품.

▲ 20종 이상의 클래스와 다채로운 주문을 구사해 승리를 노리자.

붉은 10월
SLG 알트론 1992년 4월 28일 4,500엔(세금 포함)

같은 제목의 영화를 게임화했다. 연습 도중 망명을 꾀하는 소련의 잠수함 '붉은 10월' 호와, 이를 저지하려는 소련 해군의 싸움을 그린 시뮬레이션 게임. 묵직하게 움직이는 잠수함이 리얼해 긴장감이 느껴진다.

▲ 잠수함 팬이라면 빠져들 법한, 튼실한 게임화면.

GB 게임보이 트래퍼즈 천국 : 스파이 VS 스파이

ACT 켐코 1992년 5월 2일 3,800엔(세금 포함)

통신 케이블 지원 / 적외선 통신 지원 / 슈퍼 게임보이 지원 / 포켓 프린터 지원

▲ 익숙한 스파이가 대활약. 트랩으로 적 스파이를 저지하라.

패미컴에서 인기였던 「스파이 VS 스파이」의 업그레이드 이식판. 두 스파이가 트랩으로 서로의 행동을 견제하면서 목적 달성을 노린다. 특성상 상대의 행동을 볼 수 없는 통신대전의 긴장감이 대단하다.

GB 게임보이 패널의 닌자 케사마루

PZL 에포크 사 1992년 5월 2일 3,500엔(세금 포함)

통신 케이블 지원 / 적외선 통신 지원 / 슈퍼 게임보이 지원 / 포켓 프린터 지원

▲ 파워 업하면 뒤집을 수 있는 패널 양도 늘어난다.

주인공 '케사마루'가 요괴에게 잡힌 공주를 구하러 가는 퍼즐 게임. 패널을 잘 뒤집어 열쇠를 찾아 출구에 도달하면 스테이지 클리어다. 난이도가 높아 자칫하면 막히기 쉬운, 도전욕구를 자극하는 게임이다.

GB 게임보이 X(엑스)

ACT 닌텐도 1992년 5월 29일 3,900엔(세금 포함)

통신 케이블 지원 / 적외선 통신 지원 / 슈퍼 게임보이 지원 / 포켓 프린터 지원

▲ 게임보이로 구현해낸, 경이로운 와이어프레임 묘사.

비행능력도 지닌 스페이스 탱크 VIXIV를 조작해, 밀려오는 외계인들을 물리치는 1인칭 시점 3D 슈팅 게임. 좁은 화면에 절묘한 레이아웃으로 묘사한 조종석 화면이 게임보이라고는 믿기지 않을 만큼 압권이다.

GB 게임보이 슈퍼 헌치백

ACT 이매지니어 1992년 6월 26일 3,800엔(세금 포함)

통신 케이블 지원 / 적외선 통신 지원 / 슈퍼 게임보이 지원 / 포켓 프린터 지원

▲ 점프와 화면상의 아이템만으로 스테이지를 돌파하라!

마왕에게 사로잡힌 에스메랄다 공주를 구하러, '헌치백'이란 남자가 모험을 펼치는 점프 액션 게임. 아이템을 모으면 라이프가 늘어나거나 스코어 배율이 오르는 등, 게임에 다양한 장치가 있는 게 특징이다.

GB 게임보이 솔리테어

PZL 헥트 1992년 6월 26일 3,900엔(세금 포함)

통신 케이블 지원 / 적외선 통신 지원 / 슈퍼 게임보이 지원 / 포켓 프린터 지원

▲ 순수하게 두뇌를 쓰는 게임. 신중히 생각하자.

고전적인 보드 게임 '페그 솔리테어'를 게임보이로 즐겨보자. 말 하나를 인접한 말을 뛰어넘게끔 이동시킨 후, 인접한 말을 제거한다. 이를 반복하여, 말이 단 하나만 남게 되면 클리어된다.

GB 게임보이 나 홀로 집에

ACT 알트론 1992년 6월 26일 4,500엔(세금 포함)

통신 케이블 지원 / 적외선 통신 지원 / 슈퍼 게임보이 지원 / 포켓 프린터 지원

▲ 원작 영화보다 도둑 수가 많아져 방심할 수가 없다.

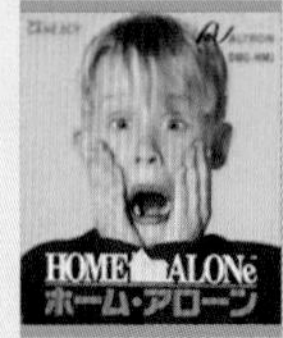

같은 제목의 대히트 영화를 게임화했다. 영화의 스토리처럼, 부모님이 집을 비운 사이에 소년 '케빈'이 집을 지켜야 하는 횡스크롤 액션 게임. 새총을 쏴 트랩을 작동시켜 도둑을 쫓아내자!

GB 게임보이 시끌별 녀석들 : 미스 토모비키를 찾아라!

RPG 야노만 1992년 7월 3일 5,200엔(세금 포함)

통신 케이블 지원 / 적외선 통신 지원 / 슈퍼 게임보이 지원 / 포켓 프린터 지원

▲ 미스 토모비키 후보의 부탁을 해결하면 사진을 찍게 해준다.

3D 던전이 된 토모비키 고교에 숨어있는 미스 토모비키 후보를 찾아내 사진을 촬영하는 것이 목적. 메가네 등의 친숙한 캐릭터들이 방해해온다. 적 출현 연출에도 공을 들여, 지루하지 않게 즐길 수 있다.

GB 게임보이 마법동자☆타루루토 2 : 라이버 존 패닉!!

ACT 반다이 1992년 7월 10일 3,500엔(세금 포함)

통신 케이블 지원 / 적외선 통신 지원 / 슈퍼 게임보이 지원 / 포켓 프린터 지원

▲ 타루루토의 움직임을 귀엽게 묘사했다.

같은 제목 애니메이션의 원작물 게임보이판 제 2탄. 이번 작품은 타루루토가 플레이어 캐릭터인 점프 액션 게임이다. 패널을 조작해 맵을 교체하여 목표한 스테이지까지 가야 하는 시스템이 참신하다.

우주전함 야마토

GB 게임보이 SLG 벡 1992년 7월 17일 3,900엔(세금 포함)

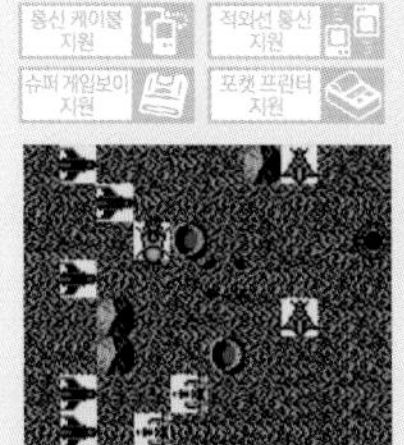

▲ 애니메이션으로 친숙한 캐릭터들도 등장한다.

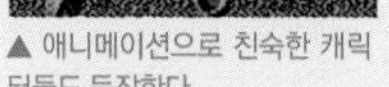

고전이 된 같은 제목 애니메이션의 게임화. 평소에는 사각형 맵의 필드 상에서 유닛을 움직이는 시뮬레이션 게임이지만, 야마토가 전투할 때는 유사 3D형 슈팅 게임으로 전환되는 독특한 시스템이다.

코나믹 스포츠 인 바르셀로나

GB 게임보이 SPT 코나미 1992년 7월 17일 3,500엔(세금 포함)

▲ 육상경기 외에 양궁, 역도, 수영도 있다.

바르셀로나 올림픽에 맞춰 발매된, 「하이퍼 올림픽」 시리즈처럼 버튼 연타수로 경쟁하여 좋은 기록을 노리는 스포츠 게임. 금메달을 목표로 11개 종목 클리어에 도전한다. 통신 대전도 지원한다.

히가시오 오사무 감수 프로야구 스타디움 '92

GB 게임보이 SPT 토쿠마쇼텐 인터미디어 1992년 7월 17일 4,800엔(세금 포함)

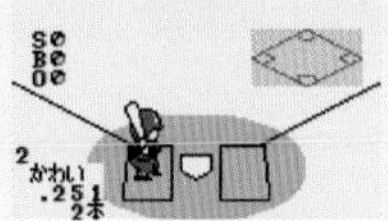

▲ 투구 시의 고저차 개념에 익숙해지면 충분히 공략할 수 있다.

세이부 라이온즈의 히가시오 오사무 선수가 감수한 작품. 전작인 91년 도판의 데이터를 최신판으로 갱신했다. 게임은 기본적으로 동일하므로, 스포츠 게임에 흔한 연도별 선수 데이터 갱신판이라 할 수 있다.

란마 1/2 : 열렬격투 편

GB 게임보이 ACT 반프레스토 1992년 7월 17일 3,980엔(세금 포함)

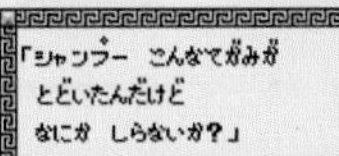

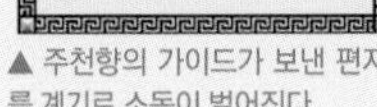

▲ 주천향의 가이드가 보낸 편지를 계기로 소동이 벌어진다.

란마가 주천향 개업 4000주년 기념 무투회에 출전, 상품인 주천향 초대장을 얻기 위해 우승을 노린다. 어드벤처 게임 스타일로 진행되며, 이동과 보스전 등은 액션 게임 스타일로 전환된다.

다운타운 열혈행진곡 : 어디서나 대운동회

GB 게임보이 ACT 테크노스 재팬 1992년 7월 24일 3,800엔(세금 포함)

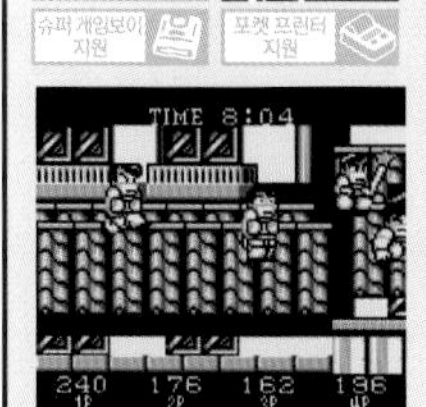

▲ 스테이지 클리어 후에는 치어걸도 응원해준다!

인기 시리즈 「열혈경파 쿠니오 군」의 등장 캐릭터들이 일대파란의 대운동회에서 결투한다! 라이벌 고교와의 크로스컨트리 중에도 싸움이 발발하니, 경기를 진행하며 상대를 쓰러뜨리고 골인을 노려라!

바이오닉 코만도

GB 게임보이 ACT 캡콤 1992년 7월 24일 3,500엔(세금 포함)

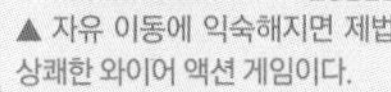

▲ 자유 이동에 익숙해지면 제법 상쾌한 와이어 액션 게임이다.

전 세계에 공격을 개시한 드라이제 공국의 총통 와이즈맨. 이를 저지하기 위해 알바트로스 계획의 수수께끼를 쫓는 '래드 스펜서'가, 와이어를 사용해 스테이지를 자유자재로 누비는 개성파 액션 게임이다.

페르시아의 왕자

GB 게임보이 ACT 메사이야 1992년 7월 24일 3,980엔(세금 포함)

▲ 캐릭터의 리얼한 움직임을 잘 제어하는 것이 공략의 키포인트.

페르시아 지배를 꾀하는 자파에 의해 감금당한 공주를 구하러, 한 젊은이가 미로처럼 얽힌 성을 탐색하는 액션 게임. 관성이 적용되는 리얼한 움직임의 캐릭터를 조작해, 수많은 함정을 돌파해야 한다.

패미스타 2

GB 게임보이 SPT 남코 1992년 7월 30일 3,500엔(세금 포함)

▲ 과거 작품과 마찬가지로, 인기 팀은 역시 남코 올스타즈!

전작 「패미스타」와 게임성은 거의 동일하나, 이번 작품의 발매년도부터 일본야구기구 허가를 받아 일본 프로야구 실존 팀 및 선수의 실명 등이 반영되었다. 경쾌한 BGM과 친숙한 효과음도 그대로다!

GAME BOY 1989 1990 1991 1992 1993 1994 1995 1996 1997 1998 1999 2000 2001 2002 2003

펜타 드래곤

GB 게임보이 STG 야노만 1992년 7월 31일 4,800엔(세금 포함)

통신 케이블 지원 / 적외선 통신 지원 / 슈퍼 게임보이 지원 / 포켓 프린터 지원

▲ 플레이해본 사람만 알 수 있는 충격적인 스토리가 특징.

사람과 용 사이에서 태어난 소녀 '사라 웨더즈'의 어머니를 찾으러 모험을 떠나는 판타지 액션 슈팅 게임. 전방향 스크롤되는 스테이지에서 아이템을 찾아, 길목을 지키고 있는 보스를 쓰러뜨리는 시스템이다.

목수 겐 씨 : 고스트 빌딩 컴퍼니

GB 게임보이 ACT 아이렘 1992년 7월 31일 3,800엔(세금 포함)

통신 케이블 지원 / 적외선 통신 지원 / 슈퍼 게임보이 지원 / 포켓 프린터 지원

▲ 파워풀한 목수 '겐 씨'가 화면을 누비며 날뛴다.

거대 나무망치를 휘두르며 적을 신나게 물리치는 파워풀 목수. 아케이드 게임으로 친숙한 '겐 씨'가 게임보이에서도 대활약한다. 유령이 숨어든 빌딩과 공장을 퇴마해야 한다. 호쾌한 플레이 감각도 잘 재현했다!

퀴즈 세계는 SHOW by 쇼바이!!

GB 게임보이 ETC 타카라 1992년 8월 7일 3,980엔(세금 포함)

통신 케이블 지원 / 적외선 통신 지원 / 슈퍼 게임보이 지원 / 포켓 프린터 지원

▲ 선착순 퀴즈, 객관식 퀴즈 등으로 연예인과 승부한다.

당시 일본의 인기 TV 프로 '퀴즈 세계는 SHOW by 쇼바이!!' 내에서 시청자 참가형 퀴즈대회가 벌어진다는 설정의 퀴즈 게임. 당시 방송에 출연했던 참가자와 퀴즈로 대결한다는 점이 매력이다.

시저스 팰리스

GB 게임보이 SLG 코코너츠 재팬 1992년 8월 7일 3,980엔(세금 포함)

통신 케이블 지원 / 적외선 통신 지원 / 슈퍼 게임보이 지원 / 포켓 프린터 지원

▲게임보이로 간편히 카지노 기분을 만끽해보는 게임.

카지노의 전당 '시저스 팰리스'에서 게임 5종류에 도전해 일확천금을 노리는 카지노 게임. '룰렛', '슬롯', '블랙잭', '포커 머신', '머니 휠' 중에서 골라 플레이하는 방식이다.

마루코는 아홉 살 4 : 이게 바로 일본이라고! 왕자님

GB 게임보이 ETC 타카라 1992년 8월 7일 3,800엔(세금 포함)

통신 케이블 지원 / 적외선 통신 지원 / 슈퍼 게임보이 지원 / 포켓 프린터 지원

▲ 미니게임을 클리어하며 선물을 모으자.

'마루코는 아홉 살' 시리즈 제 4탄. 이번엔 마루코의 동급생 '하나와 군(국내명 나르)' 집에 놀러 온 어떤 나라의 왕자를 위해 선물을 모으려고 뛰어다닌다. 게임 막판에야 얼굴을 보여주는 왕자의 모습이 충격.

나노노트

GB 게임보이 ETC 코나미 1992년 8월 7일 4,500엔

통신 케이블 지원 / 적외선 통신 지원 / 슈퍼 게임보이 지원 / 포켓 프린터 지원

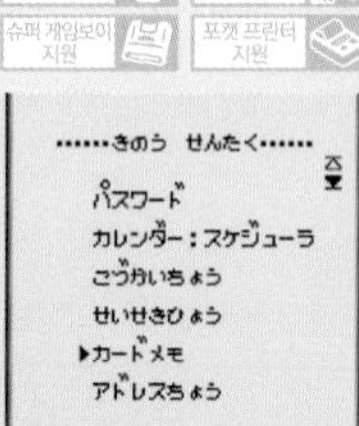

▲ 달력과 용돈 기입장 등, 총 10가지 기능을 수록했다.

게임보이를 전자수첩 대용으로 활용시켜주는 소프트. 당시의 전자수첩에 비해 입력 버튼이 적다는 문제를 잘 보완했으며, 기능도 반응속도도 적절하다. 지금과는 다른 우편번호 체계에서 시대변화가 느껴지는 작품.

버서스 히어로 : 격투왕으로 가는 길

GB 게임보이 ACT 반프레스토 1992년 8월 7일 3,980엔(세금 포함)

통신 케이블 지원 / 적외선 통신 지원 / 슈퍼 게임보이 지원 / 포켓 프린터 지원

▲ 선호하는 히어로로 우주제일의 격투왕이 되어보자.

우주제일의 격투왕을 결정하기 위해 건담·울트라맨·가면라이더가 배틀을 벌이는 격투게임. 고른 히어로에 따라 격투기가 달라져, 스모·가라테·무에타이·프로레슬링 등이 총출동하는 이종격투기 대결이다.

도끼 전설 : 킨타로 액션 편

GB 게임보이 ACT 톤킨 하우스 1992년 8월 7일 3,980엔(세금 포함)

통신 케이블 지원 / 적외선 통신 지원 / 슈퍼 게임보이 지원 / 포켓 프린터 지원

▲ 파트너 곰과 함께 스테이지를 공략하자.

일본의 옛날이야기로 유명한 '킨타로'가 주인공인 점프 액션 게임. 킨타로는 스테이지에서 만난 동물과 씨름으로 승부해 동료로 삼거나, 손에 든 도끼로 지형을 이동하며 스테이지를 클리어해간다.

GB 게임보이 나카지마 사토루 감수 F-1 HERO GB '92

RCG 바리에 1992년 8월 11일 3,980엔(세금 포함)

통신 케이블 지원 / 4인용 어댑터 지원 / 슈퍼 게임보이 지원 / 포켓 프린터 지원

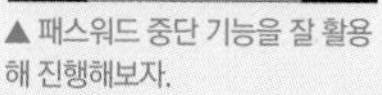

▲ 패스워드 중단 기능을 잘 활용해 진행해보자.

인기 레이싱 게임 제 2탄. 레이스 중의 조작을 개량하고, 라이벌 이름에 실명을 사용하는 등 대폭 업그레이드했다. 3D 레이싱 게임에서 중요한 '시야'의 범위도 넓혀, 플레이의 쾌적함을 중시한 작품이다.

GB 게임보이 하이퍼 블랙배스

ACT HOT·B 1992년 8월 28일 4,500엔

통신 케이블 지원 / 적외선 통신 지원 / 슈퍼 게임보이 지원 / 포켓 프린터 지원

▲ 명당 포인트를 찾아냈을 때의 쾌감이 상당하다.

패미컴으로도 발매된 같은 제목 게임의 이식작. 루어와 낚시터 등을 선택하여 진행하며, 캐스팅하면 물속 화면으로 전환된다. 그 다음부턴 루어를 잘 조절하여 최대한 커다란 배스를 유인해 낚는 것이 승부처.

GB 게임보이 SD건담 SD 전국전 3 : 지상최강 편

SLG 반다이 1992년 9월 4일 4,800엔(세금 포함)

통신 케이블 지원 / 적외선 통신 지원 / 슈퍼 게임보이 지원 / 포켓 프린터 지원

▲ 전작보다 난이도가 올라, 공략하려면 연구와 끈기가 필요하다.

무사건담 시리즈 '신 SD 전국전 지상최강 편'이 소재인 작품. 전작 「SD 전국전 2 : 천하통일 편」과 동일 시스템으로, 원작대로 총 4부 구성이다. 보스전에 한해 액션 게임이 되는 것이 특징이다.

GB 게임보이 셀렉션 II : 암흑의 봉인

RPG 켐코 1992년 9월 4일 4,800엔(세금 포함)

통신 케이블 지원 / 적외선 통신 지원 / 슈퍼 게임보이 지원 / 포켓 프린터 지원

▲ 커맨드를 구사하여 정보와 아이템을 찾아내자.

무대는 전작의 5년 후. 리커 왕국에서 일어난 이변 조사를 위해 왕자 '하인'이 신전으로 향한다. 이번 작품도 커맨드 어드벤처와 RPG를 융합시킨 시스템을 채용했으며, 파티 시스템도 진화시켰다.

GB 게임보이 근육맨 : 더 드림 매치

ACT 유타카 1992년 9월 12일 3,500엔(세금 포함)

통신 케이블 지원 / 적외선 통신 지원 / 슈퍼 게임보이 지원 / 포켓 프린터 지원

▲ 원작의 그림을 재현한 필살기 컷인이 박력만점.

정의 초인 6명이 싸우는 격투 게임. 타격기, 잡기, 게이지를 모아 사용하는 필살기로 적의 체력을 깎자. 결판을 내려면 적의 체력이 0일 때 필살기로 마무리해야만 한다. 초인끼리의 심리전 플레이가 치열한 게임.

GB 게임보이 비타미나 왕국 이야기

RPG 남코 1992년 9월 17일 4,900엔(세금 포함)

통신 케이블 지원 / 적외선 통신 지원 / 슈퍼 게임보이 지원 / 포켓 프린터 지원

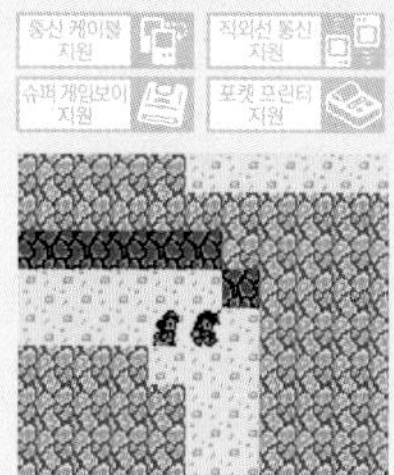

▲ 먹을 것과 관련된 이름의 몬스터를 물리치며 모험한다.

'첨가물' 대마왕에게 침략당한 비타미나 왕국을 구하러 인간계에서 온 소년이 활약하는 판타지 RPG. 전투는 다이렉트 커맨드 시스템으로 진행되어, 십자키 방향에 대응하는 커맨드를 입력해 싸운다.

GB 게임보이 개구리를 위해 종은 울린다

RPG 닌텐도 1992년 9월 14일 3,900엔(세금 포함)

통신 케이블 지원 / 적외선 통신 지원 / 슈퍼 게임보이 지원 / 포켓 프린터 지원

▲ 커스터드 왕국의 리처드 왕자와 경쟁하듯, 주인공은 티라미수 공주를 구출하러 여행한다.

탑뷰 필드와 사이드뷰 던전을 번갈아 진행하는 액션 RPG. 플레이어는 사브레 왕국의 왕자가 되어, 게로니언 군단에게 납치된 티라미수 공주를 구하러 여행한다. 왕자가 개구리나 뱀으로 변신하는 능력이 있어 공략법에 변칙성을 가했다. 라이벌 '리처드 왕자'와의 대화 등, 전체적으로 가볍고 코믹한 스토리도 매력. 게임보이용 오리지널 RPG로서 오래 기억될 만한 작품.

GB 게임보이 코나믹 바스켓
SPT 코나미 1992년 9월 25일 3,500엔

통신 케이블 지원

▲ 사람 대 사람으로 즐기는 통신 대전 농구도 뜨겁다.

미국 전역에 걸쳐 있는 농구팀 8개 팀 중 하나를 선택해 시합을 벌이는 스포츠 게임. 덩크슛에 성공하면 전체화면으로 표시되는 박력만점의 애니메이션 연출이 삽입된다.

GB 게임보이 메르헨 클럽
SLG 나그자트 1992년 9월 25일 3,800엔(세금 포함)

통신 케이블 지원

▲ 전투화면에서는 카드도 사용해, 전황을 유리하게 이끌어야 한다.

장기나 체스와 비슷한 보드 위에서 말을 움직여, 부딪힌 적을 배틀로 쓰러뜨리는 판타지 시뮬레이션 게임. 상대의 킹을 쓰러뜨리면 승리다. 어떤 말을 골라 어떻게 배치할지가 승패를 가르는 포인트.

GB 게임보이 삼국지 : 게임보이판
SLG 코에이 1992년 9월 30일 6,800엔(세금 포함)

통신 케이블 지원

▲ 국력을 올리는 내정이 중요한 시뮬레이션 게임.

PC로도 인기가 많았던 역사 시뮬레이션 게임. 삼국시대의 중국을 무대로, 유비와 조조 등의 영웅들이 패권을 다툰다. 내정과 외교를 통해 총 19개 주 통일을 목표로 한다는, 이후 시리즈에도 이어지는 전통의 원점이다.

GB 게임보이 파친코 카구야 공주
AVG 코코너츠 재팬 1992년 10월 9일 3,864엔

▲ 이번 작품은 처음부터 못 배치가 전부 보인다.

옛날이야기 소재의 파친코 시리즈 제 3탄. 카구야 공주가 권력을 동원해 결혼을 강요하는 '바보 영주'에게서 도망치기 위해 '별의 아이' 12명을 구출하는 것이 목적. 엔딩에선 충격적인 사실이 밝혀진다.

GB 게임보이 SPOT
PZL BPS 1992년 10월 16일 3,500엔(세금 포함)

▲ 독자적인 룰을 파악하여, 자신의 색으로 보드를 채우자.

7×7칸으로 나뉘어있는 보드를 자기 색의 돌로 채워가는 게임. 돌은 인접한 1칸 내에 자신을 그대로 복제하거나 2칸 너머로 이동할 수 있고, 이때 이동한 곳에 인접한 상대 색의 돌은 자기 색깔로 바뀐다.

GB 게임보이 마번 클럽
SLG 헥트 1992년 10월 16일 5,800엔(세금 포함)

▲ 만화 '말 키우기 1펄롱 시어터'의 요시다 미호가 패키지를 그렸다.

입력된 정보를 토대로 우승마를 예상해주는 소프트. 과거 레이스 관련 각종 데이터가 미리 망라되어 있으므로, 유저 쪽에서 인기 지수나 단승 확률만 입력하면 간단히 마번 연승 예상이 나온다.

GB 게임보이 배틀 도지볼
SPT 반프레스토 1992년 10월 16일 4,980엔(세금 포함)

통신 케이블 지원

▲ 대우주를 무대로 뜨거운 피구 대결이 펼쳐진다.

울트라맨과 괴수 우주인, 건담은 물론 가면라이더 등의 친숙한 캐릭터들이 혼전을 벌이는 피구 대전 게임. 대전 상대 팀을 이기면 그 팀에서 선수를 스카우트해 플레이어 팀을 강화시킬 수 있다.

GB 게임보이 아레사 III
RPG 야노만 1992년 10월 16일 4,800엔(세금 포함)

▲ 아름답게 성장한 마테리아. 이번 작품이 스토리의 대단원이다.

주인공인 여검사 '마테리아'가 진실을 알기 위해 20년 전의 아레사 왕국으로 돌아가, 그곳에서 처음 만난 부모와 함께 모험한다. 파티가 4인제로 늘었고 숨겨진 아이템도 4개로 증가된 등, 정석적인 업그레이드 작품.

슈퍼 마리오 랜드 2 : 6개의 금화
GB 게임보이 ACT 닌텐도 1992년 10월 21일 3,900엔(세금 포함)

▲ 도중 세이브가 가능해, 시리즈 중에선 난이도가 낮은 편이다.

「슈퍼 마리오」 시리즈 7번째 작품. 이번 작품으로 처음 등장한 와리오로부터 마리오 성을 되찾기 위해, 각지의 보스를 물리치고 금화를 모으자. 슈퍼마리오·파이어마리오·버니마리오로 변신할 수 있다.

아담스 패밀리
GB 게임보이 ACT 미사와 엔터테인먼트 1992년 10월 23일 3,900엔(세금 포함)

▲ 드넓은 저택을 공략하려면, 코스를 신중하게 진행해야 한다.

같은 제목의 영화를 점프 액션 게임화했다. 아담스 패밀리의 가장 '고메즈'가, 가족을 구하러 몬스터가 득실대는 아담스 저택에서 대모험한다. 스테이지 마지막에는 보스와의 대결이 기다리고 있다.

쿄로짱 랜드
GB 게임보이 ACT 히로 1992년 10월 30일 3,980엔(세금 포함)

▲ '쿄로짱'을 조작해, 8개나 되는 탑을 하염없이 오른다.

쿄로짱 랜드에 의문의 탑이 출현해, 그 비밀을 풀러 쿄로짱(모리나가 제과의 마스코트 캐릭터)이 탑을 오른다. 같은 제목인 패미컴판의 이식작으로, 원작에서도 호평받았던 탑의 회전 입체 연출을 게임보이로도 재현했다.

램파트
GB 게임보이 SLG 잘레코 1992년 10월 30일 4,000엔(세금 포함)

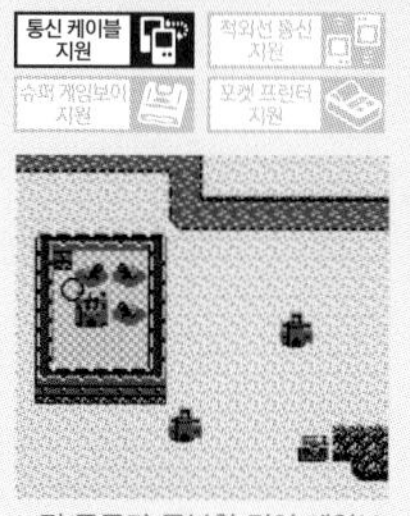
▲ 적 종류가 풍부한 것이 게임보이판의 특징.

아타리 사가 제작한 실시간 시뮬레이션 게임을 게임보이로 이식한 작품. 게임은 무작위 형태로 나오는 블록 벽을 배치하는 '축성 페이즈'와, 대포로 적을 공격하는 '전투 페이즈'로 구성되어 있다.

판타즘
GB 게임보이 ACT 잘레코 1992년 11월 6일 3,900엔(세금 포함)

▲ 어느 적에 빙의하든, 기본적으론 점프 액션 게임이다.

총에 맞아 사망한 주인공이 유령이 되어, 다양한 캐릭터에게 빙의하면서 사로잡힌 애인을 구출하러 가는 액션 게임. 빙의한 상대에 따라 능력이 달라진다. 코믹한 그래픽과는 달리, 스토리 전개가 약간 슬픈 편.

세인트★세인트 파라다이스 : 최강의 전사들
GB 게임보이 RPG 반다이 1992년 12월 13일 4,800엔(세금 포함)

▲ 카드다스 기반이라, SD화된 캐릭터로 등장한다.

카드다스의 '세인트 파라다이스'를 기반으로 하여, 만화 '세인트 세이야'의 스토리를 따라서 진행하는 RPG. 시스템에 원작격인 카드다스의 요소를 결합시켜, 아이템 등이 전부 카드 형태로 등장한다.

페라리
GB 게임보이 RCG 코코너츠 재팬 1992년 11월 13일 4,300엔(세금 포함)

▲ 기어 체인지가 어렵다면 오토매틱으로 플레이해 보자.

파친코 게임으로 유명한 코코너츠 재팬 사가 제작한 레이싱 게임. 탑뷰 레이싱 게임이 주류이던 시절에 3D 시점으로 제법 즐길 만한 작품을 내놓아 호평받았다. 게임 중에 코스가 표시되는 것도 장점.

텀블팝
GB 게임보이 ACT 데이터 이스트 1992년 11월 20일 3,800엔(세금 포함)

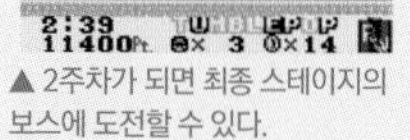
▲ 2주차가 되면 최종 스테이지의 보스에 도전할 수 있다.

청소부를 조작해 곳곳에 출몰하는 적을 퇴치하는 유니크한 액션 게임. 아케이드판을 이식하면서, 오리지널 스테이지를 만들 수 있는 '컨스트럭션 모드'를 추가했다. 패스워드 컨티뉴도 지원한다.

 게임보이 지원  게임보이 비지원 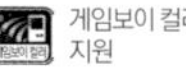 게임보이 컬러 지원  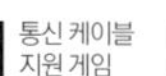 통신 케이블 지원 게임  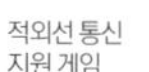 적외선 통신 지원 게임  슈퍼 게임보이 지원 게임  포켓 프린터 지원 게임

요시의 쿠키
PZL 닌텐도 1992년 11월 21일 2,900엔(세금 포함)

▲ 게임보이 화면인데도 제법 맛있어 보이는 쿠키가 매력.

가로세로로 놓인 5종류의 쿠키를 슬라이드해, 같은 모양의 쿠키를 붙여 없애가는 퍼즐 게임. 계속해서 쿠키가 나오는 '1인용 모드'와, 사전 배치된 쿠키들을 궁리해 없애나가는 '대전 모드'가 있다.

GB원인
ACT 허드슨 1992년 11월 27일 3,980엔(세금 포함)

▲ 원작은 PC엔진에서 인기가 많았던 코믹한 게임이다.

큼직한 머리의 '원인'이 화면을 누비며 박치기로 적을 쓰러뜨리는 점프 액션 게임. 지상 박치기 외에도 점프 도중 낙하 박치기, 수직 벽을 이빨로 물어서 오르기 등의 다채롭고 파워풀한 액션이 특징이다.

미국 횡단 울트라 퀴즈 PART 3 : 챔피언 대회
ETC 토미 1992년 11월 27일 3,500엔(세금 포함)

▲ 챔피언 대회 모드에서는 원작 프로의 1~15대 퀴즈왕들과 싸운다.

같은 시기 발매된 슈퍼 패미컴판 「미국 횡단 울트라 퀴즈」와 기본적으로 내용이 같은 게임이지만, '일반 모드'를 클리어하면 즐길 수 있게 되는 '챔피언 대회 모드'를 추가로 준비했다.

금붕어 주의보! 2 : 교피를 찾아라!
AVG 비아이 1992년 11월 27일 4,980엔(세금 포함)

▲ 다양한 미니게임들 중에는 운이 필요한 것도 있다!

인기 만화의 게임화 제 2탄. 이번엔 행방불명된 금붕어 '교피'를 찾기 위해, 학교 안에서 벌어지는 각종 미니게임 클리어에 도전한다. 원작의 개그 분위기를 충실히 재현한 스토리를 즐길 수 있다.

로봇전사 감마
ACT 토미 1992년 11월 27일 3,800엔(세금 포함)

▲ 묵직한 움직임의 거대 로봇을 조작해 적을 쓰러뜨린다.

로봇 애니메이션(원제는 '원기폭발 간바루가')이 원작인 심플한 액션 게임. 플레이어는 간바루가·리보루가·게키류가 3가지 중에서 조작할 기체를 선택해, 스테이지 최후에 기다리는 보스를 물리치는 게 목적이다.

코나믹 아이스하키
SPT 코나미 1992년 11월 27일 3,500엔

▲ 빙상을 고속 활주하는 퍽이 박력만점의 시합전개를 연출한다.

스크롤되는 화면 내를 퍽이 휙휙 지나다니는, 스피디한 아이스하키 게임. 접촉 플레이에서 난투로까지 넘어가면, 어째선지 대형 캐릭터끼리 주먹을 교차하며 싸우는 격투 모드로 전환된다.

트립 월드
ACT 선 소프트 1992년 11월 27일 3,500엔(세금 포함)

▲ 귀여운 주인공 '야코푸'의 다채로운 움직임이 즐겁다.

신비한 생물 '야코푸'가 도둑맞은 마이타 꽃을 되찾으러 트립 월드를 여행하는 점프 액션 게임. 육상·비행·수중 타입으로 전환해가며 스테이지를 공략한다. 디테일하게 그린 도트 그래픽은 꼭 봐둘 가치가 있다.

R-TYPE II
STG 아이렘 1992년 12월 11일 3,800엔(세금 포함)

▲ 모아쏘기가 2단계로 바뀌어, 전작보다 공략의 폭이 넓어졌다.

고난이도로 유명한 같은 제목의 아케이드 슈팅 게임 이식판. 모아쏘기 파동포와 확산 파동포, 플레이어 기체와 연결·분리되며 적탄을 없애거나 적을 물리쳐주는 옵션 '포스'가 특징. 치밀한 도트 그래픽이 매우 아름답다.

GB 게임보이 슈퍼 빅쿠리맨 : 전설의 석판

ACT 유타카 1992년 12월 11일 3,800엔(세금 포함)

▲ 빅쿠리맨 캐릭터가 높은 등신으로 나와, 꽤 참신한 느낌.

같은 제목 애니메이션의 캐릭터 '대성 피닉스'와 '해천성 비슈누 티키'를 번갈아가며 스테이지를 진행하는 횡스크롤 액션 게임. 변신해 파워 업하는 '사이버 업 시스템'을 구사해 보스를 물리쳐야 한다.

GB 게임보이 누~보~

ACT 아이렘 1992년 12월 11일 3,800엔(세금 포함)

▲ 애니메이션 패턴이 실로 풍부한 누~보~의 모션에 주목하자.

일본 모리나가의 과자 '누~보~'의 어벙한 이미지 캐릭터가 주인공인, 퍼즐 요소가 있는 액션 게임. 블록을 머리에 올려 운반하거나, 발판을 만드는 식으로 진행한다. 누~보~의 움직임이 귀엽다.

GB 게임보이 미라클 어드벤처 에스파크스

ACT 토미 1992년 12월 11일 3,800엔(세금 포함)

▲ 에스파크스와 동료들이 귀엽게 그려져 있다.

일본에서 90년대에 문구 캐릭터로 인기였던 '에스파크스'가 주인공인 액션 게임. 에스파크스는 3종류의 샷을 전환하며 사용해 스테이지를 공략한다. 파트너인 원숭이 '키스케'도 등장한다.

GB 게임보이 록맨 월드 3

ACT 캡콤 1992년 12월 11일 3,500엔(세금 포함)

▲ '카운트 봄'이 '트랩'이라는 이름으로 처음 등장한 작품.

게임보이용 '록맨' 3번째 작품. 「록맨 4」 기반이며, 새로운 요소로 모아쏘기(뉴 록버스터)가 추가되었다. 전체적으로 난이도가 높지만, 「록맨 월드」를 완성시킨 작품으로서 호평받았다.

GB 게임보이 던전 랜드

TBL 에닉스 1992년 12월 15일 4,600엔

▲ 던전은 진행해보기 전까진 무슨 일이 일어날지 알 수 없다.

앞이 보이지 않는 던전을 이동하며, 도중 벽에 부딪히면 상대와 교대한다. 이를 반복해 먼저 던전을 클리어한 사람이 승리한다는 특이한 스타일의 게임. 탈출, 보물 발견 등의 던전 종류를 선택할 수 있다.

GB 게임보이 우주의 기사 테카맨 블레이드

ACT 유타카 1992년 12월 18일 3,500엔(세금 포함)

▲ 테카맨 블레이드의 움직임을 스마트하게 표현했다.

같은 제목의 애니메이션이 원작인 액션 게임. 테카맨 블레이드를 조작해, 침략자 라담에게서 지구를 지키려 싸운다. 주인공 '블레이드'의 재빠른 움직임과 와이어 액션, 하이 점프를 활용한 액션이 매력인 게임이다.

GB 게임보이 나무망치다, 퀴즈다, 겐 씨다!

ETC 아이렘 1992년 12월 18일 3,800엔(세금 포함)

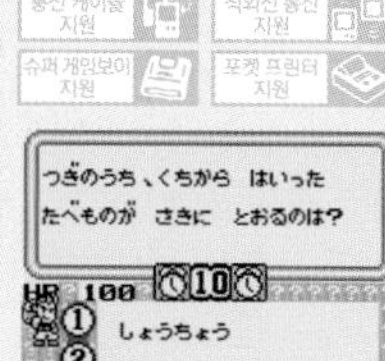

▲ 이번 작품의 '겐 씨'는 퀴즈로 악의 '땅 투기꾼'과 승부한다.

아이렘의 캐릭터 '목수 겐 씨'가 메인 캐릭터로 출연하는 퀴즈 게임. 말판놀이 형식의 맵 화면을 한 칸씩 이동하며, 출제되는 3지선다 퀴즈를 푸는 전형적인 보드 게임이다. 퀴즈 외에도 미니게임이 존재한다.

GB 게임보이 퀴즈 일본 옛날이야기 : 아테나의 하테나?

ETC 아테나 1992년 12월 18일 3,980엔(세금 포함)

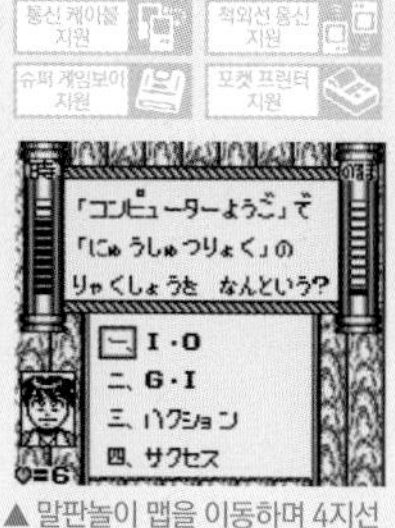

▲ 말판놀이 맵을 이동하며 4지선다 퀴즈를 공략한다.

옛날이야기 세계를 악마로부터 지키기 위해, 사토루와 미키 두 사람이 그림책 속으로 들어가 퀴즈를 풀어 악마를 퇴치하는 퀴즈 게임. 퀴즈는 4지선다식으로, 스테이지마다 기다리는 보스를 격파하며 진행한다.

 게임보이 지원
 게임보이 비지원
 게임보이 컬러 지원
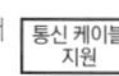  통신 케이블 지원 게임
 4인용 어댑터 지원 게임
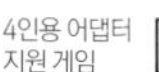 슈퍼 게임보이 지원 게임
  포켓 프린터 지원 게임

GB 게임보이 지구해방군 지아스

STG T&E 소프트 1992년 12월 18일 3,500엔

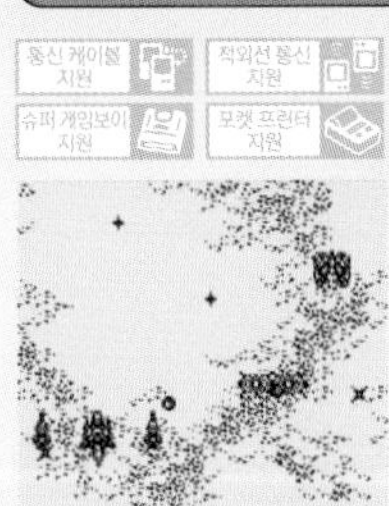

▲ 디테일한 그래픽이 2중 스크롤되는 게임 화면.

초 기계생명체 '마제르'로부터 지구를 되찾기 위해 결성된 지구해방군 지아스의 싸움을 그린 종스크롤 슈팅 게임. 스테이지의 장치와 보스의 움직임에 공을 들여, 게임을 공략하는 보람이 있다.

GB 게임보이 닥터 프랑켄

ACT 켐코 1992년 12월 18일 3,900엔

▲ 복잡한 구조의 성을 돌아다니며 몸의 부품을 찾는 게임.

인조인간 '프랑켄'이 애인 '빗시'의 몸을 모으기 위해 드넓은 성 내부를 탐색한다. 샷을 무기삼아 적을 쓰러뜨리면서 진행하는 액션 게임. BGM으로 흐르는 베토벤의 '월광 소나타'가 인상적이다.

GB 게임보이 톰과 제리

ACT 알트론 1992년 12월 18일 4,500엔(세금 포함)

▲ SELECT를 누른 상태에서 십자 키로 화면 외곽을 볼 수 있다.

미아가 된 '터피'를 '제리'가 찾으러 가는 내용의 액션 게임. 적과 장애물을 피하면서 'EXIT' 간판 앞까지 도달하면 스테이지 클리어다. 다양한 장치는 물론이고, 라이벌 '톰'도 제리를 방해한다.

GB 게임보이 미소녀 전사 세일러문

ACT 엔젤 1992년 12월 18일 3,500엔(세금 포함)

▲ 애니메이션으로 친숙한 캐릭터들이 등장한다.

일세를 풍미했던 인기 애니메이션이 원작인 게임. 주인공이 세일러문으로 변신해 적을 쓰러뜨리는 액션 게임이지만, 적을 찾으려면 도중에 만나는 등장인물들과 대화해 정보를 먼저 수집해야 한다.

GB 게임보이 혼자서도 잘 해요! : 쿠킹 전설

ETC 바프 1992년 12월 18일 3,900엔(세금 포함)

▲ 대왕에게 사로잡힌 동생을 구하러 모험을 떠나는 '마이'.

당시 일본 NHK 교육방송에서 방영하던 아동용 교육 프로를 원작삼아 제작한 RPG. 필드를 돌아다니다, 적과 만나면 퀴즈로 전투를 벌인다. 프로의 테마인 요리에 관련된 퀴즈가 출제된다.

GB 게임보이 미키즈 체이스

ACT 켐코 1992년 12월 18일 3,800엔

▲ 플레이어 캐릭터는 미키와 미니 중에서 고를 수 있다.

미키가 준비한 미니의 생일선물을 피트에게 빼앗겨 버렸다. 빼앗긴 선물을 되찾기 위해 피트를 추적하자. 전형적인 횡스크롤형 액션 게임으로, 한 눈에 딱 봐도 대충 어떤 게임인지가 보인다.

GB 게임보이 도라에몽 2 : 애니멀 혹성 전설

ACT 에포크사 1992년 12월 19일 3,900엔(세금 포함)

▲ 보스를 물리치려면 각각 특정한 비밀도구가 필요하다.

게임보이판 도라에몽 시리즈 제 2탄. 극장판 장편영화 '진구와 애니멀 혹성'을 게임화한 작품으로, 전작과 동일하게 탑뷰형 맵과 액션 스테이지로 구성했으며 비밀도구와 동료를 찾아가며 진행한다.

GB 게임보이 4 IN 1 FUN PAK

TBL 이매지니어 1992년 12월 22일 3,800엔(세금 포함)

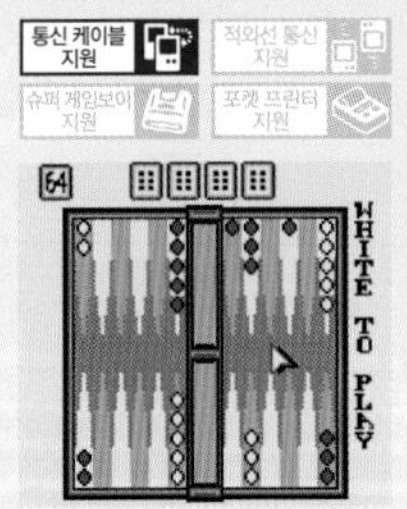

▲ 대전 케이블이 있으면 게임보이 2대로 대전 플레이가 가능.

테이블 게임 4종류를 수록한 미니게임 모음집. '체스', '체커', '백개먼', '리버시'를 수록했다. 대전 케이블이 없어도 교대로 조작하며 대전을 즐길 수 있게 해주는 모드도 탑재되어 있다.

루니 튠즈 : 벅스 바니와 유쾌한 친구들

ACT 선소프트 1992년 12월 22일 3,600엔(세금 포함)

▲ 1스테이지는 대피. 벅스와 함께 인기가 많은 캐릭터다.

루니 튠즈의 캐릭터들이 등장하는 횡스크롤 액션 게임. 스테이지별로 조작하는 캐릭터가 달라지고 액션도 완전히 다르게 바뀌므로, 끝까지 새로운 게임을 즐기는 기분으로 진행할 수 있다.

제논 2 : 메가블래스트

STG PCM 컴플리트 1992년 12월 25일 3,864엔

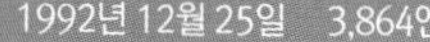

▲ 아래로도 진행할 수 있다는 독자적인 시스템을 이용해보자.

사이버펑크 세계관이 인상적인 종스크롤 슈팅 게임. 실제로 즐겨보면 메카닉보다는 오히려 생물적인 디자인의 적이 많다. 다방향으로 탄을 뿌릴 수 있는 플레이어 기체와, 백 스크롤이 가능한 시스템이 참신하다.

배틀 스페이스

ETC 남코 1992년 12월 25일 8,300엔

▲ 상품 포장에 흔한 바코드를 통해 최강 캐릭터를 찾아보자.

바코드를 읽어 들일 수 있는 게임보이용 주변기기 '바코드 보이'에 동봉된 게임. 바코드로 생성한 캐릭터로 던전을 모험하여 보스를 쓰러뜨리는 것이 목적이다. 판타지 RPG 풍의 게임이다.

여신전생 외전 : 라스트 바이블

RPG 아틀라스 1992년 12월 25일 5,300엔

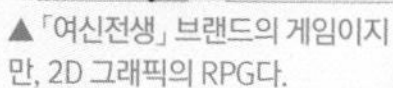

▲「여신전생」브랜드의 게임이지만, 2D 그래픽의 RPG다.

'가이아'라 불리는 능력을 지닌 탐구자 '엘'이 여행을 통해 그 비밀을 쫓는 판타지 롤플레잉 게임. 조우한 마수와 대화하여 동료를 늘리거나, 마법으로 마수를 합성시킬 수도 있다.

위저드리 외전 II : 고대 황제의 저주

RPG 아스키 1992년 12월 26일 4,635엔

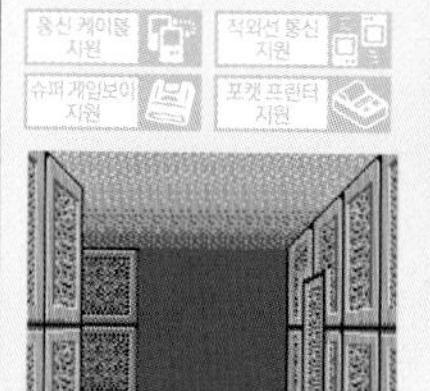

▲ 시리즈로서는 전형적인 시스템이라, 안심하고 플레이할 수 있다.

전작이 호평받은 덕에 제작된 작품. 밸런스를 재조정해, 시리즈 특유의 극단적인 전투 밸런스 불균형을 완화했다. 그 대신 막판의 적은 강화시켜, 이후 발매된 '일본산 Wiz'에도 막판의 적이 강력하다는 전통이 생겼다.

J리그 파이팅 사커

SPT IGS 1992년 12월 27일 4,800엔

▲ 선수가 큼직하게 표시되어, 개인플레이가 익사이팅해졌다.

J리그 개막을 앞두고 발매된 축구 게임. 팀은 J리그 개막시의 10개 팀 구성으로, 선수 데이터도 실명으로 수록했다. '테스트 플레이', 'VS 플레이', '토너먼트', '리그' 4가지 모드를 준비했다.

헤라클레스의 영광 : 움직이기 시작한 신들

RPG 데이터 이스트 1992년 12월 27일 4,800엔(세금 포함)

▲ 헤라클레스는 지상의 이변을 눈치 챈 제우스에 의해 다시 지상에 내려오게 된다.

패미컴과 슈퍼 패미컴으로 발매된 바 있는「헤라클레스의 영광」시리즈의 외전격 작품. 그리스 신화가 모티브로, 그리스 신화에 나오는 신들이 다수 등장한다. 신들은 헤라클레스의 레벨에 맞춰 하나만 데려갈 수 있다. CPU의 AI가 뛰어나 자칫하면 일반 몬스터와의 전투로도 큰 대미지를 입을 수 있어, 마지막까지 일절 방심하면 안 되는 게임이기도 하다.

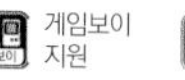 게임보이 지원 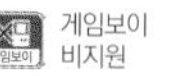 게임보이 비지원  게임보이 컬러 지원  통신 케이블 지원 게임 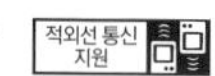  적외선 통신 지원 게임 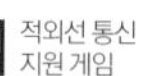  슈퍼 게임보이 지원 게임 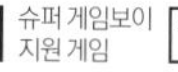 포켓 프린터 지원 게임

GAME BOY
SOFTWARE ALL CATALOGUE

이 해는 게임보이가 발매된 지 딱 4년 차를 맞이해, 소프트가 원숙기에 접어든 시기다. 타이틀 수는 83종으로 전년에 비해 약간 줄어들었지만, 게임보이의 특성을 잘 활용해 '낮은 해상도+흑백 그래픽이지만 알아보기 쉽도록' 화면을 잘 구성한 양질의 액션 게임이 다수 발매된 해가 바로 1993년인 것이다.

한편 해외 개발사가 제작한 게임, 이른바 '서양 게임'이 일본에도 다수 발매되기 시작한 해이기도 하니, 전 세계로 널리 판매된 게임보이다운 전개라 하겠다.

악마성 스페셜 : 나는 드라큘라 군

GB 게임보이 ACT 코나미 1993년 1월 3일 3,800엔

통신 케이블 지원 / 적외선 통신 지원 / 슈퍼 게임보이 지원 / 포켓 프린터 지원

▲ 패미컴판이 너무 어렵다는 평가가 많아, 스테이지 난이도를 조정해 클리어가 쉬워졌다.

「악마성 드라큘라」의 최종 보스 '드라큘라 백작'의 아들이 주인공인 액션 게임. 같은 제목인 패미컴판도 있는데, 이 작품은 그 패미컴판의 속편에 해당한다. 특징은 패턴이 풍부한 필살기로, 작열탄과 박쥐 변신, 편리한 호밍 등의 유니크한 기술이 스테이지를 진행할수록 추가된다. 또한 이들을 활용할 스테이지도, 수중부터 우주까지 폭넓고 치밀하게 제작했다.

더티 레이싱

GB 게임보이 RCG 잘레코 1993년 1월 8일 3,900엔(세금 포함)

통신 케이블 지원 / 적외선 통신 지원 / 슈퍼 게임보이 지원 / 포켓 프린터 지원

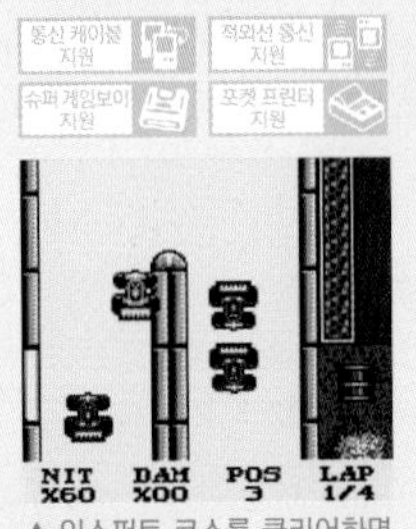

▲ 익스퍼트 코스를 클리어하면 엔딩이 나온다!

종스크롤 탑뷰형 레이싱 게임. 코스에 흩어져 있는 캐시 포인트를 모아 차량을 파워 업하자! 총 12개 코스를 돌파해야 한다. 라이벌 차량의 스펙을 능가하기 위한 커스터마이즈 연구가 재미있는 작품.

신일본 프로레슬링 : 투혼 삼총사

GB 게임보이 SPT 바리에 1993년 1월 29일 3,980엔(세금 포함)

통신 케이블 지원 / 적외선 통신 지원 / 슈퍼 게임보이 지원 / 포켓 프린터 지원

▲ 쵸슈가 가진 벨트를 차지하기 위해 라이벌을 물리치자.

신일본 프로레슬링의 '투혼 삼총사' 무토 케이지·쵸노 마사히로·하시모토 신야는 물론, 하세 히로시·후지나미 타츠미·쵸슈 리키도 나온다. 삼총사 중 하나가 되어 다른 5명을 꺾고 챔피언 벨트의 주인이 되자.

링 레이지

GB 게임보이 SPT 타이토 1993년 1월 29일 3,900엔

통신 케이블 지원 / 적외선 통신 지원 / 슈퍼 게임보이 지원 / 포켓 프린터 지원

▲ 리얼한 캐릭터를 조작해 화려한 기술을 작렬시켜라!

같은 제목의 아케이드 게임을 이식한 프로레슬링 게임. 아케이드판을 따라, 프로레슬러를 실사를 스캔한 듯한 그래픽으로 묘사했다. 출장선수 중 복서나 닌자도 있어, 본격파 레슬링 게임과는 대척점에 있는 작품.

선더버드

GB 게임보이 ACT 비아이 1993년 2월 12일 3,980엔(세금 포함)

통신 케이블 지원 / 적외선 통신 지원 / 슈퍼 게임보이 지원 / 포켓 프린터 지원

▲ 메카닉을 조작해, 사고에 휘말려든 사람들을 구조하자.

세계 최대의 유원지에서 발생한 원자로 폭발의 위기, 화재 현장에서의 모노레일 구출, 싱크홀에 빠진 차량 인양 등의 다양한 사고와 재해로부터 사람들을 구조하는 게임. 원작 드라마의 유명한 BGM도 사용했다.

저드의 전설 2 : 거짓된 신의 영역

RPG 빅 토카이 1993년 2월 19일 4,900엔(세금 포함)

전작의 20년 후 세계를 무대로, 기억상실 청년의 여행을 그린 작품. 시나리오 담당자가 변경되어 SF 느낌이 강해져, 일본 RPG로서는 독창성이 강한 내용이 되었다. 풍성한 대사량과 BGM 등, 인상적인 부분이 많다.

▲ 서드파티 게임으로는 최초로 4Mbit ROM을 채용했다.

ONI Ⅲ : 검은 파괴신

RPG 반프레스토 1993년 2월 26일 4,980엔(세금 포함)

전작의 300년 후, 봉인이 풀려 날뛰기 시작한 요괴와의 전투를 그렸다. 총 4장의 옴니버스 형식 스토리로서 동료들에게 초점을 맞추어, 이들이 최종결전을 위해 모이는 뜨거운 전개가 기다리고 있다.

▲ 인기였던 전신 시스템을 부활시켜 팬들의 환호를 받았다.

타카하시 명인의 모험도 Ⅲ

ACT 허드슨 1993년 2월 26일 3,800엔(세금 포함)

우주인에게 납치당한 애인 티나를 구출하려는 타카하시 명인의 3번째 활극. 겉보기엔 전작과 차이가 별로 없지만, 엎드리기 액션과 부메랑, 과일로 1UP 등의 신규 요소가 있으며, 소소한 시스템 변경도 가했다.

▲ 고득점에 필수이나 조작이 까다로운 스케이트보드도 건재.

바트의 서바이벌 캠프

ACT 어클레임 재팬 1993년 2월 26일 3,980엔(세금 포함)

미국의 인기 TV 애니메이션 '심슨 가족'을 소재로 한 액션 게임. 여름 캠프에 입소해 악마 교관에게 맹훈련을 받을 운명에 처한 바트가, 다양한 게임에 도전하며 호시탐탐 캠프 탈출을 꾀한다.

▲ 죽음의 캠프(캠프 데들리)에서 탈출하라.

버닝 페이퍼

ACT G 어뮤즈먼츠 1993년 2월 26일 3,200엔(세금 포함)

태양 에너지를 가슴에 품은 '버닝맨'이 활약하는 액션 게임. 연구실의 사고로 발생한 흉포한 벌레들을 퇴치하기 위해 태양빛으로 포스터를 태워서 떨어뜨려, 화면 아래에서 올라오는 벌레들에 맞혀야 한다.

▲ 돋보기로 빛을 모아 포스터를 태워버리자.

컬트 마스터 : 울트라맨에게 이끌려

ETC 반다이 1993년 3월 12일 3,800엔(세금 포함)

말판놀이 형태의 맵을 진행하며, 각 칸에서 4지선다 퀴즈에 도전하는 전형적인 퀴즈 게임. 당연히 울트라맨 관련 문제가 출제되며, 화면 아래에 친숙한 괴수와 우주인이 나타나기도 한다.

▲ 경쾌한 울트라맨의 주제가가 울리는 가운데 퀴즈를 푼다.

GB 바스켓볼

SPT 이매지니어 1993년 3월 19일 3,900엔(세금 포함)

'국가별 대항전'·'토너먼트'·'자유투'·'연습' 4가지 모드를 수록한 농구 게임. 골밑에서 슛을 구사하면 반드시 덩크슛이 되는 등, 농구 게임이 서툰 사람이라도 쉽게 익숙해질 수 있는 게임이다.

▲ 덩크슛을 구사하면 박력만점의 애니메이션이 나온다.

킬러 토마토

ACT 알트론 1993년 3월 19일 4,500엔(세금 포함)

B급 호러 영화 '토마토 대소동'을 횡스크롤 액션 게임화했다. 주인공 '윌버'는 샌 주키니 마을을 점령한 살인 토마토들을 물리치기 위해 점프·펀치·킥을 구사하여 싸우게 된다.

▲ 경쾌한 BGM과 함께 킬러 토마토를 쓰러뜨리자.

더 킥복싱

GB 게임보이 SPT 마이크로 월드 1993년 3월 19일 4,200엔(세금 포함)

▲ 난이도가 높으므로, 상대의 패턴을 연구해 승리를 노려보자.

타 기종으로도 발매된 바 있는 「더 킥복싱」의 게임보이판. 실존하는 파이터들의 사진을 디지털 스캔해 데모 화면과 게임 본편에 사용하여, 매우 현장감이 넘치는 게임이 되었다.

산리오 카니발 2

GB 게임보이 PZL 캐릭터 소프트 1993년 3월 19일 3,296엔(세금 포함)

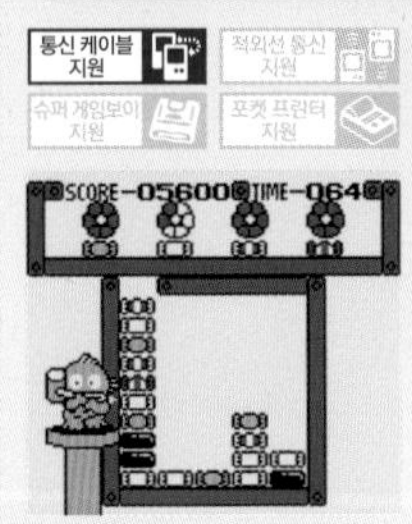

▲ 산리오 캐릭터를 조작해 캔디를 없애가자.

과자의 나라에서 찾아온 새로운 놀이 '캔디 퍼즐'은, 캔디를 쳐날려 보내 가로나 세로로 붙여 없애가는 퍼즐 게임이다. 각 스테이지마다 '캔디 퍼즐'과 '15 퍼즐'의 2부로 구성되어 있다.

더블 역만

GB 게임보이 TBL 바프 1993년 3월 19일 4,500엔(세금 포함)

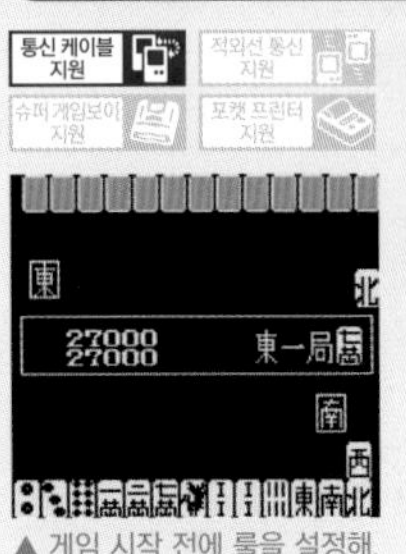

▲ 게임 시작 전에 룰을 설정해, 자신의 취향에 맞춰 대국해보자.

2인 대국 마작 게임. 토너먼트전을 연승해가는 모드는 물론, 가볍게 플레이 가능한 '심플 모드'도 수록했다. 대전 상대로 평범한 인간은 물론, 의인화된 개성적인 캐릭터들도 다수 등장한다.

몬스터 메이커 2 : 울의 비검

GB 게임보이 RPG 소프엘 1993년 3월 19일 4,980엔(세금 포함)

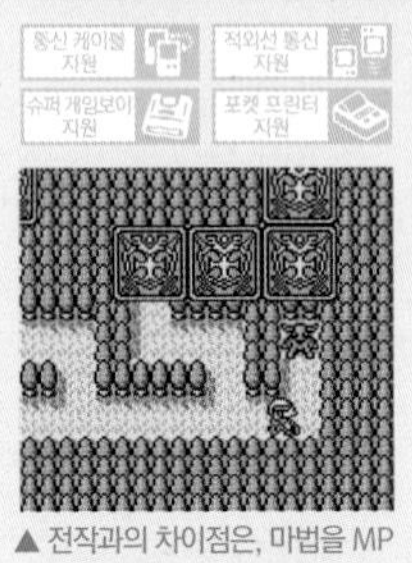

▲ 전작과의 차이점은, 마법을 MP로 자유롭게 쓸 수 있는 것이다.

전작과 마찬가지로, 전투와 던전을 카드로 연출한 판타지 RPG. 울프렌드에 떨어진 혜성을 찾기 위해, 펜구성의 비네 공주가 단시네인 숲으로 떠나게 되는 시점에서 이야기가 시작된다.

GI 킹! 세 필의 예상가

GB 게임보이 ETC 빅 토카이 1993년 3월 26일 5,900엔(세금 포함)

▲ 정확한 정보를 입력하는 게 적중률 향상의 비결.

게임보이로 다수 발매된 경마 예상 소프트 중 하나. 이 작품은 경마 예상가 3명이 나와, 각각 유력마·우수마·복병마를 짚어준다. 타이틀 화면에서 A·B·START 버튼을 동시에 누르면 예상가가 여성으로 바뀐다.

아웃버스트

GB 게임보이 ACT 코나미 1993년 3월 26일 4,000엔

▲ 게임보이 화면을 가득 채우는 박력만점의 캐릭터들.

큼직한 캐릭터가 체술을 구사하여 싸우는 대전격투 게임. CPU를 상대로 싸우는 '1P 모드'와, 캐릭터 3명을 사용해 신전에서 기다리는 4명의 캐릭터에게 도전하는 '스토리 모드'가 있다.

미론의 미궁조곡

GB 게임보이 ACT 허드슨 1993년 3월 26일 3,800엔(세금 포함)

▲ 스테이지의 장치도 재미있지만, 음악이 훌륭하니 놓치지 말자.

같은 제목의 패미컴판을 게임보이로 개변 이식했다. 마인으로부터 엘시라 왕녀를 구출하기 위해 미로처럼 꼬인 성 내부를 모험하는 미론. 비눗방울을 무기삼아, 숨겨진 아이템과 문을 찾으며 길을 개척해야 한다.

짱구는 못 말려 : 나랑 흰둥이는 친구야

GB 게임보이 ACT 반다이 1993년 4월 9일 3,500엔(세금 포함)

▲ 「짱구는 못 말려」를 도트 그래픽으로 멋지게 표현했다.

'참 잘 했어요' 도장을 모으기 위해 짱구가 마을 곳곳을 누비는 점프 액션 게임. 스테이지 클리어 후에는 다양한 미니게임으로 다채로운 재미가 가득하다. 총 4스테이지로, 원작 느낌을 잘 살린 대화 장면이 뛰어나다.

NBA 올스타 챌린지 2

GB 게임보이 SPT 어클레임 재팬 1993년 4월 16일 3,900엔(세금 포함)

▲ 농구의 신과의 일대일 승부는 가슴이 뜨거워진다!

당시의 NBA 실명 선수들이 등장하는 농구 게임. 팀플레이가 아니라 1 : 1 슛 대결이 메인 모드로, NBA 팬들의 꿈인 덩크슛 장면을 마음껏 즐길 수 있도록 의도적으로 특정 모드에 집중해 제작한 게임이다.

마계촌 외전 : THE DEMON DARKNESS

GB 게임보이 ACT 캡콤 1993년 4월 16일 3,500엔(세금 포함)

▲ '호밍 파이어'와 '유체이탈' 액션도 추가했다.

「마계촌」의 스핀오프 작품 「레드 아리마」의 속편인 패미컴판 「레드 아리마 Ⅱ」를 이식했다. 마계의 전사 '레드 아리마'가, 전설의 검은 빛과 함께 습격해온 수수께끼의 군단으로부터 마계를 지키러 모험에 나선다.

미키 마우스 Ⅳ : 마법의 래비린스

GB 게임보이 ACT 켐코 1993년 4월 23일 3,900엔

▲ 맵을 클리어하려면 맵 안의 별들을 전부 모아야 한다.

미니와 데이트하던 중 다리가 무너져 구멍 아래로 빠져버린 미키. 미니 곁으로 돌아가기 위해, 근처에서 주운 굴삭기로 미궁을 탐험한다. 조작성이 괜찮고 난이도도 낮은 편. 퍼즐 요소와 액션 요소가 융합된 수작이다.

WWF 슈퍼스타즈 2

GB 게임보이 SPT 어클레임 재팬 1993년 5월 21일 3,980엔(세금 포함)

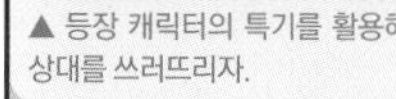
▲ 등장 캐릭터의 특기를 활용해 상대를 쓰러뜨리자.

전작에 이은, 헐크 호건 등의 유명 레슬러들이 등장하는 프로레슬링 게임. 이번 작에는 '태그 전'과 '스틸 케이지 매치'라는 새로운 요소가 추가되었으며, 조작도 매우 간단해져 가볍게 즐길 수 있다.

요정 이야기 로드랜드

GB 게임보이 ACT 잘레코 1993년 5월 21일 3,900엔(세금 포함)

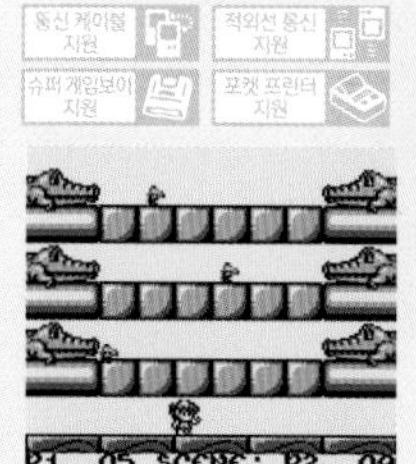
▲ 이 게임의 주인공 2명은 88p의 「솔담」에서도 주인공이 된다.

귀여운 캐릭터가 적을 붕붕 휘둘러 지면에 찍어버리는 모습의 갭이 인상적인 작품. 아케이드판을 이식하면서 고정화면식을 스크롤식으로 변경했지만, 그 외에는 원작을 충실하게 재현하였다.

스즈키 아구리의 F-1 슈퍼 드라이빙

GB 게임보이 RCG 로직 1993년 5월 28일 3,900엔(세금 포함)

▲ 스즈키 아구리의 게임 어드바이스는 나름 도움이 된다!

전직 F1 드라이버인 스즈키 아구리가 감수한 F1 레이싱 게임. 탑뷰인 '카트 전'과, 3D 시점이라 박력만점인 '레이스 전'을 즐길 수 있다. 머신 세팅을 세세하게 설정하여, 최단 랩타임에 도전해보자!

버블 보블 주니어

GB 게임보이 ACT 타이토 1993년 5월 28일 3,600엔(세금 포함)

▲ 스크롤되는 화면 내에서, 적을 버블에 가두어 물리치자.

「버블 보블」의 속편인 패미컴용 게임의 개변 이식판. '버블룬 Jr.'가 '그레이트 스컬'에게 잡혀간 마을 사람들을 구하러 활약한다. 버블 모아쏘기와 10스테이지마다 있는 보스전 등, 전작보다 다채로운 전개로 진화했다.

포퓰러스 외전

GB 게임보이 SLG 이매지니어 1993년 5월 28일 4,900엔(세금 포함)

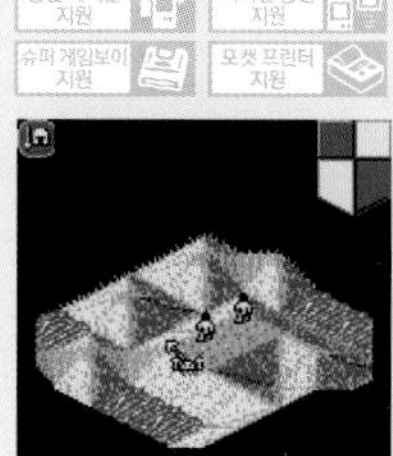
▲ 신이 되어 사람들을 인도해, 적대 부족을 멸망시키자.

여러 PC와 게임기들로 발매된 「포퓰러스」를 이식한 작품. '외전'이라고 자칭하지만 원작을 놀라울 만큼 충실하게 이식해내, 좁은 흑백 화면임에도 불구하고 플레이 감각이 원작에 비해 전혀 손색이 없다.

GB 게임보이 젤다의 전설 꿈꾸는 섬

RPG 닌텐도 1993년 6월 6일 3,900엔(세금 포함)

통신 케이블 지원 | 적외선 통신 지원 | 슈퍼 게임보이 지원 | 포켓 프린터 지원

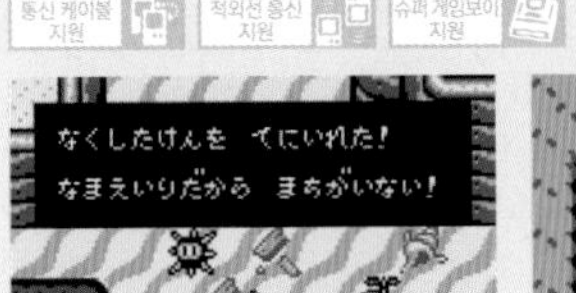

▲ 던전 내부에선 사이드뷰로 진행하므로, 색다른 느낌으로 퍼즐을 풀 수 있다.

하이랄행 배를 탄 링크가 폭풍에 휘말려, '바람의 물고기'라는 신이 잠들어있는 코호린트 섬에 도착한다. 슈퍼 패미컴의 「신들의 트라이포스」에서 이어지는, 필드를 이동하며 링크가 검을 휘둘러 적을 물리치는 스타일의 액션 RPG. 조작감이 뛰어나 경쾌하게 진행되며, 드라마틱한 시나리오로 플레이어를 스토리에 몰입시킨다. 젤다 팬이라면 꼭 해봐야 할 게임.

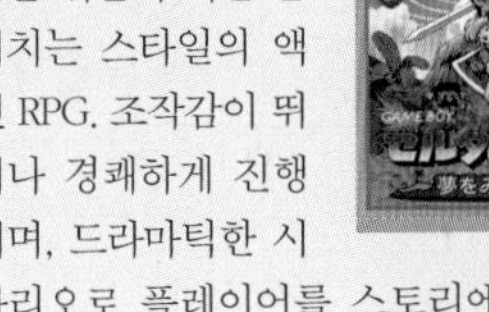

GB 게임보이 파치슬로 키즈

ETC 코코너츠 재팬 1993년 6월 18일 3,980엔(세금 포함)

통신 케이블 지원 | 적외선 통신 지원 | 슈퍼 게임보이 지원 | 포켓 프린터 지원

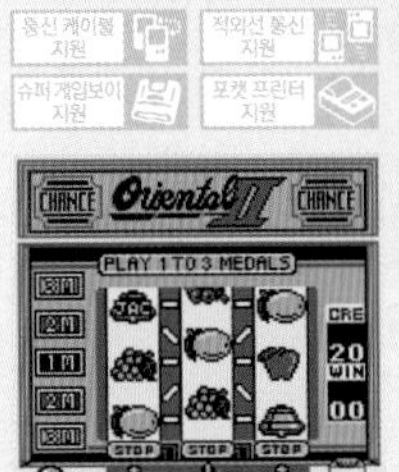

▲ 코인을 단숨에 벌 수 있는 빅 보너스 발동 시의 쾌감이란!

코코너츠 재팬이 개발한 파치슬로 게임. 스토리가 있기는 하나 기본적으로는 파치슬로를 즐기는 게임으로, 안약 등의 아이템으로 릴 속도를 늦추거나, 풍부한 리치 찬스를 감상하는 등의 플레이가 재미있다.

GB 게임보이 스플리츠 : 초상화 15게임

PZL 이매지니어 1993년 6월 25일 3,900엔(세금 포함)

통신 케이블 지원 | 적외선 통신 지원 | 슈퍼 게임보이 지원 | 포켓 프린터 지원

▲ 퍼즐을 맞춰 역사적 인물들의 초상화를 완성시키자.

분할된 그림들을 맞춰 그림 한 장으로 완성시키는 퍼즐 게임. '15게임'이라는 타이틀명과는 달리, 실제로는 5×5의 24조각으로 나뉘어 있다. 방해 패널을 없애고 아이템을 활용하면서 퍼즐을 완성시키자.

GB 게임보이 부비 보이즈

ACT 일본물산 1993년 6월 25일 3,800엔(세금 포함)

통신 케이블 지원 | 적외선 통신 지원 | 슈퍼 게임보이 지원 | 포켓 프린터 지원

▲ 괴물들의 움직임을 예측하여, 미로 형태의 통로에 구멍을 파자.

「헤이안쿄 에일리언」의 시스템을 재활용하고 파워 업을 추가한 패미컴판 「부비 키즈」의 속편. 왜곡된 시공에서 쏟아져 나온 괴물에 납치당한 소녀를 구출하자. 4가지 모드로 친구와 싸우는 통신대전이 치열하다.

GB 게임보이 에일리언 3

ACT 어클레임 재팬 1993년 7월 9일 3,980엔(세금 포함)

통신 케이블 지원 | 적외선 통신 지원 | 슈퍼 게임보이 지원 | 포켓 프린터 지원

▲ 알부터 성체까지, 친숙한 에일리언들이 한가득.

형무소 행성 161에 불시착한 리플리가 혼자서 에일리언들을 쓸어버려야 한다. 미로와 같은 시설을 돌아다니며 다양한 종류의 에일리언을 쓰러트리자. 엔딩에서는 영화판과 다른 결말이 기다리고 있다.

GB 게임보이 깜짝 열혈신기록! : 어디서나 금메달

SPT 테크노스 재팬 1993년 7월 16일 3,800엔

통신 케이블 지원 | 적외선 통신 지원 | 슈퍼 게임보이 지원 | 포켓 프린터 지원

▲ 경기종목들이, 스포츠보다는 방송의 예능 프로에 가깝다.

패미컴용 게임 「깜짝 열혈신기록」을 게임보이로 이식했다. 쿠니오 군 시리즈의 캐릭터들이 운동회 풍으로 기록을 다툰다. '해머던지기 골프', '빌딩 넘어 장대높이뛰기' 등의 황당무계한 경기 5종목이 펼쳐진다.

GB 게임보이 마이클 조던 ONE ON ONE

SPT 일렉트로닉 아츠 빅터 1993년 7월 16일 3,900엔

통신 케이블 지원 | 적외선 통신 지원 | 슈퍼 게임보이 지원 | 포켓 프린터 지원

▲ 농구의 매력 중 하나는 역시 덩크슛 성공이다!

NBA 소속의 유명 프로 농구선수들이 1 : 1로 득점을 경쟁하는 드림 매치를 게임보이로 즐긴다! 마이클 조던과 래리 버드 등의 초 유명 선수가 되어, 상대를 제치고 화려한 덩크슛을 꽂아보자!

갓 메디슨 : 판타지 세계의 탄생

GB 게임보이 RPG 코나미 1993년 7월 20일 4,500엔

▲ 공격 마법은 가끔 크리티컬이 터지기도 한다. 전체공격이 나가면 그게 크리티컬.

아이들이 기대하던 '팬텀'이라는 게임이 현실에 펼쳐졌다. 게임의 용사들이 가진 힘을 계승한 초등학교 5학년생 나오토·켄스케·미키는, 마왕을 물리치고 평화를 되찾기 위해 팬텀 세계와 현실 세계를 오가는 여행을 떠난다. 스토리도 훌륭하거니와, BGM도 스토리를 충실하게 잘 받쳐주어 뛰어난 몰입감을 자아낸다. 명작이라 부르기에 부족함이 없는 작품.

잘레코 J컵 사커

GB 게임보이 SPT 잘레코 1993년 7월 23일 3,900엔(세금 포함)

▲ 순간적인 판단이 필요한 PK 대결. 상대의 허를 찌르자!

게임보이로도 축구 게임은 다수 나왔으나, 대각선으로 내려다보는 시점을 채용한 게임은 몇 작품 안 된다. 3종류의 모드를 선택할 수 있으며, 그중에서도 가볍게 즐길 수 있는 페널티킥 대결이 상당히 재미있다!

MYSTERIUM

GB 게임보이 AVG 바프 1993년 7월 23일 4,500엔(세금 포함)

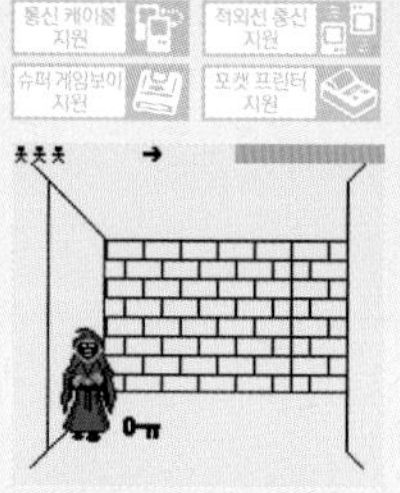

▲ 화면은 3D 던전식이지만, 오토 매핑이라 플레이하기 쉽다.

연금술사인 주인공이 거대 개미의 제국을 모험한다. 3D 던전을 돌아다니며, 떨어진 물건을 주워 연금술에 필요한 아이템으로 변환시키자. 오프닝 등에 등장하는 거대 개미의 모습이 제법 충격적이다.

아아 하리마나다

GB 게임보이 SPT 애스크 코단샤 1993년 7월 23일 4,500엔(세금 포함)

▲ 시스템 자체는 전형적인 스모 게임.

요코즈나 '하리마나다'는 신문기자에게 "지면 은퇴"라고 선언해버린다. 플레이어는 하리마나다를 조작해 연승해야 한다(실은, 대회 당 1번까지는 패해도 OK). 던지기를 하는 순간에는 원작의 일러스트 컷인이 나온다.

지미 코너스의 프로 테니스 투어

GB 게임보이 SPT 미사와 엔터테인먼트 1993년 7월 23일 3,900엔

▲ 총 16개국에서 우승해 상금을 벌며 세계제일을 노리자.

명 선수 지미 코너스가 감수한 3D 시점의 테니스 게임. 강력한 샷을 날릴 수 있는 '모아치기' 시스템을 채용했다. 투어에서는 지미 코너스 본인이 직접 플레이어가 되어 게임을 진행하게 된다.

유☆유☆백서

GB 게임보이 ACT 토미 1993년 7월 23일 3,980엔(세금 포함)

▲ 버튼 2개와 단순 조작인데도 뜨겁게 불타오르는 작품이다!

인기만화 '유☆유☆백서'의 2D 대전격투 게임. '펀치'와 '킥'으로 상대의 빈틈을 찌르며 필살기로 결정타를 노리자. 각 캐릭터가 아이템을 쓰기에 따라서는 일발역전도 가능한 게임성으로 호평을 받았다.

주인공전대 아이렘 파이터

GB 게임보이 ETC 아이렘 1993년 7월 30일 3,800엔(세금 포함)

▲ 아군 히어로 중에는 친숙한 '겐씨'도 등장한다.

아이렘 사 게임에 등장하는 캐릭터들이 적·아군으로 갈려 시뮬레이션 게임 형태로 싸우는 유니크한 작품. 맵 구조도 간단하고, 서로 카드를 제시해 배틀하는 단순한 룰이다. BGM은 아이렘 사 게임들의 인기 음악.

GB 게임보이 적중 러시

ETC 일본 클래리 비즈니스 1993년 7월 30일 6,900엔(세금 포함)

통신 케이블 지원 / 적외선 통신 지원 / 슈퍼 게임보이 지원 / 포켓 프린터 지원

▲ 이 소프트로 한 번 적중률을 검증해보면 어떨까.

게임이 아니라, 당시 흔하게 나왔던 경마의 우승마 예상용 실용계 소프트. 입력해야 할 데이터는 레이스의 '두수'와 '승률' 둘뿐인 초간단 설계. 패키지 설명에 따르면 '적중률 48.7%, 회수율 101%'라고.

GB 게임보이 철퇴 파이트! : 더 그레이트 배틀 외전

ACT 반프레스토 1993년 7월 30일 3,980엔(세금 포함)

통신 케이블 지원 / 적외선 통신 지원 / 슈퍼 게임보이 지원 / 포켓 프린터 지원

▲ 스테이지의 장치에 맞춰 무기를 바꾸자.

강철마왕 '다크 아이언'을 쓰러뜨리기 위해, 성철퇴를 휘두르며 싸우자. 건담·울트라맨·가면라이더의 혼성팀으로 플레이하는 사이드뷰 액션 게임. 다채로운 무기를 교체하면서 스테이지를 진행한다.

GB 게임보이 솔담

PZL 잘레코 1993년 8월 6일 3,900엔(세금 포함)

통신 케이블 지원 / 적외선 통신 지원 / 슈퍼 게임보이 지원 / 포켓 프린터 지원

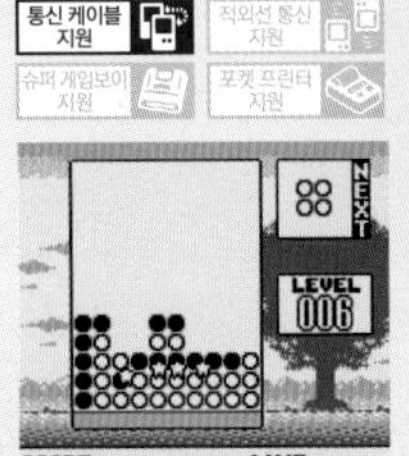

▲ 캐릭터는 귀엽지만, 퍼즐은 제법 머리를 써야 한다.

로드랜드의 캐릭터가 등장하는 낙하계 퍼즐 게임. 요정의 마을에 있는 신비한 나무 '솔담'의 열매를 쌓아, 룰에 따라 색깔을 맞춰 붙여 없애는 게임이다. 같은 색 열매 사이에 끼인 나무열매는 전부 해당 색깔로 변화한다.

GB 게임보이 란마 1/2 : 격극문답!!

ACT 반프레스토 1993년 8월 6일 3,980엔(세금 포함)

통신 케이블 지원 / 적외선 통신 지원 / 슈퍼 게임보이 지원 / 포켓 프린터 지원

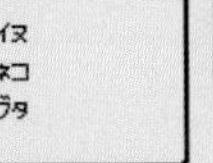

▲ 퀴즈 내용은 전부 원작 관련. 당신은 얼마나 '란마' 매니아?

신들의 싸움 때문에 만들어진 가짜 란마에 의해 나쁜 소문이 퍼져버린 란마. 퀴즈를 맞혀 진짜 란마로서의 신뢰를 되찾자. 퀴즈 외에, 커맨드 선택식 격투전 모드도 준비되어 있다.

GB 게임보이 더블 역만 Jr.

TBL 바프 1993년 8월 8일 4,660엔

통신 케이블 지원 / 적외선 통신 지원 / 슈퍼 게임보이 지원 / 포켓 프린터 지원

▲ 상대의 버림패를 보면서 공략하는 재미가 있다!

전작 「더블 역만」과 동일한 2인 대국 마작 게임. 타이틀명이 서로 다르지만 내용은 거의 동일하며, 토너먼트를 돌파하는 모드와 2인 대전 중심으로 플레이하는 심플 모드가 수록되어 있다.

GB 게임보이 모모타로 전극(電劇)

ACT 허드슨 1993년 8월 8일 4,500엔(세금 포함)

통신 케이블 지원 / 적외선 통신 지원 / 슈퍼 게임보이 지원 / 포켓 프린터 지원

▲ 친숙한 모모타로 패밀리가 액션 게임으로 대활약.

「모모타로 전설」 시리즈의 캐릭터들이 등장하는 횡스크롤 점프 액션 게임. 모모타로는 복숭아를 던져 공격하며, 아이템으로 출현하는 개·원숭이·꿩을 입수하면 각 캐릭터의 능력을 사용할 수 있게 된다.

GB 게임보이 몬스터 메이커 : 바코드 사가

SLG 남코 1993년 8월 10일 3,800엔(세금 포함)

통신 케이블 지원 / 적외선 통신 지원 / 슈퍼 게임보이 지원 / 포켓 프린터 지원

▲ 「몬스터 메이커」의 세계를 시뮬레이션 게임화했다.

바코드를 읽어 들일 수 있는 게임보이용 주변기기 '바코드 보이'를 사용해 「몬스터 메이커」의 캐릭터들을 소환하는 시뮬레이션 게임. 멤버를 결정해, 사각형 타일 맵에서 적을 격파하자.

GB 게임보이 가면라이더 SD : 달려라! 마이티 라이더즈

ACT 유타카 1993년 8월 20일 3,500엔(세금 포함)

통신 케이블 지원 / 적외선 통신 지원 / 슈퍼 게임보이 지원 / 포켓 프린터 지원

▲ '배틀 릴레이'에선 어르신의 억지를 들어주려 달리게 된다.

SD화된 가면라이더가 1위를 목표로 달리는 바이크 레이싱 게임. 탑뷰 시점을 채용했다. 등장하는 라이더는 총 10명. 레이스가 시작되기 전에 나오는 컷인은 전 캐릭터에게 하나씩 있다.

MVP 베이스볼

SPT 어클레임 재팬 1993년 8월 27일 4,500엔(세금 포함)

통신 케이블 지원

▲ 기본 조작은 일반적인 야구 게임과 같아 쉽게 익숙해진다.

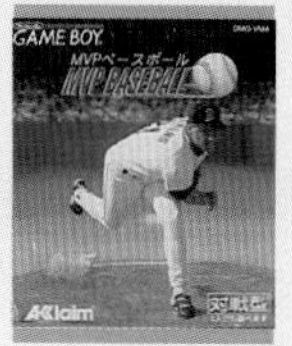

메이저리그를 소재로 삼은 야구 게임. 타격 시에는 전형적인 포수 후방 시점이지만, 수비 시에 타구가 날아오면 갑자기 내야수 뒤에서 홈베이스 방향을 바라보는 시점으로 전환되는 독특한 시스템이 특징이다.

우승마예상 경마귀족

ETC 킹 레코드 1993년 8월 27일 5,900엔(세금 포함)

게임이 아니라 경마예상 소프트. 기수의 바이오리듬까지 고려해 판정하는 기능이 참신하다. 참고로 자신과 애인의 바이오리듬도 볼 수 있다. 기본적인 데이터는 수록되어 있어, 말의 혈통 등도 참조 가능.

▲ 혈통과 기수의 바이오리듬, 그 예상적중률은 과연……?

패밀리 자키 2 : 명마의 혈통

SLG 남코 1993년 8월 27일 4,800엔(세금 포함)

▲ 혈통에 무관하게 자신만의 경주마를 육성하는 과정도 즐겁다!

유명한 인기 경마 게임의 제 2탄이 등장! 이번 작품은 경주마 번식이 가능해졌다. 주변기기 '바코드 리더'를 사용하면 자손 말을 육성할 수 있다. 자신만의 경주마를 육성하여 레이스에 출전하자.

컬트 점프

ETC 반다이 1993년 9월 10일 3,800엔(세금 포함)

통신 케이블 지원

▲ 당시의 '소년 점프'를 읽었어야 답이 나오는 퀴즈. 꽤 어렵다.

만화잡지 주간 '소년 점프'의 캐릭터들이 등장하는 퀴즈 게임. 플레이어는 퀴즈 왕국에 우뚝 선 '점프 탑'을 모험하며 퀴즈에 도전한다. 출제되는 퀴즈 내용은 '소년 점프' 관련 문제들 일색이다.

더블 역만 II

TBL 바프 1993년 9월 17일 4,800엔(세금 포함)

통신 케이블 지원

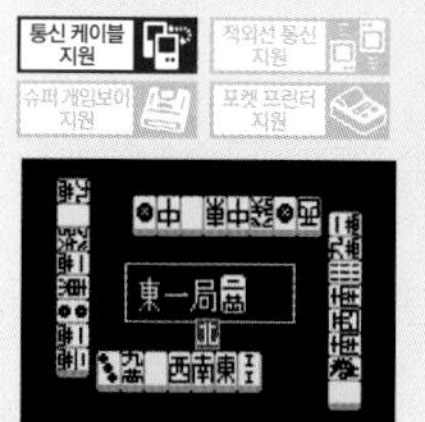

▲ 등장하는 대전 캐릭터들도 개성적인 녀석들로 가득.

게임보이 유저라면 친숙할 「더블 역만」 시리즈의 제 3탄. 이번 작품은 '4인 대국 마작'으로 룰을 변경했으므로 대전 상대의 버림패를 살피며 자신의 패를 완성시켜야 해, 긴장감이 한층 높아졌다.

레밍스

PZL 이매지니어 1993년 9월 23일 3,900엔(세금 포함)

▲ 수많은 기종으로 이식된 명작 퍼즐 게임이 게임보이로도 등장.

대량 행렬로 이동하는 레밍들. 플레이어는 그들을 구하기 위해, 각종 커맨드를 사용해 레밍들을 출구로 유도해야 한다. 지형이 다채로운 스테이지와, 사용회수 제한이 있는 커맨드가 플레이어의 두뇌를 시험한다.

위저드리 외전 III : 어둠의 성전

RPG 아스키 1993년 9월 25일 5,150엔(세금 포함)

통신 케이블 지원

▲ 동굴은 물론, 숲·묘지·교회·산맥 등 모든 필드를 3D 형식으로 표현했다.

일본의 「위저드리」 팬들이 쌍수를 들고 환영한 아스키 제작의 '일본산 Wiz'도 이번 작품으로 3번째. 직업으로는 연금술사·레인저·음유시인·발키리가 추가되었으며, 종족에 페어리·리즈맨·드라콘·라울프·무크도 추가되었다. 이번 작품에도 엑스트라 던전이 존재하는데, 전작보다 훨씬 높은 난이도다. 덕분에, 이 던전을 공략하려면 상당한 파고들기가 전제조건이다.

GB 게임보이 에일리언 VS 프레데터

ACT 애스크 코단샤 1993년 9월 24일 4,500엔(세금 포함)

통신 케이블 지원 / 적외선 통신 지원 / 슈퍼 게임보이 지원 / 포켓 프린터 지원

▲ 미로와도 같은 콜로니를 탐색하며 에일리언을 찾아내자.

프레데터가 투하한 에일리언 알로 인해 인간이 완전히 전멸해버린 행성 '생 나르시스'의 콜로니. 플레이어는 프레데터를 조작해 에일리언을 사냥해야 한다. 사이드뷰 형식의 액션 게임이다.

GB 게임보이 폭주 로드

RCG 남코 1993년 10월 8일 4,800엔

통신 케이블 지원 / 적외선 통신 지원 / 슈퍼 게임보이 지원 / 포켓 프린터 지원

▲ 스크롤 속도가 적절해, 초보자도 불편 없이 즐길 수 있다.

바코드를 읽어 들이는 주변기기 '바코드 보이'를 사용해 차량을 튠업할 수 있는 레이싱 게임. 차량은 경차부터 F1 머신까지 다양성이 넘치며, 바코드를 읽어 들일수록 종류가 더더욱 늘어난다.

GB 게임보이 짱구는 못 말려 2 : 나랑 개구쟁이 놀이하자구

ACT 바나렉스 1993년 10월 22일 3,500엔(세금 포함)

통신 케이블 지원 / 적외선 통신 지원 / 슈퍼 게임보이 지원 / 포켓 프린터 지원

▲ 이번에도 스테이지 안에 숨겨진 '참 잘 했어요' 도장 찾기다.

'짱구는 못 말려'의 신짱구가 주인공인 액션 게임 제2탄. 전작과 마찬가지로 '참 잘 했어요' 도장을 모으는 게 목적이다. 처음부터 비눗방울 공격이 가능하며, 스테이지 수도 늘리는 등 전작을 업그레이드했다.

GB 게임보이 미국 횡단 울트라 퀴즈 PART 4

ETC 토미 1993년 10월 29일 3,980엔(세금 포함)

통신 케이블 지원 / 적외선 통신 지원 / 슈퍼 게임보이 지원 / 포켓 프린터 지원

▲ 시리즈 4번째 작품이자, 게임보이로는 시리즈 마지막 작품.

뉴욕을 목표로 총 10스테이지에 도전하는 '울트라 퀴즈 본선'과, 캐릭터 10명과 선착순 퀴즈로 대결하는 '프리 대전'이 있다. 이전 작들과 구조는 대동소이. 퀴즈뿐만 아니라 액션 스테이지도 다채롭다.

GB 게임보이 패미스타 3

SPT 남코 1993년 10월 29일 4,900엔(세금 포함)

통신 케이블 지원 / 적외선 통신 지원 / 슈퍼 게임보이 지원 / 포켓 프린터 지원

▲ 이번 작품도 여전히 남코 스타즈에 인기가 집중되었다.

인기 시리즈 「패미스타」 제 3탄. 기본 시스템은 여전하며, 이번 작품에서는 등록된 팀들 중에서 원하는 선수를 모아 자유롭게 팀을 편성할 수 있게 되었다. 강타자들만 모은 팀을 만든다거나 할 수도 있다.

GB 게임보이 록맨 월드 4

ACT 캡콤 1993년 10월 29일 3,900엔(세금 포함)

통신 케이블 지원 / 적외선 통신 지원 / 슈퍼 게임보이 지원 / 포켓 프린터 지원

▲ 시스템과 연출을 대폭 강화해, 이 작품으로 기본 노선을 확립.

패미컴판 「록맨 4」와 「록맨 5」를 게임보이용으로 재구성한 타이틀. 그래픽과 효과음은 전작 「록맨 월드 3」의 데이터를 재활용했지만, 'W캔', 'S캔', 'P칩' 등의 새로운 아이템을 도입했다.

GB 게임보이 울티마 : 잃어버린 룬 2

RPG 포니 캐년 1993년 11월 19일 4,900엔

통신 케이블 지원 / 적외선 통신 지원 / 슈퍼 게임보이 지원 / 포켓 프린터 지원

▲ 던전의 함정을 피하면서, 적을 물리치고 전진하자.

블랙 나이트에게 빼앗긴 룬을 관장하던 각지의 시장들을 구출하러, '아바타'가 되어 브리타니아를 모험한다. 전작과 마찬가지로, 4명의 캐릭터 중에서 주인공을 선택해 진행하는 액션 RPG다.

GB 게임보이 파치오 군

ETC 코코너츠 재팬 1993년 11월 19일 3,980엔(세금 포함)

통신 케이블 지원 / 적외선 통신 지원 / 슈퍼 게임보이 지원 / 포켓 프린터 지원

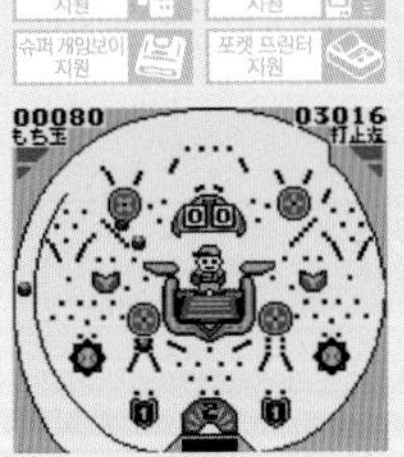
▲ 파친코 기기의 못 상황을 살펴보는 모드도 탑재했다.

머나먼 은하계 저편에 살고 있던 '파치오 군'이, 애니메랜드의 왕에게 납치당한 파친코 대왕의 딸 '긴코'를 구출하기 위해 여행길에 나선다. RPG풍의 맵을 이동하며, 도중에 발견하는 파친코 기기에 도전한다.

여신전생 외전 : 라스트 바이블 II

GB 게임보이 RPG 아틀라스 1993년 11월 19일 5,300엔

통신 케이블 지원 / 적외선 통신 지원 / 슈퍼 게임보이 지원 / 포켓 프린터 지원

▲ 대화와 함정을 사용해, 강력한 마수를 아군으로 삼자.

마수의 왕이 부활한다는 예언을 두려워한 왕이, 그날 태어난 갓난아기를 전부 죽여 버리고 만다. 이 비극을 간신히 피해 살아남은 '유리'가 성장해, 마수와 인간 사이에서 갈등하면서도 평화의 길을 추구하는 RPG다.

UNO : 스몰 월드

GB 게임보이 TBL 토미 1993년 11월 26일 3,980엔(세금 포함)

통신 케이블 지원 / 4인용 어댑터 지원 / 슈퍼 게임보이 지원 / 포켓 프린터 지원

▲ 게임보이로 UNO 대전을 해보는 것도 즐겁다.

같은 숫자, 또는 같은 색 카드를 제시하며 경쟁하는 대중적인 카드 게임 'UNO'를 게임보이로 즐길 수 있다. CPU와 대전 모드 외에, 4인 대전 모드와 일본지도 위에서 서로의 영토를 쟁탈하는 모드도 탑재했다.

틴에이지 뮤턴트 닌자 터틀즈 3

GB 게임보이 ACT 코나미 1993년 11월 26일 3,600엔

통신 케이블 지원 / 적외선 통신 지원 / 슈퍼 게임보이 지원 / 포켓 프린터 지원

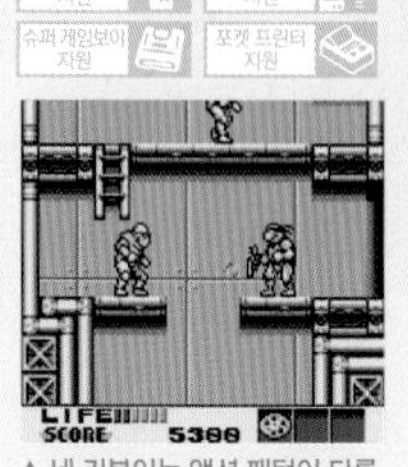

▲ 네 거북이는 액션 패턴이 다를 뿐, 기본 성능은 거의 같다.

숙적 슈레더에게 사로잡힌 히로인 에이프릴을 구출하라! 같은 제목의 미국 코믹스가 원작인 횡스크롤 액션 게임. 유명 예술가 이름에서 따온 닌자거북이 네 마리 중 하나를 골라, 총 5스테이지에 도전하자.

욕심쟁이 오리아저씨 2

GB 게임보이 ACT 캡콤 1993년 12월 3일 3,500엔(세금 포함)

통신 케이블 지원 / 적외선 통신 지원 / 슈퍼 게임보이 지원 / 포켓 프린터 지원

▲ 이번 작품은 도중의 상점에서 회복 아이템 등을 구입 가능.

같은 제목 애니메이션의 '스크루지'가 주인공인 횡스크롤 액션 게임. '아래로 찌르며 점프'와 '매달리기' 등을 잘 활용하여 각 스테이지를 공략하자. 전작에 비해 퍼즐성이 강한 스테이지도 존재한다.

커비의 핀볼

GB 게임보이 ACT 닌텐도 1993년 11월 27일 2,900엔(세금 포함)

통신 케이블 지원 / 적외선 통신 지원 / 슈퍼 게임보이 지원 / 포켓 프린터 지원

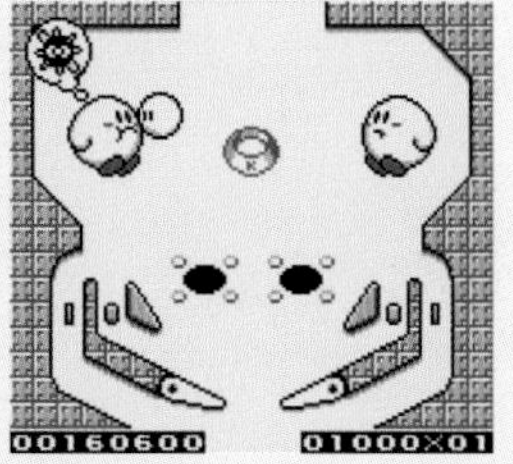

▲ Mr.샤인 & Mr.브라이트 등, 시리즈의 인기 캐릭터들이 다수 등장한다.

개발사인 HAL 연구소가 「66마리의 악어 대행진」(33p)의 프로그램을 재활용해 제작한 타이틀. 커비가 볼이 되어, 귀여운 커비의 세계관으로 장식된 3가지 스테이지를 누빈다. 각 스테이지는 3층 구조이며, 최상층에는 보스 캐릭터가 기다리고 있다. 커비가 잘못 빠져도 점프대를 잘 이용하면 복귀할 수 있는 등, 재미있는 장치도 가득하다.

언더커버 캅스 : 파괴신 가르마

GB 게임보이 TBL 아이렘 1993년 12월 10일 3,800엔(세금 포함)

통신 케이블 지원 / 적외선 통신 지원 / 슈퍼 게임보이 지원 / 포켓 프린터 지원

▲ 아케이드판의 낯익은 캐릭터들이 카드로 싸운다.

아케이드용 벨트스크롤 액션 게임 「언더커버 캅스」의 설정에 기반한 카드 게임. 로자·잔·매트 3명 중에서 플레이어 캐릭터를 골라, 말판놀이형 맵을 이동하며 싸운다. 전투는 카드 배틀로 구성했다.

꼬마펭귄 핑구 : 세계에서 가장 활달한 펭귄

GB 게임보이 ACT 비아이 1993년 12월 10일 4,200엔

통신 케이블 지원 / 적외선 통신 지원 / 슈퍼 게임보이 지원 / 포켓 프린터 지원

▲ 핑구의 모습에 힐링이 되면서도, 미니게임은 나름 치열하다.

클레이 애니메이션 '꼬마펭귄 핑구'를 게임화했다. 펭귄이 애니메이션으로 움직이는 4가지 스토리를 보면서, 4가지 서브 게임 클리어에 도전한다. 핑구와 친구들의 움직임을 보기만 해도 즐거운 타이틀이다.

GB 게임보이 유☆유☆백서 제 2탄 : 암흑무술대회 편

ACT 토미 1993년 12월 10일 3,980엔(세금 포함)

통신 케이블 지원 / 적외선 통신 지원 / 슈퍼 게임보이 지원 / 포켓 프린터 지원

▲ 각 캐릭터들의 기술과 스토리의 재현도가 뛰어나다.

같은 제목의 만화가 원작인 대전격투 게임. 플레이어 캐릭터가 15명으로 많은 편인데, 타 작품에선 잘 나오지 않는 편인 도구로의 형도 나오고, 숨겨진 캐릭터로 도구로 100%와 요호 모습의 쿠라마도 사용 가능.

GB 게임보이 괴수왕 고질라

ACT 반다이 1993년 12월 17일 3,800엔(세금 포함)

통신 케이블 지원 / 적외선 통신 지원 / 슈퍼 게임보이 지원 / 포켓 프린터 지원

▲ 고질라가 걸을 때마다 화면이 흔들리는 연출이 박력만점.

거대한 고질라가 땅을 뒤흔들며 방사능 열선과 꼬리를 휘둘러 도시든 자위대든 박살내는 모습을 횡스크롤 액션 게임화했다. 보스전에서는 영화 '고질라' 시리즈에 등장했던 거대 괴수와의 대결이 펼쳐진다.

GB 게임보이 마권왕 V3

ETC 아스믹 1993년 12월 17일 6,500엔

통신 케이블 지원 / 적외선 통신 지원 / 슈퍼 게임보이 지원 / 포켓 프린터 지원

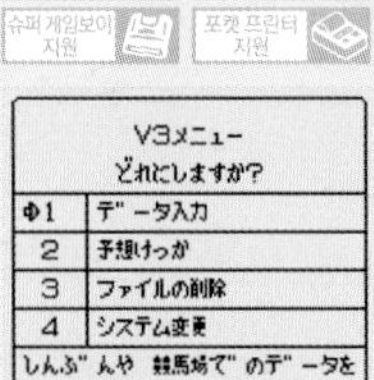

▲ 과거의 레이스를 입력해 예상결과를 비교해보는 것도 재미있다.

「마권왕」 시리즈 제 3탄. 말의 조교 상태와 체중 등 입력 가능 데이터량이 대폭 증가했으며, 디테일한 정보를 사용해 예상할 수도 있다. 또한 예상결과를 좁히는 기능도 추가되어, 더욱 정확한 예상이 가능해졌다.

GB 게임보이 최후의 인도(忍道)

ACT 아이렘 1993년 12월 18일 3,800엔(세금 포함)

통신 케이블 지원 / 적외선 통신 지원 / 슈퍼 게임보이 지원 / 포켓 프린터 지원

▲ 다채로운 무기를 구사해, 아케이드처럼 총 7스테이지를 공략한다.

아케이드에서 경이적인 난이도로 악명 높았던 같은 제목 액션 게임의 이식판. 게임보이 화면으로 아케이드판의 박력 있는 화면과 보스전을 훌륭히 재현했다. 닌자가 사용하는 폭탄과 사슬낫 모션 등도 공을 들였다.

GB 게임보이 타이니 툰 어드벤처즈 2 : 버스터 버니의 폭주대모험

ACT 코나미 1993년 12월 22일 3,600엔

통신 케이블 지원 / 적외선 통신 지원 / 슈퍼 게임보이 지원 / 포켓 프린터 지원

▲ 캐릭터의 표정과 BGM도 원작대로 잘 재현했다.

타이니 툰의 코믹한 세계를 재현한 액션 게임. 버스터가 몬태나 맥스의 영화 속으로 들어가, 서부극이나 시대극에서 대활약한다. 스테이지 진행 중에 보너스 찬스가 많아, 초보자도 쉽게 즐길 수 있다.

GB 게임보이 다운타운 스페셜 : 쿠니오 군의 시대극이다 전원집합!

ACT 테크노스 재팬 1993년 12월 22일 4,800엔(세금 포함)

통신 케이블 지원 / 적외선 통신 지원 / 슈퍼 게임보이 지원 / 포켓 프린터 지원

▲ 등장인물은 적이든 아군이든 전부 오리지널 이름이 붙는다.

'쿠니오 군'의 캐릭터들이 일본 고전 시대극을 무대로 대활약한다. 2인 동시 플레이 모드에서는 계속 등장하는 적들을 물리치며 진행한다. 1인 플레이라도 동료 캐릭터를 CPU가 조작해주어, 신나게 싸울 수 있다.

GB 게임보이 미키 마우스 V : 마법의 스틱

PZL 켐코 1993년 12월 22일 3,900엔

통신 케이블 지원 / 적외선 통신 지원 / 슈퍼 게임보이 지원 / 포켓 프린터 지원

▲ 스테이지가 진행될수록 퍼즐의 난이도가 상승한다.

고성이 무대인 스테이지 클리어식 액션 게임. 수정을 아이템으로 바꾸는 스틱을 사용해, 다양한 스테이지의 퍼즐들을 풀어간다. 동료가 그려진 그림 조각을 모아 완성시키면 스테이지 클리어다.

GB 게임보이 모탈 컴뱃

ACT 어클레임 재팬 1993년 12월 24일 4,300엔(세금 포함)

통신 케이블 지원 / 적외선 통신 지원 / 슈퍼 게임보이 지원 / 포켓 프린터 지원

▲ 큼직한 캐릭터들이 호쾌하게 하이 점프를 펼친다.

원작인 아케이드판도 실사 스캐닝으로 만든 캐릭터들의 독특한 움직임으로 화제였던, 같은 제목 격투 게임의 이식판. 게임보이의 흑백 화면과 해상도로 원작의 분위기를 잘 전달해낸 노력이 느껴지는 타이틀이다.

GAME BOY
SOFTWARE ALL CATALOGUE

이 해에는 슈퍼 패미컴으로 게임보이용 소프트를 즐길 수 있는 확장 어댑터 '슈퍼 게임보이'가 발매되어, 게임보이 최대의 약점이었던 흑백 화면과 잔상이 심한 LCD에 해결책을 제시하였다. 하지만 차세대 32비트 게임기가 속속 발매된 해이기도 해, 게임보이는 물론 슈퍼 패미컴조차도 이미 시대에 뒤처진 게임기로 취급받고 있었다.

이 해의 발매 타이틀 수는 총 93종. 아직 결정적이라고까지는 하기 어렵지만, 게임보이에 암운이 드리우기 시작한 해였다 하겠다.

배틀토드
ACT 메사이아 1994년 1월 7일 4,200엔(세금 포함)

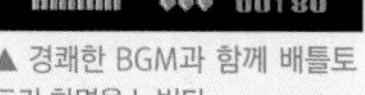

▲ 경쾌한 BGM과 함께 배틀토드가 화면을 누빈다.

개구리가 달리는 액션 게임 「배틀토드」의 이식판. 게임보이에서도 큼직한 개구리가 화끈하게 질주한다. 스테이지 구성이 다채로워, 슈팅 스테이지와 수상 바이크 스테이지 등이 마련돼 있다.

톰과 제리 : 파트 2
ACT 알트론 1994년 1월 14일 4,500엔(세금 포함)

▲ 강제 스크롤, 숨겨진 통로 등이 추가되어 난이도가 상승했다.

1993년의 극장판 '톰과 제리' 기반으로 제작된 게임보이용 2번째 작품. 행방불명된 아버지를 찾는 소녀 '로빈'을 도와, 톰과 제리가 모험한다. 이번 작품에서는 톰도 플레이어 캐릭터로 사용할 수 있다.

슈퍼 마리오 랜드 3 : 와리오 랜드
ACT 닌텐도 1994년 1월 21일 3,900엔(세금 포함)

▲ 몸통박치기와 적 잡아 던지기 등의 액션도 가능하다.

전작 「6개의 금화」에서 등장했던 악역 '와리오'가 주인공인 스핀오프 작품. 전작에서 마리오의 성을 빼앗는 데 실패한 와리오가, 이번에는 해적이 빼앗은 황금상을 빼돌려 성을 세우기 위해 키친 섬으로 향한다.

스팟 : 쿨 어드벤처
ACT 버진 게임 1994년 2월 11일 4,200엔(세금 포함)

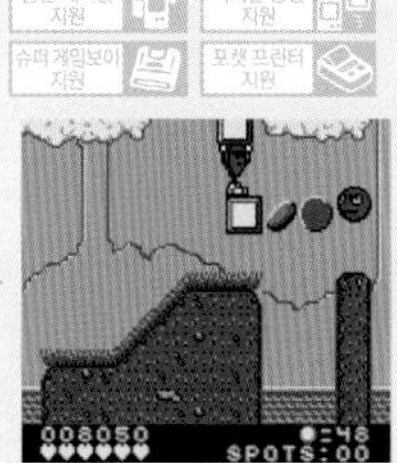

▲ 원반 모양에 선글라스를 쓴 캐릭터가 바로 '스팟'군이다.

탄산음료 '7UP'의 이미지 캐릭터 '스팟'이 주인공인 점프 액션 게임. 스테이지 도중에 있는 블록을 들어올려 목표에 던질 수 있으며, 코인 100개를 모으면 1UP이다. 유머러스한 이동 모션과 액션이 매력이다.

론머 맨
ACT 코코너츠 재팬 1994년 2월 11일 4,900엔(세금 포함)

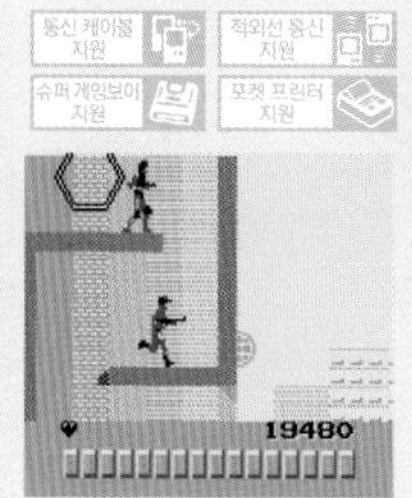

▲ 버추얼 리얼리티의 세계라는 설정다운 연출이 많다.

같은 이름의 스티븐 킹 원작 영화(일본엔 '버추얼 워즈'란 제목으로 개봉) 기반의 액션 슈팅 게임. 디지털 세계 풍의 횡스크롤 화면에서 적을 물리치며 진행하고, 스테이지 도중의 게이트에 들어가면 3D 슈팅으로 전환된다.

슈퍼 모모타로 전철 II
TBL 허드슨 1994년 2월 18일 4,500엔(세금 포함)

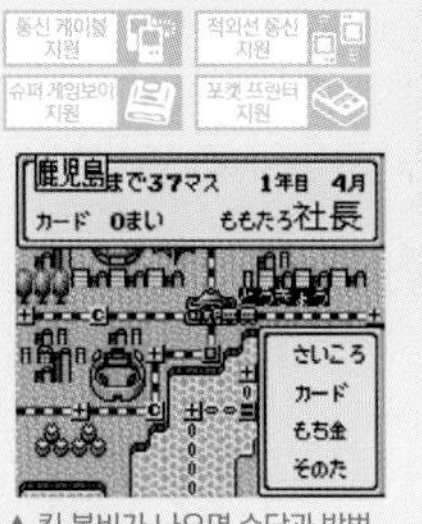

▲ 킹 봄비가 나오면 수단과 방법을 가리지 말고 도망치자.

건물을 구입하며 즐기는 철도 보드 게임 제 2탄. 이번 작품은 슈퍼 패미컴판의 이식작에 해당한다. 이번 작품부터 가난신이 킹 봄비로 변신하는 요소가 추가되어, 게임의 전개가 더욱 화끈해졌다.

 게임보이 지원
 게임보이 비지원
 게임보이 컬러 지원
 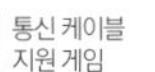 통신 케이블 지원 게임
 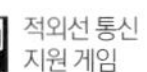 적외선 통신 지원 게임
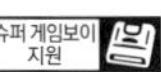 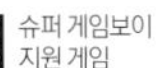 슈퍼 게임보이 지원 게임
 포켓 프린터 지원 게임

GB 게임보이 타케다 노부히로의 에이스 스트라이커

SPT 잘레코 1994년 2월 18일 4,900엔(세금 포함)

▲ 비스듬한 쿼터뷰 시점이 특징인 축구 게임.

베르디 가와사키 팀에서 활약했던 축구선수 타케다 노부히로가 등장하는 축구 게임. 16개국 중에서 팀을 선택해 우승을 노리는 '슈퍼 컵', 단판승부인 '엑시비션', '승부차기' 모드를 수록했다. 2인 대전도 가능.

GB 게임보이 호이호이 : 게임보이판

PZL 코에이 1994년 2월 18일 4,800엔(세금 포함)

▲ 슬리퍼와 화염방사기 등을 사용하여 바퀴벌레를 물리치자.

부엌의 외계인이라 할 만한 바퀴벌레를 퇴치하기 위해 '켄'과 '릴리'가 지혜를 짜내는 퍼즐 게임. 정해진 커맨드 회수 내에, 바퀴벌레가 케이크를 먹기 전에 물리치는 것이 목적이다. 총 100스테이지.

GB 게임보이 T2 : 더 아케이드 게임

STG 어클레임 재팬 1994년 2월 25일 3,890엔

▲ 다가오는 적들을 모조리 쏴버리고 T-1000을 쓰러뜨려라.

영화 '터미네이터 2'가 원작인 아케이드 게임의 이식판. 심판의 날이 오는 것을 막기 위해 미래에서 온 T-800이 되어, 스켈톤 로봇 등의 적들을 마구 격파하며 진행하는 건 슈팅 게임이다.

GB 게임보이 웰컴 나카요시 파크

ETC 반다이 1994년 3월 3일 3,800엔(세금 포함)

▲ 모든 캐릭터를 알아본다면 당신도 '나카요시' 매니아.

일본의 만화잡지 '나카요시'의 캐릭터들이 등장하는 미니게임 모음집. 당시 인기였던 세일러문도 등장한다. 테마파크 '나카요시 파크'에서 미니게임을 클리어하고 사인을 모으는 것이 목적이다.

GB 게임보이 ONI Ⅳ : 귀신의 혈족

RPG 반프레스토 1994년 3월 11일 4,980엔(세금 포함)

▲ 신비한 목소리에 이끌려, 주인공은 여행을 결심한다.

「ONI Ⅱ」의 15년 후, 이바라키도지와 코토네 사이에서 태어난 소년의 새로운 싸움을 그린 작품. 3편 이외의 작품에서 등장했던 캐릭터가 파티에 참가하는 등 이전작들과 스토리가 연계되므로, 팬이라면 사야 할 작품.

GB 게임보이 미래영웅 아이언리거

ACT 반다이 1994년 3월 11일 3,500엔(세금 포함)

▲ 스테이지와 적에 따라 아이언리거를 전환하며 진행하자.

같은 제목의 애니메이션(원제는 '질풍! 아이언리거') 기반의 사이드뷰 액션 게임. 플레이어가 조작하는 아이언리거 7명은 각기 능력이 다르며, 보스로 등장한 아이언리거를 격파하면 동료가 되어준다.

GB 게임보이 쟝시로 2

TBL 사미 1994년 3월 18일 4,200엔

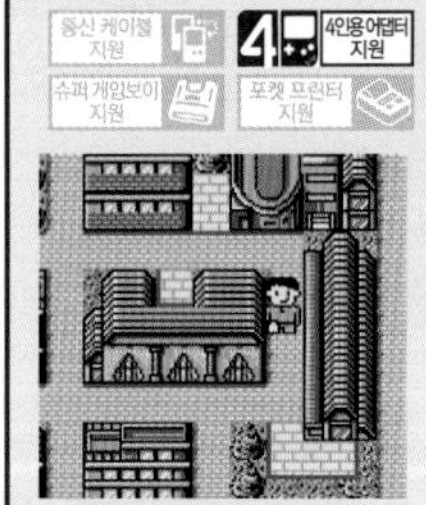
▲ 마작 세계대회에 모인 강자들을 이겨 우승을 노려라.

영화배우를 빼닮은 CPU 캐릭터와 대전하는 마작 게임. 2인 마작인 'VS 모드', 4인 마작인 '멀티 모드', 세계 챔피언을 노리는 '스토리 모드'를 수록했다. 좌우의 버림패는 '체크'를 선택하면 확인할 수 있다.

GB 게임보이 WWF 킹 오브 링

SPT 어클레임 재팬 1994년 3월 25일 4,200엔(세금 포함)

▲ 실존 레슬러가 큼직하게 나와, 박력 있는 시합을 펼친다.

미국의 프로레슬링 단체 WWF(현재의 WWE)가 주최하는 프로레슬링 토너먼트를 게임화한 작품. 싱글 전, 태그 전, 토너먼트 전을 비롯해 '킹 오브 더 링'에 도전하는 모드가 있다.

검용전설 YAIBA

게임보이 ACT 반프레스토 1994년 3월 25일 3,980엔(세금 포함)

▲ 보스를 쓰러뜨리면 이도류 등의 기술을 쓸 수 있게 된다.

아오야마 고쇼가 그린 같은 제목 만화 기반의 액션 게임. 의문의 소녀 에메랄드에 이끌려, 피라미드가 일으키는 괴현상의 비밀을 추적한다. 애니메이션화되지 않은 에피소드가 메인 스토리라, 팬에겐 귀중한 작품이다.

목수 겐 씨 : 로봇제국의 야망

게임보이 ACT 아이렘 1994년 3월 25일 3,800엔(세금 포함)

▲ 적의 공격이 다채로워, 제법 자극적인 난이도를 자랑한다.

전작의 엔딩에서 미사일을 타고 탈출했던 겐 씨와 칸나가, 그대로 지구 침략을 노리던 우주선과 충돌해버리고 만다. 겐 씨가 나무망치를 들고 싸우는 스크롤 액션 게임이다.

남국소년 파푸와 군 : 감마 단의 야망

게임보이 PZL 에닉스 1994년 3월 25일 3,900엔(세금 포함)

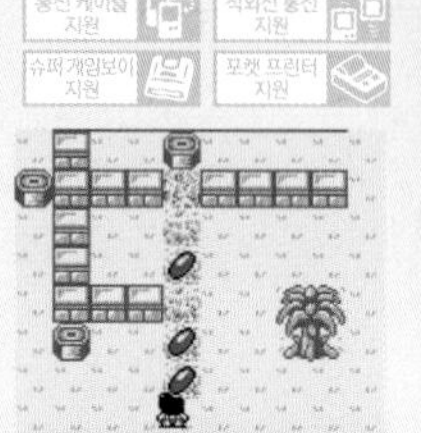

▲ 블록을 파괴하면 그 밑에서 아이템이 출현하기도 한다.

화면상의 블록을 파괴하는 스테이지 클리어식 액션 퍼즐 게임. 파괴한 블록은 조금만 지나면 바로 부활하므로, 펀치 한 번에 모두 파괴해야만 한다. 전략성과 쾌감을 동시에 즐길 수 있는 작품.

루클

게임보이 PZL 빅 토카이 1994년 3월 25일 4,800엔

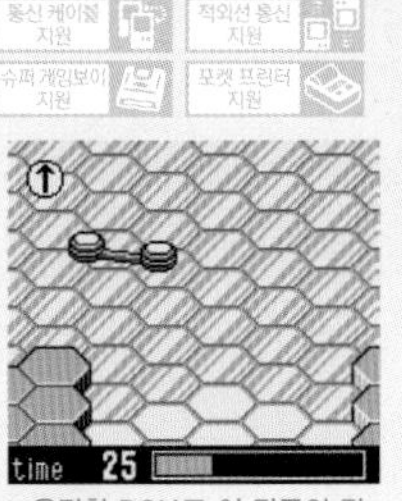

▲ 웅장한 BGM도 이 작품의 장점으로 꼽힌다.

컴퍼스처럼 회전하는 플레이어 기체를 골까지 유도하는 액션 퍼즐 게임. 얼핏 간단해 보이지만, 상당히 머리를 써야 하는 게임 디자인이다. 도중에 강력한 아이템이 놓여있기도 해, 가끔은 멀리 돌아갈 필요도 있다.

로로의 대모험

게임보이 ACT 이매지니어 1994년 3월 25일 3,900엔(세금 포함)

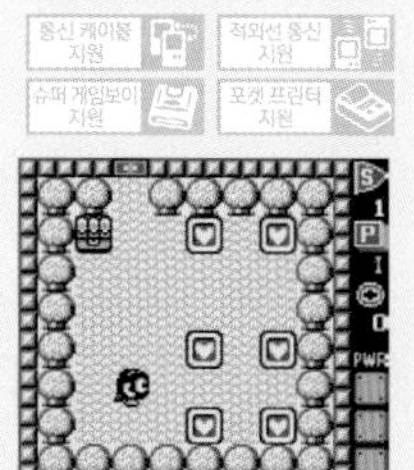

▲ '로로'와 '라라'의 자식인 '루'가 등장하는, 시리즈 속편이다.

MSX와 패미컴으로 나왔던 「에거랜드」시리즈의 시스템을 이어받은 퍼즐 게임. 필드 상의 돌과 알을 밀어 움직이고, 적의 공격을 피하거나 물 위를 건너면서, 스테이지 위의 하트를 모아야 한다.

짱구는 못 말려 3 : 나의 신나는 대운동회

게임보이 ACT 반다이 1994년 3월 26일 3,500엔(세금 포함)

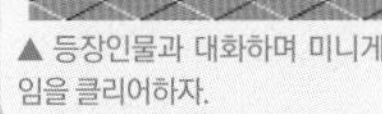

▲ 등장인물과 대화하며 미니게임을 클리어하자.

떡잎유치원의 대운동회에서 우승해 선물을 타내자. 전작까지는 횡스크롤 액션 게임이었으나, 이번엔 짱구가 맵 상을 이동하며 여러 가지 게임에 도전하는 미니게임 모음집이 되었다.

Mr.GO의 마권 적중술

게임보이 ETC 타이토 1994년 4월 1일 5,900엔(세금 포함)

買目予想

枠番	確率	回収率
1-4	34.6	
1-5	30.8	☆☆☆
1-3	15.4	☆☆☆

▲ 심플한 데이터 기반의 예상이 과연 적중할 것인가.

일본신탁은행과 IBM 근무를 거쳐 경마예상 관련 서적을 다수 집필한 신코지 고우, 별명 'Mr.GO'를 전면에 내세운 우승마 예상 소프트. 예상에 필요한 데이터는 출주마 수와 승률뿐이다.

J리그 위닝 골

게임보이 SPT 일렉트로닉 아츠 빅터 1994년 4월 2일 5,980엔(세금 포함)

▲ J리그에서 우승하려면 수많은 경기를 거쳐야 한다.

94년 J리그 팀 데이터를 채용한 축구 게임. 총 192명의 J리거를 실명으로 등록했다. 리그전을 2번 돌려 총 22시합을 진행해, 그 승률로 우승팀을 결정한다. 우승까지 가는 길은 상당히 먼 셈이다.

 게임보이 지원  게임보이 비지원  게임보이 컬러 지원 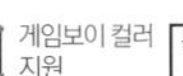  통신 케이블 지원 게임  4인용 어댑터 지원 게임 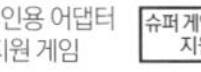 슈퍼 게임보이 지원 게임   포켓 프린터 지원 게임

박보장기 : 백번승부

GB 게임보이 TBL 이매지니어 1994년 4월 8일 4,700엔

▲ 게임보이로 박보장기를 즐기기엔 이상적인 소프트다.

오로지 쇼기 박보장기 풀기에 특화시킨 본격파 박보장기 게임. 입문편으로 10문제, 실전편으로 100문제를 수록했다. 제한시간이 있는 '문제 모드'와, 자유롭게 말을 움직이며 생각할 수 있는 '연구 모드'가 있다.

박보장기 : 문제 제공 '쇼기 세계'

GB 게임보이 TBL 아이맥스 1994년 4월 15일 4,700엔

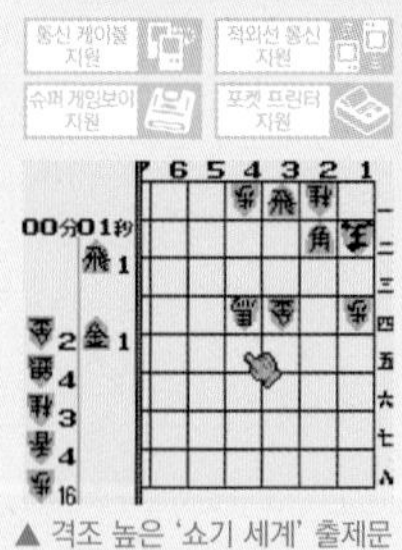

▲ 격조 높은 '쇼기 세계' 출제문제에 도전할 수 있다.

일본쇼기연맹이 출판하는 잡지 '쇼기 세계'가 문제를 제공한 박보장기 게임. 5·7·9·11수 박보장기를 총 230문제 수록하여 볼륨이 만점이다. 연습 모드와, 실력을 측정하는 검정 모드가 있다.

두더지로 퐁!

GB 게임보이 ACT 아테나 1994년 4월 15일 3,900엔(세금 포함)

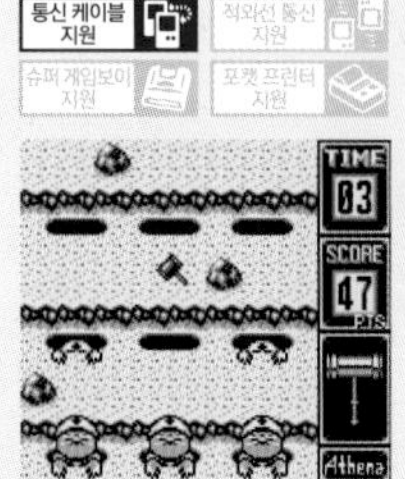

▲ 십자 키로 해머를 움직여 두더지를 때려잡아라!

딱 말 그대로 '두더지 잡기' 게임. 때릴 수 있는 캐릭터는 두더지·펭귄·곰·문어 중에서 선택할 수 있다. '퀘스트 모드'는 이야기 형식으로 게임이 진행되며, 스테이지 막간에 스토리가 진행된다.

GB원인 랜드 : 비바! 치쿤 왕국

GB 게임보이 ACT 허드슨 1994년 4월 22일 3,800엔(세금 포함)

▲ GB원인의 조작이 그대로 미니게임에 반영되는 시스템.

낮잠을 자던 도중 파도에 휩쓸린 GB원인. 과거의 적 '킹 타마고돈 3세'가 경영을 시작한 테마파크 '비바! 치쿤 랜드'에서 미니게임에 도전하게 된다. 박치기를 구사하는 게임에 도전하라.

천지를 먹다

GB 게임보이 RPG 캡콤 1994년 4월 22일 4,600엔

▲ 게임보이에서도 '천지를 먹다'의 세계가 펼쳐진다.

후한 말의 중국에서 한 왕조 부흥을 맹세하는 유비·관우·장비를 그린, 같은 제목의 모토미야 히로시 원작 만화를 게임화했다. 게임보이판은 필드형 RPG로, 전투가 커맨드식 전투와 병사 전투 2종류로 구분되어 있다.

파치오 군 캐슬

GB 게임보이 PZL 코코너츠 재팬 1994년 4월 22일 3,980엔(세금 포함)

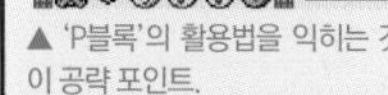

▲ 'P블록'의 활용법을 익히는 것이 공략 포인트.

파친코 게임으로 친숙한 파치오 군이, 이번엔 낙하계 퍼즐 게임으로 등장했다. 같은 그림을 붙여 없애는 것이 기본. 'P블록'으로 캐릭터들 양끝을 가두면 '캐슬'이 완성된다는 오리지널 룰이 가미되어 있다.

미소녀 전사 세일러문 R

GB 게임보이 ACT 엔젤 1994년 4월 22일 3,800엔(세금 포함)

▲ 막 만난 적과 갑자기 미니게임으로 대결하기도 한다.

전작의 '어드벤처 게임으로 스토리를 진행하고, 액션 게임으로 적과 싸우는' 시스템을 답습한 속편. 화면 아래에 맵이 표시되며, 캐릭터 이동도 빨라져 더욱 쾌적하게 즐길 수 있도록 개선했다.

피젯츠

GB 게임보이 PZL 코코너츠 재팬 1994년 4월 22일 4,300엔

▲ 어디서 캐릭터를 전환할지 잘 생각하면서 플레이하자.

쥐 형제 두 마리를 그때그때 전환하면서, 화면 내에 놓인 상자와 스프링을 잘 활용해 골인 지점까지 가야 하는 액션 퍼즐 게임. 제한시간 내에 탈출하지 않으면 바로 실패 처리되는 빡빡한 게임이다.

아치와 함께 빙글빙글 퍼즐

게임보이 PZL 빅터 엔터테인먼트 1994년 4월 28일 3,900엔

통신 케이블 지원

▲ 같은 그림을 2개만 붙여도 없어지지만, 은근히 어렵다.

그림책 시리즈 '개구쟁이 아치'(원제는 '논땅')가 소재인 낙하계 퍼즐 게임. 아치·개구리·물고기·사과 등이 2개 1조로 떨어지는 귀여운 그림들을 잘 맞춰 없애간다. 그림은 앞뒤 개념이 있어, 뒤집을 수도 있다.

달려라! 스피디 곤잘레스

게임보이 ACT 선 소프트 1994년 4월 29일 3,900엔(세금 포함)

▲ 초음속 쥐가 다이내믹하게 스테이지를 달린다.

세계에서 가장 빠른 쥐 '스피디 곤잘레스'가, 6곳의 엑조틱 아일랜드를 주파하는 점프 액션 게임. 다채로운 장치를 돌파하면서 각 아일랜드를 공략해, 마지막에 기다리는 보스를 쓰러뜨리자.

태양의 천사 마로 : 꽃밭은 대혼란!

게임보이 PZL 테크노스 재팬 1994년 5월 27일 3,900엔(세금 포함)

▲ 스테이지 클리어 시마다 표시되는 그래픽도 귀엽다.

꽃에 생기를 불어넣으려면 태양빛이 필요해! 천사 '마로'로 꽃과 식물에 빛을 쬐어주는 게 목적인 게임. 테크노스 재팬 게임 중에선 이색적일 정도로 귀여움을 강조한 작품이며, 테마가 광합성인 점도 매우 진기하다.

유☆유☆백서 제 3탄 : 마계의 문 편

게임보이 ACT 토미 1994년 6월 3일 3,980엔(세금 포함)

▲ 게임을 중단·재개할 때는 패스워드를 사용한다.

같은 제목의 만화가 원작인 게임보이 소프트 제 3탄. 이번 작품은 액션 RPG로, 이전작들과는 차별화된 시스템을 채용했다. 개성적인 네 캐릭터로, 각자의 특기인 필살기를 잘 활용해 공략하자.

더 심리 게임

게임보이 ETC 비지트 1994년 6월 10일 4,500엔

통신 케이블 지원

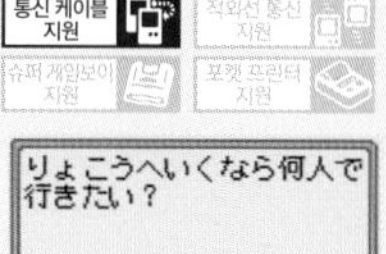

▲ 연애·장래·직업·놀이 분야로 2명의 상성을 점친다.

'상담', '당신이라면 어떻게?', '바이오리듬' 등, 심리학 영역을 한참 넘어서 플레이어의 심리를 분석하는 소프트. '대전 모드'에서는 아무도 모르는 플레이어의 초능력 체크도 할 수 있다.

파치슬로 키즈 2

게임보이 ETC 코코너츠 재팬 1994년 6월 10일 4,500엔

▲ 조작은 간단. 리치 찬스를 충분히 익힐 수 있다.

아버지와 생이별한 소년 마이코……의 아버지가 실은 살아있고 심지어 파치슬로 고수다!? 아버지와 재회하기 위해, 다양한 명물 점포에서 명 기종을 공략하자. '허니 비' 등의 인기 기종이 게임에 등장한다.

테트리스 플래시

게임보이 PZL 닌텐도 1994년 6월 14일 2,900엔

통신 케이블 지원 / 슈퍼 게임보이 지원

▲ 블록을 빈틈없이 잘 쌓아 없앤다는 해법이 통하지 않는 게임.

친숙한 「테트리스」의 시스템을 개변한 작품. 낙하하는 테트리미노는 여러 '색깔'로 구성되며, 같은 색 블록을 3개 붙이면 사라진다는 점을 이용해 점멸하는 원형 블록을 전부 없애면 클리어다.

동키 콩

게임보이 ACT 닌텐도 1994년 6월 14일 3,900엔

슈퍼 게임보이 지원

▲ 시작 스테이지는 초대 「동키 콩」의 1스테이지!

닌텐도의 초 유명 킬러 타이틀 「동키 콩」의 개변 이식판. 퍼즐 요소를 강화하여, 아이템을 잘 활용하며 각 스테이지 클리어에 도전해야 한다. 원작 시리즈의 인상적인 스테이지 등도 게임에 등장한다.

 게임보이 지원  게임보이 비지원  게임보이 컬러 지원  통신 케이블 지원 게임  적외선 통신 지원 게임   슈퍼 게임보이 지원 게임  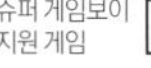 포켓 프린터 지원 게임

GB 게임보이 월드컵 스트라이커
SPT 코코너츠 재팬 1994년 6월 17일 4,500엔

▲ 게임보이용 축구 게임 중에서는 제법 인기작이다.

1994년도에 미국에서 개최된 월드컵. 이에 맞춰 발매된 축구 게임이 이 작품이다. 실제 대회와 동일한 규칙으로 시합이 진행되므로 게임 내용에 몰입감이 있어, 당시에 화제가 되었다.

GB 게임보이 열투 사무라이 스피리츠
ACT 타카라 1994년 6월 30일 4,660엔

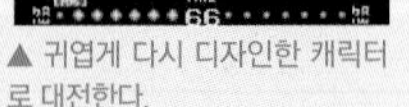

▲ 귀엽게 다시 디자인한 캐릭터로 대전한다.

아케이드에서 인기를 모았던 「사무라이 스피리츠」를 개변 이식한 격투 게임. 캐릭터를 SD화시켰지만, 분노·칼 맞부딪치기·맨손으로 칼날 잡기 등 원작 특유의 시스템을 잘 옮겨놓았다.

GB 게임보이 록큰! 몬스터!!
PZL 호리 전기 1994년 7월 1일 3,900엔(세금 포함)

▲ 플레이어로는 4명의 캐릭터 중 하나를 선택한다.

2색 1조의 블록을 회전시키며 떨어뜨려, 같은 색끼리 4개를 붙이면 없어지는 낙하계 퍼즐 게임. CPU가 조작하는 캐릭터와 대전하는 '스토리 모드'와, 연습용인 '1인 플레이 모드'가 있다.

GB 게임보이 키테레츠 대백과 : 모험 대 에도 쥬라기
ACT 비디오 시스템 1994년 7월 15일 3,900엔

▲ 칼을 휘두르며 분투하는 '코로스케'가 귀엽다.

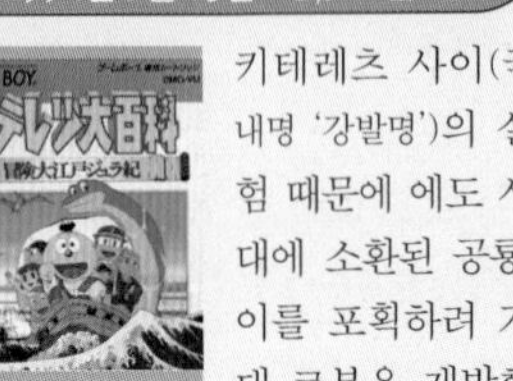

키테레츠 사이(국내명 '강발명')의 실험 때문에 에도 시대에 소환된 공룡. 이를 포획하려 거대 로봇을 개발했더니 '흑선이인군'이라는 악당이 강탈한다는 설정이 기상천외하다. 코로스케가 활약하는 횡스크롤 액션 게임.

GB 게임보이 전일본 프로레슬링 제트
SPT 메사이야 1994년 7월 15일 4,880엔(세금 포함)

▲ 2인 대전 모드인 '자이언트 시리즈'로 친구와 붙어보자!

전일본 프로레슬링의 '자이언트 바바', '점보 츠루타' 등 유명 레슬러가 등장하는 프로레슬링 게임. 3관왕을 건 시합과 세계 태그에 도전하여, 20종류 이상의 필살기를 구사해 레슬러의 정점에 서라!

GB 게임보이 록맨 월드 5
ACT 캡콤 1994년 7월 22일 3,800엔

▲ 스테이지 구성도 시스템도, 시리즈의 집대성이라 할 만한 작품.

타 기종판의 이식작이 아니라, 바닥부터 게임보이 전용으로 개발한 첫 번째 「록맨」. 이번 작품의 보스는 록버스터가 통하지 않는다는 설정이므로, 새롭게 '록큰 암'이라는 로켓 펀치가 추가되었다.

GB 게임보이 GB 파치슬로 필승법! Jr.
ETC 사미 1994년 7월 29일 4,777엔

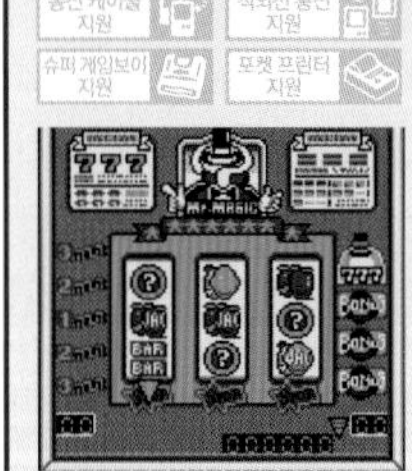

▲ 스토리 모드에서는 명기 '알라딘 골드' 기기로 벌어들이자!

대형 파치슬로 메이커인 사미의 기종이 수록된 파치슬로 게임. 지식을 보충할 수 있는 '공략 모드'와, 메달을 벌어 애인에게 선물을 주는 '스토리 모드'를 수록. 다양한 리치 찬스를 즐길 수 있다.

GB 게임보이 우승마예상 경마귀족 EX '94
ETC 킹 레코드 1994년 7월 29일 6,900엔

▲ 작은 화면이지만 읽기 편한, 큼직한 폰트가 장점인 소프트.

당시 정기적으로 출시되던 경마예상 소프트 중 하나인 「경마귀족」의 신 버전. 이번 작품도 혈통 데이터를 내장했으며, 데이터 입력도 간단히 할 수 있도록 했다. 바이오리듬 기능도 여전하다.

크러스티 월드

게임보이 PZL 어클레임 재팬 1994년 7월 29일 3,980엔(세금 포함)

▲ 블록을 설치해 쥐가 지나갈 길을 만들어 잘 유도하자.

주인공은 미국의 애니메이션 '심슨 가족'에 등장하는 광대 '크러스티'. 크러스티 월드를 점령한 쥐를 퇴치하기 위해 바트가 준비한 쥐덫까지 쥐들을 잘 유도해야 하는, 액션 요소가 강한 퍼즐 게임이다.

못말리는 타잔

게임보이 ACT 반다이 1994년 7월 29일 3,980엔(세금 포함)

슈퍼 게임보이 지원

▲ 액션 파트는 사이드뷰. 캐릭터 재현도는 나쁘지 않다.

'소년 점프'에서 연재하여 TV 애니메이션화도 되었던 같은 제목의 작품을 게임화한 액션 어드벤처 게임. 어드벤처 파트에서 적을 잡은 뒤 액션 파트로 쓰러뜨리는 시스템은 원작의 세계관과 잘 어울린다.

열투 아랑전설 2 : 새로운 싸움

게임보이 ACT 타카라 1994년 7월 29일 4,660엔

통신 케이블 지원 / 슈퍼 게임보이 지원

▲ 아케이드 게임을 기반으로 한 스테이지에서 싸운다.

인기 아케이드 게임 「아랑전설」을 기반으로 제작한 게임보이용 오리지널 격투 게임. 캐릭터 8명+α를 사용하여 대전할 수 있다. 캐릭터는 SD화된 디자인이라 매우 귀엽게 등장한다.

열혈! 비치발리볼이다 쿠니오 군

게임보이 SPT 테크노스 재팬 1994년 7월 29일 3,800엔

통신 케이블 지원 / 슈퍼 게임보이 지원

▲ 비치발리볼이므로, 각 팀은 2명 1조로 구성된다.

인기 캐릭터 '쿠니오 군'이 이번에는 비치발리볼에 도전한다. 개성만점의 8개 팀 중에서 한 팀을 선택해, 각기 다른 스토리를 즐기면서 시합을 진행한다. 필살기와 아이템을 적절히 사용하는 것도 중요하다.

파치슬로 월드컵 '94

게임보이 ETC 아이맥스 1994년 7월 29일 4,500엔

▲ 고배율 설정을 간파 가능한 아이템을 사면……!?

파치슬로로 세계 최강을 노려라! 당시의 여러 명기를 공략해 예선대회 1위를 차지하자. 라이벌을 꺾을 방법은 메달을 제일 많이 따는 것뿐! 고배율이 설정된 기기를 예측해, 단기승부로 빅 보너스를 계속 끌어내자!

월드컵 USA '94

게임보이 SPT 선 소프트 1994년 7월 29일 4,800엔

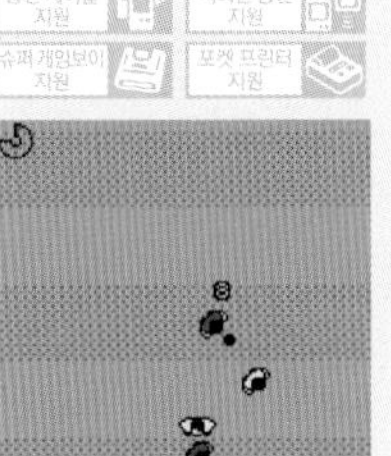

▲ 축구의 본고장 브라질과 이탈리아는 역시 강하다!

1994년 FIFA 월드컵이 테마인 축구 게임. 일본은 실제 대회에서 본선 출전권을 놓쳤지만, 이 작품은 어디까지나 게임이므로 출전국 중 하나로 선택할 수 있다. 게임 자체는 심플한 월드컵 축구 게임.

뿌요뿌요

게임보이 PZL 반프레스토 1994년 7월 31일 3,980엔(세금 포함)

통신 케이블 지원 / 슈퍼 게임보이 지원

▲ 없애는데 급급하기보다, 상대의 격파법을 간파하는 게 중요!

대인기 낙하계 퍼즐 게임 「뿌요뿌요」의 게임보이 이식판. 화면 위에서 내려오는 '뿌요'는 같은 색 4개를 붙이면 사라지며, 연쇄반응을 발생시키면 대전 상대에게 '방해뿌요'를 보낼 수 있다.

3번가의 타마 : TAMA and FRIENDS 3번가의 괴물소동

게임보이 ACT 비아이 1994년 8월 5일 3,980엔

▲ 3번가의 동물과 대화하면서 모모를 찾자.

고양이 '타마'가 3번가를 돌며, 행방불명된 고양이 '모모'를 찾는 게임. 동네 맵에서는 자동차에 부딪히지 않도록 목적지까지 이동하게 되며, 건물에 들어가면 미로나 미니게임에 도전하는 식이다.

포코냥! 꿈의 대모험

GB 게임보이 ACT 쇼가쿠칸 프로덕션 1994년 8월 5일 4,300엔(세금 포함)

통신 케이블 지원 / 적외선 통신 지원 / 슈퍼 게임보이 지원 / 포켓 프린터 지원

▲ 아이템과, 꼬리의 포코링 파워의 적절한 활용이 포인트.

만화·애니메이션 '포코냥'이 원작인 액션 게임. 잠들어 버린 '미키'의 친구를 구하기 위해 포코냥이 꿈의 세계로 들어가, 포코링 파워로 적을 변신시키며 스테이지를 공략해야 한다.

From TV animation 슬램 덩크 : 벼랑 끝의 결승 리그

GB 게임보이 SPT 반다이 1994년 8월 11일 3,980엔(세금 포함)

통신 케이블 지원 / 적외선 통신 지원 / 슈퍼 게임보이 지원 / 포켓 프린터 지원

▲ 한 시합 당 시간이 꽤 길고, 연출에 특히 공을 들였다.

애니메이션 '슬램덩크'의 게임화. 패미컴의 「캡틴 츠바사」를 농구 게임으로 만든 듯한 작품으로, 코트에서 상대와 접촉하면 패스나 슛 등의 커맨드가 표시된다. 컷인의 완성도가 상당히 뛰어나다.

봄버맨 GB

GB 게임보이 ACT 허드슨 1994년 8월 10일 4,300엔

통신 케이블 지원 / 적외선 통신 지원 / 슈퍼 게임보이 지원 / 포켓 프린터 지원

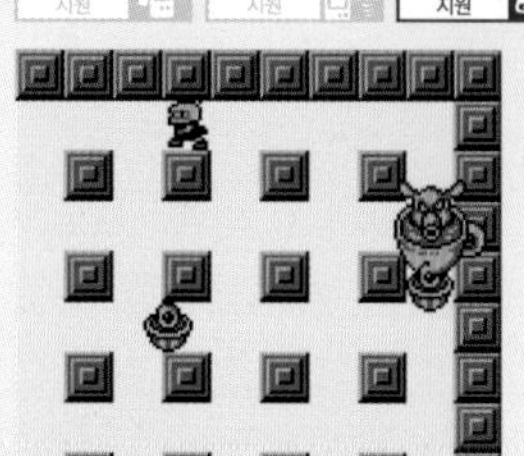

▲ 슈퍼 게임보이를 사용하면 동시에 최대 4명까지 대전 가능하다.

블랙 봄버맨에게 빼앗긴 5가지 기술을 되찾기 위해, 봄버맨들이 싸움에 도전한다. 되찾은 기술은 다음 스테이지부터 사용할 수 있게 된다. 본 작품에 등장하는 특수 아이템은 이후의 게임보이판 시리즈에도 계속 나오며, 그중에서도 바이크에 탑승할 수 있는 아이템 '모토봄버'는 게임보이판에만 등장해, 게임보이판 「봄버맨」을 상징하는 아이템이 되었다.

울트라맨 초투사격전

GB 게임보이 ACT 엔젤 1994년 8월 26일 3,800엔(세금 포함)

통신 케이블 지원 / 적외선 통신 지원 / 슈퍼 게임보이 지원 / 포켓 프린터 지원

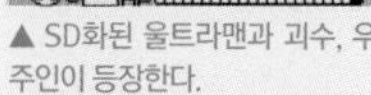

▲ SD화된 울트라맨과 괴수, 우주인이 등장한다.

잡지 '코믹 봄봄'에서 연재된 같은 제목의 만화를 게임화했다. 적을 물리치며 진행하는 액션 스테이지, 울트라맨이 비행하며 진행하는 슈팅 스테이지, 보스와 싸우는 격투 스테이지가 있으며, 커맨드 기술 등으로 싸운다.

짱구는 못 말려 4 : 나의 장난스런 대변신

GB 게임보이 ACT 반다이 1994년 8월 26일 3,800엔(세금 포함)

통신 케이블 지원 / 적외선 통신 지원 / 슈퍼 게임보이 지원 / 포켓 프린터 지원

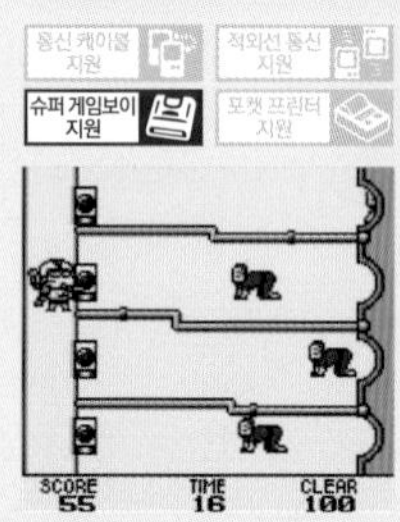

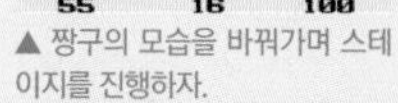

▲ 짱구의 모습을 바꿔가며 스테이지를 진행하자.

완전히 시리즈화된 「짱구는 못 말려」의 제 4탄은 다시 점프 액션 게임이다. 짱구는 변신 세트를 입수하면 하늘을 나는 '날다람쥐', 높이 점프 가능한 '닭', 좁은 장소도 통과할 수 있는 '바퀴벌레' 등으로 변신한다.

신 SD건담 외전 : 나이트 건담 이야기

GB 게임보이 RPG 반다이 1994년 9월 9일 3,980엔(세금 포함)

통신 케이블 지원 / 적외선 통신 지원 / 슈퍼 게임보이 지원 / 포켓 프린터 지원

▲ 기억상실된 제로 건담이 슈페리오르 드래곤의 인도로 여행한다.

SD건담 시리즈로서는 드문 액션 RPG 작품. 스토리도 전작의 수십 년 후 이야기다. 시스템은 패미컴의 「젤다의 전설」이나 「성검전설」에 가까우며, 컨티뉴는 패스워드 방식을 채용하였다.

슈퍼 스트리트 바스켓볼 2

GB 게임보이 SPT 바프 1994년 9월 16일 4,800엔(세금 포함)

통신 케이블 지원 / 적외선 통신 지원 / 슈퍼 게임보이 지원 / 포켓 프린터 지원

▲ 스피디하게, 그리고 화려하게 덩크슛을 성공시키자!

세상에 농구 게임은 많지만, 이 작품은 1 : 1과 3 : 3 중 취향에 맞춰 고르는 모드가 수록되어 있어, 농구의 최고 매력이라 할 만한 '슛'을 제대로 즐길 수 있도록 구성했다. 3연승하면 엔딩이 나온다.

연대왕

ETC　비지트　1994년 9월 16일　5,500엔

개최지와 경마장 상태, 말의 클래스 등을 세세하게 설정하여 레이스 결과를 예상하는 경마예상 소프트. 배터리 백업도 내장해, 한 번 입력한 데이터의 예상결과를 언제라도 재확인할 수 있다.

▲ 예상결과를 여러 개 저장 가능해, 경마장에서 확인할 때도 편리.

떴다! 럭키맨 : 럭키, 쿠키, 모두 다 좋아!!

TBL　반다이　1994년 9월 22일　3,980엔

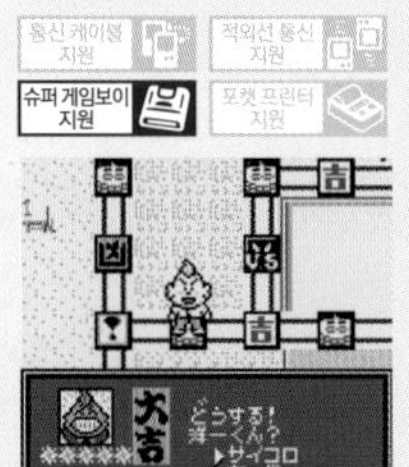

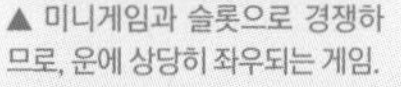

주간 '소년 점프'에서 연재했던 인기 만화의 게임판. 시스템은 말판놀이식이다. 럭키맨을 비롯한 3명의 캐릭터로 경쟁하며, 골인 지점의 우주인을 쓰러뜨리는 것이 목적이다. 승패를 결정하는 것은 결국 운이다.

▲ 미니게임과 슬롯으로 경쟁하므로, 운에 상당히 좌우되는 게임.

혼두라 스피리츠

ACT　코나미　1994년 9월 23일　3,800엔

▲ 패스워드 기능을 도입했고, 슈퍼 게임보이도 지원한다.

슈퍼 패미컴의 같은 제목 게임의 이식판. 실제 개발은 「터리칸」 시리즈로 유명한 독일의 팩터 5 사가 맡았다. 다시 지구로 대규모 침공을 개시한 에일리언 군단에, 혼두라의 최강 전사 '빌'이 맞선다.

오델로 월드

TBL　츠쿠다 오리지널　1994년 9월 30일　3,900엔

▲ CPU 대전 관전과 리플레이 기능 등도 탑재했다.

츠쿠다 오리지널사가 발매한, 전형적이고 고전적인 오델로 게임. 대전 상대인 CPU의 캐릭터는 체셔 고양이·험프티 덤프티·드래곤·'타메노리'라는, 얼핏 전혀 관련성 없어 보이는 멤버들 중에서 고르게 된다.

심슨 가족 : 바트의 잭과 콩나무

ACT　어클레임 재팬　1994년 9월 30일　3,900엔

▲ 바트는 소지품인 새총으로 적을 물리치며 전진한다.

미국 애니메이션 '심슨 가족'의 등장인물 '바트'가 주인공인 액션 게임. 바트는 소와 맞바꾼 콩이 성장하여 만들어진 커다란 나무를 오르며, 나무 위의 초현실적인 세계에서 보물을 찾아 모험을 펼친다.

대피 덕

ACT　선 소프트　1994년 9월 30일　4,300엔

▲ 최대 특징은 제트 분사. 이를 잘 활용하는 게 공략의 키포인트다.

'대피 덕'은 워너 브라더스의 애니메이션 '루니 튠즈'의 인기 캐릭터다. 제트 분사를 활용한 연속 점프와, 일시정지 상태에서 고를 수 있는 5종류의 무기를 구사해 지구를 위기에서 구해내자.

유력마 보이

ETC　일본물산　1994년 10월 7일　6,700엔

게임보이에서는 나름대로의 장르를 구축했던 우승마 예상 소프트 중 하나. 승률만 입력하면 바로 예상해 주는 '해답 일발' 모드와, 더 많이 데이터를 입력해야 하는 '데이터 유력마' 모드의 두 종류로 예상 가능.

▲ 간단한 데이터만 입력할지 대량의 데이터를 동원할지가 관건.

더 심리 게임 2 : 오사카 편

ETC　비지트　1994년 10월 14일　4,500엔

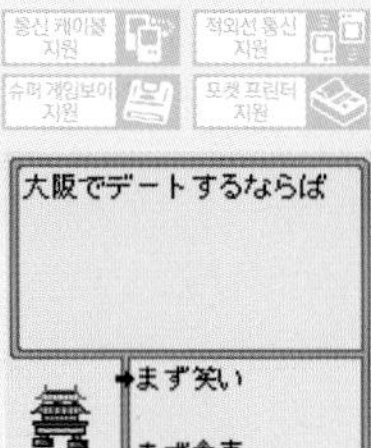

▲ '오사카도 체크'란, 오사카 관련 지식을 시험하는 퀴즈다.

'마음 상담소', '당신이라면 어떻게?' 등의 메뉴를 준비한 심리 게임의 속편. 이번엔 '오사카도 체크', '패널 게임' 등등, 전작보다 한층 더 심리 게임에서 멀어진 컨텐츠 일색이 되었다.

묘수풀이 시리즈 1 : 후지사와 히데유키 명예기성

GB 게임보이 TBL 마호 1994년 10월 19일 4,900엔

통신 케이블 지원 / 적외선 통신 지원 / 슈퍼 게임보이 지원 / 포켓 프린터 지원

▲ 실력별로 무구를 증정해, 어떤 묘수풀이에 약한지 알 수 있다.

실력을 명예기성 후지사와 히데유키가 판정해주는 바둑 묘수풀이 소프트. 문제는 초보자부터 상급까지 5단계 총 100문제다. '검정 모드'는 결과에 따라 단·급을 판정해주며, '출제 모드'는 임의의 문제를 연습한다.

박보장기 : 칸키 5단

GB 게임보이 TBL 마호 1994년 10월 19일 4,900엔

통신 케이블 지원 / 적외선 통신 지원 / 슈퍼 게임보이 지원 / 포켓 프린터 지원

▲ 자기 진영에도 왕장이 있어, 부지불식간에 실수하기 쉽다.

2011년 7단으로 은퇴한 쇼기 기사 칸키 히로미츠가 5단이던 시절 발매된 박보장기 소프트. 룰은 쌍옥 박보장기라 플레이어도 왕장이 있으므로, 장군을 당하지 않도록 주의하며 상대를 잘 몰아가야 한다.

GB원인 2

GB 게임보이 ACT 허드슨 1994년 10월 21일 3,980엔

통신 케이블 지원 / 적외선 통신 지원 / 슈퍼 게임보이 지원 / 포켓 프린터 지원

▲ 개성적인 파워 업을 활용해 스테이지를 공략한다.

전작에 이어, 왕머리 GB원인이 대소동을 벌이는 횡스크롤 점프 액션 게임. 고기를 먹으면 'GB식인'·'GB달인'·'GB도둑'의 세 형태가 룰렛식으로 빙글빙글 돌아, 파워 업하려는 원인을 직접 고르는 시스템이다.

TV 챔피언

GB 게임보이 ETC 유타카 1994년 10월 28일 3,980엔(세금 포함)

통신 케이블 지원 / 적외선 통신 지원 / 슈퍼 게임보이 지원 / 포켓 프린터 지원

▲ 두 종목을 모두 제패하여 챔피언의 영예를 차지하라.

당시 TV 도쿄에서 방송했던, 매회 다양한 종목으로 참가자끼리 경쟁하는 같은 제목의 TV 프로를 게임화했다. 이 게임에서는 '격투 파친코 왕'과 '전국 대식가 선수권' 두 종목을 경기로 선정했다.

체스마스터

GB 게임보이 TBL 알트론 1994년 10월 28일 4,500엔

통신 케이블 지원 / 적외선 통신 지원 / 슈퍼 게임보이 지원 / 포켓 프린터 지원

▲ 레벨 설정이 가능해, 초보자부터 상급자까지 즐길 수 있다.

서양의 장기라 불리는 '체스'를 게임보이 소프트화했다. 킹을 사수하며, 각자의 말들을 잘 활용해 난이도가 높은 CPU와의 대전에서 승리하자. 각 말들이 지닌 각종 특징을 숙지하는 것이 승리의 지름길이다.

마권왕 TV '94

GB 게임보이 ETC 아스믹 1994년 10월 28일 6,500엔

통신 케이블 지원 / 적외선 통신 지원 / 슈퍼 게임보이 지원 / 포켓 프린터 지원

▲ 강화된 분석 알고리즘으로 승리마를 예상하라.

게임보이로는 제법 꾸준히 발매되었던 우승마 예상 소프트 「마권왕」 시리즈의 제 4탄. 입력한 데이터를 과학적으로 분석하며, 슈퍼 게임보이를 지원하므로 TV 화면을 보며 입력할 수 있는 것이 특징이었다.

도끼 전설 : 킨타로 RPG 편

GB 게임보이 RPG 톤킨 하우스 1994년 10월 28일 4,660엔

통신 케이블 지원 / 적외선 통신 지원 / 슈퍼 게임보이 지원 / 포켓 프린터 지원

▲ 옛날이야기로 친숙한 동료들을 찾아내, 함께 모험하자.

전작은 액션 게임이었으나, 이번엔 RPG로 돌아온 「왕도끼 전설」의 속편. 전형적인 스타일의 RPG로, 주인공 '킨토키'의 도끼 기술과 동료의 술법을 구사하며 적과 싸운다. 스토리는 코믹하게 구성했다.

모탈 컴뱃 II : 궁극신권

GB 게임보이 ACT 어클레임 재팬 1994년 11월 11일 4,200엔

통신 케이블 지원 / 적외선 통신 지원 / 슈퍼 게임보이 지원 / 포켓 프린터 지원

▲ 궁극신권을 모두 익혀, 사용 캐릭터 전원을 공략해보자!

대전격투 게임 붐 절정기 발매 작품으로, 전작처럼 실사 스캐닝으로 구현한 리얼한 캐릭터들로 화제가 되었다. 게임성은 투박하지만 서양에서는 호평을 받았고, 흑백 표시라는 제약 하에서도 제법 재현도가 높다.

휴대 경마 에이트 스페셜

GB 게임보이 ETC 이매지니어 1994년 11월 18일 6,900엔

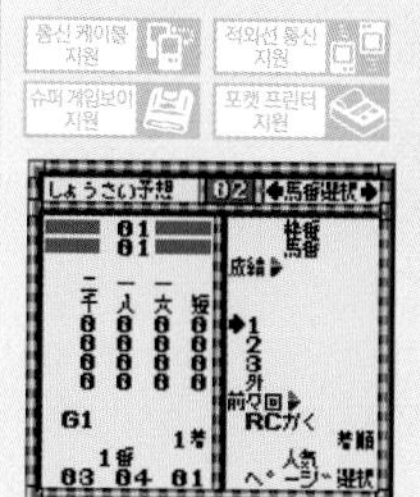
▲ 새 데이터가 나올 때마다 입력량을 늘릴 수 있는 유연함이 매력.

실제 발간되던 경마 전문 신문 '경마 에이트'와 합작한 경마예상 소프트. 슈퍼 패미컴판의 이식작이지만, 게임보이판은 원작과는 달리 항상 휴대하며 바로 예상할 수 있다는 간편함으로 호평을 받았다.

니치부츠 마작 : 요시모토 극장

GB 게임보이 TBL 일본물산 1994년 11월 18일 4,800엔

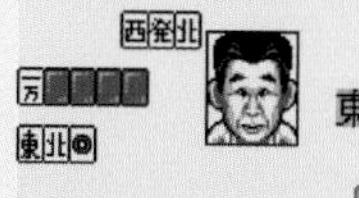
▲ 요시모토 개그맨의 초상화와 1 : 1로 마주보는 마작 대국.

요시모토 흥업의 개그맨을 상대로 2인 대국 마작 승부를 벌인다. 프리 대전 외에, 특정한 역을 완성시켜야 하는 '철인 모드'도 있는데, 여기선 '핑후'나 '탕야오' 등 사전에 지정된 역으로 나야만 승리한다.

타이니 툰 어드벤처즈 3 : 두근두근 스포츠 페스티벌

GB 게임보이 ACT 코나미 1994년 11월 25일 3,800엔

▲ 준비된 게임은 대부분 간단한 것들. 미식축구와 농구도 있다.

해당 시리즈의 게임보이판 제 3탄. 전작인 두 작품은 횡스크롤 액션 게임이었지만, 이번 작품은 미니게임 모음집이다. 난이도는 '비기너 클래스'와 '슈퍼 클래스' 2가지 중에서 선택할 수 있다.

드래곤볼 Z : 오공 비상전

GB 게임보이 ACT 반다이 1994년 11월 25일 3,800엔

▲ 게임 내에서 나오는 그래픽들은 원작의 장면을 재현했다.

커맨드 선택식 어드벤처 게임으로, '스토리'·'천하제일 무도회'·'대전'·'수행'의 4가지 모드로 구성되어 있다. 수행을 선택하면 미니게임을 거쳐, 그 결과로 각 능력치를 상승시킬 수 있다.

파치오 군 2

GB 게임보이 ETC 코코너츠 재팬 1994년 11월 25일 4,500엔

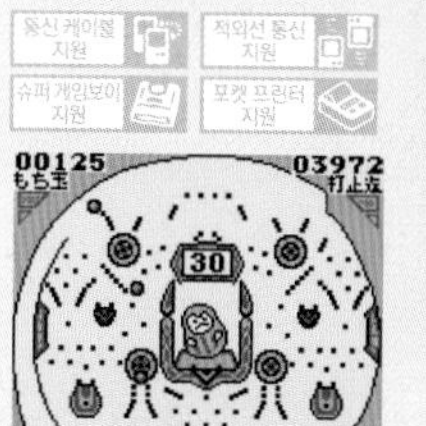
▲ 파치오 군은 병에 걸린 긴코를 구할 수 있을까!?

코코너츠 재팬 사 전통의 「파치오 군」 시리즈 제 2탄. 스토리가 있기는 한데… 결국 내용은 파친코 승부다. 퍼즐 풀이 요소도 있으며, 명기에서 피버를 발동시키며 게임 본편을 진행해야 한다.

혼쇼기

GB 게임보이 TBL 이매지니어 1994년 11월 25일 4,980엔

▲ 정석적인 쇼기로 승부하고픈 사람에게 딱 맞을 타이틀.

딱 쇼기 대전 모드만 존재하는, 매우 심플한 게임. 대전 상대를 고르는 기능조차도 없다. 기보 데이터 저장 기능은 존재. 명확한 레벨 선택이 따로 없는 대신, 말 빼기 설정으로 난이도를 조정할 수 있는 게 특징이다.

팩 패닉

GB 게임보이 PZL 남코 1994년 12월 9일 3,500엔(세금 포함)

▲ 팩맨의 위치를 잘 잡아, 몬스터들을 한 방에 먹어버리자.

아케이드로는 「코즈모 갱 더 퍼즐」로 출시되었던 별개 작품의 캐릭터를 팩맨으로 바꾸어 이식한 작품. 낙하하는 블록을 가로 한 줄로 채워 없애는 낙하계 퍼즐 게임이다.

유☆유☆백서 제 4탄 : 마계통일 편

GB 게임보이 ACT 토미 1994년 12월 9일 3,980엔(세금 포함)

▲ 프리 대전 모드에서는 통일전에 등장했던 캐릭터도 나온다.

게임보이판 「유☆유☆백서」 시리즈 마지막 작품. 액션 RPG였던 전작과 달리, 대전격투 게임으로 다시 돌아왔다. 스토리 모드는 '유스케', '쿠라마', '히에이' 중 하나를 선택해 진행한다. 얼굴 그래픽의 재현도가 높다.

GB 게임보이 모모타로 전극(電劇) 2
ACT 허드슨 1994년 12월 16일 4,500엔

통신 케이블 지원 / 적외선 통신 지원 / 슈퍼 게임보이 지원 / 포켓 프린터 지원

▲ 도중에 각각의 세 캐릭터로 변신하면 특수능력을 쓸 수 있다.

모모타로가 활약(!?)하는 횡스크롤 액션 게임. 개·원숭이·꿩을 데리고……가 아니라, 아예 직접 이 세 마리로 변신하거나, 복숭아를 던져 적을 쓰러뜨리는 등 전개가 의외롭다. 발상이 독특한 작품으로 유명하다.

GB 게임보이 슈퍼 스네이키
PZL 요지겐 1994년 12월 20일 3,800엔

통신 케이블 지원 / 적외선 통신 지원 / 슈퍼 게임보이 지원 / 포켓 프린터 지원

▲ 낙하 후 뱀이 움직일 궤적을 예측하며 없애나갈 필요가 있다.

「테트리스」의 발안자인 알렉세이 파지트노프가 고안한 낙하계 퍼즐 게임. 낙하하는 뱀이 같은 무늬의 뱀을 먹도록 하며 없애나간다. 뱀은 위치가 잡힌 후에도 어딘가에 막힐 때까지 움직이므로 제법 어렵다.

GB 게임보이 울트라맨 볼
ACT 벡 1994년 12월 22일 3,800엔(세금 포함)

통신 케이블 지원 / 적외선 통신 지원 / 슈퍼 게임보이 지원 / 포켓 프린터 지원

▲ 볼로 변신하여 굴러가면 갈 수 있는 장소가 늘어난다.

코믹하게 SD화된 울트라맨이 볼로 변신하여 데굴데굴 구르며 진행하는 액션 게임. 스테이지 상의 장치들을 클리어하면서, 우주인 군단에게 사로잡힌 울트라 형제를 구출하러 가자.

GB 게임보이 토코로's 마작 Jr.
TBL 빅 토카이 1994년 12월 22일 4,800엔

통신 케이블 지원 / 적외선 통신 지원 / 슈퍼 게임보이 지원 / 포켓 프린터 지원

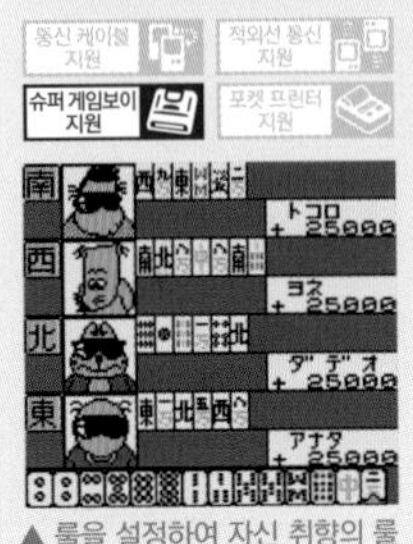
▲ 룰을 설정하여 자신 취향의 룰로 변경할 수 있다.

연예인 토코로 죠지가 디자인한 캐릭터가 등장하는 4인 대국 마작 게임. 대전 상대는 총 6명을 준비했으며, 그중 3명을 선택해 대전한다. 마작 외에 미니게임 퍼즐과, 마작 점수를 계산해주는 모드도 탑재했다.

GB 게임보이 인디아나 존스 : 최후의 성전
ACT 코코너츠 재팬 1994년 12월 23일 4,300엔(세금 포함)

통신 케이블 지원 / 적외선 통신 지원 / 슈퍼 게임보이 지원 / 포켓 프린터 지원

▲ 영화의 테마곡을 경쾌하게 편곡한 BGM이 절묘하다.

같은 제목의 영화를 사이드뷰 액션 게임화한 작품. 아버지 '헨리 존스' 박사가 남긴 메시지를 해독하기 위해, 아들인 인디아나 존스 교수가 활약한다. 캐릭터를 큼직하게 그린 도트 그래픽이 특징.

GB 게임보이 쇼기 최강
TBL 마호 1994년 12월 23일 4,980엔

통신 케이블 지원 / 적외선 통신 지원 / 슈퍼 게임보이 지원 / 포켓 프린터 지원

▲ 디테일하게 그린 도트 그래픽에 당황하게 되는 장기 게임.

수미산의 명왕 '천부'에게 쇼기로 승부를 걸어, 쇼기의 귀신 '아수라'까지 물리친다는 장대한 스토리로 대국을 진행하는 쇼기 게임. '스토리 모드' 외에 '대국 모드'가 있으며, 기보를 기록할 수도 있다.

GB 게임보이 나다 아사타로의 파워풀 마작 : 다음 한 수 100문제
TBL 요지겐 1994년 12월 23일 4,800엔

통신 케이블 지원 / 적외선 통신 지원 / 슈퍼 게임보이 지원 / 포켓 프린터 지원

▲ '다음 한 수' 문제는 3지선다 형이라 쉬운 편이다.

프로 작사 '나다 아사타로'의 이름을 딴 마작 게임. '다음 한 수', '대국', '부수 계산 모드'가 있으며, 이 소프트의 주력인 '다음 한 수'는 마작의 상황별 대처법을 나다 아사타로의 해설로 공부하게 된다.

GB 게임보이 프로 마작 키와메 GB
TBL 아테나 1994년 12월 23일 4,900엔

통신 케이블 지원 / 적외선 통신 지원 / 슈퍼 게임보이 지원 / 포켓 프린터 지원

▲ 대전 상대인 프로 작사를 도트 그래픽으로 리얼하게 표현했다.

여러 기종으로 출시되어 유명해진 「키와메」 시리즈의 게임보이판. 전형적인 4인 대국 마작 게임으로, 프로 작사 9명 중에서 대전 상대를 선택할 수 있다. 작은 화면임에도 4인 대국을 제대로 구현해냈다.

GAME BOY SOFTWARE ALL CATALOGUE

1994년 말 발매한 신 컬러 모델 '게임보이 브로스'를 무기 삼아 휴대용 게임기의 지위를 사수하려 했던 게임보이였으나, 1995년에 발매된 타이틀 수는 불과 58개 타이틀. 누가 봐도 게임보이 시장의 쇠퇴가 명백했던 해였다.

이 해에는 만화·애니메이션 판권물 타이틀이 많이 나와 저연령층 지향의 플랫폼으로 활로를 개척하려는 움직임이 역력했으나, 안타깝게도 이 시점까지는 명확한 결정타도 딱히 나오지 않아, 게임잡지의 발매예정표 리스트를 봐도 활기가 없었던 시기였다.

팩 인 타임

ACT　남코　1995년 1월 3일　3,800엔

▲ 팩맨은 간단한 조작으로도 실로 다양한 움직임을 보여준다.

수많은 게임기로 발매된 팩맨이, 과거의 세계를 여행하며 팩랜드로 향하는 액션 게임. 와이어 액션으로 스피디하게 게임이 전개되며, 「팩맨」의 BGM을 경쾌하게 편곡한 음악도 재미있다.

슈퍼 차이니즈 랜드 3

ACT　컬처 브레인　1995년 1월 13일　4,200엔

▲ 밸런스를 조정한 버전도 후일 별도 작품으로 발매되었다.

인기 시리즈 「슈퍼 차이니즈 랜드」의 제 3탄. 전투 시스템에 격투 액션을 채용하여, 모험의 즐거움과 이 시리즈 특유의 시스템을 훌륭하게 융합시킨 작품이다. 2인 협력 플레이로 다가오는 강적들을 물리치자.

파치슬로 필승 가이드 GB

ETC　마지팩트　1995년 1월 27일　4,500엔

▲ 게임보이 화면으로 연습하면 실기에서도 먹히려나!?

바쿠야쇼보 사의 잡지 '파치슬로 필승 가이드'가 전면 협력한 파치슬로 소프트. '필승 가이드 모드'는 프로의 플레이를 제대로 가르쳐준다. '시나리오 모드'에서는 당시의 실제 잡지 편집자가 등장해 정보를 알려준다.

배틀 크래셔

ACT　반프레스토　1995년 1월 27일　3,980엔(세금 포함)

▲ 손발과 무기가 둥둥 떠있는 것이 특징인 격투 게임.

'건담', '가면라이더', '울트라맨'의 캐릭터들이 뒤섞여 대전하는 격투 게임. 각 시리즈별로 파이터와 파트너 메카닉을 선택할 수 있다. 파트너 메카닉에 탑승하여 싸우는 시스템이 참신하다.

마멀레이드 보이

SLG　반다이　1995년 1월 27일　3,980엔(세금 포함)

▲ 대화의 선택지와 테스트 결과로 상성이 변화한다.

같은 제목의 애니메이션·만화를 게임화했다. 주인공 '미키'가 맵 화면을 돌아다니며 심리 테스트처럼 대화하면서, '유우'와 '긴타' 중 누구와 사귈지를 결정하는 게 목적인 연애 시뮬레이션 게임이다.

열투 월드 히어로즈 2 JET

ACT　타카라　1995년 2월 24일　4,660엔

▲ 열혈 모드에는 숨겨진 커맨드도 다수 마련되어 있다!

타카라의 「열투」 시리즈로 발매된, 같은 제목의 아케이드 게임 이식판. 추가 요소도 풍부하며, 커맨드 입력도 잘 먹혀 쾌적하다. 캐릭터들은 SD화시켰지만, 타이틀명대로 '열투'를 벌일 수 있어 호평을 받은 작품.

UNO 2 : 스몰 월드
GB 게임보이 TBL 토미 1995년 3월 3일 3,800엔

통신 케이블 지원 / 4인용 어댑터 지원 / 슈퍼 게임보이 지원 / 포켓 프린터 지원

▲ 이번 작품의 'UNO'도 통신 케이블로 4인 대전이 가능하다.

카드 게임 「UNO」의 속편. 전작보다 대전 상대 캐릭터가 늘어났다. 실제 UNO 게임의 룰과 마찬가지로, 가진 카드가 딱 한 장 남았을 때는 바로 버튼을 눌러 'UNO'를 선언해야만 한다.

어나더 바이블
GB 게임보이 RPG 아틀라스 1995년 3월 3일 5,500엔

통신 케이블 지원 / 적외선 통신 지원 / 슈퍼 게임보이 지원 / 포켓 프린터 지원

▲ 모든 유닛 중 민첩성 순으로 행동을 시작하는 시스템이다.

대륙 그라나스에서 인간과 공생하던 마수들이 누군가에게 선동당해, 전쟁이 벌어지려 하고 있다……. 적을 동료로 삼거나 동료 마수끼리 합체하는 등, 「여신전생」의 시스템을 계승한 시뮬레이션 RPG다.

가메라 : 대괴수 공중결전
GB 게임보이 ACT 엔젤 1995년 3월 3일 3,980엔(세금 포함)

통신 케이블 지원 / 적외선 통신 지원 / 슈퍼 게임보이 지원 / 포켓 프린터 지원

▲ 그래픽이 큼직큼직해, 원작의 분위기를 잘 살렸다.

90년대 '가메라' 영화 시리즈 중 1편을 게임화했다. 가메라·갸오스는 물론, 90년대 이전 시리즈의 괴수도 등장한다. 커맨드를 골라 행동을 선입력하는 특이한 시스템이다. 전투 중에는 윈도우에 실황중계가 표시된다.

NFL 쿼터백 클럽 '95
GB 게임보이 SPT 어클레임 재팬 1995년 3월 17일 3,900엔

통신 케이블 지원 / 적외선 통신 지원 / 슈퍼 게임보이 지원 / 포켓 프린터 지원

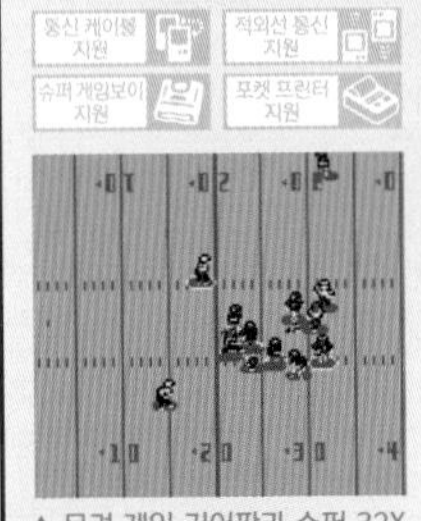
▲ 무려 게임 기어판과 슈퍼 32X판까지도 발매되었다.

어지간한 게임기에 꼭 하나는 있는 미식축구 게임. 이 작품은 NFL 라이선스를 취득해, 수많은 게임기로 이식 발매되었다. 사용 가능한 클럽 수는 익스팬션 이전의 28개 클럽이며, 한 번 이기면 타이틀로 되돌아간다.

마리오의 피크로스
GB 게임보이 PZL 닌텐도 1995년 3월 14일 3,900엔

통신 케이블 지원 / 적외선 통신 지원 / 슈퍼 게임보이 지원 / 포켓 프린터 지원

▲ 심플한 게임성과 그림 완성 시의 달성감이 뛰어나, 수많은 유저가 호평했다.

지금도 꾸준히 신작이 나오는 인기 퐁런 시리즈의 첫 작품. 5×5칸 ~ 15×15칸 문제를 수록했으며, 위쪽과 왼쪽에 적힌 힌트 숫자를 토대로 그림을 완성시킨다.

잡지 등에서 종이와 펜으로 풀려면 칸을 칠하거나 지우는 게 귀찮지만, 컴퓨터 게임이 되자 마킹이 매우 간단해져 즐기기가 실로 편해졌다. 문제 수도 많아 가격 대비 볼륨마저도 우수한 명작이다.

슈퍼 봄블리스
GB 게임보이 PZL BPS 1995년 3월 17일 4,500엔(세금 포함)

통신 케이블 지원 / 적외선 통신 지원 / 슈퍼 게임보이 지원 / 포켓 프린터 지원

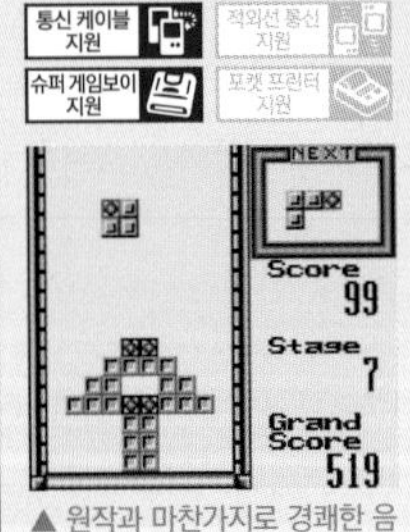
▲ 원작과 마찬가지로 경쾌한 음악도 여전하다!

원작은 패미컴의 속칭 어레인지판 「테트리스」. 블록 4개로 구성된 테트리미노와 그 안에 섞여있는 폭탄을 테트리스 요령으로 없애거나 폭파시킨다. 스테이지 중에는 처음부터 대형 폭탄이 쌓여있는 경우도 있다.

From TV animation 슬램 덩크 2 : 전국대회로 TIP OFF
GB 게임보이 SPT 반다이 1995년 3월 17일 4,200엔(세금 포함)

통신 케이블 지원 / 적외선 통신 지원 / 슈퍼 게임보이 지원 / 포켓 프린터 지원

▲ 전국대회 출장권이 걸린 뜨거운 싸움이 시작된다!

농구 소재의 인기 만화 '슬램 덩크'의 게임보이판 제 2탄. 이 당시는 1 : 1형 농구 작품이 게임보이로 다수 발매되던 차였는데, 이 작품의 경우 코트 전체와 골 장면에 특화시킨 2가지 시점으로 게임이 진행된다.

별의 커비 2
GB 게임보이 ACT 닌텐도 1995년 3월 21일 3,900엔

통신 케이블 지원 / 적외선 통신 지원 / 슈퍼 게임보이 지원 / 포켓 프린터 지원

▲ 릭·쿠우·카인 세 동료와 합체하면 기동력이나 카피 능력의 효과가 변화한다.

패미컴판 「별의 커비 : 꿈의 샘 이야기」의 속편이며, 「별의 커비」 시리즈로는 3번째 작품이다. 이번 작품은 푸푸푸랜드가 무대로, '무지개의 물방울'을 숨긴 다크매터의 야망을 저지하러 커비가 여행길에 나선다는 스토리. 패미컴판에서 먼저 추가된 카피 능력을 드디어 사용할 수 있게 됐지만, 전작에 있었던 슬라이딩과 대시는 이번 작품에선 오히려 불가능해졌다.

ONI V : 은인(隱忍)의 계승자
GB 게임보이 RPG 반프레스토 1995년 3월 24일 4,980엔(세금 포함)

통신 케이블 지원 / 적외선 통신 지원 / 슈퍼 게임보이 지원 / 포켓 프린터 지원

▲ 시리즈의 복선 회수가 제법 있으니, 시리즈 순으로 즐겨보시라.

인기 시대극 RPG 「ONI」 시리즈 제5탄. 전작까지의 게임 시스템을 그대로 계승했으므로 딱히 새로운 부분은 없지만, 잘 구성한 신규 스토리와 수려한 게임 밸런스 등, 내용으로 승부한 작품이라 할 수 있다.

원시인 코츠
GB 게임보이 ACT 비아이 1995년 3월 24일 4,500엔

통신 케이블 지원 / 적외선 통신 지원 / 슈퍼 게임보이 지원 / 포켓 프린터 지원

▲ 곤봉으로 일단 다 때려보자. 엉뚱한 곳에서 음표가 튀어나오기도.

악기 소리가 사라진 '코츤 아일랜드'에 리듬을 되찾아오기 위해, 원시인 코츠가 6가지 악기로 리듬을 두드리는 여행에 나선다. 무기인 곤봉으로 적을 물리치거나, 해골을 때려 음표를 입수하는 점프 액션 게임.

파치슬로 키즈 3
GB 게임보이 ETC 코코너츠 재팬 1995년 3월 24일 4,500엔

통신 케이블 지원 / 적외선 통신 지원 / 슈퍼 게임보이 지원 / 포켓 프린터 지원

▲ 빅 보너스 발동을 위해, 눈으로 보고 멈추는 연습도 해보자.

파치슬로 키즈 주변에 벌어진 신기하고도 기묘한 7일간의 이야기를 그린, 어드벤처 요소가 있는 파치슬로 게임. 하루 단위로 벌어지는 스토리를 클리어하면서, 마지막에 기다리는 특별주문 기종을 공략하라!

푸른 전설의 슛!
GB 게임보이 SPT 반프레스토 1995년 4월 7일 3,980엔(세금 별도)

통신 케이블 지원 / 적외선 통신 지원 / 슈퍼 게임보이 지원 / 포켓 프린터 지원

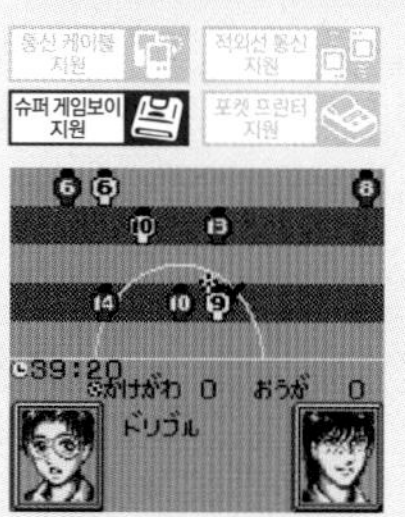

▲ 상황에 맞춰 최적의 커맨드를 선택하는 것이 중요하다.

같은 제목의 애니메이션·만화를 게임화했다. 카케가와 고교 축구부 멤버들을 특훈 모드로 강화시켜, 패스·드리블·슛 등의 커맨드 조작으로 팀의 승리를 노린다. 연출을 중시한 시뮬레이션 게임.

SD 비룡의 권 외전
GB 게임보이 ACT 컬처 브레인 1995년 4월 14일 4,700엔

통신 케이블 지원 / 적외선 통신 지원 / 슈퍼 게임보이 지원 / 포켓 프린터 지원

▲ 슈퍼 패미컴판에서 채용된 커맨드도 사용할 수 있다.

「비룡의 권」 시리즈는 여러 작품이 있지만, 이 작품은 슈퍼 패미컴판 「SD 비룡의 권」의 이식작이다. 슈퍼 디펜스, 파고들기 등의 커맨드 기술을 구사하여 15명의 격투가들이 싸운다.

우승마예상 경마귀족 EX '95
GB 게임보이 ETC 킹 레코드 1995년 4월 14일 6,900엔

통신 케이블 지원 / 적외선 통신 지원 / 슈퍼 게임보이 지원 / 포켓 프린터 지원

▲ 화면 레이아웃은 전작과 같아, 전작 유저라면 바로 익숙해진다.

'올해도 나왔습니다'라는 느낌의 경마예상 소프트 「경마귀족」의 95년 버전. 물론 신 혈통 데이터도 기본 내장했으며, 데이터 입력도 간단하게 할 수 있다. 이번 작품도 시리즈 전통의 바이오리듬 기능을 탑재했다.

J리그 라이프 '95

GB 게임보이 SPT 일렉트로닉 아츠 빅터 1995년 4월 21일 5,980엔

▲ 화려한 맛은 없는 대신, 등장 선수에 중점을 둔 작품이다!

1995년도에 활약했던 J리그 선수들을 실명으로 등록한 축구 게임. 리그전과 토너먼트전을 수록했으며, 신규로 두 팀도 추가한 J리그 공인 작품이다. 골이 들어가는 순간은 보기만 해도 통쾌하다.

빨간망토 차차

GB 게임보이 RPG 토미 1995년 4월 28일 3,900엔

▲ 큼직한 캐릭터가 즐겁게 돌아다니는 코믹한 게임.

같은 제목의 애니메이션을 게임화했다. 차차가 울랄라 학원을 졸업하기 위해 몬스터 퇴치나 아이템 탐색 등의 시험에 도전하는 코믹 RPG다. 파트너와 목적지, 던전은 무작위로 결정된다.

공상과학세계 걸리버 보이 : 공상과학퍼즐 플립퐁

GB 게임보이 PZL 반다이 1995년 4월 28일 3,980엔(세금 포함)

▲ 연쇄를 일으켜 상대를 공격할 수 있다. 연쇄법을 연구하자.

같은 제목의 애니메이션(국내명 '모험왕 걸리버')을 게임화했다. 2개 1조인 '플립퐁'이란 생물을 회전·낙하시켜 같은 색을 4개 붙여 없애는 낙하계 퍼즐 게임. 세계과학대상에 참가하는 에디슨 군의 스토리를 그렸다.

치키치키 천국

GB 게임보이 PZL J·WING 1995년 4월 28일 3,900엔

▲ 우선은 별을 모으는 것부터 시작하자.

룰이 약간 복잡한 낙하계 퍼즐 게임. 2개 1조로 내려오는 아이콘을 쌓아 동일하게 3개 연결하면 별로 변한다. 이 별이 한 줄로 연결되면 요정이 되며, 요정의 머리 위에 블록이 없을 경우 요정이 날아올라 사라진다.

파치오 군 3

GB 게임보이 PZL 코코너츠 재팬 1995년 4월 28일 4,800엔

▲ 사랑하는 긴코의 신랑이 되기 위해, 못이 유리한 기기를 골라라!

소꿉친구 '긴코'가 신랑감을 찾는 시기가 와버렸다. 그녀와 결혼하려면 구슬을 잔뜩 벌어 프러포즈하는 수밖에 없다……. 스토리가 있긴 하지만, 내용은 결국 이 시리즈가 그렇듯 파친코 게임이다.

마법진 구루구루 : 용사와 쿠쿠리의 대모험

GB 게임보이 RPG 타카라 1995년 4월 28일 3,980엔

▲ 플레이어는 니케와 쿠쿠리 둘 중에서 캐릭터를 고른다.

같은 제목의 만화·애니메이션을 게임화했다. 얼핏 롤플레잉 게임처럼 보이지만, 실은 필드를 걸어 다니면서 조우한 게임을 클리어하는 미니게임 모음집이다. 원작을 따라 시종일관 코믹한 스토리가 재미있다.

마루코는 아홉 살 : 마루코 디럭스 극장

GB 게임보이 ACT 타카라 1995년 5월 26일 3,980엔

▲ 초밥집과 학예회 등, 원작 분위기에 충실한 미니게임들.

게임보이로는 5번째 작품에 해당하는, '마루코는 아홉 살'을 원작으로 삼은 게임. 총 3장으로 구성된 스토리를 대화나 '아첨'으로 공략하여, 6가지 게임에 도전하는 미니게임 모음집이다.

마법기사 레이어스

GB 게임보이 RPG 토미 1995년 6월 2일 4,500엔

▲ 게임 시스템은 간단한 편이라, 쾌적하게 즐길 수 있다.

같은 제목의 소녀만화·애니메이션을 게임화했다. 숲속에서 찾아낸 자가트의 그림 속으로 빨려 들어간 세 마법기사의 이야기다. 히카루·우미·후우(국내명 써니·마린·윈디) 각각에 시나리오가 있는 롤플레잉 게임.

GB 게임보이 우물우물 GOMBO : 머나먼 초 요리 전설

RPG 반다이 1995년 6월 16일 4,800엔

통신 케이블 지원 / 적외선 통신 지원 / 슈퍼 게임보이 지원 / 포켓 프린터 지원

▲ 세계를 여행하며 요리를 익히고 식재료를 입수하자.

'우물우물 GOMBO'는 당시 일본의 니폰TV 계열에서 방송했던 아동용 요리 프로다. 요리 만드는 법을 잊어버린 세계를 여행하며 다양한 요리를 배워 세계를 구한다는 스토리의 롤플레잉 게임이다.

GB 게임보이 인생게임

TBL 타카라 1995년 6월 23일 4,660엔

통신 케이블 지원 / 적외선 통신 지원 / 슈퍼 게임보이 지원 / 포켓 프린터 지원

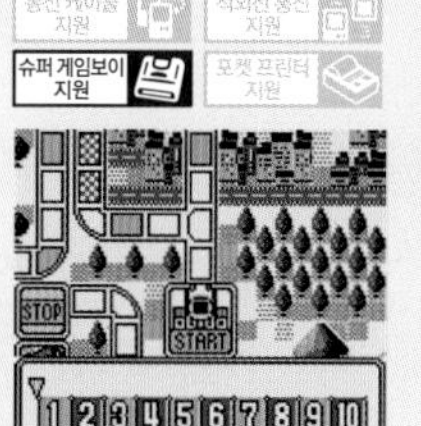

▲ 게임보이로 다수 발매된 「인생게임」의 제 1탄.

보드 게임의 고전 '인생게임'을 게임보이용으로 개변 이식한 작품. 룰렛을 돌려 말을 진행시킨 후 멈춘 칸의 지시에 따르는 심플한 시스템이지만, 군데군데에서 인생의 분기점이 발생한다.

GB 게임보이 파친코 이야기 외전

ETC KSS 1995년 6월 23일 5,980엔

통신 케이블 지원 / 적외선 통신 지원 / 슈퍼 게임보이 지원 / 포켓 프린터 지원

▲ 오사카가 무대인, 파란만장한 파친코 업소 경영 게임.

파친코 업소를 경영하는 시뮬레이션 게임. 파친코 업소를 개점할 토지를 결정하고, 고객층을 주시하며 기기 선정과 못 설정 등의 경영을 하며 하루하루를 보낸다. 파친코는 5종류, 파치슬로는 3종류가 등장한다.

GB 게임보이 슈퍼 파친코 대전

ETC 반프레스토 1995년 6월 30일 3,980엔(세금 포함)

통신 케이블 지원 / 적외선 통신 지원 / 슈퍼 게임보이 지원 / 포켓 프린터 지원

▲ 맞춘 그림이나 리치 액션에 따라 다양한 공격이 가능하다.

친숙한 반프레스토 캐릭터들이 파친코 기기를 이용해 대전하는 개성파 작품. 선택한 캐릭터가 릴로 피버를 터뜨리면 상대를 공격할 수 있고, 당연히 그 반대도 가능하다. 운이 매우 강하게 작용하는 게임.

GB 게임보이 제 2차 슈퍼로봇대전 G

SLG 반프레스토 1995년 6월 30일 5,980엔(세금 포함)

통신 케이블 지원 / 적외선 통신 지원 / 슈퍼 게임보이 지원 / 포켓 프린터 지원

▲ 이후 시리즈들이 이 작품과 연결되므로, 정사로 취급된다.

패미컴판 「제 2차 슈퍼로봇대전」의 리메이크판. 'V건담'·'G건담'이 처음 등장한 작품으로, 당시 광고에 '진정한 제 2차 슈퍼로봇대전'이라 표기하기도 했다. 게임 밸런스가 좋고 난이도도 적절한 편이다.

GB 게임보이 NINKU - 닌쿠 -

ACT 토미 1995년 7월 14일 4,200엔

통신 케이블 지원 / 적외선 통신 지원 / 슈퍼 게임보이 지원 / 포켓 프린터 지원

▲ 닌자답게 변신 술법으로 공격을 피할 수도 있다.

닌자의 싸움을 그린 같은 제목의 만화·애니메이션을 게임화했다. 원작의 캐릭터인 후스케·아이쵸·토지로 싸우는 격투 게임이다. 공격이나 가드로 게이지를 모으면, 강력한 닌쿠 기술을 발동할 수 있다.

GB 게임보이 갤러그 & 갤럭시안

STG 남코 1995년 7월 14일 3,800엔(세금 포함)

통신 케이블 지원 / 적외선 통신 지원 / 슈퍼 게임보이 지원 / 포켓 프린터 지원

▲ 타이틀 화면의 로고를 그대로 게임 선택에 사용한다.

아케이드에서 인기였던 남코의 스페이스 슈팅 게임 두 작품의 합본 세트. 슈퍼 게임보이에 소프트를 삽입하고 켜면, 아케이드판 「갤러그」의 업라이트 캐비닛을 재현한 프레임이 표시된다.

GB 게임보이 프리스키 톰

ACT 일본물산 1995년 7월 14일 3,980엔

통신 케이블 지원 / 적외선 통신 지원 / 슈퍼 게임보이 지원 / 포켓 프린터 지원

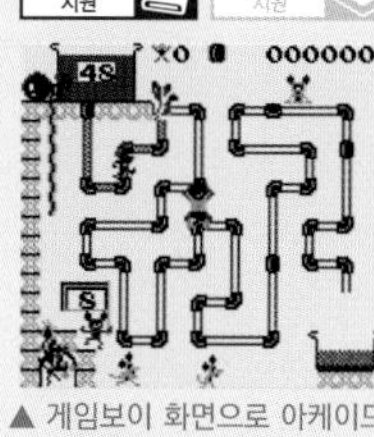

▲ 게임보이 화면으로 아케이드판의 분위기를 잘 재현했다.

같은 제목의 아케이드 게임을 이식했다. 수도관을 부수며 이동하는 생쥐를 퇴치하며, 화면 오른쪽 아래 욕조에 물을 채우는 게 목적이다. 부서진 수도관은 수리 가능. 클리어하면 미녀의 샤워 신 그래픽이 나온다.

슈퍼 동키 콩 GB

GB 게임보이 ACT 닌텐도 1995년 7월 27일 3,900엔

▲ 도둑맞은 바나나를 되찾으러 '동키 콩 랜드'를 달려라!

슈퍼 패미컴으로 발매되었던 「슈퍼 동키 콩」의 후일담. 단순 이식이 아니라, 스테이지를 리뉴얼하고 오리지널 적과 장치를 추가했다. 등장 캐릭터와 배경을 게임보이라는 게 믿어지지 않을 만큼 잘 묘사해, 슈퍼 패미컴판과 동등한 입체감이 느껴지는 그래픽이다. 게다가 하드웨어의 성능을 최대로 끌어낸 BGM도 호평을 받아, 게임 분위기를 살려준다.

알프레드 치킨

GB 게임보이 ACT 선소프트 1995년 7월 28일 4,300엔

▲ 움직임이 경쾌한 액션 게임. BGM에도 상당히 공을 들였다.

코믹한 새 '알프레드 치킨'이 주인공인 액션 게임. 스테이지 내에 있는 스프링으로 점프하며 루트를 따라 이동해 풍선을 터뜨린다. 점프 상태에서 부리로 내려찍는 공격으로 적을 쓰러뜨릴 수도 있다.

옛날이야기 대전

GB 게임보이 RPG 요지겐 1995년 8월 4일 4,900엔

▲ 일본의 옛날이야기들을 남김없이 꼬아놨지만, 의외로 재미있다.

널리 알려진 유명한 일본 고전 동화들을 마구 뒤섞어 스토리를 개변한 RPG. 게임 초반에 등장하는 '모모타로'는 성격이 난폭하고, '엄지동자'는 미국 물이 잔뜩 들어있는 등, 원작과는 동떨어진 전개가 재미있다.

봄버맨 GB 2

GB 게임보이 ACT 허드슨 1995년 8월 10일 4,800엔

▲ 스테이지에 설치된 장치들이 인디를 방해한다.

봄버맨의 할아버지라 하는 '인디 봄버'가, 전설의 비보를 찾다 당도하게 된 지하세계에서 탈출을 꾀하는 이야기. 시스템은 기존 「봄버맨」과 마찬가지다. 적을 물리치면서 유적을 탐색하여 출구를 찾아내자.

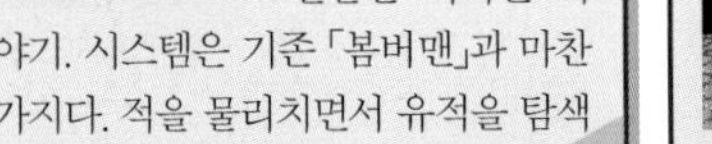

스트리트 파이터 II

GB 게임보이 ACT 캡콤 1995년 8월 11일 4,800엔

▲ 게임보이의 2버튼으로도 자유자재로 기술이 나가게끔 하자!

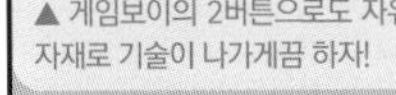

아케이드로 대히트한 같은 제목의 격투 게임을 이식했다. 그래픽과 BGM은 최대한 충실한 이식을 추구했지만, 버튼이 2개뿐이라 '버튼을 누르는 시간으로 약·중·강 기술이 구분'되는 독특한 조작감의 게임이 되었다.

고고 아크만

GB 게임보이 ACT 반프레스토 1995년 8월 25일 3,980엔(세금 포함)

▲ 아이템과 기술을 활용하여 모든 불꽃을 습득하자.

토리야마 아키라의 같은 제목 만화를 게임화한 작품. 아크만은 필드 상을 종횡무진 이동하며 화면 내의 불꽃을 모은다. 불꽃을 일정 개수만큼 모으면, 커맨드 입력으로 사용할 수 있는 아크만의 액션이 늘어난다.

드래곤볼 Z : 오공 격투전

GB 게임보이 RPG 반다이 1995년 8월 25일 5,800엔(세금 포함)

▲ 스토리는 거의 원작대로. 컷인도 원작의 분위기를 재현했다.

전작 「오공 비상전」의 속편. 오반과 크리링, 부르마의 나메크 성 도착부터 프리더를 쓰러뜨리는 시점까지를 그렸다. RPG이긴 하나, 전투 시스템은 전작대로 가지 않고 리뉴얼했다. 사용 가능한 캐릭터 수도 늘었다.

캡틴 츠바사 J : 전국제패를 위한 도전

GB 게임보이 SPT 반다이 1995년 9월 14일 4,200엔(세금 포함)

▲ 시스템은 완전 오리지널. 특히 패미컴판과는 전혀 다르니 주의.

같은 제목의 TV 애니메이션을 게임화했다. 과거 작품과는 달리 2D 필드에서 싸우는 축구 게임이 되었다. 사용 가능 팀은 난카츠를 비롯한 6개 팀. 스토리 모드를 비롯해, 대전 모드와 토너먼트도 탑재했다.

하이퍼 블랙배스 '95

GB 게임보이 ACT 스타피시 1995년 10월 20일 4,500엔

▲ 새로운 맵에서, 블랙배스의 입질 포인트를 찾아내자.

낚시터가 리뉴얼 된, 스타피시 사의 게임보이용 블랙배스 게임 제 2탄. 전작과 마찬가지로 보트 위에서 루어를 캐스팅하면 수중화면으로 전환되며, 루어를 조작하여 블랙배스를 유인해야 한다.

NBA JAM 토너먼트 에디션

GB 게임보이 SPT 어클레임 재팬 1995년 10월 27일 4,800엔

▲ 덩크슛을 구사하는 선수의 풍부한 액션 패턴에 주목!

좌우 횡스크롤 시점의 2 : 2 농구 게임. 서양 게임의 수입판이다 보니 메시지가 영어로만 나오지만, 조작성도 심플하고 전개도 스피디하며, NBA 장신 선수의 화려한 슛이 실로 짜릿한 작품이다!

저지 드레드

GB 게임보이 ACT 어클레임 재팬 1995년 10월 27일 4,500엔

▲ 적은 저지·로봇·뮤턴트 등 다양하다.

2205년, 치안이 무너진 도시 '메가시티 원'에서는 '저지'라 불리는 법 집행자들이 도시를 공포로 몰아넣고 있었다. 이에 대항하여 같은 '저지'인 드레드가 활약한다. 총을 무기로 싸우는 액션 게임이다.

배트맨 포에버

GB 게임보이 ACT 어클레임 재팬 1995년 10월 27일 4,200엔

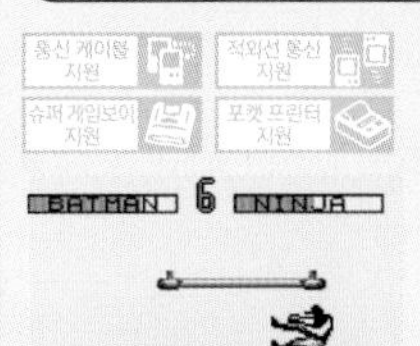

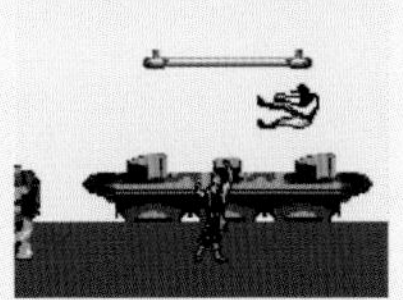

▲ 스테이지 보스는 무기를 제대로 골라야만 공략이 가능하다!

너무나 유명한 코믹스 원작의 인기 영화 '배트맨'의 게임화 작품. 다채로운 무기를 효율적으로 사용해 각 스테이지를 공략하는 횡스크롤 액션 게임이다. 영화에 없는 장면도 다수 있으니, 스토리와 함께 즐겨보자.

포먼 포 리얼

GB 게임보이 SPT 어클레임 재팬 1995년 10월 27일 4,200엔

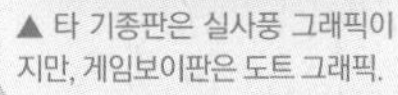

▲ 타 기종판은 실사풍 그래픽이지만, 게임보이판은 도트 그래픽.

플레이어와 상대 복서를 대각선 배후 시점으로 보며 시합을 펼치는 독특한 권투 게임. 십자 버튼과 A·B 버튼을 조합하여 다채로운 펀치를 발동할 수 있다. 록 스타일의 BGM도 인상적이다.

마법기사 레이어스 2nd : 미싱 컬러즈

GB 게임보이 RPG 토미 1995년 10월 27일 4,500엔

▲ 2등신 캐릭터가 돌아다니는 RPG스러운 화면.

3명이 각각 별개 시나리오였던 전작과 달리, 이번 작품은 셋이 파티를 짜 행동하는 롤플레잉 게임이다. 히카루·우미·후우는 각자 사용 가능한 마법이 다르므로, 특히 전투 시에는 나름의 전략이 필요하다.

J리그 빅 웨이브 사커

GB 게임보이 SPT 토미 1995년 11월 24일 4,800엔

▲ 총 14개 J리그 팀 중에서 자신의 팀을 선택한다.

J리그 공인 게임. 당연히 J리그의 팀과 선수가 실명으로 등장한다. 게임 모드는 4가지로, '꿈의 J리그' 모드에서는 자신의 오리지널 캐릭터를 만들어 한 시즌동안 진행하게 된다.

 게임보이 지원  게임보이 비지원  게임보이 컬러 지원 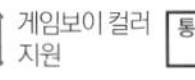 통신 케이블 지원 게임  적외선 통신 지원 게임   슈퍼 게임보이 지원 게임 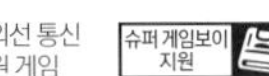  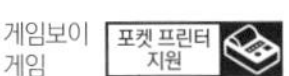 포켓 프린터 지원 게임

GAME BOY | 1989 | 1990 | 1991 | 1992 | 1993 | 1994 | 1995 | 1996 | 1997 | 1998 | 1999 | 2000 | 2001 | 2002 | 2003

GB 게임보이 NINKU - 닌쿠 - 제 2탄 : 닌쿠 전쟁 편

TBL 토미 1995년 11월 24일 4,800엔

통신 케이블 지원 / 적외선 통신 지원 / 슈퍼 게임보이 지원 / 포켓 프린터 지원

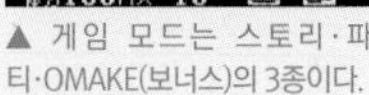

▲ 게임 모드는 스토리·파티·OMAKE(보너스)의 3종이다.

격투 게임이었던 전작과는 달리, 주사위를 굴려 보드를 이동하는 말판 놀이형 액션 게임이 되었다. 멈춘 칸에서 적과 만나면, 역시 주사위를 사용해 전투를 벌이게 되는 시스템이다.

GB 게임보이 웨딩 피치 : 짜마 패닉

PZL KSS 1995년 12월 8일 4,980엔

통신 케이블 지원 / 적외선 통신 지원 / 슈퍼 게임보이 지원 / 포켓 프린터 지원

▲ 짜마의 꼬리로, 모든 패널을 하트로 만들자.

같은 제목의 애니메이션을 게임화했다. 해당 작품에 등장하는 마스코트 캐릭터 '짜마'(일본명 '자마피')를 조작하는 액션 퍼즐 게임이다. 짜마의 꼬리를 쭈욱 늘려 패널을 뒤집는 독특한 시스템을 채용했다.

GB 게임보이 커비의 블록 볼

ACT 닌텐도 1995년 12월 14일 3,900엔

통신 케이블 지원 / 적외선 통신 지원 / 슈퍼 게임보이 지원 / 포켓 프린터 지원

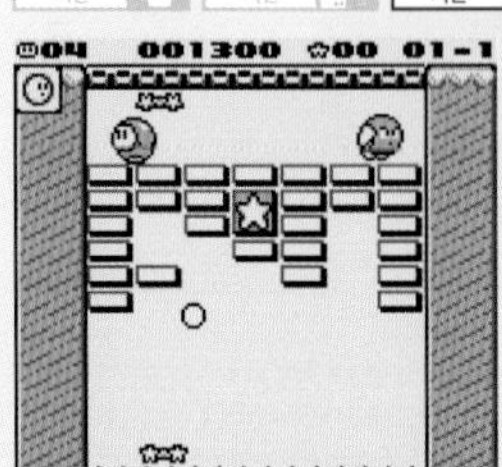

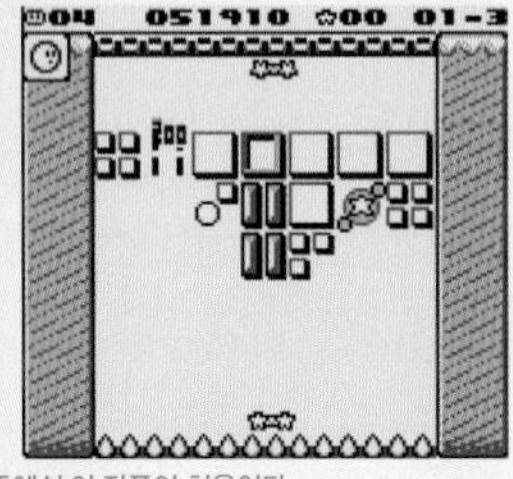

▲ 적에게 피격 모션이 추가된 것은, 시리즈 중에선 이 작품이 처음이다.

「별의 커비」 계 볼 액션 게임 제 3탄으로, 변칙성 블록 깨기 게임. 블록과 조무래기들을 처리하며, 스테이지별로 규정된 목표 점수를 달성하면 스테이지 클리어다. 전 스테이지의 스코어 규정치를 넘기면 최종 스테이지의 디디디 대왕에게 도전한다. 카피 능력 4종류를 사용하는 커비다운 액션과 갖가지 보너스 게임, 하이템포 BGM이 높은 퀄리티로 융합된 작품.

GB 게임보이 P-맨

ACT KEMCO 1995년 12월 22일 4,200엔

통신 케이블 지원 / 적외선 통신 지원 / 슈퍼 게임보이 지원 / 포켓 프린터 지원

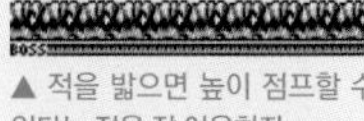

▲ 적을 밟으면 높이 점프할 수 있다는 점을 잘 이용하자.

상당히 험악한 인상의 원시인 주인공 '샘'이, 한손에 곤봉을 들고 몬스터가 가득한 쥬라기 정글을 모험하는 점프 액션 게임. 큼직한 캐릭터가 날뛰는 박력 넘치는 화면이 인상적인 타이틀이다.

GB 게임보이 도쿄 디즈니랜드 : 미키의 신데렐라 성 미스터리 투어

ACT 토미 1995년 12월 22일 4,200엔

통신 케이블 지원 / 적외선 통신 지원 / 슈퍼 게임보이 지원 / 포켓 프린터 지원

▲ 풍선은 가스 미터가 바닥나면 무효화된다.

'신데렐라 성 미스터리 투어'에서 미아가 된 플루토를 찾기 위해, 미키가 미로와도 같은 성 내부를 모험하는 액션 게임. 높은 곳으로는 풍선에 가스를 넣어 둥실둥실 떠 이동하는 등, 독특한 액션이 귀여운 작품이다.

GB 게임보이 닌자보이 란타로 GB

RPG 컬처 브레인 1995년 12월 27일 4,800엔

통신 케이블 지원 / 적외선 통신 지원 / 슈퍼 게임보이 지원 / 포켓 프린터 지원

▲ 사로잡힌 신베를 구하려는 란타로의 모험이 시작된다.

애니메이션 '닌자보이 란타로'의 게임화 작품. 보충학습 합격을 위해 '일곱 빛깔 두루마리'를 모으는 란타로 일행의 이야기다. RPG처럼 필드를 돌아다니며 진행하지만, 전투 시에는 펀치를 구사하는 액션 게임이 된다.

GB 게임보이 블록깨기 GB

ACT 플래닝오피스 와다 1995년 12월 29일 3,980엔

통신 케이블 지원 / 적외선 통신 지원 / 슈퍼 게임보이 지원 / 포켓 프린터 지원

▲ 스토리 모드에서는 5스테이지 단위로 보스가 등장한다.

목만 남아버린 거대 로봇의 부품들을 되찾으러, 어째서인지 블록깨기에 도전하는 당황스러운 스토리의 게임. 플레이어 기체는 캡슐을 입수하여 블록 관통, 볼 분열 등의 파워 업이 가능하다.

GAME BOY
SOFTWARE ALL CATALOGUE

이 해에 발매된 타이틀은 불과 40개 작품뿐. 이대로 게임보이 시장이 끝나버리리라고 모두가 생각했을 무렵, 조용히 발매된 두 RPG가 있었다. 게임의 역사에 찬란히 빛날 기념비적인 게임 「포켓몬스터 적·녹」이었다. '수집'·'육성'·'대전'·'교환'이라는, 게임보이만이 가능한 특성을 최대한으로 활용하여 새로운 시대를 열어젖힌 이 작품은, 입소문으로 순식간에 호평이 퍼져나가 결국 게임보이라는 게임기마저 되살려낸 구세주가 되었다.

포켓몬스터 적

게임보이 RPG 닌텐도 1996년 2월 27일 3,980엔

▲ 교환으로 들어온 포켓몬은 획득 경험치량이 일반 포켓몬보다 많다.

지금도 국민적 인기를 자랑하는 게임 시리즈의 첫 작품. 가상의 생물 '포켓몬'을 수집해 육성하는 시스템이 수집의 재미를 도입한 획기적인 발상으로서 유저들의 호평을 받아, 지지부진하던 게임보이 시장을 되살릴 만큼 대히트했다. 특히 이 작품의 컨셉인 '교환'을 구현한 포켓몬 통신 교환은 통신 케이블 활용의 새로운 가능성을 열어, 이후 작품에도 영향을 끼쳤다.

포켓몬스터 녹

게임보이 RPG 닌텐도 1996년 2월 27일 3,980엔

▲ 속성 간에는 상성이 있어, '포켓몬'과 '기술'의 속성에 따라 배틀 시 유·불리가 변화한다.

「포켓몬스터 적」과는 출현하는 포켓몬의 종류·분포, 주인공 이름의 기본값 등이 다른 어나더 버전. 포켓몬 중에는 통신교환으로만 진화되는 것, 한쪽 버전에만 출현하는 것, 작품 내 이벤트에서 양자택일로만 들어오는 것, 닌텐도의 이벤트에서 한정 배포되는 것 등이 있어, 이런 다양한 입수방법이 통신교환의 동기로 작용해 유저들 간에 교환이 활성화되었다.

곰돌이 푸타로 : 보물찾기다, 대만원 게임 배틀!

게임보이 ETC 타카라 1996년 2월 29일 3,980엔

▲ 약간 특이한 얼굴의 '푸타로'를 조작해 미니게임을 클리어한다.

원작인 '곰돌이 푸타로'는 썰렁개그 4컷 만화로, 이 작품은 푸타로가 원작을 재현한 썰렁개그 스토리를 즐기며 미니게임에 도전한다는 내용의 게임이다. 미니게임 결과에 따라 엔딩이 달라진다.

열투 투신전

게임보이 ACT 타카라 1996년 3월 22일 4,660엔

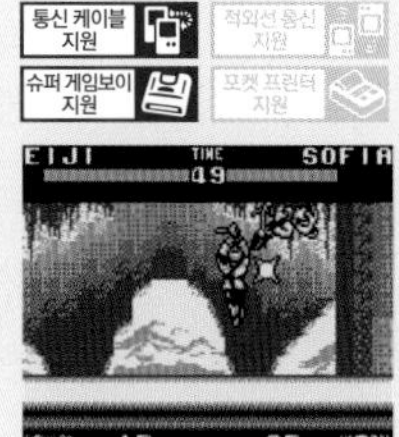

▲ 정확한 커맨드 입력으로 필살기를 발동해 상대를 쓰러뜨려라!

원작은 플레이스테이션으로 발매된 3D 격투 게임으로, 게임보이로는 2D 도트 그래픽으로 제작되어 등장했다. 약간 개그 요소가 첨가된 스토리로서, 원작의 친숙한 캐릭터들이 투신대무회에서 격돌한다.

GB 게임보이 도라에몽의 스터디 보이 1 : 초1 국어·한자

ETC 쇼가쿠칸 1996년 4월 25일 2,850엔

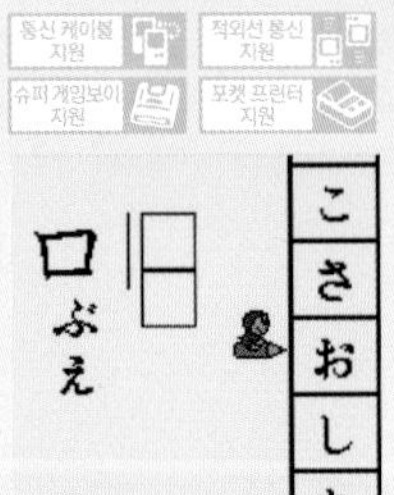

▲ 한자 읽기 문제는 정답의 발음을 고르는 방식으로 푼다.

도라에몽과 함께 한자를 배우는 학습용 소프트. 먼저 학교에서 쓰는 교과서의 출판사를 고르고, 그 책 기준의 읽기·쓰기를 4가지 모드로 배운다. 「스터디 보이」 시리즈 제 1탄으로, 산수 버전이 같은 날 발매되었다.

GB 게임보이 도라에몽의 스터디 보이 2 : 초1 산수·계산

ETC 쇼가쿠칸 1996년 4월 25일 2,850엔

▲ 게임 시작 시, 유저가 쓰는 교과서의 출판사를 선택한다.

도라에몽과 함께 당시 일본 초등학교 1학년 레벨의 산수를 배우는 소프트. 덧셈과 뺄셈 문제를 계속 풀어나가는 3가지 모드를 비롯해, 산수 문제를 풀면 컨티뉴가 가능한 슈팅 게임이 수록되어 있다.

GB 게임보이 열투 더 킹 오브 파이터즈 '95

ACT 타카라 1996년 4월 26일 4,500엔

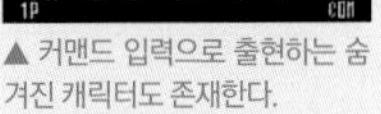

▲ 커맨드 입력으로 출현하는 숨겨진 캐릭터도 존재한다.

SNK의 인기 격투 게임을 게임보이로 개변 이식했다. 초기 상태에서는 캐릭터 총 15명 중에서 팀 에디트로 3명을 골라 싸울 수 있다. 파워 게이지 MAX 상태일 땐 초필살기도 사용 가능하다.

GB 게임보이 렌쥬 클럽

TBL 헥트 1996년 5월 17일 2,480엔

▲ 선수 흑의 경우, 3-3 등의 몇 가지 수가 금지된다.

철저하게 렌쥬만을 파고들어 즐기는 테이블 게임. 참고로 '렌쥬'란, 오목의 룰을 흑백이 평등하게 즐길 수 있도록 일본에서 개량한 경기를 말한다. CPU전과 통신대전을 비롯해, 렌쥬 묘수풀이 50문제도 수록했다.

GB 게임보이 배스 피싱 : 달인수첩

ETC 스타피시 1996년 6월 21일 9,800엔

◇技術チェック

この時期のバスは目の前にルアーがこないと口を使わないため、丹念に底をとり、何らかの障害物をロッドに感じたらルアーをその場

▲ 기본적으로는 문자정보만 수록했고, 게임 요소는 없다.

기후와 날씨는 물론, 시간대 등의 조건에 맞춰 최적의 낚시 포인트와 루어 테크닉을 알려주는 '배스 낚시 도우미 소프트'. 다만 수록 데이터량이 적고, 호수는 유명한 곳 위주로 4개소만 수록한 점이 아쉽다.

GB 게임보이 봄버맨 컬렉션

ACT 허드슨 1996년 7월 21일 3,980엔

▲ 과거의 명작들을 하나로 즐길 수 있는 알뜰한 카트리지다.

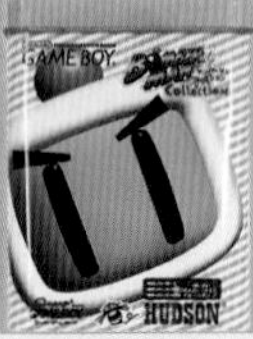

「봄버보이」·「봄버맨 GB」·「봄버맨 GB 2」 세 작품을 카트리지 하나에 수록했다. 내용은 과거 발매작과 동일하지만, 슈퍼 게임보이를 지원하도록 해 컬러화시켰다. 알루미늄 캔 재질의 패키지에 들어있다.

GB 게임보이 남코 갤러리 Vol.1

ETC 남코 1996년 7월 21일 3,980엔

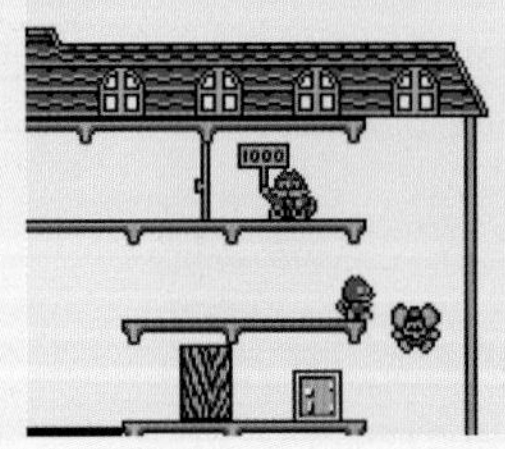

▲ 각 타이틀별 성적은 헬프 화면으로 확인할 수 있으며, 패스워드로 기록 보존도 가능.

1980년대 오락실과 패미컴에서 일세를 풍미했던 남코의 명작을 즐길 수 있는 옴니버스 소프트. 제 1탄은 「갤러그」·「매피」·「배틀 시티」·「남코 클래식」 4작품을 수록했다. 모두 이식도가 좋으며, 타이틀도 다양성이 높고 선정이 적절하다. 각 타이틀에 상(지금의 '트로피' 개념)도 설정해, 상의 획득 상황에 따라 특별한 CG를 볼 수 있는 추가 요소가 있다.

두더지~냐

PZL 닌텐도 1996년 7월 21일 3,900엔

▲ 슈퍼 게임보이로 플레이하면 컬러풀한 화면으로 즐길 수 있다.

두더지 '두더지~냐'가 자리를 떠난 사이, 농부 '진베'에게 처자식이 납치당한다. 진베의 도전장을 받고 구출하러 '진베 랜드'로 가는 두더지~냐. 진베 랜드는 미로화되어, 골까지의 길이 끊겨있거나 적으로 막혀 지나갈 수 없는 등 난관 투성이다. 두더지~냐는 구멍을 파 지하를 통해 골로 향한다. 단순한 길찾기 게임이 아니라, 퍼즐 요소를 가미한 숨겨진 수작이다.

모모타로 컬렉션

ETC 허드슨 1996년 8월 9일 3,980엔

▲ 여럿이 즐길 수 있는 게임과 혼자서 파고드는 게임이 한 세트로.

「슈퍼 모모타로 전철 Ⅱ」와 「모모타로 전극」 두 타이틀을 한 카트리지에 수록한 알뜰 소프트. 둘 다 내용은 원작과 동일해, 보드 게임과 액션 게임의 두 장르를 카트리지 하나로 즐길 수 있다.

열투 사무라이 스피리츠 : 잔쿠로 무쌍검

ACT 타카라 1996년 8월 23일 4,500엔

▲ 각 캐릭터마다 준비된 코믹한 스토리를 즐기자.

꾸준히 발매되어 친숙해진 「열투」 시리즈. 이번엔 「사무라이 스피리츠 : 잔쿠로 무쌍검」을 열투 시리즈로 이식했다. 캐릭터는 귀여운 SD 풍이지만, 필살기·BGM 등은 원작의 분위기를 재현하려는 노력이 엿보인다.

슈퍼 차이니즈 랜드 1·2·3'

ACT 컬처 브레인 1996년 9월 13일 3,980엔

▲ 「슈퍼 차이니즈 랜드」 시리즈 3작품을 한꺼번에 즐긴다.

이전까지 게임보이로 발매되었던 「슈퍼 차이니즈 랜드」 시리즈 3개 작품을 카트리지 하나로 플레이할 수 있는 알뜰 소프트. 액션부터 RPG까지, 이 작품 하나로 마음껏 즐길 수 있다.

SD 비룡의 권 외전 2

ACT 컬처 브레인 1996년 9월 27일 4,200엔

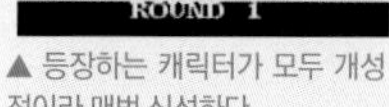

▲ 등장하는 캐릭터가 모두 개성적이라 매번 신선하다.

시리즈 최다인 캐릭터 19명을 사용 가능한 대전격투 게임. 전작 「비룡의 권 외전」에 신 캐릭터를 추가했고, 시스템·조작은 큰 변경점이 없다. 시작 화면에서 ↓+A+B+START를 누르면 용마왕을 사용할 수 있다.

스트리트 레이서

RCG UBISOFT 1996년 9월 27일 4,980엔

▲ 게임보이라고 믿기지 않을 만큼 부드럽게 움직이는 코스도 리얼하다.

미국 풍의 유사 3D 레이싱 게임. 차량 성능도 드라이버 얼굴도 각기 개성적인 차량 8종 중에서 조작할 차를 골라, 점프와 아이템으로 상대를 방해하며 레이스 승리를 노린다. BGM도 박력만점이다.

스포츠 컬렉션

SPT 톤킨 하우스 1996년 9월 27일 3,980엔

▲ 각 타이틀의 통신대전 기능은 이 작품에서는 삭제되었다.

톤킨 하우스가 과거 발매했던 스포츠 게임들을 카트리지 하나로 모아 수록한 소프트. 「시사이드 발리」·「복싱」·「로드스터」·「사커」·「닷지 보이」 5종류의 작품을 수록했다.

피크로스 2

GB 게임보이 PZL 닌텐도 1996년 10월 19일 3,000엔

통신 케이블 지원 / 적외선 통신 지원 / 슈퍼 게임보이 지원 / 포켓 프린터 지원

▲시간 가는 줄 모르고 빠져들게 되는, 퍼즐 게임의 대표작!

힌트 숫자를 참고해 칸을 지워 그림을 완성하는 명작 퍼즐 게임. 틀리면 제한시간이 줄어 정답을 간접적으로 알려주는 '마리오의 피크로스', 힌트가 없는 '와리오의 피크로스' 모드를 수록했다. 협력 플레이도 지원.

도라에몽의 스터디 보이 3 : 구구단 마스터

GB 게임보이 ETC 쇼가쿠칸 1996년 10월 25일 2,850엔

통신 케이블 지원 / 적외선 통신 지원 / 슈퍼 게임보이 지원 / 포켓 프린터 지원

▲ 준비된 '문제'를 단번에 풀면 '참 잘 했어요' 마크가 붙는다!

「스터디 보이」 시리즈 제 3탄. 구구단에 특화시킨 소프트로, 세 코스 내에 '스피드 퍼즐'과 '블록 미로' 등의 미니게임을 수록했으며, 레벨 1~3 중에서 임의의 난이도를 선택할 수 있다.

요시의 패널퐁

GB 게임보이 PZL 닌텐도 1996년 10월 26일 3,000엔

통신 케이블 지원 / 적외선 통신 지원 / 슈퍼 게임보이 지원 / 포켓 프린터 지원

▲ 대전 모드와, 혼자서 풀어가는 모드를 탑재했다.

요시가 주인공인 퍼즐 게임. 아래에서 위로 밀려올라오는 패널을 2장 1조로 교체하여, 같은 아이콘 3장을 붙이면 없어진다는 심플하고 알기 쉬운 룰이 특징이다. 마리오 시리즈의 캐릭터도 등장한다.

퍼즐 닌자보이 란타로 GB

GB 게임보이 PZL 컬처브레인 1996년 11월 1일 3,980엔

통신 케이블 지원 / 적외선 통신 지원 / 슈퍼 게임보이 지원 / 포켓 프린터 지원

▲ 룰은 간단하다. 닌자 아이템을 3개 연결하면 블록이 없어진다.

같은 제목의 인기 TV 애니메이션이 모티브인 퍼즐 게임. 슈퍼 패미컴판 「닌자학교 퍼즐대회 편」의 속편격 작품이며, 얼핏 보면 대전형 「테트리스」와 닮았다. 게임 자체도 대상연령을 고려했는지 난이도가 낮다.

이상한 던전 : 풍래의 시렌 GB - 츠키카게 마을의 괴물

GB 게임보이 RPG 춘 소프트 1996년 11월 22일 3,900엔

통신 케이블 지원 / 적외선 통신 지원 / 슈퍼 게임보이 지원 / 포켓 프린터 지원

▲쿠요 언덕을 클리어하고 나서도 다음 던전이 또 나오니, 볼륨은 우려할 필요가 없다.

모두가 기다리던 「이상한 던전」 시리즈 차기작이 게임보이로 등장. 주인공 '시렌'은 산제물이 된 소녀와 소꿉친구 소년을 구하러, 정체불명의 괴물 '오로치'가 사는 '쿠요 언덕'으로 간다. 들어갈 때마다 형태가 바뀌는 던전을 반복 탐색해 서서히 심층에 도달해가는 달성감은 시리즈 공통의 재미이지만, 무엇보다 플레이어 자신의 성장이 이 게임 최대의 매력이리라.

동키 콩 랜드

GB 게임보이 ACT 닌텐도 1996년 11월 23일 3,000엔

통신 케이블 지원 / 적외선 통신 지원 / 슈퍼 게임보이 지원 / 포켓 프린터 지원

▲난이도는 높지만, 세밀하게 그린 배경 그래픽 등 볼거리가 많은 작품이다.

슈퍼 패미컴으로 인기였던 「슈퍼 동키 콩」의 게임보이 이식판. 다만 하드웨어 사양에 차이가 크다 보니, 실은 오리지널 신작이라고 봐야 할 만큼 대규모 개변을 가했다. 스토리는 「슈퍼 동키 콩」의 후일담이며, 스테이지는 전부 신규 디자인으로 교체했다. 함정과 적도 이 작품의 오리지널 디자인이라, 원작 경험자도 신선한 느낌으로 즐길 수 있어 재미있다.

원인 컬렉션

ACT 허드슨 1996년 11월 22일 3,980엔

이전까지 게임보이로 발매되었던 「원인」 시리즈를 카트리지 하나에 수록한 알뜰 패키지. 내용은 「GB원인」·「GB원인 랜드 : 비바! 치쿤 왕국」·「GB원인 2」로 세 타이틀. 특유의 알루미늄 캔 패키지가 멋지다.

▲ 세 타이틀을 합본해, GB원인의 박치기도 3배로 재미있다!

남코 갤러리 Vol.2

ETC 남코 1996년 11월 29일 3,980엔

남코의 인기 게임을 다수 수록한 소프트. 수록 라인업은 「갤럭시안」·「디그더그」·「NEW 디그더그」·「드루아가의 탑」·「패미스타 4」로, 전부 그래픽과 연출을 강화시킨 개변 이식판이다.

▲ 「드루아가의 탑」도 퍼즐을 교체해, 신선한 감각으로 즐긴다.

파치오 군 게임 갤러리

ETC 코코너츠 재팬 1996년 11월 29일 4,300엔

과거 발매된 「파치오 군」 시리즈를 카트리지 하나에 수록한 알뜰 소프트. 내용은 「파치오 군」·「파치오 군 2」·「파치오 군 3」·「파치오 군 캐슬」로 네 타이틀. 한꺼번에 즐겨 보고픈 사람에게 추천한다.

▲ 파친코뿐만 아니라, 「파치오 군」의 역사도 알려준다.

짱구는 못 말려 : 나의 신나는 컬렉션

ETC 반다이 1996년 12월 2일 3,980엔

게임보이로 5작품이나 발매된 「짱구는 못 말려」 시리즈의 마지막 타이틀. 과거 미니게임들의 옴니버스 컬렉션과 신작 미니게임으로 구성했다. 다시 한 번 '참 잘 했어요' 스탬프를 모아보자.

▲ 이제까지 중 인기가 많았던 미니게임을 엄선한 모음집. 꽤 재미있다.

봄버맨 GB 3

ACT 허드슨 1996년 12월 2일 3,980엔

「봄버맨」 신작이, 호평받은 허드슨 특제 캔 패키지로 등장했다. 맵에 고저차가 있어, 폭탄으로 나무가 쓰러지거나 눈사태가 일어나는 등 풍부한 장치로 플레이어를 즐겁게 한다. 오완 행성의 평화를 되찾아라.

▲ 스테이지별로 달라지는 클리어 조건을 달성하라.

모모타로 컬렉션 2

ETC 허드슨 1996년 12월 6일 3,980엔

「모모타로 전설 외전」·「모모타로 전극 Ⅱ」 두 타이틀을 카트리지 하나에 수록한 알뜰 소프트. 각 작품은 발매 당시의 내용과 동일하므로, 롤플레잉 게임과 액션 게임 두 장르를 한 카트리지로 즐길 수 있다.

▲ 이번 컬렉션은 RPG와 액션 게임을 콤보로 묶었다.

게게게의 기타로 : 요괴 창조주 등장!

RPG 반다이 1996년 12월 13일 4,500엔

기타로가 요괴 우편함에 도착한 편지를 토대로 사건을 조사해, 요괴와 싸우며 의뢰를 해결한다. RPG 풍 게임이라 사람과 대화해 정보를 수집하며, 전투에서는 동료 요괴를 전환하면서 1 : 1로 싸우게 된다.

▲ 당시 방송 중이던 애니메이션(제 3기) 기반의 게임화다.

합격 보이 시리즈 : 영어단어 타깃 1900

ETC 이매지니어 1996년 12월 13일 2,050엔(세금 포함)

게임보이의 휴대성을 활용한, 당시의 일본 대학입시 대책용 영어단어 학습 소프트. 단어 암기 모드와 입시 테스트 모드를 탑재하여, 이 소프트 하나로 영어단어를 외우고 학습 성과를 확인할 수 있도록 했다.

▲ 교육 전문 출판사 '오분샤'가 제작에 협력한 정통파 학습 소프트.

GB 게임보이 포켓 뿌요뿌요 투 [通]

PZL　컴파일　1996년 12월 13일　3,900엔

통신 케이블 지원 / 적외선 통신 지원 / 슈퍼 게임보이 지원 / 포켓 프린터 지원

▲ 데모를 삭제했지만, 게임 자체는 원작과 동등한 느낌으로 즐길 수 있다.

대히트 낙하계 퍼즐 게임 제 2탄의 게임보이판. 룰은 물론 캐릭터와 BGM까지 원작의 느낌을 유지하면서도, 흑백 화면으로도 상황을 파악할 수 있도록 '뿌요'의 색깔을 모노크롬 계조 차이로 잘 표현했다.

GB 게임보이 스누피의 첫 심부름

PZL　켐코　1996년 12월 21일　3,980엔

통신 케이블 지원 / 적외선 통신 지원 / 슈퍼 게임보이 지원 / 포켓 프린터 지원

▲ 스누피를 잘 유도해 골까지 이동시키는 퍼즐 게임이다.

매일 낮잠으로 빈둥거리던 스누피가, 어느 날 갑자기 찰리 브라운의 부탁을 받고 심부름을 나간다는 이야기. 쿼터뷰 패널 위를 걷는 스누피를 화살표나 아이템으로 골인 지점까지 잘 유도해 보자.

GB 게임보이 뿅야뿅야 왕바우

ACT　토미　1996년 12월 21일　3,900엔

통신 케이블 지원 / 적외선 통신 지원 / 슈퍼 게임보이 지원 / 포켓 프린터 지원

▲ 왕바우의 코믹한 움직임이 귀여운 경마 게임.

TV 애니메이션화 되었던 같은 제목 만화(원제는 '목장의 마키바오')를 게임화했다. 말 '왕바우'를 훈련시켜 레이스 1등을 노리자. 플레이어는 왕바우를 직접 조작해, 이벤트에서 입수한 카드로 레이스를 유리하게 전개한다.

GB 게임보이 테트리스 플러스

PZL　잘레코　1996년 12월 27일　3,980엔

통신 케이블 지원 / 적외선 통신 지원 / 슈퍼 게임보이 지원 / 포켓 프린터 지원

▲ 리뉴얼한 퍼즐 모드는 물론, 일반 룰로도 즐길 수 있다.

친숙한 「테트리스」 룰을 기본으로 삼아, 시스템을 개변시킨 퍼즐 게임. 화면 내에 미리 배치된 블록들을 없애면서, 돌아다니는 캐릭터를 골인 지점까지 유도하면 스테이지 클리어다.

GB 게임보이 미니4 보이

SLG　J·WING　1996년 12월 27일　4,980엔

통신 케이블 지원 / 적외선 통신 지원 / 슈퍼 게임보이 지원 / 포켓 프린터 지원

▲ 플레이어는 '미니4 보이'가 되어 레이스 승리를 노린다.

사륜구동 미니카를 닮은 머신을 사용해 레이스에서 승리하는 것이 목적인 레이싱 게임. 파츠 샵에서 구입한 부품으로 머신을 커스터마이즈하여 끊임없이 레이스에 도전한다는 시스템으로, 군더더기가 전혀 없는 게임이다.

GB 게임보이 명탐정 코난 : 지하 유원지 살인사건

AVG　반다이　1996년 12월 27일　3,980엔

통신 케이블 지원 / 적외선 통신 지원 / 슈퍼 게임보이 지원 / 포켓 프린터 지원

▲ 게임 도중의 행동이 시나리오 분기를 결정한다.

게임보이용 「명탐정 코난」 시리즈 제 1탄. 게임을 진행하다 보면 스토리가 분기되어 여러 이야기를 즐길 수 있는 멀티 시나리오 시스템을 채용했다. 어드벤처 게임이면서도 반복 플레이를 즐길 수 있는 게 장점이다.

GB 게임보이 슈퍼 차이니즈 파이터 GB

ACT　컬처 브레인　1996년 12월 28일　3,980엔

통신 케이블 지원 / 적외선 통신 지원 / 슈퍼 게임보이 지원 / 포켓 프린터 지원

▲ 적절한 필살기를 골라야, 움직임이 빠른 격투전에서 유리하다.

캐릭터 12명으로 싸우는 격투 게임. 대전하기 전에 필살기를 선택하며, 아이템으로 능력치를 상승시킬 수도 있다. '슈퍼 디펜스'와 '슈퍼 테크닉' 등, 시리즈 특유의 시스템도 탑재되어 있다.

GB 게임보이 슈퍼 블랙배스 포켓

ACT　스타피시　1996년 12월 28일　4,980엔

통신 케이블 지원 / 적외선 통신 지원 / 슈퍼 게임보이 지원 / 포켓 프린터 지원

▲ 라이브웰 안에 담아둘 수 있는 물고기는 최대 5마리다.

배스 피싱 토너먼트 경기를 재현한 작품. 실제 대회와 동일한 토너먼트 룰로 토너먼트가 진행된다. 리트리브하는 방법을 디테일하게 설정했기 때문에, 이를 익혀두면 낚시가 한결 쉬워진다.

GAME BOY
SOFTWARE ALL CATALOGUE

작년의 「포켓몬스터」 히트 덕분에 게임보이 본체의 판매량은 상승했으나, 이 해에 발매된 소프트 수는 57개 타이틀로, 아직 '포켓몬' 효과가 소프트 시장에까지 영향을 끼쳤다고는 하기 어려운 상황이었다.

그럼에도 눈치 빠른 일부 개발사는 「포켓몬스터」의 특징인 '교환'과 '육성' 요소를 잽싸게 캐치하여, 이 요소들을 한 발 앞서 도입한 「애니멀 브리더」 등의 게임을 발매했다. 또한, 당시 인기였던 휴대용 완구 '다마고치'의 게임보이판도 이 해에 발매되었다.

합격 보이 시리즈 : 일본사 타깃 201
GB 게임보이 ETC 이매지니어 1997년 1월 24일 2,050엔(세금 포함)

▲ 교육 전문 출판사 '오분샤'가 제작에 협력한 정통파 학습 소프트.

게임보이의 휴대성을 활용한, 당시의 일본 대학입시 대책용 일본사 학습 소프트. 일본사 암기 모드와 입시 테스트 모드를 탑재하여, 이 소프트 하나로 일본사를 외우고 학습 성과를 확인할 수 있도록 했다.

차르보 55
GB 게임보이 PZL 일본 시스템 서플라이 1997년 2월 21일 3,800엔

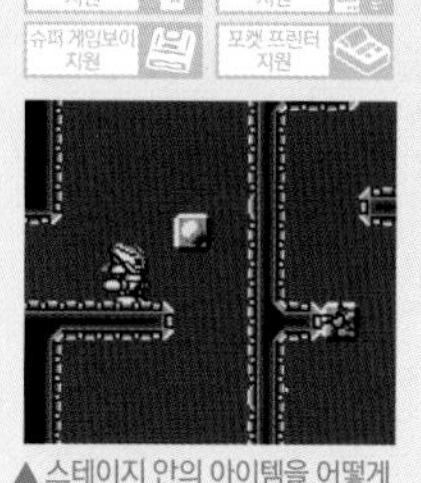
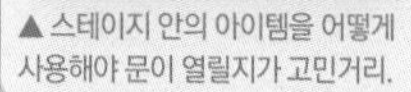

▲ 스테이지 안의 아이템을 어떻게 사용해야 문이 열릴지가 고민거리.

우주해적 모브 브라더즈를 쓰러뜨리기 위해, 로봇 '차르보'가 우주요새에서 대소동을 벌인다. 차르보는 로봇 형태와 볼 형태로 변신 가능하므로, 스테이지 내의 장치들을 이용해 보스까지 도달하자.

커비의 반짝반짝 키즈
GB 게임보이 PZL 닌텐도 1997년 1월 25일 3,000엔

통신 케이블 지원 / 슈퍼 게임보이 지원

▲ 룰이 단순해서 플레이가 쉬우며, 게임 내의 룰 설명도 매우 친절하다.

커비가 소재인 낙하계 퍼즐 게임. 별 블록들을 사이에 두고 동일 캐릭터 두 개를 가로세로로 붙이면 한꺼번에 사라진다는 게 기본적인 룰이다. 일정 수의 별 블록을 없애야 하는 '라운드 클리어' 모드 포함, 4가지 모드가 있다. 플레이어가 위기일 땐 웃고 연쇄를 터뜨리면 당황하는 디디디 대왕의 리액션 등 연출이 디테일하며, 팝 스타일의 BGM도 호평받은 작품.

주프
GB 게임보이 PZL 야노만 1997년 1월 31일 2,800엔

통신 케이블 지원

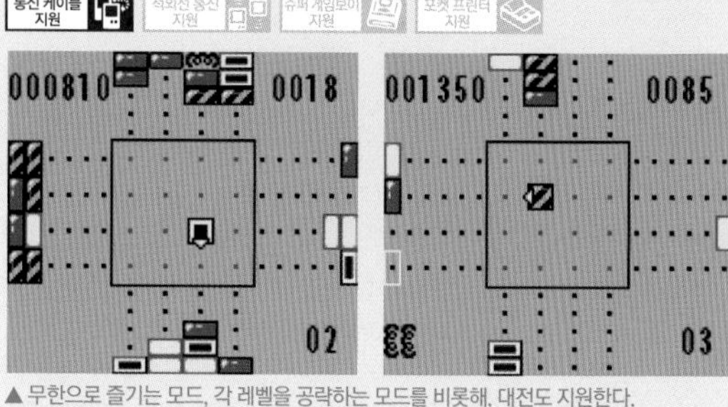

▲ 무한으로 즐기는 모드, 각 레벨을 공략하는 모드를 비롯해, 대전도 지원한다.

중앙으로 밀려들어오는 블록들을 충돌로 없애는 퍼즐 게임. 주변에서 밀려오는 블록들 중 중앙의 커서와 같은 무늬를 골라 충돌시키면 사라지며, 다른 무늬끼리 충돌시키면 두 무늬가 뒤바뀐다. 이 특성을 활용해 블록이 테두리를 넘어오지 않도록 방어하는 게 기본 룰이다. 하다보면 점차 이해되는 쉬운 룰과 짬짬이 즐길 수 있는 구성이 게임보이와 잘 어울려 호평받은 작품.

게임보이 갤러리
게임보이 | ACT 닌텐도 1997년 2월 1일 3,000엔

통신 케이블 지원 / 적외선 통신 지원 / 슈퍼 게임보이 지원 / 포켓 프린터 지원

▲ 리메이크되어 통통해진 「옥토퍼스」(왼쪽)와, 옛날 모드의 「파이어」(오른쪽).

게임&워치의 이식·리메이크판을 다수 수록한 합본. 수록작은 「파이어」·「옥토퍼스」·「맨홀」·「오일 패닉」 네 작품이다. '요즘 모드'로 통칭되는 리메이크판은 화려한 배경그림과 음악을 추가했으며, 캐릭터도 마리오 등 닌텐도 간판 캐릭터로 변경했고, 룰도 새로이 다듬었다. '옛날 모드'는 게임&워치의 충실한 이식판으로, 원작의 독특한 리듬감도 재현했다.

타이토 버라이어티 팩
게임보이 | ACT 타이토 1997년 2월 28일 3,800엔

통신 케이블 지원 / 적외선 통신 지원 / 슈퍼 게임보이 지원 / 포켓 프린터 지원

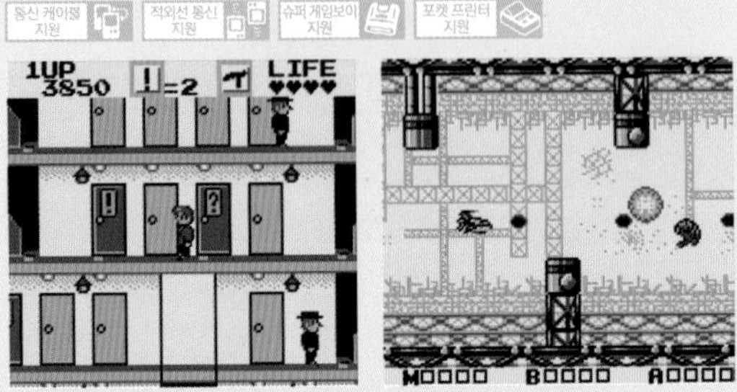
▲ 서양판이 없는 「사가이아」를 제외한 세 타이틀은 서양판으로 수록했다.

타이토가 게임보이로 발매했던 타이틀들을 모은 컬렉션 팩. 수록 타이틀은 「버블 보블」·「엘리베이터 액션」·「타이토 체이스 H.Q.」·「사가이아」 네 작품이다. 모든 소프트는 게임보이로도 즐기기 쉽도록 적절히 개변 이식했다. 이중 「다라이어스」의 이식판인 「사가이아」가 호평을 받아, 오로지 「사가이아」때문에 이 작품을 사는 플레이어도 있을 정도였다고 한다.

합격 보이 시리즈 : 영어숙어 타깃 1000
게임보이 | ETC 이매지니어 1997년 3월 28일 2,480엔

통신 케이블 지원 / 적외선 통신 지원 / 슈퍼 게임보이 지원 / 포켓 프린터 지원

▲ 오분샤가 제공한 문제 데이터를 바탕으로 제작했다.

게임보이의 휴대성을 활용한, 당시의 일본 대학입시 대책용 영어숙어 학습 소프트. 시리즈 전통의 영어숙어 암기 모드와 입시 테스트 모드를 탑재했고, 영어숙어 열람 모드에선 숙어 검색도 가능하다.

SAME GAME
게임보이 | PZL 허드슨 1997년 4월 25일 3,480엔

통신 케이블 지원 / 적외선 통신 지원 / 슈퍼 게임보이 지원 / 포켓 프린터 지원

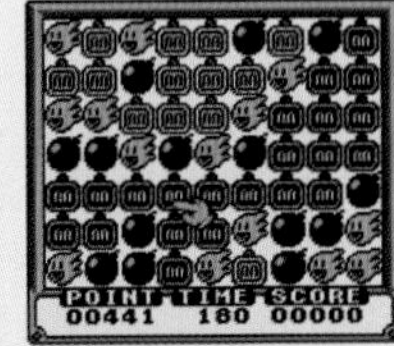

▲ 아이콘이 사라지면, 그 위에 놓여있던 아이콘들이 떨어져 쌓인다.

PC용 아마추어 게임으로 당시 인기 있었던 퍼즐 게임의 이식작. 화면에 아이콘들이 가득하고, 여기서 2개 이상 붙은 동일 아이콘을 한 번에 지우는 단순한 룰의 게임. 모든 아이콘을 없애려면 운과 통찰력이 필요하다.

미니카 GB 렛츠 & 고!!
게임보이 | RPG 아스키 1997년 5월 23일 4,900엔

통신 케이블 지원 / 적외선 통신 지원 / 슈퍼 게임보이 지원 / 포켓 프린터 지원

▲ 통신 케이블을 지원해, 친구와의 파츠 교환도 가능하다.

미니카 소재의 애니메이션 '폭주형제 렛츠 & 고'(국내명 '우리는 챔피언') 기반의 게임. 자신의 미니카에 파츠를 추가하고 튜닝해 레이스 우승에 도전한다. 조정 가능한 항목이 많아 제법 매니악한 작품.

슈퍼 블랙배스 포켓 2
게임보이 | ACT 스타피시 1997년 6월 20일 3,980엔

통신 케이블 지원 / 적외선 통신 지원 / 슈퍼 게임보이 지원 / 포켓 프린터 지원

▲ 배스 게임은 낚은 물고기 수가 아니라 '중량'으로 경쟁하니 유의.

전작 「슈퍼 블랙배스 포켓」 이후 1년 만에 발매된 초고속 속편. '시나리오'·'셀렉트'·'대전' 3가지 모드를 수록했으며, '전송'을 선택하면 전작의 데이터를 불러들여와 이어서 즐기는 것도 가능하다.

도라에몽의 스터디 보이 4 : 초2 국어·한자
ETC 쇼가쿠칸 1997년 6월 25일 2,850엔

평범한 제목의 학습 소프트지만, 지금은 초 레어로 꼽히는 환상의 작품. 한자 읽고쓰기 학습물이지만, 시리즈 굴지의 난이도를 자랑한다. 특히 '쓰기'는 고행 수준으로, 유저가 끝없이 똑같은 퍼즐을 풀도록 만든다.

▲ 문제를 풀면 보상으로 도라에몽의 일러스트가 나온다.

도라에몽의 스터디 보이 5 : 초2 산수·계산
ETC 쇼가쿠칸 1997년 6월 25일 2,850엔

동시 발매된 「초2 국어·한자」와 마찬가지로, 지금은 레어 게임 취급받는 소프트. 덧셈·뺄셈과 구구단을 배우며, 이전 시리즈 전통대로 출제된 문제를 틀리지 않고 한 번에 끝까지 풀면 '참 잘 했어요' 마크를 받는다.

▲ 학습문제집처럼 계속 문제가 나온다. 수록된 게임은 재미있다.

게임에서 발견!! 다마고치
SLG 반다이 1997년 6월 27일 4,500엔

1996년 발매되어, 사회현상을 일으킬 만큼 폭발적인 인기를 기록한 열쇠고리형 게임 '다마고치'를 게임화했다. 원작과 동일하게, 알에서 태어난 '다마고치'에 먹이를 주거나 같이 놀아 주면서 다마고치가 다양하게 성장해가는 모습을 즐기게 된다. 게임보이판의 신 기능으로서, 다마고치의 능력을 경쟁하는 경기대회와, '칭찬하기' 커맨드가 추가되었다.

▲ 다마고치가 어떻게 성장할지는 플레이어의 육성법에 달렸다. 다양하게 시험해보자.

게임보이 워즈 터보
SLG 허드슨 1997년 6월 27일 4,200엔

적과 아군으로 갈려, 상대의 수도를 함락시킬 때까지 근대병기로 싸우는 워 시뮬레이션 게임. 이번 작품은 전작에 비해 CPU의 사고 속도가 매우 빨라져, 순식간에 턴이 종료되는 것이 매력이다.

▲ 보병으로 도시를 점령하고, 최대한 신속하게 보급선을 확보하자.

합격 보이 시리즈 : 고교입시 빈도순 중학 영어단어 1700
ETC 이매지니어 1997년 6월 27일 2,480엔

게임보이의 휴대성을 활용한, 당시의 일본 고교입시 대책용 영어단어 학습 소프트. 시리즈 전통의 영어단어 암기 모드와 입시 테스트 모드를 탑재했고, 영어단어 열람 모드에선 단어 검색도 가능하다.

▲ 오분사가 제작에 협력한 정통파 학습 소프트.

합격 보이 시리즈 : Z카이 궁극의 영어단어 1500
ETC 이매지니어 1997년 7월 11일 2,000엔

일본의 통신교육 전문사 'Z카이'의 서적 '속독 영어단어'를 게임보이로도 배울 수 있도록 한 입시대책용 영어단어 학습 소프트. 3가지 학습 모드를 탑재했고, 서적과 병행하면 학습효과가 높아지게끔 제작했다.

▲ Z카이 사의 책을 읽는 듯한 감각으로 이용할 수 있다.

슈퍼 비드맨 : 파이팅 피닉스
ACT 허드슨 1997년 7월 11일 3,980엔

유리구슬을 발사하는 완구 '비드맨'(원제는 '비다맨')이, 봄버맨 모습이 되어 게임에 역수입되었다. 유리구슬을 쏴 필드 상에 계속 나타나는 폭탄을 유폭시키는 모드와, 대전 가능한 VS 모드가 있다.

▲ 유폭을 노리는 '비드 모드'는 퍼즐 요소가 강하다.

GB 게임보이 출동!! 키드

ACT 켐코 1997년 7월 18일 3,980엔

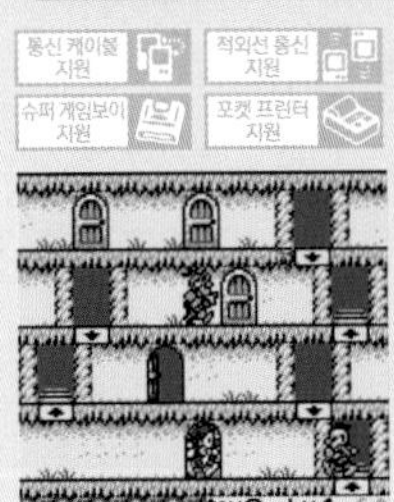
▲ 키드 군은 게임 초반부터 복잡하게 나오는 미로로 고생한다.

광대 '키드'가 광대 별의 왕이 숨겨둔 보물을 찾아 광대의 성을 모험하는 액션 게임. 문과 장치로 복잡하게 연결된 성 내부를 돌아다니며, 열쇠를 모아 스테이지를 클리어하며 진행한다.

GB 게임보이 포켓 러브

SLG 키드 1997년 7월 18일 4,800엔

▲ 하루하루 생활하며 자신의 매력을 연마하는 연애 시뮬레이션 게임.

고등학생인 주인공은 신학기 시작과 함께 여러 소녀들과 친해지는 한편, 공부와 부활동에도 매진하며 바쁘지만 충실한 나날을 보낸다. 과연 크리스마스에 소녀에게 사랑 고백을 받을 수 있을지는 플레이어의 행동에 달렸다.

GB 게임보이 포켓 러브 (CD 동봉판)

SLG 키드 1997년 7월 18일 5,800엔

▲ '연애 시뮬레이션 게임은 보이스가 필수!'라는 사람에게 안성맞춤.

「포켓 러브」에 등장하는 소녀들에 성우를 배정해, 해당 대사를 수록한 CD를 동봉한 제품. 게임 내 화면과 CD 수록 음성이 연동되므로, CD를 들으면서 게임을 플레이하면 몰입감이 증가한다.

GB 게임보이 합격 보이 시리즈 : 고교입시 빈도순 중학 영어숙어 350

ETC 이매지니어 1997년 7월 25일 2,480엔

閲覧中 1

have to ~

~しなければならない
同must
反don't have to ~
「~する必要はない」

▲ 오분샤가 제공한 컨텐츠를 이식한 정통파 학습 소프트.

게임보이의 휴대성을 활용한, 당시의 일본 고교입시 대책용 영어숙어 학습지원 소프트. 암기 모드와 테스트 모드는 물론, 열람 모드에서 숙어 검색도 가능해 언제 어디서나 공부할 수 있다.

GB 게임보이 남코 갤러리 Vol.3

ETC 남코 1997년 7월 25일 3,980엔

▲ 과거에 게임보이로 이식되지 않았던 타이틀도 즐길 수 있다.

남코의 인기 게임을 여럿 수록한 소프트. 수록 라인업은 「스카이 키드」·「바벨 탑」·「패밀리 테니스」·「작탁 보이」 네 타이틀이다. 패미컴판 등을 기반으로 하여 신규 이식한 타이틀도 있다.

GB 게임보이 포켓 마작

TBL 바텀 업 1997년 7월 25일 3,980엔

▲ 대전 상대 캐릭터는 코믹한 얼굴이지만 실력은 꽤 강하다.

실전 스타일의 4인 마작 게임으로, 호패의 나열 등도 실제 마작과 동일하게 표시된다. 자신 외 타인의 손패가 보이지 않으므로 후로할 때는 스크롤되지만, 화면이 좁음에도 보기 쉽게 표시되도록 했다.

GB 게임보이 열투 더 킹 오브 파이터즈 '96

ACT 타카라 1997년 8월 8일 3,980엔

▲ 도발과 파워 게이지 모으기 등, 원작의 요소를 잘 살렸다.

인기 격투 게임을 게임보이용으로 개변 이식하는 「열투」 시리즈. 캐릭터 총 15명과 숨겨진 캐릭터 중에서 3명을 골라 팀을 짜 싸운다. 캐릭터는 SD화시켰지만, 원작의 격투 게임다움을 잘 살려냈다.

GB 게임보이 마하 고고

SLG 토미 1997년 8월 8일 4,200엔

▲ 슬릭 타이어는 엄청나게 강력하니 잘 활용해보자.

타츠노코 프로의 애니메이션(원제는 '마하 GoGoGo')을 게임화했다. 레이스에 출장해 상금을 벌어 다양한 파츠를 입수, 머신을 파워 업해 계속 이기자! 이기지 못해도 경험치는 들어오니, 천천히 레벨 업해도 된다.

디노 브리더
게임보이 SLG J·WING 1997년 8월 22일 4,800엔

통신 케이블 지원 / 슈퍼 게임보이 지원

▲ 단순한 게임이라 비교적 간단히 클리어 가능. 반복해 즐기자.

알에서 태어나 오른쪽으로 하염없이 걷는 공룡에게 먹이를 주거나, 다른 공룡과 싸움을 붙여가며 키우는 공룡 육성 시뮬레이션 게임. 이벤트 선택지에 따라 시나리오가 분기해 다양한 공룡으로 성장한다.

합격 보이 시리즈 : 고교입시 빈도순 한자 문제 정복
게임보이 ETC 이매지니어 1997년 8월 29일 2,480엔

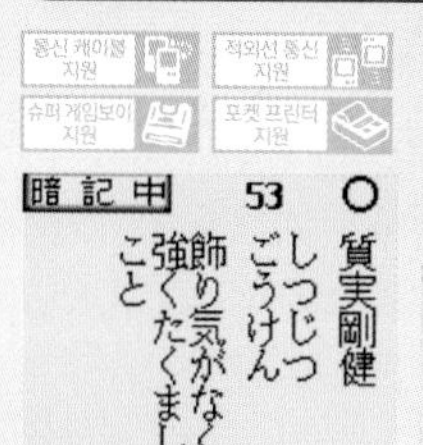

▲ 암기 모드·테스트 모드의 2가지 모드를 수록했다.

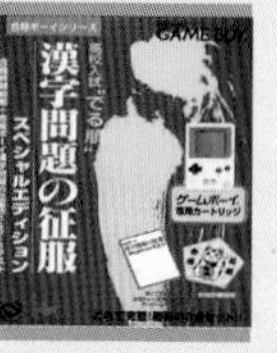

읽고쓰기는 물론 사자성어·동음이의어·동훈이자(同訓異字)·반대어를 잘 출제되는 단어부터 순서대로 배워나가는 중학생용 한자 소프트. 테스트 모드에서는 정답인지 오답인지를 직접 입력해야 한다.

머니 아이돌 익스체인저
게임보이 PZL 아테나 1997년 8월 29일 3,980엔

통신 케이블 지원 / 슈퍼 게임보이 지원

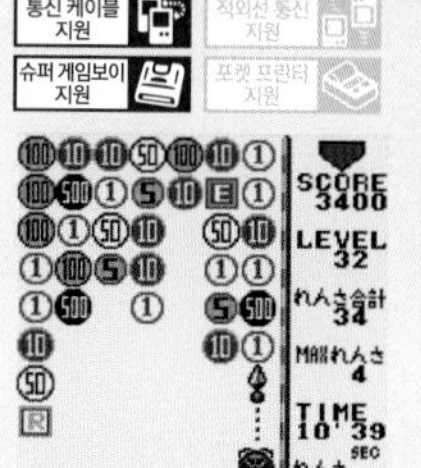

▲ 화면 전체를 보면서 효율적인 환전 순서를 빨리 간파해야 한다.

네오지오로 발매되었던 같은 제목의 퍼즐 게임을 이식했다. 아이돌이 화면을 가득 메운 동전들을 바꿔가며 더 고액인 동전으로 환전한다는 독특한 룰의 게임이다. CPU와의 대전 외에, 단위인정 모드도 있다.

애니멀 브리더
게임보이 SLG J·WING 1997년 9월 11일 4,800엔

통신 케이블 지원 / 슈퍼 게임보이 지원

▲ 동물의 기분을 잘 살피며 꼼꼼하게 돌보자.

마법사의 수정구슬에서 출현한 동물을 키워가는 육성 시뮬레이션 게임. 식사·놀기·훈련 등의 커맨드와 미니게임을 통해 육성해낸 동물을 5종의 대회에 출전시켜 우승하는 것이 목적이다.

강의 누시 낚시 3
게임보이 RPG 팩 인 소프트 1997년 9월 19일 3,600엔

슈퍼 게임보이 지원

▲ 물고기는 수입원이 되며, 도구와 교환하는 물물교환에서도 이용할 수 있다.

병에 걸린 여동생을 위해 강의 대물 '누시'를 낚으려는 소년이 주인공인 작품. 각각 8종류인 미끼·루어·플라이를 사용해 다양한 민물고기를 낚는다. 낚은 물고기는 '워치 모드'에서 사육할 수도 있다.

코나미 GB 컬렉션 Vol.1
게임보이 ETC 코나미 1997년 9월 25일 3,980엔

슈퍼 게임보이 지원

▲ 타이틀명이 변경된 게임도 있으나, 게임의 재미는 동일하다.

코나미 인기 아케이드 게임의 게임보이 이식판을 다수 수록한 합본 소프트. 라인업은 「그라디우스」·「코나미 레이싱」·「드라큘라 전설」·「혼두라」로, 슈퍼 게임보이도 지원한다. 제목이 바뀐 타이틀도 있다.

간식 퀴즈 우물우물Q
게임보이 ETC 스타피시 1997년 9월 26일 3,500엔

슈퍼 게임보이 지원

▲ 귀여운 그림 풍의 게임이지만, 퀴즈 난이도는 은근히 높다.

소풍에 가져갈 과자를 사겠다고 받은 용돈 300엔을 잃어버린 '캔디'. 퀴즈를 잘 맞추면 엄청난 양의 과자를 준다는 빌딩을 방문하는데……. 실존하는 일본 유명 과자 관련 문제가 나오는 매니악한 퀴즈 게임.

합격 보이 시리즈 : 고교입시 역사 연도암기 포인트 240
게임보이 ETC 이매지니어 1997년 9월 26일 2,480엔

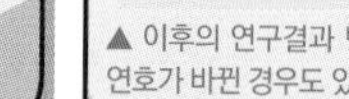

▲ 이후의 연구결과 반영 등으로 연호가 바뀐 경우도 있으니 주의.

게임보이의 휴대성을 활용한 학습 지원 소프트. 당시의 일본 고교입시에 맞춘 역사 공부가 가능하다. 세계사 관련 암기법과 중요 포인트를 포함한 문장을 수록했다. 효율적인 공부를 도와주는 기능이 다수 있다.

GAME BOY 1989 1990 1991 1992 1993 1994 1995 1996 1997 1998 1999 2000 2001 2002 2003

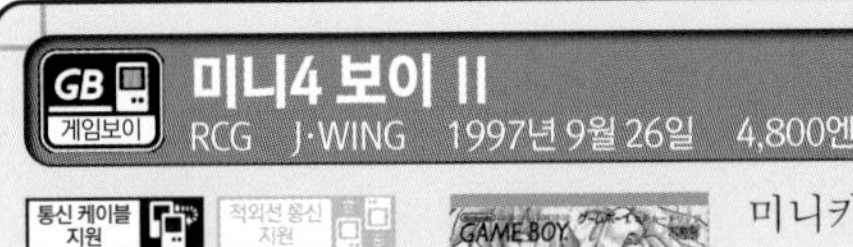

미니4 보이 II

RCG J·WING 1997년 9월 26일 4,800엔

▲ 파트너에 따라 엔딩이 달라지므로, 반복해 즐길 수 있다.

미니카와 유사한 머신으로 레이싱을 즐기는 「미니4 보이」의 속편. 이번 작품은 파트너를 선택해 팀을 이뤄 시합한다는 설정이다. 머신 세팅은 여전히 복잡하지만, 레이스 화면은 전작보다 알기 쉬워졌다.

게임보이 갤러리 2

ACT 닌텐도 1997년 9월 27일 3,000엔

▲ 리뉴얼판인 '요즘' 모드에는 마리오 등이 등장한다.

'게임&워치'를 게임보이로 이식한 시리즈 제 2탄. 「패러슈트」·「헬멧」·「셰프」·「버민」·「동키 콩」, 그리고 숨겨진 게임으로 「볼」을 수록했다. 그래픽을 강화한 어레인지 모드도 있다.

합격 보이 시리즈 : Z카이 궁극의 영어숙어 1017

ETC 이매지니어 1997년 10월 1일 2,000엔

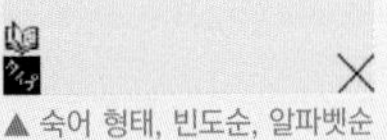

▲ 숙어 형태, 빈도순, 알파벳순으로 분류해 수록했다.

주식회사 Z카이가 감수한 학습지원 소프트. 게임보이의 휴대성 덕에 어디든 휴대하며 공부할 수 있다. 당시 일본 대학입시에 출제되던 영어숙어 1,017개를 예문과 함께 수록해, 학습을 효율적으로 진행할 수 있다.

합격 보이 시리즈 : 고교입시 이과 암기 포인트 250

ETC 이매지니어 1997년 10월 1일 2,480엔

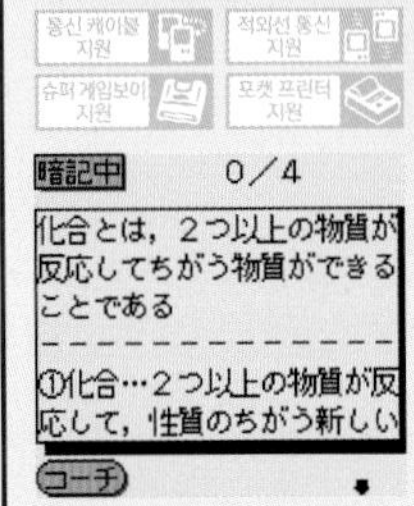

▲ 키워드로 검색해, 관련 문제를 고를 수도 있다.

오분샤가 감수한, 게임보이의 휴대성을 이용한 학습지원 소프트. 당시 일본 고교입시용 이과 공부가 가능하다. 단어 카드를 사용하듯 암기하는 등, 효율적인 공부에 도움을 주는 편리한 기능을 다수 수록했다.

게임에서 발견!! 다마고치 2

SLG 반다이 1997년 10월 17일 4,286엔

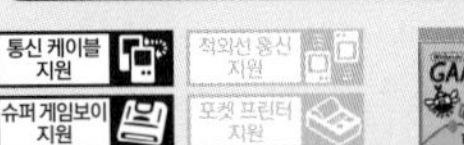

▲ 이번 작품에선 맵을 돌아다니며 직접 알을 찾아야 한다.

전작 「게임에서 발견!! 다마고치」에 이어, 이번에는 바다와 숲에서 발견하는 '물고깃치'와 '벌렛치'를 동시에 육성한다. 방에 놓인 수조와 곤충장 양쪽을 계속 관찰하며 부지런히 플레이해야 하는 작품.

프리크라 포켓 : 불완전 여고생 매뉴얼

AVG 아틀라스 1997년 10월 17일 3,980엔

▲ 당시 유행하던 일본 여고생 패션이 잘 반영된 게임이다.

프리크라(스티커 사진기의 일본 통칭) 학교에 입학한 주인공이, 학교에서 만난 사람들과 소통하면서 스티커 사진을 모으는 게임. 능력치를 올리려면 미니게임을 공략하자. 아틀라스의 마스코트 '잭 프로스트'도 등장.

합격 보이 시리즈 : 영어검정 2급 수준 대화표현 333

ETC 이매지니어 1997년 10월 31일 2,480엔

▲ 단어장을 넘기듯, 예문으로 단어의 예시와 문법을 보여준다.

오분샤가 감수한, 게임보이의 휴대성을 이용한 학습지원 소프트. '식사와 레스토랑' '홈스테이' 등, 9종류의 상황에 맞춰 당시의 일본 영어검정 2급 수준의 영어회화를 학습할 수 있도록 하였다.

컬렉션 포켓

ETC 나그자트 1997년 11월 21일 3,980엔

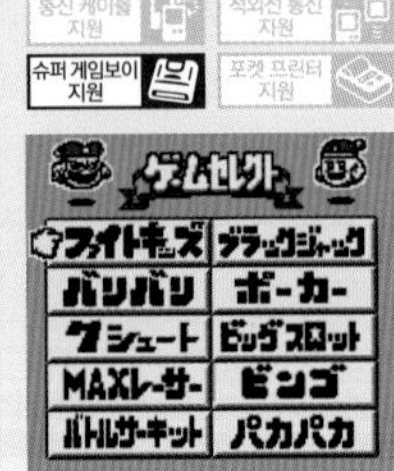

▲ '두둑두둑'이나 '다각다각' 등은, 제목만으론 뭔 게임인지 모를 듯.

무려 10종류나 되는 게임을 카트리지 하나에 수록한 버라이어티 소프트. 각 게임의 내용은 슈팅 게임, 트럼프를 사용하는 카드 게임, 슬롯머신, 레이싱 게임, 경마 등 그야말로 버라이어티하다.

악마성 드라큘라 : 칠흑의 전주곡

ACT 코나미 1997년 11월 27일 3,980엔

▲ 중후한 음악을 배경으로, 소니아 벨몬드가 대활약한다.

17세 소녀 '소니아 벨몬드'가 주인공인 「드라큘라」 시리즈 신작. 시리즈 전통의 스테이지 클리어형 액션 게임으로, 무기는 채찍이다. 강력한 '버닝 모드 시스템'으로 파워풀하게 적을 쓰러뜨리는 쾌감이 있다.

합격 보이 시리즈 : Z카이 궁극의 영어구문 285

ETC 이매지니어 1997년 11월 28일 2,000엔

▲ '테스트 모드'에서는 문제를 4번 틀리면 종료돼 버린다.

Z카이가 감수한 학습지원 소프트. 게임보이의 휴대성 덕에 어디든 휴대하며 공부할 수 있다. 당시 일본 대학 입시에 출제되던 영어 구문을 285개 수록했으며, 예문으로 단어 용례·문법을 배우는 등 효율적인 학습이 가능.

메다로트 : 장수풍뎅이 버전

RPG 이매지니어 1997년 11월 28일 3,980엔

▲ 파츠를 입수해 메다로트를 강화시키는 RPG다.

당시 만화와 애니메이션으로 인기였던 '메다로트'가 드디어 게임화되었다. 메달과 파츠로 구성된 로봇 '메다로트'를 강화시켜 라이벌과 싸운다. '장수풍뎅이 버전'에선 사격에 특화된 메다로트를 받게 된다.

메다로트 : 사슴벌레 버전

RPG 이매지니어 1997년 11월 28일 3,980엔

▲ '제대로 로봇 배틀'로, 파츠를 걸고 싸울 수도 있다.

'사슴벌레 버전'의 경우, 시작 시 격투에 특화된 메다로트를 받게 된다. 입수 가능한 파츠와 메달이 장수풍뎅이 버전과 다르지만, 스토리는 동일하다. 통신 케이블로 파츠 교환도 가능하다.

트럼프 컬렉션 GB

TBL 바텀 업 1997년 11월 28일 3,980엔

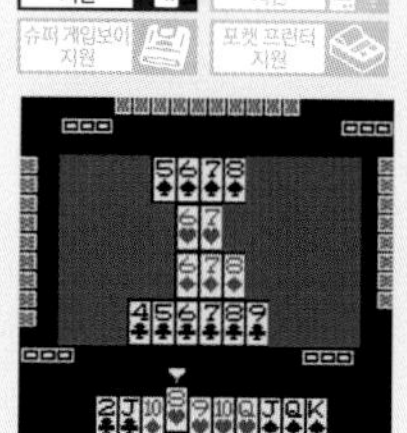

▲ 인기 트럼프 게임이 가득 수록된 알뜰 소프트다.

트럼프 게임 5종류를 카트리지 하나에 수록한 알뜰 소프트. '대부호'·'신경쇠약'·'도미노'·'포커'·'스피드'를 즐길 수 있다. 코믹한 그림으로 그려진 캐릭터들과 승부해 보자.

프리크라 포켓 2 : 남자친구 개조 대작전

SLG 아틀라스 1997년 11월 29일 3,980엔

▲ 이 작품에선 스티커 사진을 모으지 않지만, 스토리에는 나온다.

졸업까지의 1년 동안 '남자친구를 자신의 취향대로 꾸며 멋진 스티커 사진을 찍자'라는 내용의 연애 시뮬레이션 게임. 일일 스케줄에 따라 미니게임 등으로 자신과 남자친구의 능력치를 올려야 하는데, 제법 어렵다.

힘내라 고에몽 : 쿠로후네 당의 비밀

RPG 코나미 1997년 12월 4일 3,980엔

▲ 메인 캐릭터로 저마다 능력이 다른 고에몽·에비스마루·사스케 중 하나를 골라 진행한다.

코나미를 대표하는 인기 시리즈의 신작. 나쁜 도둑질을 일삼는 도적단 '쿠로후네 당'을 혼내주려, 고에몽과 동료들이 활약하는 액션 게임이다. 십자 키+버튼 2개의 전형적인 조작법으로 즐기게 된다. BGM도 스테이지마다 다른 곡을 준비했고 대화 장면의 곡도 흥겨워, 고에몽 시리즈 특유의 에도 시대 분위기를 잘 연출해내 호평받은 작품이다.

산리오 운세 파티

GB 게임보이 ETC 이매지니어 1997년 12월 5일 2,980엔

통신 케이블 지원 / 적외선 통신 지원 / 슈퍼 게임보이 지원 / 포켓 프린터 지원

▲플레이어의 미래에 관한 금전운·건강운·연애운·종운세를 점친다.

산리오의 캐릭터 '헬로키티'와 '배드바츠마루'가, 플레이어의 운세와 요즘 분위기 좋은 상대와의 궁합을 점쳐준다. 성별과 생년월일만 입력하면 간편하게 운세 결과가 나온다. 팔괘점도 나오는 등, 제법 본격적이다.

코나미 GB 컬렉션 Vol.2

GB 게임보이 ETC 코나미 1997년 12월 11일 3,980엔

통신 케이블 지원 / 적외선 통신 지원 / 슈퍼 게임보이 지원 / 포켓 프린터 지원

▲일부 타이틀은 2인 플레이 대전기능이 삭제되었다.

코나미의 인기 게임들을 수록한 소프트 제 2탄. 라인업은 「트윈비다!!」·「힘내라 고에몽 : 사로잡힌 에비스마루」·「모토크로스 매니악스」, 그리고 신규 이식작 「로코모션」이 추가 수록되었다.

슈퍼 씽씽캅 : 믹스 몬스터

GB 게임보이 SLG 반프레스토 1997년 12월 12일 3,800엔

통신 케이블 지원 / 적외선 통신 지원 / 슈퍼 게임보이 지원 / 포켓 프린터 지원

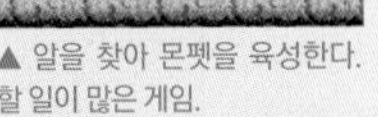
▲알을 찾아 몬펫을 육성한다. 할 일이 많은 게임.

같은 제목의 애니메이션(원제는 '초마신영웅전 와타루')에 등장하는 '몬펫'이라는 동물을 키우는 스핀오프 육성 시뮬레이션 게임. 플레이어는 몬펫을 진화·합성시켜 히미코가 찾고 있는 '킹토노프'를 발견해야 한다.

포켓 봄버맨

GB 게임보이 ACT 허드슨 1997년 12월 12일 3,980엔

통신 케이블 지원 / 적외선 통신 지원 / 슈퍼 게임보이 지원 / 포켓 프린터 지원

▲아이템을 얻어 폭탄을 강화시키는 시스템은 이전작들과 동일.

「봄버맨」이 사이드뷰 점프 액션 게임으로 등장했다. 폭탄을 설치하고 폭발 시의 화염으로 적을 물리치는 기본 룰은 그대로이지만, 봄버맨이 경쾌한 점프로 자유롭게 이동할 수 있게 되었다.

카라무쵸의 대사건

GB 게임보이 ACT 스타피시 1997년 12월 19일 3,800엔

통신 케이블 지원 / 적외선 통신 지원 / 슈퍼 게임보이 지원 / 포켓 프린터 지원

▲코이케야 사 과자 관련 소재를 가득 우겨넣은 재미있는 게임.

일본의 과자회사 '코이케야'의 과자 '카라무쵸'의 캐릭터인 '할머니'가 주인공인 퍼즐 게임. 화면 내의 탈출 아이템을 모으려 '포링키'로 변신해 점프하거나, TV광고로 친숙한 "히익~" 목소리로 벽을 부술 수도 있다.

스타 스위프

GB 게임보이 PZL 액셀라 1997년 12월 19일 3,800엔

통신 케이블 지원 / 적외선 통신 지원 / 슈퍼 게임보이 지원 / 포켓 프린터 지원

▲블록을 쌓아올리는 게 아니라, 틈에 잘 끼워 없애야 하는 게임.

같은 제목의 아케이드 게임 이식작. 막대 모양의 블록을 적절한 위치에 배치시켜, 같은 색 블록 안의 별 마크끼리 인접하도록 틈에 잘 끼우면서 없애나가야 한다. 룰이 매우 독특한 신감각의 낙하계 퍼즐 게임.

벅스 버니 컬렉션

GB 게임보이 ACT 켐코 1997년 12월 19일 3,480엔

통신 케이블 지원 / 적외선 통신 지원 / 슈퍼 게임보이 지원 / 포켓 프린터 지원

▲'루니 툰'의 캐릭터들이 적으로도 등장한다.

일본에서는 발매되지 않았던, 벅스 바니가 주인공인 「크레이지 캐슬」·「크레이지 캐슬 Ⅱ」 두 작품이 한 세트로 합본되어 등장했다. 맵 내에 배치된 당근과 열쇠를 전부 모아 성에서 탈출해야 하는 게임이다.

목장이야기 GB

GB 게임보이 SLG 팩 인 소프트 1997년 12월 19일 3,980엔

통신 케이블 지원 / 적외선 통신 지원 / 슈퍼 게임보이 지원 / 포켓 프린터 지원

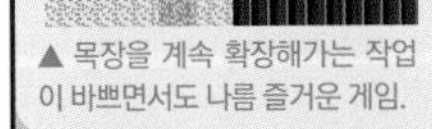
▲목장을 계속 확장해가는 작업이 바쁘면서도 나름 즐거운 게임.

전 목장주의 뜻을 이어받은 주인공이, 작물과 동물을 키우며 목장을 확장시켜 가는 시뮬레이션 게임의 이식판. 채소를 심는 것부터 시작해 동물 돌보기와 출하까지 전부 직접 해야 하는, 경영 게임 요소가 강한 작품.

GAME BOY
SOFTWARE ALL CATALOGUE

1998년에 발매된 작품은 총 99개 타이틀로, 작년과는 반대로 타이틀 수가 증가하여 게임보이 시장이 다시금 활황을 띠기 시작한 해이다.

이 해에는 게임보이 컬러가 발매되어, 전지 수명과 구동시간을 기존 기종대로 유지하면서도 유저들이 염원하던 스크린 컬러화에 성공했다. 동시에 게임보이용 첫 「드래곤 퀘스트」 작품인 「드래곤 퀘스트 몬스터즈」, 인기 카드 게임의 요소를 도입한 「포켓몬 카드 GB」 등, 컬러 화면의 장점을 살린 타이틀이 속속 투입되어 유저들을 기쁘게 했다.

포켓 한자돌이
ETC 신가쿠샤 1998년 1월 10일 3,800엔

▲ 통신 케이블로 한자 지식을 겨루는 대전도 가능하다.

일본 초등학교 한자 1,006글자를 배우는 소프트. 한자의 음훈·뜻·획순·용례 등을 검색할 수 있다. 배운 한자를 테스트하는 모드도 있고, 포켓 프린터로 조사한 한자와 테스트 결과도 인쇄할 수 있다.

게임에서 발견!! 다마고치 : 암컷치와 수컷치
SLG 반다이 1998년 1월 15일 4,286엔

▲ 대회 모드가 없어져, 전작보다 오히려 원작에 가까워졌다.

열쇠고리 게임으로도 발매된 '다마고치 : 암컷치와 수컷치'의 게임보이판. 카트리지에 시계 기능과 버튼전지를 내장해, 원작과 마찬가지로 실시간 육성 모드를 선택해 진행하는 것이 가능해졌다.

합격 보이 시리즈 : 가켄 관용구·속담 210
ETC 이매지니어 1998년 1월 30일 1,990엔

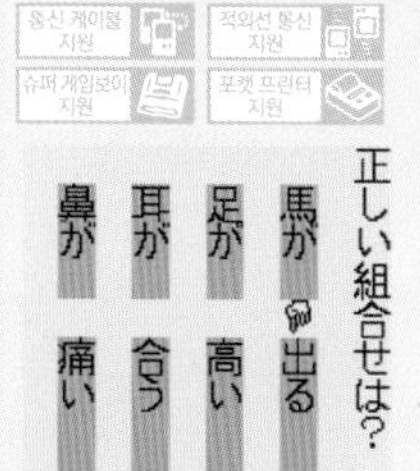

▲ '조합 문제', '선택 문제' 등의 출제를 선택할 수 있다.

일본의 학습지 회사 '가켄'이 감수한 학습지원 소프트. 당시의 일본 중학교 입시에 필요한 중요 관용구·속담을 배운다. 관용구는 예문과 의미가, 속담은 그 의미까지 이어서 표시되므로 효율적으로 익힐 수 있다.

합격 보이 시리즈 : 가켄 사자성어 288
ETC 이매지니어 1998년 1월 30일 1,990엔

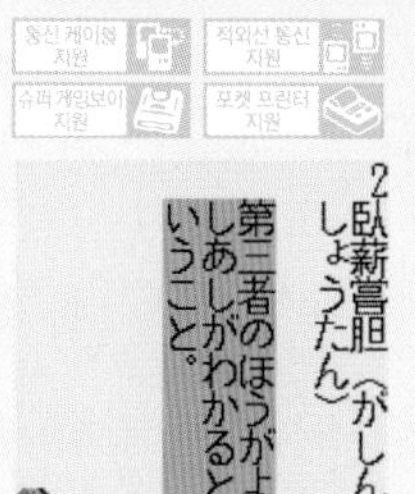

▲ 단어장을 넘기는 요령으로 암기할 수 있다.

가켄 사가 감수한 학습지원 소프트. 일본 중학교 입시에 필요한 중요 사자성어·유의어·반의어를 학습할 수 있다. '옵션'에서는 사자성어에서 의미를 출제할지, 의미에서 사자성어를 출제할지 선택할 수 있도록 했다.

뉴 체스마스터
TBL 알트론 1998년 1월 30일 4,500엔

▲ 컴퓨터의 난이도를 선택하여 체스를 마스터해보자.

「체스마스터」를 일본어로 로컬라이즈한 업그레이드 작품. CPU의 난이도가 16단계로 나뉘며, 한 번 옮긴 말을 다시 되돌릴 수도 있어 초보자에게도 고수에게도 적합하도록 게임을 설계했다.

코나미 GB 컬렉션 Vol.3
ETC 코나미 1998년 2월 19일 3,980엔

▲ 「그라디우스 II」는 「네메시스 II」에서 제목을 바꾼 작품이다.

코나미의 인기 게임을 수록한 해당 시리즈의 제 4탄. 이번 라인업은 「그라디우스 II」·「드라큘라 전설 II」와, 새로 이식해 추가한 「남극탐험」·「이얼 쿵푸」 네 타이틀로 구성했다.

GB 게임보이 네이비블루 98

SLG 쇼에이 시스템 1998년 2월 20일 3,980엔

통신 케이블 지원

▲ 색적이 중요한 게임. 상대 함대가 있는 장소를 맞춰보자.

열렬한 팬이 많은 해전 시뮬레이션 게임 「네이비블루 90」의 속편. 보드 위에 아군 전함과 잠수함을 배치하고, 턴제로 CPU와 교대로 폭격해 적 함대를 침몰시켜야 한다. 공격범위가 다른 여러 무기를 잘 활용해보자.

GB 게임보이 넥타리스 GB

SLG 허드슨 1998년 2월 27일 4,200엔

슈퍼 게임보이 지원

▲ 원작의 육각형 HEX는 사각형 HEX로 변경되었다.

PC엔진용 명작 시뮬레이션 게임 「넥타리스」를 게임보이로 이식했다. 기존 맵 16개, 신작 맵 16개, '넥타리스 유닛 배치 콘테스트' 최우수작 44개를 수록해, 오래 머리를 싸매고 즐길 수 있을 만큼 컨텐츠가 가득하다.

GB 게임보이 포켓 쿄로짱

AVG 토미 1998년 2월 27일 3,980엔

통신 케이블 지원 / 슈퍼 게임보이 지원

▲ 쿄로짱의 움직임을 지켜보기만 해도 즐거운 게임.

일본 모리나가 제과의 초코볼 과자로 친숙한 인기 캐릭터 '쿄로짱'을 사용한 어드벤처 게임. 화면 안의 물체들을 조사해 쿄로짱과 커뮤니케이션하거나, 미니게임을 플레이하면서 즐기는 게임이다.

GB 게임보이 대패수 이야기 : 더 미라클 오브 더 존

ETC 허드슨 1998년 3월 5일 3,980엔

슈퍼 게임보이 지원

▲ 통신 기능으로 대전과 카드 교환도 가능한 본격 카드 게임.

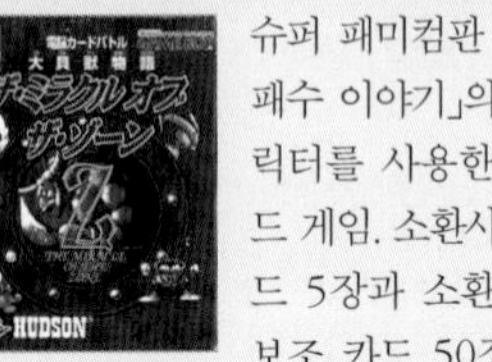

슈퍼 패미컴판 「대패수 이야기」의 캐릭터를 사용한 카드 게임. 소환사 카드 5장과 소환수·보조 카드 50장에서 골라 덱을 짜고, 서로의 필드에 카드를 내밀어 승부하는 시스템이다.

GB 게임보이 이니셜 D 외전

RCG 코단샤 1998년 3월 6일 3,980엔

통신 케이블 지원 / 슈퍼 게임보이 지원

▲ 하염없이 계속 달리기만 하는, 심플한 레이싱 게임이다.

인기 만화 '이니셜 D'의 명물 조연 '이츠키'를 주인공으로 삼은 레이싱 게임. 코믹한 분위기로 스토리가 전개되며, 플레이어는 원작 초반의 캐릭터들과 고갯길 배틀(레이스)을 펼치게 된다.

GB 게임보이 몬스터★레이스

RPG 코에이 1998년 3월 6일 3,980엔

통신 케이블 지원 / 슈퍼 게임보이 지원

▲ 조우한 몬스터와 레이스하여 이긴 후 동료로 삼자.

세계제일의 몬스터 레이서를 결정하는 대회 '베리 베스트 컵'에서 우승하는 게 목적인 게임. RPG 풍으로 필드 상에서 만난 몬스터와 레이스를 펼쳐, 자신이 가진 몬스터로 승부해야 한다.

GB 게임보이 파친코 CR 목수 겐 씨 GB

ETC 니혼 텔레네트 1998년 3월 13일 3,980엔

슈퍼 게임보이 지원

▲ 파친코 기기의 핸들을 고정 가능한 시스템이 호평받았다.

인기 파친코 기기 「CR 목수 겐 씨」를 게임보이로 이식했다! 기기의 재현도가 높고, 구슬의 움직임과 잭팟 찬스를 유사 체험할 수 있어 파친코 팬을 매료시킨 작품. 보유 구슬을 늘려가는 스토리 모드도 수록했다.

GB 게임보이 포켓 러브 2

SLG 키드 1998년 3월 13일 4,800엔

슈퍼 게임보이 지원

▲ 나날의 생활로 자신의 매력을 연마하는 연애 시뮬레이션 게임.

게임보이용 연애 시뮬레이션 게임으로 인기를 얻은 「포켓 러브」 대망의 속편. 코이가하라 고교 2학년인 주인공은 밸런타인데이를 계기로 여러 소녀들과 친해지는데, 과연 크리스마스에 사랑의 고백을 받을 수 있을까?

포켓 러브 2 (CD 동봉판)
SLG 키드 1998년 3월 13일 5,800엔

▲ 연애 시뮬레이션 게임에 보이스는 필수라는 사람에게 추천.

전작의 'CD 동봉판'처럼, 「포켓 러브 2」에 등장하는 소녀들에 성우를 배정해 대사를 수록한 CD를 동봉한 작품. 게임 내 화면과 CD 수록 음원이 연동되므로, 이를 들으면서 게임을 즐길 수 있다.

코나미 GB 컬렉션 Vol.4
ETC 코나미 1998년 3월 19일 3,980엔

▲ 「코나믹 스포츠 인 바르셀로나」도 개량판으로 수록했다.

코나미의 인기 게임들을 수록한 소프트. 이번 작품의 라인업은 「파로디우스다!」·「쿼스」·「코나믹 스포츠」와, 새로 이식한 「프로거」 네 타이틀로 구성했다. 각 게임의 대전 기능은 삭제했다.

합격 보이 시리즈 : Z카이 예문으로 외우는 중학 영어단어 1132
ETC 이매지니어 1998년 3월 20일 2,000엔

▲ 암기 모드와 테스트 모드, 오토 모드 등을 다양하게 준비했다.

Z카이 사가 감수한 학습지원 소프트. 게임보이의 휴대성 덕에 어디든 휴대하며 공부할 수 있다. 당시의 일본 중학교에서 배우던 영어단어 1,132개를 예문과 함께 수록하여, 효율적인 예습·복습을 도와준다.

합격 보이 시리즈 : 야마카와 일문일답 세계사B 용어문제집
ETC 이매지니어 1998년 3월 20일 2,480엔

▲ 장별로 나뉘어 있어, 취약점을 중점적으로 공부할 수 있다.

일본 야마카와 출판사의 '일문일답' 시리즈를 휴대하며 공부할 수 있는 학습지원 소프트. 당시 일본의 대학입시 과목 '세계사B'의 내용을 수록했다. 옵션에서 출제순서를 무작위로 설정할 수 있어, 더욱 철저한 단련도 가능하다.

도라에몽 카트
RCG 에포크 사 1998년 3월 20일 3,980엔

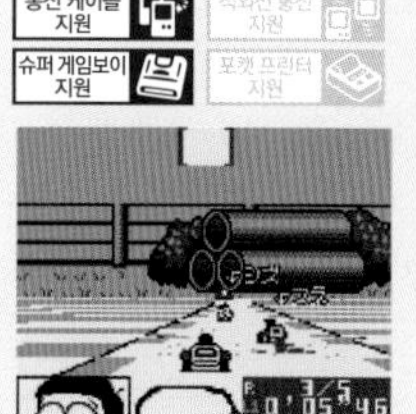
▲ 그래픽과 스토리, 비밀도구 등은 원작의 분위기를 잘 살렸다.

친구들 사이에서 유행 중인 '꼬마카'가 없는 진구가, 도라에몽에게서 '모래상자 카트'라는 도구를 빌려 이를 이용한 카트 레이스를 벌인다. 비밀도구를 잘 활용하여 레이스에서 승리해 보자.

메다로트 파츠 컬렉션
RPG 이매지니어 1998년 3월 20일 3,980엔

▲ 퍼디의 꿈속이라는 설정이라, 전작과 파츠 성능에 차이가 있다.

수량한정으로 발매된 「메다로트」(장수풍뎅이·사슴벌레)의 파워 업 키트. 모든 메달·파츠를 입수할 수 있으며, 획득한 파츠와 메달은 통신 기능으로 전작에 전송시켜 사용할 수도 있다.

갓 메디슨 복각판
RPG 코나미 1998년 3월 26일 3,980엔

▲ 복각판에서는 컬러가 추가된 평행세계를 즐길 수 있다.

게임 속의 팬텀 세계에서 찾아온 용사의 뜻을 계승하여, 세계를 지키게 된 세 사람의 이야기를 그린 RPG의 복각판. 슈퍼 게임보이로 구동하면 컬러화가 지원되며, 이벤트도 추가되었다.

파워프로 GB
SPT 코나미 1998년 3월 26일 3,980엔

▲ 디테일한 능력치를 없애, 대전에 특화시킨 간편 설계.

「실황 파워풀 프로야구」 시리즈를 게임보이로 이식한 야구 게임. 안타깝게도 실황은 물론 석세스 모드, 페넌트 모드까지 삭제되어, 한 시합 단위로 플레이하는 심플한 게임이 되었다. BGM은 제법 풍성하다.

GAME BOY | 1989 | 1990 | 1991 | 1992 | 1993 | 1994 | 1995 | 1996 | 1997 | 1998 | 1999 | 2000 | 2001 | 2002 | 2003

통조림 몬스터

GB 게임보이 SLG 아이맥스 1998년 3월 27일 4,500엔

통신 케이블 지원 / 적외선 통신 지원 / 슈퍼 게임보이 지원 / 포켓 프린터 지원

▲ 20개까지 보유 가능한 젬의 조합도 매우 중요하다.

통조림에서 태어난 몬스터를 키우는 육성 시뮬레이션 게임. 육성한 몬스터는 '젬'이라는 아이템을 사용해 배틀 대회에서 우승을 노린다. 카트리지에 시계 기능을 내장해, 실시간으로 이벤트가 진행된다.

열투 리얼 바웃 아랑전설 스페셜

GB 게임보이 ACT 타카라 1998년 3월 27일 3,980엔

통신 케이블 지원 / 적외선 통신 지원 / 슈퍼 게임보이 지원 / 포켓 프린터 지원

▲ 도발, 라인 이동 등 원작에 있던 요소도 충실하게 이식했다.

인기 격투 게임을 GB로 개변 이식한 「열투」 시리즈 신작. 12명+α의 캐릭터 중 하나를 골라 싸운다. 조건을 만족시키면 기스·야가미 이오리도 등장한다. 두 캐릭터는 클리어 후 나오는 비기 커맨드로 사용 가능.

퍼즐 보블 GB

GB 게임보이 PZL 타이토 1998년 4월 10일 3,500엔

통신 케이블 지원 / 적외선 통신 지원 / 슈퍼 게임보이 지원 / 포켓 프린터 지원

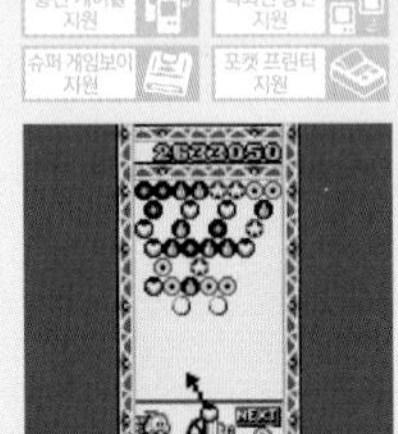

▲ 거품이 날아갈 각도를 잘 가늠해 공략해야 한다.

「버블 보블」의 캐릭터를 사용한 아케이드용 인기 퍼즐 게임 「퍼즐 보블」의 이식작. 화면 위쪽에 미리 배치된 거품들에, 화면 아래에서 거품을 발사해 붙여 같은 색이 3개 이상 붙도록 하면 터진다.

합격 보이 시리즈 : 키리하라쇼텐 기출 영문법·어법 문제 1000

GB 게임보이 ETC 이매지니어 1998년 4월 22일 2,480엔

통신 케이블 지원 / 적외선 통신 지원 / 슈퍼 게임보이 지원 / 포켓 프린터 지원

▲ '될 때까지 학습' 모드는 빈칸 채우기 문제 형식이다.

교과서·참고서 전문사 키리하라쇼텐이 감수한 학습 지원 소프트. 당시의 일본 대학입시에 맞춘 영문법을 학습한다. '될 때까지 학습'과 '테스트로 실력파악' 2가지 모드로 구성해, 반복하여 배울 수 있도록 했다.

합격 보이 시리즈 : 야마카와 일문일답 일본사B 용어문제집

GB 게임보이 ETC 이매지니어 1998년 4월 22일 2,480엔

통신 케이블 지원 / 적외선 통신 지원 / 슈퍼 게임보이 지원 / 포켓 프린터 지원

▲ 당시와 현재의 내용은 당연히 차이가 있을 수 있다.

야마카와와 출판사의 '일문일답' 시리즈를 휴대하며 공부할 수 있는 학습 지원 소프트. 당시 일본의 대학입시 과목 '일본사B'의 내용을 수록했다. 옵션에서 출제순서를 무작위로 설정할 수 있어, 더욱 철저한 단련도 가능.

포켓 배스 피싱

GB 게임보이 ACT 바텀 업 1998년 4월 24일 3,980엔

통신 케이블 지원 / 적외선 통신 지원 / 슈퍼 게임보이 지원 / 포켓 프린터 지원

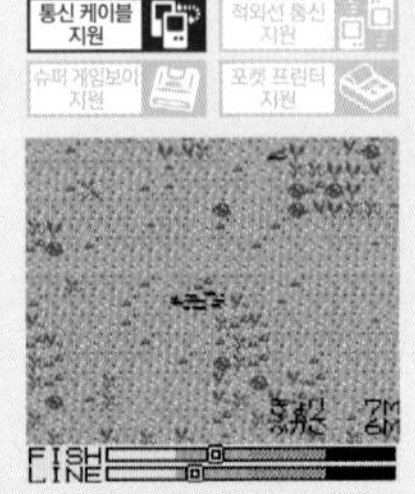

▲ 원하는 낚시터를 골라, 원하는 방법으로 낚을 수 있다.

카와구치 호·카스미가우라 호·이쿠노긴잔 호에서 농어 낚시를 즐기는 게임. 사이드뷰로 농어가 있는 장소를 보여주므로 알아보기 쉽다. '느긋하게'·'연승전'·'토너먼트' 3가지 모드로 즐길 수 있다.

셀렉션 I & II : 선택받은 자 & 암흑의 봉인

GB 게임보이 RPG 켐코 1998년 5월 1일 3,980엔

통신 케이블 지원 / 적외선 통신 지원 / 슈퍼 게임보이 지원 / 포켓 프린터 지원

▲ 명작 「셀렉션」의 1·2편을 하나로 즐기는 알뜰 소프트.

커맨드식 어드벤처 게임과 롤플레잉 게임이 융합된 판타지 RPG 두 작품을 카트리지 하나로 합본 수록한 알뜰 팩. 1편은 패스워드, 2편은 배터리 백업 형태로 세이브된다는 사양도 발매 당시 그대로다.

애니멀 브리더 2

GB 게임보이 SLG J·WING 1998년 5월 15일 4,800엔

통신 케이블 지원 / 적외선 통신 지원 / 슈퍼 게임보이 지원 / 포켓 프린터 지원

▲ 이번에도 동물의 기분을 망치지 않도록 꾸준히 돌보자.

전작과 기본은 동일한, 마법사의 수정구슬에서 동물을 골라 키워가는 육성 시뮬레이션 게임. 처음에 고를 수 있는 동물이 8마리로 늘어났으며, 육성의 다양성도 증가했다. 콘테스트 우승을 노려보자.

일본대표팀 영광의 일레븐

GB 게임보이 SPT 토미 1998년 5월 22일 3,580엔

▲ 게임 자체는 「J리그 빅 웨이브 사커」와 같은 작품.

일본대표팀을 이끌고 아시아 최종 예선을 통과한 뒤, 월드 챌린지 컵 우승을 노리는 축구 게임. 당시의 일본 대표팀 선수들이 실명으로 등장한다. 필드가 스크롤되므로 넓고 리얼한 느낌을 준다.

합격 보이 시리즈 : 가켄 역사 512

GB 게임보이 ETC 이매지니어 1998년 5월 29일 1,990엔

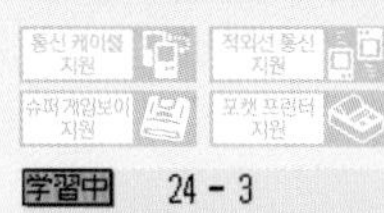

▲ 연호 등은 이후의 발견으로 변경되기도 했으니 주의.

가켄 사가 감수한 초등학생용 학습 지원 소프트. 당시의 일본 중학교 입시에 필요한 역사적 연호·용어를 512개 수록해, 이펙트와 사운드의 조합으로 즐겁게 배우며 중학교 합격 레벨의 지식을 익힐 수 있다.

메다로트 파츠 컬렉션 2

GB 게임보이 RPG 이매지니어 1998년 5월 29일 3,980엔

통신 케이블 지원 / 슈퍼 게임보이 지원

▲ 이 작품의 발매로 「파츠 컬렉션」의 희소가치가 떨어졌다.

「메다로트」 장수풍뎅이·사슴벌레 버전을 즐긴 사람을 위한 추가 키트. 당초 수량한정판이었던 「파츠 컬렉션」을 일반 판매한 버전으로, 주인공과 납치당하는 캐릭터가 1편과 다른 등의 변경점이 있다.

도라에몽의 스터디 보이 6 : 학습 한자 마스터 1006

GB 게임보이 ETC 쇼가쿠칸 1998년 6월 1일 2,850엔

통신 케이블 지원 / 슈퍼 게임보이 지원

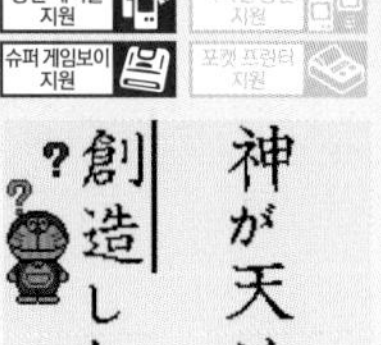

▲ 슬라이드 퍼즐은 아동용이 맞나 싶을 정도로 고난이도다.

게임보이로 발매된 마지막 「스터디 보이」 시리즈. 일본 초등학교 1~6학년급의 한자를 배울 수 있다. 게임 내용은 분할된 한자 조각을 조립하는 것으로, 2,000점 획득 시마다 도라에몽이 칭찬해 준다.

월드 사커 GB

GB 게임보이 SPT 코나미 1998년 6월 4일 3,980엔

슈퍼 게임보이 지원

▲ 토너먼트에서 승리해 통쾌한 우승을 노려보자.

총 36개국이 등장하는 유명 축구 게임의 이식판. 당시의 일본대표팀 선수들이 실명으로 등장한다. 게임화면은 필드가 가로 방향으로 배치되며, 패스와 슛을 구분해서 사용해야 하는 심플한 조작법이 특징.

디노 브리더 2

GB 게임보이 RPG J·WING 1998년 6월 5일 4,800엔

통신 케이블 지원 / 슈퍼 게임보이 지원

▲ 1억 년 전으로 시간여행해 최강의 공룡을 만드는 게 목적이다.

끝없이 오른쪽으로 걸어가는 공룡을 육성하는 게임의 속편. 이번 작품도 기본적인 디자인은 동일하며, 신종 합체용 장치 '퓨전'으로 DNA를 선택하여 합체시키면 신종 공룡을 탄생시킬 수 있다.

닌자보이 란타로 GB : 그림 맞추기 도전 퍼즐

GB 게임보이 PZL 컬처 브레인 1998년 6월 19일 3,980엔

통신 케이블 지원 / 슈퍼 게임보이 지원 / 포켓 프린터 지원

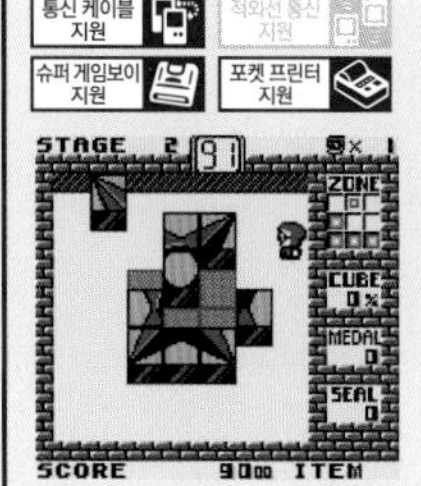

▲ 각 스테이지에서 아이템이 나오는 조건을 알아내자.

애니메이션 '닌자보이 란타로'의 캐릭터를 사용한 퍼즐 게임. 룰은 간단해, 그림이 그려진 블록을 이동시켜 커다란 그림 하나로 완성하면 된다. 스테이지에 숨겨진 아이템을 발견하면 공략이 유리해진다.

미니카 GB 렛츠 & 고!! 올스타 배틀 MAX

GB 게임보이 RCG 아스키 1998년 6월 19일 4,800엔

통신 케이블 지원 / 슈퍼 게임보이 지원

▲ 'GP 칩'은 애니메이션의 설정에도 존재하는 미니카의 두뇌다.

애니메이션 '폭주형제 렛츠 & 고'(국내명 '우리는 챔피언') 기반 게임의 속편. 자신의 미니카를 커스터마이즈하는 즐거움은 유지하면서, 단체전 모드와 새로운 파츠 'GP 칩'을 추가해 더욱 매니악한 게임이 되었다.

J리그 서포터 사커

GB 게임보이 SPT J·WING 1998년 6월 26일 5,500엔

통신 케이블 지원 / 적외선 통신 지원 / 슈퍼 게임보이 지원 / 포켓 프린터 지원

▲ 액션성이 낮아, 차분하게 즐기고픈 사람에 맞는 작품.

1998년 개최된 프랑스 월드컵에서 의 일본의 활약을 응원하기 위해 발매된 축구 게임. 시합은 주로 커맨드 선택식으로 진행하며, 참가 선수 11명의 데이터베이스를 작성할 수도 있다.

어디서나! 냐옹이와 원더풀

GB 게임보이 SLG 반프레스토 1998년 6월 26일 3,980엔

통신 케이블 지원 / 적외선 통신 지원 / 슈퍼 게임보이 지원 / 포켓 프린터 지원

▲ 게임이 실시간으로 진행되므로 손이 바쁜 편이다.

강아지와 고양이 중 원하는 동물을 선택해 키우는, 애완동물 육성 시뮬레이션 게임. 애완동물을 학습·놀기·식사 등으로 돌보면서 능력치를 상승시켜, 외모나 건강 관련 대회의 수상을 노린다.

합격 보이 시리즈 : □난 머리를 ○게 만들자. 숫자로 즐기는 산수 편

GB 게임보이 ETC 이매지니어 1998년 6월 26일 2,480엔

통신 케이블 지원 / 적외선 통신 지원 / 슈퍼 게임보이 지원 / 포켓 프린터 지원

▲ 스페셜 에디션에는 소원을 적는 나무판과 공략 가이드를 동봉.

일본의 사설학원 '니치노켄'의 협력으로 제작된, 시리즈 최초의 산수 학습 소프트. 대상연령의 폭이 넓어, 초등학생 고학년부터 어른까지가 대상인 문제들을 수록했다. 600종의 출제 패턴 중 무작위로 출제하도록 했다.

일간 삐삐 친구 클럽

GB 게임보이 SLG 아이맥스 1998년 6월 26일 4,500엔

통신 케이블 지원 / 적외선 통신 지원 / 슈퍼 게임보이 지원 / 포켓 프린터 지원

▲ '삐삐'라는 아이템에서 당시 시대상이 엿보이는 귀중한 게임.

90년대의 통신수단이었던 무선호출기(속칭 '삐삐')로의 커뮤니케이션을 시뮬레이트하는 참신한 게임. 삐삐 친구와 메시지를 주고받으며, 운명의 여친을 찾아내보자. 둥글둥글하고 귀여운 캐릭터와 글꼴이 인상적이다.

고기압 보이

GB 게임보이 ETC 코나미 1998년 7월 2일 3,980엔

통신 케이블 지원 / 적외선 통신 지원 / 슈퍼 게임보이 지원 / 포켓 프린터 지원

▲ '고기압 보이'와 '고기압 걸'이라는 캐릭터가 재미있다.

쿠데타를 일으킨 저기압 군대를 물리치라는 국왕의 명령을 받은 '고기압 보이'의 활약을 그린 스토리의 카드 게임. 자신이 제시한 카드와 적이 제시한 카드로, HP가 아니라 HPa(헥토파스칼)을 깎아 상대를 물리쳐야 한다.

GO! GO! 히치하이크

GB 게임보이 TBL J·WING 1998년 7월 10일 4,800엔

통신 케이블 지원 / 적외선 통신 지원 / 슈퍼 게임보이 지원 / 포켓 프린터 지원

▲ 유럽을 여행하는 장대한 스케일의 말판놀이 게임.

아테네부터 런던까지 히치하이킹으로 일주하는 것이 목적인, 특이한 설정의 말판놀이 게임. 룰렛으로 말을 움직이며, 동시에 체력과 소지금 등의 각종 수치도 잘 관리해야 한다. 히치하이킹의 고단함을 체험해보자.

바다의 누시 낚시 2

GB 게임보이 RPG 팩 인 소프트 1998년 7월 10일 3,600엔

통신 케이블 지원 / 적외선 통신 지원 / 슈퍼 게임보이 지원 / 포켓 프린터 지원

▲ '워치' 모드를 탑재해, 자신만의 물고기를 육성할 수 있다.

패밀리 컴퓨터로 발매했던 「강의 누시 낚시」의 파생작인 낚시 게임. 드넓은 바다를 무대로, 바다의 대물 '누시'를 낚는 게 목적이다. RPG 풍 게임이라, 필드에서 다른 동물과의 전투가 발생하기도 한다.

합격 보이 시리즈 : 99년도판 영어단어 센터 1500

GB 게임보이 ETC 이매지니어 1998년 7월 10일 2,480엔

통신 케이블 지원 / 적외선 통신 지원 / 슈퍼 게임보이 지원 / 포켓 프린터 지원

▲ 단어장이나 사전 역할을 하는 소프트라, 게임성은 전혀 없다.

「합격 보이 시리즈」 제 21탄. 원하는 단어가 표시된 화면에서 십자 키 ↓를 누르면 의미가 나오며, SELECT 버튼을 누르면 예문이 표시된다. 테스트 모드는 정답을 보고 자신이 맞혔는지 여부를 직접 채점하는 시스템.

화석창세 리본

GB 게임보이 RPG 스타피시 1998년 7월 17일 3,980엔

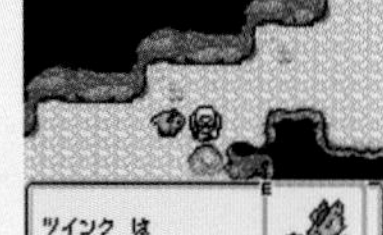

▲ 강력한 몬스터 화석을 찾아내는 과정이 즐거운 게임.

들어갈 때마다 구조가 변화하는 던전에서 화석을 찾아내, 이를 복원하여 몬스터로 되살려내는 게임. 직접 복원한 몬스터는 동료로 삼아 데리고 다닐 수 있으며, 적과 싸움을 붙일 수도 있다.

낚시왕 강바다 RV

GB 게임보이 ACT 반다이 1998년 7월 24일 5,800엔

▲ 게임의 오리지널 루어를 사용해 농어를 낚아보자.

낚시를 테마로 삼은 같은 제목 만화가 원작인 애니메이션(원제는 '그랜더 무사시 RV')을 게임화했다. 토너먼트전에서 우승을 노린다. 게임보이 본체에 장착하여 버튼을 연타하는 '릴 어댑터'를 패키지에 동봉했다.

도쿄 디즈니랜드 : 판타지 투어

GB 게임보이 ETC 토미 1998년 7월 24일 4,200엔

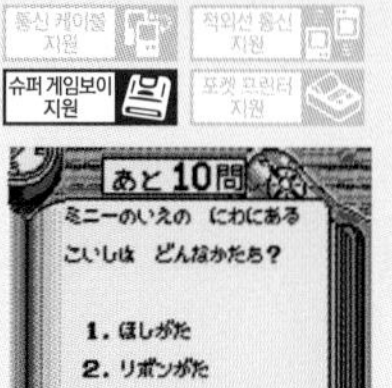

▲ 어트랙션답게 재미있는 움직임의 미니게임이 가득하다.

미키와 친구들의 안내를 받으며 도쿄 디즈니랜드 투어를 즐기는 게임. 함께 여러 어트랙션을 돌면서 미니게임들을 플레이한다. 원하는 미니게임만 골라서 플레이하는 모드도 탑재했다.

폭조열전 쇼 : 하이퍼 피싱

GB 게임보이 RPG 스타피시 1998년 7월 24일 3,980엔

▲ 턴 단위로 팀 유닛을 움직여 낚시해야 한다.

루어 피싱을 소재로 삼은 낚시 게임. 주인공이 애니메이션 캐릭터 풍으로 그려졌지만 엄연히 오리지널 작품이다. 게임 자체는 놀랍게도 시뮬레이션 RPG로, 낚시 기술을 배워 커맨드 선택으로 물고기를 낚는다.

스피드 퀴즈 왕좌결정전

GB 게임보이 ETC 잘레코 1998년 7월 31일 3,980엔

▲ 선택지가 하나씩 차례차례 나오니, 정답이 표시된 순간 눌러야 한다.

8가지 장르 중에서 퀴즈를 선택해, 선착순 정답 맞추기로 5주 동안 연승을 노리는 퀴즈 게임. 5주 연승이라고는 했으나, 사실 조건을 충족하면 최종 보스와의 퀴즈 승부가 기다리고 있어 제법 어렵다.

브레인 드레인

GB 게임보이 PZL 어클레임 재팬 1998년 7월 31일 3,500엔

▲ 총 250스테이지라는 빅 볼륨 덕에 오래 즐길 수 있는 것이 매력.

가로세로로 배열된 다양한 모양의 보석을 2×2칸 단위로 회전시켜, 화면 왼쪽 상단에 표시된 견본과 똑같이 맞춰야 하는 퍼즐 게임. 룰도 간단하고 이해하기도 쉽지만, 클리어하려면 꽤나 머리를 굴려야 한다.

모모타로 전철 Jr. : 전국 라멘 투어 편

GB 게임보이 TBL 허드슨 1998년 7월 31일 3,980엔

▲ 플레이스테이션판에서 악명을 떨쳤던 '기가 봄비'도 나온다.

「모모타로 전철」에 신규 룰 4가지를 추가했다. 라멘이 맛있는 도시가 목적지인 '라멘 여행', 가고시마부터 왓카나이까지 누가 먼저 도착하는지 경쟁하는 '말판놀이 여행' 등, 이전작들과는 색다른 플레이를 즐길 수 있다.

상하이 포켓

GB 게임보이 TBL 선 소프트 1998년 8월 6일 3,980엔

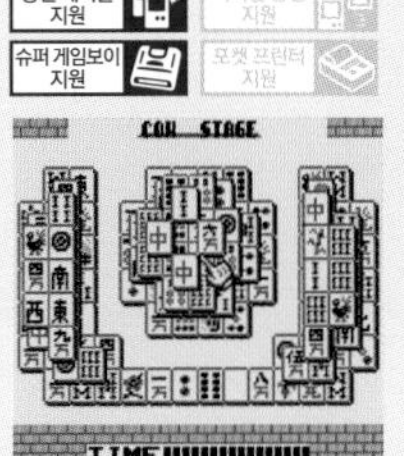

▲ 상대를 공격하거나 자신을 방어할 수도 있는 '대전 룰'도 있다.

쌓아올린 마작패들을 일정 규칙에 따라 같은 모양 패 한 쌍씩 뽑아가는 퍼즐 게임. 이번 「상하이」는 쌓는 패턴이 다양해졌으며, 일반 룰 외에 '골드 패'를 찾아내야 하는 룰 등도 준비했다.

 게임보이 지원
 게임보이 비지원
 게임보이 컬러 지원
  통신 케이블 지원 게임
 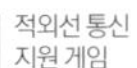 적외선 통신 지원 게임
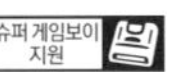 슈퍼 게임보이 지원 게임
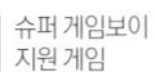 포켓 프린터 지원 게임

슈퍼 씽씽캅 : 믹스 몬스터 2

GB 게임보이 SLG 반프레스토 1998년 8월 7일 3,980엔

통신 케이블 지원 / 슈퍼 게임보이 지원

몬펫을 키우는 육성 시뮬레이션 게임 제 2탄이 전작의 호평으로 등장했다! 히미코의 과자를 먹고서 행방불명된 '토라오'를 찾을 단서를 얻기 위해, 드래곤 타입의 몬펫을 찾아내는 것이 목적이다.

▲ 이 게임에서도 강화·합성으로 다양한 몬펫을 만들 수 있다.

튜록 : 바이오노자우루스의 싸움

GB 게임보이 ACT 스타피시 1998년 8월 7일 3,980엔

닌텐도 64로 발매되었던 FPS 게임 「시공전사 튜록」을 게임보이용 사이드뷰 액션 게임으로 개변 이식한 작품. 전사 '튜록'은 나이프 하나만을 쥐고 적 병사와 공룡을 상대하여 맞서 싸운다.

▲ 원작처럼 FPS는 아니지만, 나름 경쾌한 액션 게임이다.

명탐정 코난 : 의혹의 호화 열차

GB 게임보이 AVG 반다이 1998년 8월 7일 3,980엔

슈퍼 게임보이 지원

호화 열차 '자파네스크 호'의 시운전 중 일어난 살인사건을 조사하기 위해, 코난이 활약하는 어드벤처 게임. 전작에 이어 3개의 시나리오가 있으며, 게임 중에 스토리가 분기한다.

▲ 다양한 장소를 돌아다니며 키워드를 찾아내 추리하자.

포켓 패밀리 GB

GB 게임보이 SLG 허드슨 1998년 8월 9일 3,900엔

슈퍼 게임보이 지원

플레이어는 관리인이 되어, 자택에 입주해온 가족을 케어하게 된다. 이사해 온 가족들은 외모도 성격도 개성적이니, 커뮤니케이션과 미니게임으로 가족이 잘 지낼 수 있도록 유도해 보자.

▲ 캐릭터들이 플레이어의 지시를 잘 듣지 않는 편.

곤충박사

GB 게임보이 RPG J·WING 1998년 8월 28일 4,800엔

통신 케이블 지원 / 슈퍼 게임보이 지원

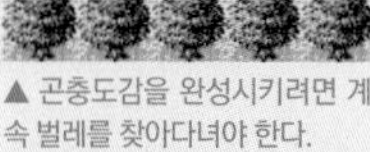

곤충사육의 재능을 지닌 주인공이, 신이 깃든 전설의 곤충 '신츄'를 찾는다는 스토리의 RPG. 필드를 돌아다니면서 그물과 장치를 이용해 곤충을 포획하자. 잡은 곤충을 육성하여 콘테스트에서 우승을 노린다.

▲ 곤충도감을 완성시키려면 계속 벌레를 찾아다녀야 한다.

모탈 컴뱃 & 모탈 컴뱃 II

GB 게임보이 ACT 어클레임 재팬 1998년 9월 10일 3,980엔

통신 케이블 지원

실사 스캐닝으로 제작한 격투가들이 처절한 배틀을 펼치는 컬트 격투 게임 「모탈 컴뱃」 시리즈 두 작품이 소프트 하나로 합본되었다. 이 소프트로 마음껏 궁극신권을 사용해보도록 하자.

▲ 열혈 팬이 많은 개성파 격투 게임 두 작품을 한꺼번에 즐긴다.

낚시선생

GB 게임보이 RPG J·WING 1998년 9월 11일 4,800엔

통신 케이블 지원 / 슈퍼 게임보이 지원

앵글 제도에서 열리는 '철인 낚시 대회'에 출장해, 대회 기간인 3일 동안 레어한 물고기를 낚아 우승을 노리는 낚시 게임. 플레이어에 캐스트·체력·배고픔 등의 능력치가 존재하는, 낚시를 소재로 삼은 RPG다.

▲ 대회기간인 3일 동안 광대한 섬을 돌아다니며 물고기를 낚자.

포켓 쇼기

GB 게임보이 TBL 바텀 업 1998년 9월 11일 3,980엔

슈퍼 게임보이 지원

CPU와 쇼기로 승부하는, 전형적인 쇼기 게임. 대전 상대로는 개성적인 외모의 마스미·요헤이·챠다 3명 중 하나를 선택하며, 대국 종료 후 한 수씩 되짚어볼 수 있는 '복기 모드'도 탑재했다.

▲ 심플하게 장기 대국만 담은, 접근성 좋은 소프트.

포켓몬스터 피카츄

RPG 닌텐도 1998년 9월 12일 3,000엔

▲ 지우처럼, 처음부터 피카츄를 데리고 다닐 수 있다.

이전에 발매된 「포켓몬스터」 적·녹·청과는 다른 버전의 「포켓몬스터」 게임. 이번 작품에선 게임 초반에 오박사에게서 피카츄를 받게 된다. 몬스터의 출현확률과 종류, 도감 내용이 다르다.

쾌속 스피너

ACT 허드슨 1998년 9월 18일 4,500엔

▲ 타이밍이 생명인 게임. 리듬에 맞춰 버튼을 누르자.

완구 '하이퍼 요요'를 테마로 삼은 같은 제목의 만화(원제는 '초속 스피너')를 게임화했다. 화면 상의 미터를 보면서 타이밍에 맞춰 버튼을 누르면 요요 트릭을 구사할 수 있다. 목표는 대회 우승이다.

드래곤 퀘스트 몬스터즈 : 테리의 원더랜드

RPG 에닉스 1998년 9월 25일 4,900엔

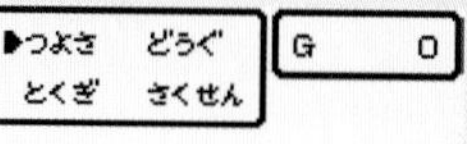

▲ 공격 담당과 회복 담당을 잘 고려하여 동료 몬스터를 구성하는 게 중요하다.

「드래곤 퀘스트」 시리즈 휴대용 게임기 참가 제 1탄으로, 몬스터 배합·육성 요소를 첨가한 오리지널 타이틀. 모험하며 몬스터를 포획하고, 이를 육성하여 강력한 동료로 삼는다. 통신을 활용한 기능도 충실히 완비하여, 다른 플레이어가 육성한 몬스터와의 대전과, 배합·맞선을 통한 새 몬스터의 입수도 가능하다. 주인공은 「드래곤 퀘스트 VI」에서 최강의 검을 찾던 검사 '테리'다.

포켓 골프

SPT 바텀 업 1998년 9월 25일 3,980엔

▲ 토너먼트 플레이와 매치 플레이를 즐길 수 있는 골프 게임.

탑뷰 시점으로만 구성된 골프 게임. 비거리와 집중도의 두 게이지를 조정해 샷을 친다. 게이지가 움직이는 속도가 느려서 원하는 샷을 노리기 쉬운 편. 다만 OB 라인이 매우 빡빡하니 주의해야 한다.

몬스터★레이스 추가요

RPG 코에이 1998년 10월 2일 3,980엔

▲ 이번에도 맞닥뜨린 몬스터를 이겨 동료로 삼자.

세계제일의 몬스터 레이서를 결정하는 대회에 참가해 우승을 노리는 「몬스터★레이스」의 뉴 버전. 새로운 몬스터를 추가했으며, 주인공을 전작에서는 라이벌이었던 '패치'로 바꾸었다.

폭조 리트리브 마스터

RPG 코나미 1998년 10월 15일 3,980엔

▲ 메인 게임인 낚시 장면에선 커맨드 선택식으로 물고기를 낚는다.

여름방학을 이용해 비와 호에 가려는 주인공 '히로'와 '나미'. 그들이 모험하며 동료들과 만나고, 라이벌과 낚시 승부를 벌이며 성장하는 모습을 그린 RPG다. 레벨 업과 낚싯대·루어 입수로 파워 업시킬 수 있다.

신 경마귀족 : 포켓 자키

ETC 킹 레코드 1998년 10월 16일 5,800엔

▲ 신규 탑재된 '육성 모드'로 자기 취향의 말을 육성해보자.

혈통 데이터의 기본 내장과 바이오리듬 기능이 특징인 「경마귀족」 시리즈의 신 버전. 놀랍게도 이번에는 육성 모드를 탑재해, 간략화되긴 했으나 게임성이 추가되었다. 통신 기능으로 친구와의 경쟁도 가능!

 게임보이 지원  게임보이 비지원  게임보이 컬러 지원   통신 케이블 지원 게임  적외선 통신 지원 게임 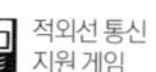  슈퍼 게임보이 지원 게임 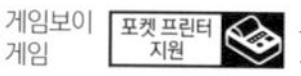 포켓 프린터 지원 게임

글로컬 헥사이트

게임보이 컬러 / 게임보이

PZL NEC 인터채널 1998년 10월 21일 3,980엔

통신 케이블 지원 / 슈퍼 게임보이 지원

▲ 패널 조합은 무려 수백만 가지. 지능을 시험하는 퍼즐 게임이다.

작은 정삼각형을 빽빽이 채워 육각형으로 만든 보드 안에 다양한 형태의 패널을 끼워 맞추는 퍼즐 게임. 상대와 교대로 패널을 놓는 '대전 모드'와, 혼자서 즐기는 '채우기 모드'가 있다.

테트리스 DX

게임보이 컬러 / 게임보이

PZL 닌텐도 1998년 10월 21일 3,500엔

통신 케이블 지원 / 슈퍼 게임보이 지원

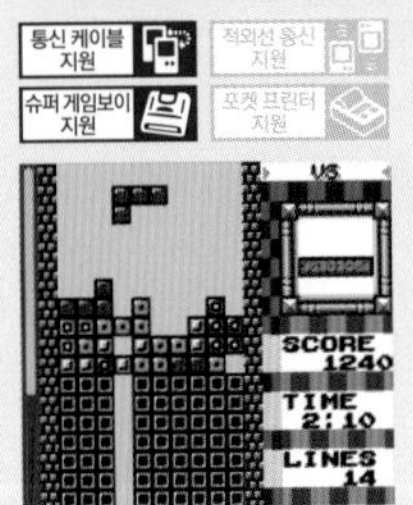

▲ 타임 어택과 스코어 어택 등, 다양한 룰을 탑재했다.

게임보이 컬러에 맞춰 컬러풀하게 리뉴얼하고, 내용도 한층 디럭스해진 「테트리스」가 등장했다. CPU와 대전하는 'VS. COM' 모드를 탑재했고, 자신이나 타인의 데이터와 모의 대전을 즐길 수도 있다.

와리오 랜드 2 : 도둑맞은 비보

게임보이 컬러 / 게임보이

ACT 닌텐도 1998년 10월 21일 3,500엔

슈퍼 게임보이 지원

▲ '리액션'을 이용하는, 신선한 공략법의 액션 게임.

보물을 도둑맞은 와리오가 블랙슈거단에 맞서 난동을 피운다. 이 작품의 와리오는 놀랍게도 불사신! 그래서 호쾌하게도 게임 오버가 없다. 대신 대미지를 받으면 짜부라지거나 불타는 등의 '리액션'을 이용해 진행한다.

포켓 볼링

게임보이 컬러 / 게임보이

SPT 아테나 1998년 10월 23일 3,800엔

슈퍼 게임보이 지원

▲ 작은 화면이지만, 스코어 카드까지 알뜰하게 잘 넣었다.

전형적인 볼링 게임이다. 플레이어는 능력이 각기 다른 캐릭터 4명 중 하나를 선택하며, 투구 시 투구할 지점, 볼의 회전, 팔을 휘두를 위치 등을 지정해 볼을 던지는 심플한 스타일의 게임.

포켓 전철

게임보이

SLG 코코너츠 재팬 1998년 10월 30일 3,980엔

슈퍼 게임보이 지원

▲ 숨겨진 차량으로 오리지널 열차인 '탄환특급 스바루'가 나온다.

실존하는 '야마노테 선'과 '오사카 순환선' 두 노선을 모델로 삼은 전철 운전 시뮬레이터. 시각·스피드·정차 위치 등을 엄수하며 열차를 운행해야 한다. 보너스 게임에서는 버튼 연타로 탄광차를 주행시킬 수도 있다.

본격 쇼기 : 쇼기왕

게임보이 컬러 / 게임보이

TBL 와라시 1998년 11월 13일 3,980엔

슈퍼 게임보이 지원

▲ 수십 문제가 수록된 박보장기는 임의 순서로 플레이 가능.

대국 모드와 박보장기를 수록한 심플한 쇼기 게임. 컴퓨터의 난이도를 3단계로 설정 가능해, 초보자도 즐길 수 있다. 세이브 기능을 언제든 사용 가능하므로, 차분하게 쇼기에 집중할 수 있다.

게임보이 워즈 2

게임보이 컬러 / 게임보이

SLG 허드슨 1998년 11월 20일 4,200엔

통신 케이블 지원 / 슈퍼 게임보이 지원

▲ 유닛도 컬러로 표시되므로 더욱 알아보기 쉬워졌다.

CPU의 사고 엔진이 빨라졌던 「게임보이 워즈 터보」보다도 30%나 추가 고속화에 성공한 속편. 게임보이 컬러로 즐기면 2배속 클럭 모드에 힘입어 한층 더 고속화되는 전략 시뮬레이션 게임이다.

격투 파워 모델러

게임보이

ACT 캡콤 1998년 11월 27일 3,980엔

통신 케이블 지원 / 슈퍼 게임보이 지원

▲ 파츠를 선택하여, 나만의 파워 모델을 육성해보자.

'파워 모델'이란 이름의, 10cm 키의 조그만 로봇을 조종해 싸우는 격투 게임. 파워 모델은 파츠를 구입해 장비시키면 더욱 강해진다. 격투 모드의 조작감이 뛰어나, 매우 쾌적하게 즐길 수 있다.

산리오 타임넷 : 과거 편

RPG 이매지니어 1998년 11월 27일 3,500엔

▲ 곳곳에서 산리오의 캐릭터들이 등장한다.

메일을 통해 나타난 정체불명의 노인이 시간의 기둥을 파괴해 과거와 미래가 분단된 세계를 구해달라는 부탁을 받고서, 생소하기 이를 데 없는 세계에서 몬스터를 동료로 삼으며 싸우는 주인공의 모험을 그린 RPG.

산리오 타임넷 : 미래 편

RPG 이매지니어 1998년 11월 27일 3,500엔

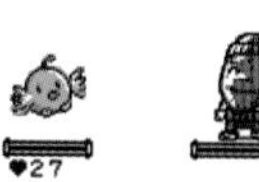

▲ 과거 편과 미래 편은 서로 몬스터의 통신대전·교환이 가능하다.

시간의 기둥이 파괴되면서 흩어져 버린, '시간의 파편'이라 불리는 몬스터들을 겟 카드로 포획하는 것이 주인공의 임무다. 과거 편과 미래 편은 시작하는 장소와 초기 몬스터가 서로 다르다.

슈퍼 블랙배스 포켓 3

ACT 스타피시 1998년 11월 27일 3,980엔

▲ 게임보이 컬러로만 변이체 물고기가 낚인다는 신규 요소도 있다.

강과 호수에서 블랙배스를 낚는 장기 시리즈물. 이번 작품에서는 바다도 낚시터로 고를 수 있다. 물고기 종류도 늘어났으며, 포켓 프린터를 연결하면 낚은 물고기를 어탁처럼 스티커로 인쇄할 수도 있다.

포켓 뿌요뿌요 SUN

PZL 컴파일 1998년 11월 27일 3,980엔

▲ 1인용 모드의 실력 판정 기능은 무려 전일본뿌요협회 공인.

인기 낙하계 퍼즐게임 「뿌요뿌요」의 제 3탄. 이번 작품의 최대 특징은, 일반 뿌요와 함께 없애면 상대에 대량의 방해뿌요를 보내는 '태양뿌요'의 존재다. 덕분에 대전의 템포가 한층 올라갔다.

도라에몽의 GAMEBOY로 놀자 디럭스 10

ETC 에포크 사 1998년 11월 27일 3,800엔

▲ 포켓 프린터로 오리지널 도구 도감 스티커를 만들 수 있다.

'도라에몽'의 캐릭터들이 등장하는 미니게임 모음집. 수록된 게임은 신경쇠약과 미로 게임, 슬롯머신 등의 룰이 단순한 게임부터 개성적인 게임에 이르기까지 매우 다채롭게 준비되어 있다.

로봇 퐁코츠 : STAR 버전

RPG 허드슨 1998년 12월 4일 3,980엔

▲ 시계 내장 카트리지라, 전원을 꺼도 이벤트가 계속 진행된다.

GB Kiss가 내장된 RPG. 할아버지 '스폴로'로부터 넵다 '로보퐁' 제조회사 사장으로 임명받은 주인공. 야생 로보퐁을 찾아 여행하다, 도중에 만난 로보퐁을 동료로 맞이하고 라이벌의 로보퐁과 배틀을 벌인다.

로봇 퐁코츠 : SUN 버전

RPG 허드슨 1998년 12월 4일 3,980엔

▲ 'STAR'와 'SUN' 버전은 처음 받는 로보퐁과 출현 확률이 다르다.

동시 발매된 'STAR 버전'과는 출현하는 로보퐁이 다르다. 'SUN'·'STAR' 버전 모두 카트리지에 시계와 스피커를 내장해, 현재 시간대나 경과시간에 따라 이벤트가 발생하며, 이를 스피커로 알려준다.

카라무쵸는 대 난장판! : 포링키즈와 이상한 친구들

PZL 스타피시 1998년 12월 11일 3,980엔

▲ 이번에도 코믹하고 귀여운 포링키즈가 등장한다.

일본 코이케야 사의 과자 '카라무쵸'의 '할머니'가 주인공인 퍼즐 게임 「카라무쵸의 대사건」(126p)의 속편. 전작처럼 열쇠를 모아 문을 열고 나가는 것이 목적이다. 총 100스테이지 구성이라 볼륨은 충분하다.

게임보이 모노폴리
TBL 해즈브로 재팬 1998년 12월 11일 3,980엔

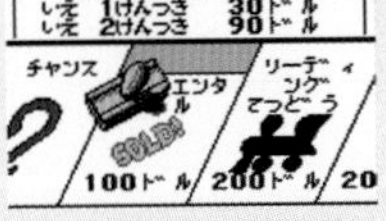
▲ 보드 게임계의 고전 명작이 컬러 화면으로 재등장했다.

이전 발매된 바 있는 「모노폴리」를 컬러화한 작품. 보드 위를 돌면서 부동산을 사들여 자산을 불리는 보드 게임계의 고전을 게임보이로 즐긴다. 작은 화면으로도 알아보기 쉽도록 고심해 제작한 그래픽이 특징.

바디건
RPG 탐 1998년 12월 11일 5,500엔

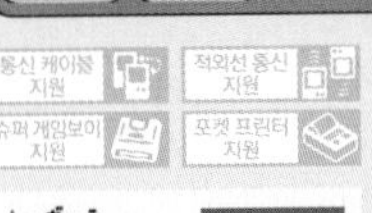

▲ 패키지에 동봉된 바코드 리더는 이 게임 전용이다.

고대의 주문이라는 '바코드'를 사용하여 최강의 '바로이드'를 육성하는 게임. 전용 바코드 리더를 패키지에 동봉하여, 이를 이용해 읽어 들인 바코드로 모은 바로이드끼리 대결시킬 수 있다.

페어리 키티의 운세 사전 : 요정나라의 점술 수행
ETC 이매지니어 1998년 12월 11일 3,980엔

▲ 헬로키티의 점술 소프트 2탄. 수행하면서 다양한 점괘를 쳐보자.

요정나라에서 점술 수행을 시작한 키티. 미니게임을 플레이하여 레벨업하면 다양한 점술을 즐겨볼 수 있게 된다. 점술의 결과는 포켓 프린터로 프린트할 수도 있도록 했다.

로도스도 전기 : 영웅기사전 GB
RPG 토미 1998년 12월 11일 3,980엔

▲ 잡지의 TRPG 기획으로도 친숙한 캐릭터들이 활약한다.

소설과 애니메이션으로 당시 인기였던 '로도스도 전기'를 게임화했다. 게임 자체는 말판놀이 풍이며, 캐릭터가 그려진 카드로 이동 및 전투를 행하는 독특한 시스템을 자랑한다.

더 수도고 레이싱
RCG 포니 캐년 1998년 12월 18일 3,980엔

▲ '치킨 레이스'란 아슬아슬하게 브레이크를 밟는 배짱 테스트다.

탑뷰 레이싱 게임으로, 스트리트 레이서가 많은 일본 수도고속도로를 무대로 삼아 튠업한 자가용으로 레이스에 도전해 승리해야 한다. 일반적인 코스 외에, 도트 그래픽이 간략화된 클래식 모드도 있다.

젤다의 전설 꿈꾸는 섬 DX
RPG 닌텐도 1998년 12월 12일 3,500엔

▲ 게임보이 컬러 전용의 숨겨진 던전도 준비돼 있다.

「젤다의 전설 꿈꾸는 섬」의 컬러 개정판. 조작성이 쾌적한 액션과 깊이 있는 시나리오는 원작과 동일하며, 신규 아이템과 던전을 추가했다. 생쥐 카메라맨에게 기념사진 촬영을 부탁하는 기능 등도 재미있다.

유희왕 듀얼몬스터즈
RPG 코나미 1998년 12월 17일 4,300엔

▲ 카드의 도트 그래픽은 흑백임에도 디테일하게 표현해, 퀄리티가 매우 높다.

주간 소년점프에 연재되었던 인기 만화를 게임화한 작품으로, 이후의 「유희왕」 시리즈를 카드 배틀 게임 장르로 고정시키는 전환점이 된 타이틀이기도 하다. 스토리는 원작의 '왕국편' 기준. 원작에 등장하는 각 캐릭터와 원작에서 활약했던 카드를 사용할 수 있으며, 원작에 나왔던 배틀도 재현 가능하다. 친구와 듀얼을 벌일 수 있는 것도 중요한 매력 포인트.

포켓몬 카드 GB

게임보이 컬러 / 게임보이

ETC 닌텐도 1998년 12월 18일 3,500엔

통신 케이블 지원 / 적외선 통신 지원 / 슈퍼 게임보이 지원 / 포켓 프린터 지원

▲ 화면은 전부 컬러화했다. 카드가 된 포켓몬으로 라이벌과 배틀하자!

트레이딩 카드 게임 '포켓몬 카드 게임'을 게임보이로 재현한 작품. 플레이어는 「포켓몬스터」의 세계를 여행하며 200종류가 넘는 포켓몬 카드를 수집한다. 카드 수집의 재미와, 덱을 구축해 라이벌을 격파하는 높은 전략성 덕에 중독성이 상당하다. 카트리지 자체에 적외선 포트가 내장돼 있으므로, 본체가 게임보이 컬러가 아니라도 케이블 없이 대전 가능하다.

프리크라 포켓 3 : 탤런트 데뷔 대작전

게임보이

ETC 아틀라스 1998년 12월 18일 3,980엔

통신 케이블 지원 / 적외선 통신 지원 / 슈퍼 게임보이 지원 / 포켓 프린터 지원

▲ 탤런트가 되기 위해, 능력치를 열심히 올리자.

「프리크라」시리즈 제 3탄. 몽타주로 플레이어의 얼굴을 만들어, 레슨 대신 미니게임을 플레이하여 자신을 성장시키는 육성 시뮬레이션 게임이 되었다. 포켓 프린터로 스티커 인쇄도 가능하다.

포켓 컬러 블록

게임보이 컬러 / 게임보이

PZL 바텀 업 1998년 12월 18일 3,980엔

통신 케이블 지원 / 적외선 통신 지원 / 슈퍼 게임보이 지원 / 포켓 프린터 지원

▲ 변화무쌍한 총 100스테이지를 드래곤과 함께 공략하자.

전형적인 블록격파 게임이지만, 볼을 받아치는 패들이 '중화 풍 드래곤'이라는 점이 이색적이다. 드래곤은 꼬리를 말아 올리는 독특한 모션을 취하므로, 볼을 받아치는 난이도가 높은 편이다.

마작 퀘스트

게임보이 컬러 / 게임보이

TBL J·WING 1998년 12월 23일 3,980엔

통신 케이블 지원 / 적외선 통신 지원 / 슈퍼 게임보이 지원 / 포켓 프린터 지원

▲ 8명의 캐릭터는 특기가 각기 다르다. 잘 고려하여 선택하자.

같은 제목의 아케이드용 마작 게임과는 별개 작품. 몬스터와 전사, 로봇 등의 개성적인 캐릭터 중 하나를 선택해, 특기를 활용하면서 2인 대국 마작을 치게 된다. 연승하면 캐릭터의 레벨이 오른다.

봄버맨 퀘스트

게임보이 컬러 / 게임보이

RPG 허드슨 1998년 12월 24일 3,800엔

통신 케이블 지원 / 적외선 통신 지원 / 슈퍼 게임보이 지원 / 포켓 프린터 지원

▲ 봄버맨을 계속 성장시켜, 더욱 강한 적과 맞서 싸우자.

시리즈 최초의 액션 RPG로 대폭 진화한 작품. 커맨더 4인조에게 빼앗겨 버린 '봄버 셔틀'의 엔진을 되찾기 위해 봄버맨이 맞서 싸운다. 아이템을 입수하면 합성실에서 폭탄을 강화시킬 수 있다.

합격 보이 시리즈 : Z카이 예문으로 외우는 궁극의 고문 단어

게임보이

ETC 이매지니어 1998년 12월 25일 2,000엔

통신 케이블 지원 / 적외선 통신 지원 / 슈퍼 게임보이 지원 / 포켓 프린터 지원

▲ 고전의 단어를 배우는 기능만 있어, 불필요한 자극이 없다.

장기 발매된 「합격 보이 시리즈」의 22번째. 통신교육회사 Z카이를 내세운, 고문(古文)을 읽는 지식과 문법을 배우는 소프트다. 다의어 테스트에서 문제 10개를 전부 맞추면 '훌륭하다!'라며 보너스 그림이 나온다.

나다 아사타로·코지마 타케오의 실천 마작교실

게임보이

TBL 갭스 1998년 12월 25일 3,800엔

통신 케이블 지원 / 적외선 통신 지원 / 슈퍼 게임보이 지원 / 포켓 프린터 지원

▲ 토너먼트 모드는 대국에서 계속 연승해야 한다.

일본프로마작연맹의 작사 나다 아사타로와 코지마 타케오의 이름을 빌린 마작 게임. 2인 마작으로 대전한다. 일본프로마작연맹 추천의 단위인정 모드에서는 버림패 퀴즈에 도전해, 정답 수에 따라 단위를 결정한다.

GAME BOY
SOFTWARE ALL CATALOGUE

이 해에 발매된 소프트 수는 무려 149개 타이틀로. 재작년까지의 침체된 분위기가 믿기지 않을 정도로 신작 타이틀이 대거 투입된 해였다.

극히 일부의 학습계·실용계 타이틀 몇 종을 제외한 거의 모든 타이틀이 게임보이 컬러 지원으로 발매되어, 게임보이 컬러로의 플랫폼 이행은 조기에 성공했다고 할 수 있다. 또한 게임보이 부활의 공로자인 「포켓몬스터」도 「포켓몬스터 금·은」 발매로 드디어 컬러화되어, 화려한 색상의 수많은 몬스터들은 계속해서 게임보이 시장을 견인했다.

힘내라 고에몽 : 텐구 당의 역습
게임보이 컬러 / 게임보이

RPG 코나미 1999년 1월 14일 4,300엔

▲ 동료를 모아 파티를 결성해, 모험 여행을 떠나자.

게임보이판 「고에몽」 시리즈 제 3탄. 초등학생 '하지메'가 숲의 거목에 난 구멍을 통해 들어온 세계에서 고에몽 일행과 만나, 오오에도와 현대를 오가는 모험 이야기다. 정통파 RPG 스타일의 작품.

파친코 데이터 카드 : 초~대박 군
게임보이

ETC BOSS 커뮤니케이션즈 1999년 1월 28일 4,980엔

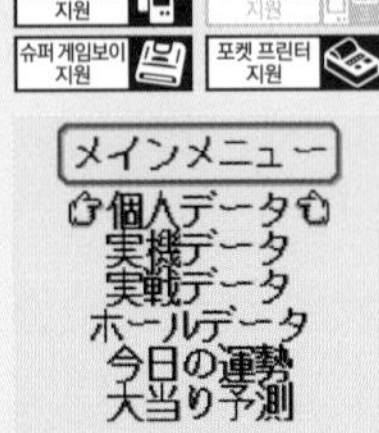

▲ 파친코 데이터 열람 외에, 점괘 기능도 탑재했다.

파친코 공략에 가장 중요한 '정보'와 '분석'에 중점을 둔 데이터 분석용 소프트. 당시 파친코 기종의 상세 데이터를 수록했으며, 자신이 실제로 파친코를 플레이하며 얻은 데이터도 기록할 수 있다.

구슬동자 : 빅토리로 향하는 길
게임보이 컬러 / 게임보이

RPG 미디어 팩토리 1999년 1월 29일 3,980엔

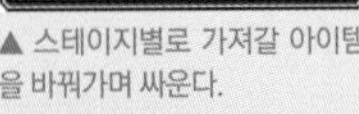

▲ 스테이지별로 가져갈 아이템을 바꿔가며 싸운다.

비드맨이 활약하는 게임 제 2탄(원제는 'B비다맨 폭외전'). 이번 작품은 롤플레잉 게임 풍이다. 봄버맨이 카드를 뒤집어가며 맵을 진행하고, 적과 만나면 자기 팀에서 출전할 봄버맨을 선택해 배틀을 진행한다.

벅스 버니 : 크레이지 캐슬 3
게임보이 컬러 / 게임보이

ACT 켐코 1999년 1월 29일 3,980엔

▲ 폭탄과 코르크 총 등의 아이템을 잘 활용해 진행하자.

골동품 가게에서 '고성의 보물 전설'이라는 책을 입수한 벅스 버니가, '행복해지는 보물'을 찾아 성을 탐험한다는 스토리다. 미로처럼 꼬여 있는 성 내부에서 열쇠 8개를 찾아내 스테이지를 클리어하자.

두근두근 메모리얼 Pocket 컬처 편 : 햇살의 멜로디
게임보이 컬러 / 게임보이

SLG 코나미 1999년 2월 11일 4,300엔

▲ 게임 속 미니게임으로 「비트 매니아」도 등장한다.

연애 시뮬레이션 게임의 원조라 불리는 게임 「두근두근 메모리얼」이 대망의 게임보이판으로 등장했다. 게임보이판은 '컬처 편'과 '스포츠 편' 2종으로 분할 발매되어, 각 버전별로 다른 캐릭터가 등장한다.

두근두근 메모리얼 Pocket 스포츠 편 : 교정의 포토그래프
게임보이 컬러 / 게임보이

SLG 코나미 1999년 2월 11일 4,300엔

▲ 통신으로 스크린세이버용 캐릭터를 교환하는 기능도 있었다.

고등학생의 일상생활을 스케줄을 짜 관리하면서 플레이어의 능력치를 올려, 최종적으로는 한 소녀로부터 고백을 받는 것이 목표인 게임. 게임보이판에는 신 캐릭터도 추가되었다.

화석창세 리본 2 : 몬스터 티거

RPG 스타피시 1999년 2월 12일 3,980엔

시리즈 제 2탄. 들어갈 때마다 변화하는 던전에서 화석을 발굴해, 그 화석을 복원하여 몬스터를 부활시키는 게임이다. 기본적인 시스템은 전작과 동일하나, 새로운 스토리와 몬스터를 즐길 수 있다.

▲ 던전은 무작위로 구조가 결정되니, 반복해 즐겨보자.

본격 4인 대국 마작 : 마작왕

TBL 와라시 1999년 2월 19일 2,980엔

'게임보이 최강의 사고 루틴'을 표방한 마작 게임. 플레이어가 마작왕을 목표로 일본 전국을 유랑하며 수행하는 스토리 모드와, 대전 상대를 선택해 자유롭게 마작을 치는 프리 대전 모드가 있다.

▲ 본격적인 4인 대국 마작으로 자신의 마작 실력을 단련하자.

햄스터 파라다이스

SLG 아틀라스 1999년 2월 26일 3,980엔

햄스터를 주제로 삼은 육성 시뮬레이션 게임. 수천 년에 한 번 태어난다는, 화려하게 빛나는 '미라클 햄스터' 입수를 위해, 햄스터 센터에서 분양받은 햄스터를 육성하고 짝짓기하여 번식시킨다.

▲ 우리 안에서 쳇바퀴를 돌리는 햄스터의 모습이 귀엽다.

뽀용의 던전 룸 : 대패수 이야기

RPG 허드슨 1999년 2월 26일 3,980엔

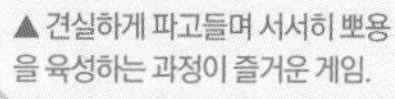

슈퍼 패미컴판으로 친숙한 「대패수 이야기」의 캐릭터 '뽀용'이, 이번에는 던전을 탐색하는 RPG로 대활약한다. 깊숙한 땅 아래 던전을 파고들며, 땅속에서 나온 아이템으로 능력치를 상승시키자.

▲ 견실하게 파고들며 서서히 뽀용을 육성하는 과정이 즐거운 게임.

ROX -록스-

PZL 알트론 1999년 3월 5일 3,980엔

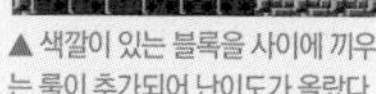

주사위 눈이 2개 한 묶음으로 연결된 블록을 회전·낙하시켜 규칙에 따라 블록을 없애가는, 얼핏 전형적으로 보이는 낙하계 퍼즐 게임. 블록 눈과 같은 수만큼 그 사이에 블록을 끼워야 없어진다는 독특한 룰이 있다.

▲ 색깔이 있는 블록을 사이에 끼우는 룰이 추가되어 난이도가 올랐다.

비트매니아 GB

ACT 코나미 1999년 3월 11일 4,300엔

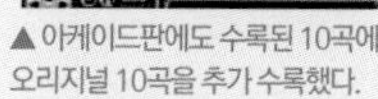

아케이드 게임 「비트매니아」의 게임보이 이식판. 화면 위에서 떨어지는 노트가 라인과 겹치는 타이밍에 맞춰 해당되는 버튼을 눌러 곡을 연주한다. 통신 케이블로 아케이드판처럼 통신대전도 가능하다.

▲ 아케이드판에도 수록된 10곡에, 오리지널 10곡을 추가 수록했다.

왕도둑 JING : 엔젤 버전

RPG 메사이아 1999년 3월 12일 3,980엔

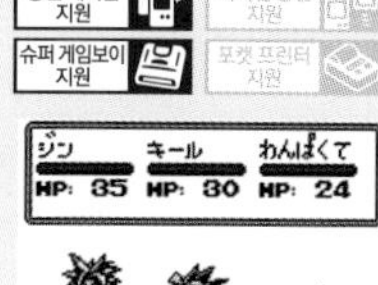

만화·애니메이션으로 당시 인기였던 '왕도둑 JING'을 게임화했다. 하늘의 별도 훔칠 수 있다는 대도 '징'이 아크타비에 거리에서 보물을 훔치기 위해, 포획한 몬스터를 사용하는 배틀에 도전한다는 내용의 RPG다.

▲ '몬스터 베팅'이라는 이름의 배틀로 몬스터를 입수하자.

왕도둑 JING : 데빌 버전

RPG 메사이아 1999년 3월 12일 3,980엔

이 「왕도둑 JING」 역시, 당시 게임보이 시장에서 유행이었던 '게임 하나를 여러 버전으로 동시 출시하는' 스타일을 답습했다. '엔젤'과 '데빌'은 각기 이벤트 및 몬스터 출현확률이 다르다.

▲ 배틀 외에, 트레이닝으로도 몬스터를 강화할 수 있다.

오하스타 : 야마짱 & 레이몬드
PZL 에포크 사 1999년 3월 12일 3,800엔

통신 케이블 지원 / 적외선 통신 지원 / 슈퍼 게임보이 지원 / 포켓 프린터 지원

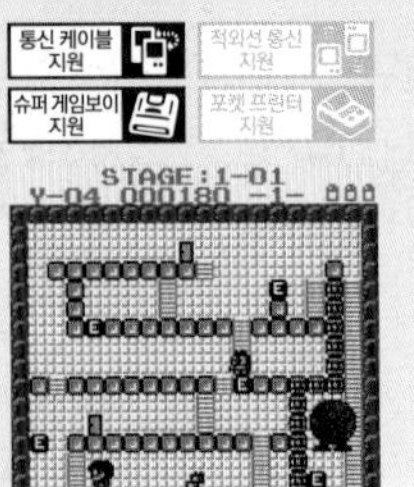
▲ 사다리타기로 점괘를 보는 '아미다카다브라' 기능도 탑재했다.

일본의 인기 아동용 예능프로 '오하스타'에 MC로 출연했던 성우 야마데라 코이치와 연예인 레이몬드 존슨이 주인공인 액션 퍼즐 게임. 블록 바닥을 날려 통로를 만들고, 에너지 박스를 전부 파괴하면서 진행한다.

합격 보이 시리즈 : □난 머리를 ○게 만들자. 산수 배틀 편
ETC 이매지니어 1999년 3월 12일 2,480엔

통신 케이블 지원 / 적외선 통신 지원 / 슈퍼 게임보이 지원 / 포켓 프린터 지원

▲ 학습용 소프트여서인지, 이 시리즈는 서점 유통망으로도 판매했다.

니치노켄 사의 교재 브랜드 '□난 머리를 ○게 만들자.' 시리즈 제 2탄. 정답 맞추는 속도를 겨루는 '대전 모드'와, 정답을 맞추면 산 정상에 오르는 데모가 나오는 '챌린지 모드' 등, 전작보다 게임성에 신경을 썼다.

코시엔 포켓
SPT 마호 1999년 3월 12일 3,980엔

통신 케이블 지원 / 적외선 통신 지원 / 슈퍼 게임보이 지원 / 포켓 프린터 지원

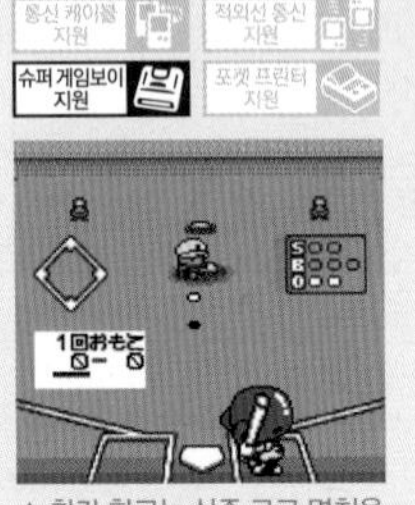
▲ 참가 학교는 실존 고교 명칭을 거꾸로 읽은 독음으로 등록했다.

자신의 팀을 육성해 일본 고교야구 전국대회 '코시엔' 우승을 노리는 야구 게임. 연습시합을 반복한 만큼 팀이 성장한다. 도중에는 이벤트도 삽입되어, 파란만장한 고교야구 생활을 지켜볼 수 있다.

도라에몽 카트 2
RCG 에포크 사 1999년 3월 12일 3,980엔

통신 케이블 지원 / 적외선 통신 지원 / 슈퍼 게임보이 지원 / 포켓 프린터 지원

▲ 비밀도구를 모으려면 통신대전과 교환도 해야 한다.

도라에몽의 캐릭터들이 카트 레이스를 벌이는 게임 제 2탄. 카트 별의 왕이 잔뜩 뿌린 100종류 이상의 비밀도구를 모으는 모드가 추가되어, 전작에 비해 파고들기 요소가 늘어났다.

몬스터★레이스 2
RPG 코에이 1999년 3월 12일 3,980엔

통신 케이블 지원 / 적외선 통신 지원 / 슈퍼 게임보이 지원 / 포켓 프린터 지원

▲ 전작에 신규 몬스터 92종을 추가한 볼륨 만점의 게임.

「몬스터★레이스」 및 「몬스터★레이스 추가요」의 속편. 전투가 몬스터끼리 레이스를 시켜 경쟁하는 방식인 RPG다. 이번에도 목표는 베리 베스트 컵 우승. 몬스터 합성으로 특기를 계승시킬 수 있게 되었다.

결투 비스트 워즈 : 비스트 전사 최강결정전
ACT 타카라 1999년 3월 19일 4,200엔

통신 케이블 지원 / 적외선 통신 지원 / 슈퍼 게임보이 지원 / 포켓 프린터 지원

▲ '맥시멀'과 '프레데콘'으로 편을 갈라 팀 배틀도 가능하다.

애니메이션 '비스트 워즈 : 초생명체 트랜스포머'가 격투 게임으로 나왔다. 어린이들에게 친숙한 '트랜스포머'에 등장하는 캐릭터들이 동물이나 공룡으로 변신하면서 싸우는, 조금 특이한 격투 게임이다.

쇼기 2
TBL 포니 캐년 1999년 3월 19일 3,480엔

통신 케이블 지원 / 적외선 통신 지원 / 슈퍼 게임보이 지원 / 포켓 프린터 지원

▲ 1P·2P 화면 반전 기능이 있어, 기기 하나로 2인 대전이 가능.

CPU와 대전하는 전형적인 쇼기 게임이, 게임보이 컬러 지원판으로 다시 등장했다. 이번에도 일반 룰로 대전하는 모드, 박보장기, 상대 말을 보여주지 않는 미스터리 쇼기 기능을 탑재해 즐길 수 있다.

대패수 이야기 : 더 미라클 오브 더 존 II
ACT 허드슨 1999년 3월 19일 3,980엔

통신 케이블 지원 / 적외선 통신 지원 / 슈퍼 게임보이 지원 / 포켓 프린터 지원

▲ 승리 방법에 따라 랭크가 상승하는 시스템을 채용했다.

슈퍼 패미컴판 「대패수 이야기」의 캐릭터를 사용한 카드 게임 제 2탄. 덱을 짜 카드로 대전하는 즐거움은 유지하면서, 신규 카드를 119종류나 추가해 총 카드 수가 340종류로 대폭 늘어났다.

프로 마작 키와메 GB II

TBL 아테나 1999년 3월 19일 4,200엔

프로 작사를 상대로 4인 대국 마작을 즐기는 「키와메」 시리즈의 속편. 유명 프로 작사를 선택할 수 있음은 물론, 통과 조건이 설정돼 있는 '타이틀전', 룰 설정이 가능해진 '10번 승부' 등을 즐길 수 있다.

▲ 얼굴 그래픽을 추가한 것만으로도 발군의 분위기가 되었다.

여신전생 외전 : 라스트 바이블 컬러 지원판

RPG 아틀라스 1999년 3월 19일 3,980엔

'가이아'라 불리는 능력의 탐구자 '엘'이, 여행하면서 그 능력의 비밀을 깨달아가는 판타지 롤플레잉 게임의 컬러 지원 기능 추가판. 마수와 대화해 동료를 늘리고, 마법으로 마수를 합성시킬 수도 있다.

▲ 컬러화된 덕분에 맵 등도 한결 보기 편해졌다.

QUI QUI

SLG 마호 1999년 3월 26일 3,980엔

우주인이 데려온 신기하고 귀여운 생물 '쿠이쿠이'를 은하 최강의 생물로 육성하여 대회 우승을 노리는 육성 시뮬레이션 게임. 쿠이쿠이는 트레이닝 로드를 걸어가면서 다양한 경험을 쌓아 성장해간다.

▲ 컬러풀하고 아기자기한 화면이 귀여운 육성 시뮬레이션 게임.

버거 버거 포켓

TBL 갭스 1999년 3월 26일 3,980엔

식재료를 찾아 마을을 돌아다니며, 오리지널 햄버거를 만들어 체인점을 늘려가는 보드 게임. 말판놀이처럼 생긴 맵을 이동해, 멈춘 칸에 있는 이벤트를 진행하며 점포를 확장시켜야 한다.

▲ 식재료 조합에 따라, 100종류 이상의 햄버거가 만들어진다.

포켓 전철 2

SLG 코코너츠 재팬 1999년 3월 26일 3,980엔

실존하는 일본 유명 노선을 달리는 전철 운전 시뮬레이터의 속편. 이번에는 오다큐 선과 난카이 선을 달릴 수 있다. 부록으로 메트로 모드와 미니게임도 탑재했다. 잘 공략해내면 탄환열차도 운전할 수 있게 된다.

▲ 컬러 화면 덕에 차창 밖 풍경도 더 멋지게 보인다.

게임보이 갤러리 3

ACT 닌텐도 1999년 4월 8일 3,500엔

'게임&워치'를 게임보이로 이식하는 시리즈 제 3탄으로, 드디어 컬러화되었다! 「에그」·「그린 하우스」·「터틀 브리지」·「마리오브라더스」·「동키콩 JR.」를 수록했다. 숨겨진 게임도 5개나 수록돼 있다.

▲ 「플래그맨」, 「저지」 등 추억의 게임도 수록했다.

파워프로 군 포켓

SLG 코나미 1999년 4월 1일 4,500엔

▲ 휴대용 게임기로도 즐기기 쉽도록, 시합 중엔 수비가 자동이다.

「파워프로」시리즈 중 '석세스 모드'에 초점을 맞춘 야구 게임. 선배들의 악행으로 망해버린 야구부 재건을 위해 선수들을 모아 육성하는 스토리가 중심이라, 스포츠 게임보다 시뮬레이션 게임 면모가 강하다. 얼핏 코믹한 작품 같지만 애인 후보 관련 에피소드는 꽤 무거운 분위기이며, 야구시합 결과가 생사에 직결되기도 하는 게 이 작품의 특징이기도 하다.

가토 히후미 9단의 쇼기 교실

게임보이 컬러 / 게임보이

TBL 컬처 브레인 1999년 4월 9일 3,200엔

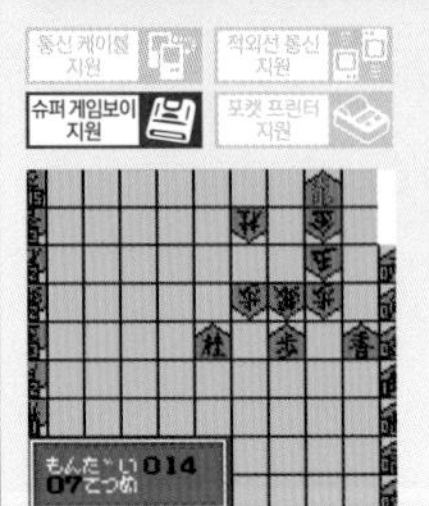

▲ 대국이 아니라, 수많은 쇼기 문제에 도전하는 소프트다.

은퇴 후에도 활발히 활동 중인 가토 히후미 9단의 쇼기 게임. 박보장기와 다음 한 수를 찾는 쇼기 문제집, 가토 히후미가 감수한 고난이도 문제 10종, 가토 히후미 명승부 기보 감상 등의 다채로운 기능을 탑재했다.

노부나가의 야망 : 게임보이판 2

게임보이 컬러 / 게임보이

SLG 코에이 1999년 4월 9일 4,800엔

▲ 「노부나가의 야망 : 전국군웅전」의 시스템이 기반이다.

400명이 넘는 무장을 움직여 천하통일을 노리는 전국시대 시뮬레이션 게임. 전작에 비해 게임 내용이 대폭 진화해, 야전과 공성전, 혼노지의 변 등의 이벤트가 추가되어 본격적인 작품이 되었다.

포켓몬 핀볼

게임보이 컬러 / 게임보이

ACT 닌텐도 1999년 4월 14일 3,800엔

▲ 화면에 배치된 포켓몬 장치들이 재미있다.

스테이지 장치에 「포켓몬스터」의 캐릭터들을 듬뿍 사용한, 진동 카트리지 채용 핀볼 게임. 포켓몬들이 다수 등장할 뿐만 아니라, 보너스 게임에서 포켓몬을 수집하는 재미도 맛볼 수 있다.

체크메이트

게임보이 컬러 / 게임보이

TBL 알트론 1999년 4월 16일 4,500엔

▲ 본격적인 체스를 게임보이로 즐기는 소프트다.

「체스마스터」·「뉴 체스마스터」에 이은 체스 시리즈 제3탄. 난이도별 대전 상대의 얼굴 그래픽이 추가되어, 더욱 친숙한 느낌으로 체스를 즐길 수 있다. 일본어 또는 영어로도 전환해 플레이 가능하다.

여신전생 외전 : 라스트 바이블 II 컬러 지원판

게임보이 컬러 / 게임보이

RPG 아틀라스 1999년 4월 16일 3,980엔

▲ 마수의 뼈나 알 등의 아이템을 강력한 동료로 변화시키자.

비극적인 운명을 지니고 태어난 주인공 '유리'가 활약하는 롤플레잉 게임의 컬러 지원판. 마수와의 대화·합성의 재미는 원작 그대로이지만, 마수들이 컬러풀하게 그려져 화면이 한층 아름다워졌다.

골프 DE 오하스타

게임보이 컬러 / 게임보이

SPT 에포크 사 1999년 4월 23일 3,980엔

▲ 도우미 캐릭터를 출현시켜 게임 전개를 유리하게 이끌자!

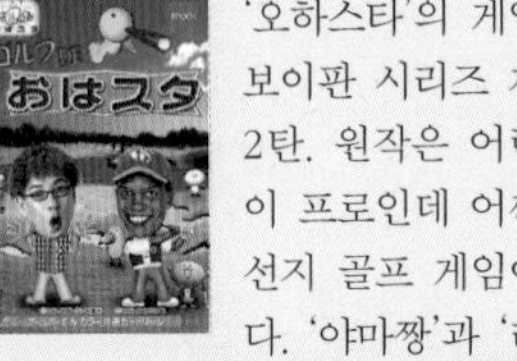

'오하스타'의 게임보이판 시리즈 제2탄. 원작은 어린이 프로인데 어째선지 골프 게임이다. '야마짱'과 '레이몬드' 중 하나를 선택해 코스를 돌자. '다이짱'과 '마크 팬더' 등, 당시 방송에 등장하던 CG 캐릭터들도 나온다.

인생게임 : 친구 잔뜩 만들자!

게임보이 컬러 / 게임보이

TBL 타카라 1999년 4월 23일 3,980엔

▲ 수많은 캐릭터를 통신으로 교환해 친구로 만들자.

게임보이로 여러 타이틀이 발매된 인기작 '인생게임'. 이번 작품에서는 자기 캐릭터를 몽타주로 만들어볼 수 있으며, 최대 50명까지 등록도 가능하다. 등록한 캐릭터의 점괘도 볼 수 있다.

탑기어 포켓

게임보이 컬러 / 게임보이

RCG 켐코 1999년 4월 23일 4,500엔

▲ 컬러가 지원되어, 풍경과 자동차가 아름답게 묘사된다.

오프로드 랠리 카를 닮은 차량을 선택해, 8종의 코스를 달리는 레이싱 게임. 시점을 높게 잡아서 코스를 보기 편하게 한 것이 특징이다. 진동 기능 탑재 카트리지라서, 운전 도중에 실수하면 본체가 진동한다.

푸치 캐럿

게임보이 컬러 | 게임보이

PZL 타이토 1999년 4월 23일 3,800엔

통신 케이블 지원 | 적외선 통신 지원 | 슈퍼 게임보이 지원 | 포켓 프린터 지원

▲ 노 컨티뉴로 클리어하면 진짜 엔딩이 나온다!

화면 위에서 조금씩 내려오는 블록들을 볼로 쳐내 부수는, 이른바 '블록깨기' 장르를 발전시킨 형태의 게임. 블록이 불규칙하게 배치돼 있어 가끔 생각지도 못한 방향으로 볼이 튀므로, 제법 어렵다.

리얼 프로야구! : 센트럴 리그 편

게임보이 컬러 | 게임보이

SPT 나츠메 1999년 4월 23일 3,980엔

통신 케이블 지원 | 적외선 통신 지원 | 슈퍼 게임보이 지원 | 포켓 프린터 지원

▲ 수비는 완전 자동이므로, 시합수가 많아도 빨리빨리 진행된다.

연간 30시합의 페넌트레이스를 진행해 일본 프로리그 우승을 노리는 야구 게임. 선수를 육성하는 모드와 트레이드로 팀을 강화하고, 시합에서는 구종과 코스를 지정해 투타의 심리전을 제압하여 승리를 차지하자.

리얼 프로야구! : 퍼시픽 리그 편

게임보이 컬러 | 게임보이

SPT 나츠메 1999년 4월 23일 3,980엔

통신 케이블 지원 | 적외선 통신 지원 | 슈퍼 게임보이 지원 | 포켓 프린터 지원

▲ 사람끼리의 투타 심리전이 펼쳐지는 통신대전도 재미있다.

투수 시점으로 진행하여 투구의 심리전에 초점을 맞춘 야구 게임의 퍼시픽 리그 편. 데이터에 차이를 두어 양대 리그판을 별도 발매했다. 통신 대전시 센트럴 리그와 퍼시픽 리그로 나뉘어 대전 가능한 것도 재미있다.

헬로키티의 매지컬 뮤지엄

게임보이 컬러 | 게임보이

PZL 이매지니어 1999년 4월 26일 3,980엔

통신 케이블 지원 | 적외선 통신 지원 | 슈퍼 게임보이 지원 | 포켓 프린터 지원

▲ 경쾌한 음악과 함께 돌아다니는 키티를 잘 유도하자.

헬로키티 탄생 이후 25년간의 디자인을 모두 모은 박물관에서, 그림에 걸려있는 마법을 풀어나가는 퍼즐 게임. 이리저리 움직이는 키티를, 문을 여닫거나 화살표 방향으로 유도하여 골까지 인도해야 한다.

디노 브리더 3 : 가이아 부활

게임보이 컬러 | 게임보이

SLG J·WING 1999년 4월 28일 4,800엔

통신 케이블 지원 | 적외선 통신 지원 | 슈퍼 게임보이 지원 | 포켓 프린터 지원

▲ 적 캐릭터와 신종을 등록하는 도감 기능도 탑재했다.

계속 오른쪽으로 걸어가는 공룡을 육성하는 게임 시리즈의 제 3탄. 전작 주인공의 손자가 플레이어로 등장하며, 이번에도 공룡을 육성해 성스러운 땅에 있는 '퓨전'을 찾는다. 신종 합체도 즐겁다.

파치파치 파치스로 : 뉴 펄서 편

게임보이 컬러 | 게임보이

ETC 스타피시 1999년 4월 28일 3,980엔

통신 케이블 지원 | 적외선 통신 지원 | 슈퍼 게임보이 지원 | 포켓 프린터 지원

▲ 메달을 모아 CG를 개방해가는 모드도 있다.

실존 파치슬로 기기인 '뉴 펄서'의 시뮬레이터. 해당 실기 외에도 가상의 파치슬로 기기 5대를 즐길 수 있다. 기기를 플레이하는 모드 외에, 주인공 '파치스로'가 파치슬로 대결을 펼치는 스토리 모드도 있다.

꽃의 천사 탱탱군의 비트 브레이커

게임보이 컬러 | 게임보이

PZL 코나미 1999년 4월 28일 4,300엔

통신 케이블 지원 | 적외선 통신 지원 | 슈퍼 게임보이 지원 | 포켓 프린터 지원

▲ 같은 모양의 블록끼리 붙으면 없어지는 퍼즐 요소도 있다.

만화·애니메이션으로 인기였던 '꽃의 천사 탱탱군'의 캐릭터를 사용한, 음악 게임과 낙하계 퍼즐을 결합시킨 게임. 낙하하는 블록을 타이밍에 맞춰 버튼을 눌러 A·B·화살표 등의 아이콘으로 바꿔야 한다.

포켓 G1 스테이블

게임보이 컬러 | 게임보이

ETC 코나미 1999년 4월 28일 4,500엔

통신 케이블 지원 | 적외선 통신 지원 | 슈퍼 게임보이 지원 | 포켓 프린터 지원

▲ 레이스에서 승리할 강한 말을 육성하는 재미를 실감해보자!

경주마 육성이 목적인 시뮬레이션 게임. 플레이어는 조교사가 되어, 마주와의 관계를 다지며 모든 G1 제패를 목표로 한다. 조교 외에도, 마주가 되어 직접 말을 키울 수도 있는 숨겨진 요소가 있다!

 게임보이 지원  게임보이 비지원  게임보이 컬러 지원 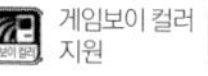 통신 케이블 지원 게임   적외선 통신 지원 게임  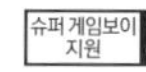 슈퍼 게임보이 지원 게임 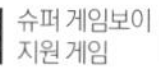  포켓 프린터 지원 게임

SD 비룡의 권 EX

ACT 컬처브레인 1999년 4월 30일 3,900엔

▲ 2 : 2 팀 배틀로 대전 전략에 깊이를 더했다.

「SD 비룡의 권 외전 2」를 컬러화했다. '슈퍼 디펜스'·'슈퍼 테크닉'을 구사하여 총 19명과 대결한다. 신규 요소로, 공수를 전환하며 싸우는 '어택 & 디펜스'라는 새로운 모드를 탑재했다.

It's a 월드 랠리

RCG 코나미 1999년 5월 13일 4,300엔

▲ 팀을 고르면 국내대회 참가부터 시작하는 본격파 게임이다.

남미와 유럽, 북미, 아프리카에 이르기까지 전 세계를 일주하며 경쟁하는 랠리 게임. 게임 모드는 월드 랠리 우승을 노리는 '랠리 챔프 모드', 코스만 달리는 '랠리 모드', '통신대전'과 '타임 어택'으로 총 4종류다.

카드캡터 체리 : 언제나 체리와 함께

AVG MTO 1999년 5월 15일 4,380엔

▲ 시계 내장 카트리지라, 실제 시간과 연동되어 이벤트가 발생한다.

애니메이션(원제는 '카드캡터 사쿠라')이 원작인 어드벤처 게임. 플레이어는 봉인의 마수 '케르베로스'가 되어, 체리와 함께 마력을 지닌 크로우 카드를 수집한다. 시계 기능을 활용한 실시간 이벤트가 있다.

핏폴 GB

ACT 포니 캐년 1999년 5월 28일 3,980엔

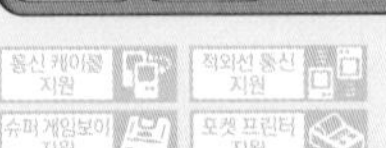

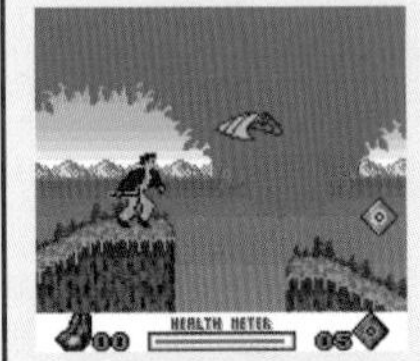

▲ 공략 포인트는 주인공의 부드러운 모션에 익숙해지는 것이다.

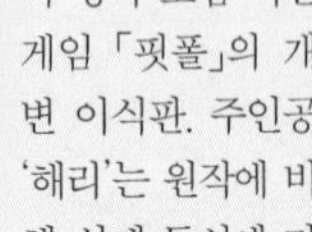

미국 액티비전 사의 명작 모험 액션 게임 「핏폴」의 개변 이식판. 주인공 '해리'는 원작에 비해 실제 등신에 가까운 리얼한 캐릭터로 바뀌었다. 스테이지 상의 각종 함정을 돌파하며 비경을 헤쳐 나간다.

우리반 짱돌이 : 게임보이판

ACT 코에이 1999년 5월 29일 3,980엔

▲ 임팩트 발군의 화면과 게임 내용이 제법 충격적이다.

만화·애니메이션화된 같은 제목의 작품(원제는 '학급왕 야마자키')이 원작인 게임. 원작에 나오는 응가덩어리 '푸스케'를 육성해 라이벌과 전투시킨다는 황당무계한 육성 시뮬레이션 게임이다. 말 그대로 '지독한' 게임.

한자 BOY

ETC J·WING 1999년 6월 3일 4,800엔

▲ 이 소프트로 한자를 배우면 한자검정에 도전해볼 만할지도?

재단법인 일본한자능력검정협회가 감수한 한자 학습 게임. 일본 한자검정 2~7급까지의 기출문제집으로, 실제로 검정에 합격할 수 있을 만큼 도움이 된다. 미니게임으로 장르별 숙어 문제 등도 수록했다.

통조림 몬스터 파르페

SLG 스타피시 1999년 6월 4일 3,980엔

▲ 몬스터를 육성하고 젬을 조합해 배틀에 임하자.

통조림에서 태어난 몬스터를 육성하는 시뮬레이션 게임 「통조림 몬스터」의 컬러판. 전작은 내장시계가 있어 현실 시간과 동기화되었지만, 이번엔 플레이타임에 따라 게임이 진행되도록 개량했다.

파친코 CR 맹렬 원시인 T

ETC 헥트 1999년 6월 4일 3,980엔

▲ 오로지 파친코를 파고드는 정진정명의 시뮬레이터.

일본 토요마루 산업의 파친코 '맹렬 원시인'을 게임보이로 시뮬레이트한다. 화면은 작지만 파친코 기기 특유의 디자인을 잘 표현해냈다. 일정 수 이상의 구슬을 따내면 보너스 일러스트 감상도 가능하다.

포켓 화투

TBL 바텀 업 1999년 6월 11일 4,500엔

▲ 컬러 그래픽으로 화투가 멋지게 표시된다.

게임보이로 화투를 즐길 수 있는 소프트. 룰은 계절이 같은 화투장을 맞춰 따낸 합계점수를 겨루는 '하나아와세', 특정 족보를 만들어 고득점을 노리는 '코이코이'로 2종류다. 12간지가 모티브인 동물과 대전한다.

루카의 퍼즐로 대모험!

PZL 휴먼 1999년 6월 11일 3,800엔

▲ 숫자를 채워 퍼즐을 클리어해, 루카의 모습을 감상하자.

돌고래 '루카'가 고향의 수족관에 있는 엄마를 찾아 여행을 떠난다는 스토리의 퍼즐 게임. 이른바 '스도쿠'나 '넘버 플레이스'로 불리는 바로 그 퍼즐로, 순수하게 두뇌를 사용하는 게임이다.

서바이벌 키즈 : 외딴섬의 모험자

RPG 코나미 1999년 6월 17일 4,300엔

▲ 공복과 피로 수치가 있어, 이것도 잘 관리해야 한다.

아버지와 여행하던 소년(소녀)이, 타고 있던 배가 난파하여 홀로 외딴섬에 표착하고 말았다. 누구의 도움도 바랄 수 없는 상황에서 나이프 하나에 의지해 무인도 탈출에 도전하는, 서바이벌 체험 RPG다.

애니멀 브리더 3

SLG J·WING 1999년 6월 24일 4,800엔

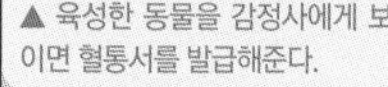
▲ 육성한 동물을 감정사에게 보이면 혈통서를 발급해준다.

동물을 키우는 육성 시뮬레이션 게임 제 3탄. 이번에도 마법사의 수정구슬에서 동물을 선택하여 육성해간다. 동물을 데리고 나와 산보할 수 있으며, 개최되는 콘테스트의 종류도 훨씬 늘어났다.

월드 사커 GB 2

SPT 코나미 1999년 6월 24일 4,300엔

▲ 시합 중의 BGM이 추가되어, 플레이가 더 즐거워졌다.

당시의 일본대표팀 선수들이 실명으로 등장하는 축구 게임의 속편. 패스와 슛으로 이원화된 심플한 조작법은 여전하며, 팀 선택 화면의 능력 표시와 시합 개시 직전의 동전던지기 화면 등을 개량했다.

사카타 고로 9단의 렌쥬 교실

TBL 컬처 브레인 1999년 6월 25일 3,200엔

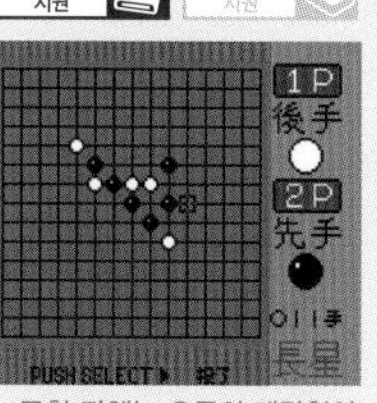
▲ 규칙 자체는 오목의 개량형이라, 누구나 쉽게 즐길 수 있다.

고인이 된 사카타 고로 9단이 감수한 렌쥬 소프트. 3가지 모드를 수록했다. '대국'은 레벨을 3단계 중에서, 순서는 선공·후공 중에서 선택할 수 있다. '렌쥬 묘수풀이'는 총 110문제, '5알 맞추기'는 총 50문제를 수록했다.

하이퍼 올림픽 시리즈 : 트랙 & 필드 GB

SPT 코나미 1999년 7월 1일 4,300엔

▲ 1,500m 달리기처럼 장시간 플레이하는 경기도 있다.

「하이퍼 올림픽」시리즈의 진화형 게임. 데카슬론(10종경기)을 플레이하는 게임으로, 하루에 5종목씩 2일에 걸쳐 경기를 벌인다. 트레이닝 모드로 자신만의 선수를 육성할 수도 있다.

유희왕 듀얼몬스터즈 II 암계결투기

TBL 코나미 1999년 7월 8일 4,500엔

▲ 가장 큰 특징은 그래픽 강화. 카드 일러스트도 멋져졌다.

「듀얼몬스터즈」시리즈 제 2탄. 기본 룰은 동일하지만, 카드 종류가 전작의 두 배로 늘어났고 컬러까지도 지원한다. '덱 캐퍼시티'와 '듀얼리스트 레벨' 개념을 도입했고, 카드에 레벨 개념을 신설했다.

GAME BOY 1989 1990 1991 1992 1993 1994 1995 1996 1997 1998 1999 2000 2001 2002 2003

프로 마작 츠와모노 GB

게임보이 컬러 / 게임보이

TBL 컬처 브레인 1999년 7월 9일 3,900엔

통신 케이블 지원 / 적외선 통신 지원 / 슈퍼 게임보이 지원 / 포켓 프린터 지원

▲ 마작장 점포는 총 4곳. 모든 점포를 제패하라!

마작의 극의를 배우며 진행해가는 4인 대국 마작 게임. 마작선인과 실명 프로 작사 등의 조언을 받을 수 있어, 초보자도 안심하고 즐길 수 있다. 상대의 버림패를 확인하면서 자신의 역을 완성시켜보자.

강의 누시 낚시 4

게임보이 컬러 / 게임보이

RPG 팩 인 소프트 1999년 7월 16일 4,200엔

통신 케이블 지원 / 적외선 통신 지원 / 슈퍼 게임보이 지원 / 포켓 프린터 지원

▲ 이 시리즈는 대대로 BGM이 호평이다. 이 작품도 꼭 들어볼 만!

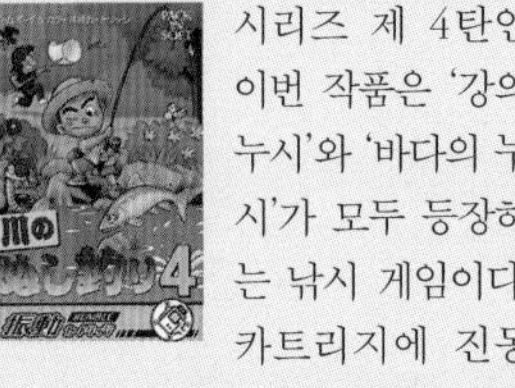

시리즈 제 4탄인 이번 작품은 '강의 누시'와 '바다의 누시'가 모두 등장하는 낚시 게임이다. 카트리지에 진동 기능을 탑재해, 물고기가 걸렸을 때부터 낚아올릴 때까지의 손맛을 리얼하게 느끼면서 즐길 수 있다.

합격 보이 시리즈 : □난 머리를 ○게 만들자. 사회 배틀 편

게임보이

ETC 이매지니어 1999년 7월 16일 2,480엔

통신 케이블 지원 / 적외선 통신 지원 / 슈퍼 게임보이 지원 / 포켓 프린터 지원

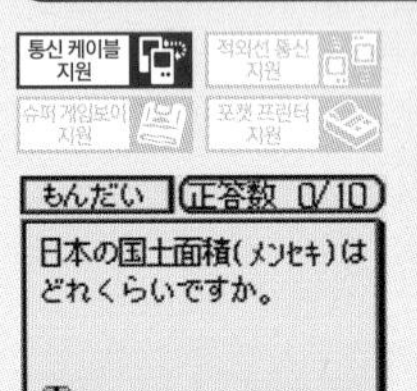

▲ 통신 케이블이 있으면 '헤이안쿄 배틀'이란 대전도 가능하다.

니치노켄 사의 중학교 입시 문제집 '□난 머리를 ○게 만들자.'가 합격 보이 시리즈로 나왔다. 금번의 신작은, '산수 배틀 편'에 있었던 앙케트 결과에서 1위를 기록한 '사회' 과목을 소재로 삼은 '사회 배틀 편'이다.

골프왕

게임보이 컬러 / 게임보이

SPT 디지털 키즈 1999년 7월 16일 3,980엔

통신 케이블 지원 / 적외선 통신 지원 / 슈퍼 게임보이 지원 / 포켓 프린터 지원

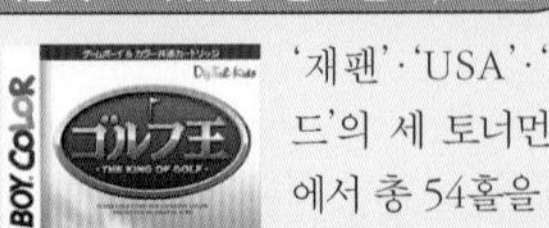

▲ 포켓 프린터가 있으면 자신의 스코어를 인쇄할 수 있다.

'재팬'·'USA'·'월드'의 세 토너먼트에서 총 54홀을 플레이하여 우승, 골프왕 자리를 노리는 게임. 우승 상금을 획득하여 새로운 골프 클럽을 구입하면 게임을 더욱 유리하게 진행할 수 있다.

헬로키티의 비즈 공방

게임보이 컬러 / 게임보이

PZL 이매지니어 1999년 7월 17일 3,980엔

통신 케이블 지원 / 적외선 통신 지원 / 슈퍼 게임보이 지원 / 포켓 프린터 지원

▲ 비주얼 신의 일러스트도 공들여 그려서 꽤 귀엽다.

키티가 생일날 받은 병에서 쏟아져 나온 비즈를 이용해 액세서리를 만든다는 스토리의 퍼즐 게임. 5×5칸 안에 빽빽하게 채워진 비즈들을 잘 움직여, 같은 모양의 비즈끼리 붙여 없애야 한다.

곤충박사 2

게임보이 컬러 / 게임보이

RPG J·WING 1999년 7월 23일 4,800엔

통신 케이블 지원 / 적외선 통신 지원 / 슈퍼 게임보이 지원 / 포켓 프린터 지원

▲ 게임을 클리어하고도 곤충도감까지 완성하고 싶어지는 게임.

어느 날 빛나는 곤충을 목격한 소년. '정령충'일지도 모르는 그 곤충을 찾기 위해 야산을 돌아다니며 곤충을 채집하는 게임이다. 곤충은 총 255종류나 존재하며, 정령충이 아니라도 채집해 나가는 재미가 있다.

차세대 팽이 배틀 : 탑블레이드

게임보이 컬러 / 게임보이

RPG 허드슨 1999년 7월 23일 3,980엔

통신 케이블 지원 / 적외선 통신 지원 / 슈퍼 게임보이 지원 / 포켓 프린터 지원

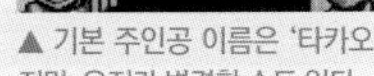

▲ 기본 주인공 이름은 '타카오'지만, 유저가 변경할 수도 있다.

파츠를 교체해 커스터마이즈할 수 있는 장난감 팽이 '탑블레이드'(원제 '베이블레이드')를 게임화했다. 탑블레이드가 유행 중인 '베이사이드 시티'라는 도시를 무대로, '타카오'라는 소년이 탑블레이드 실력을 연마한다.

스파이 앤드 스파이

게임보이 컬러 / 게임보이

ACT 켐코 1999년 7월 23일 3,980엔

통신 케이블 지원 / 적외선 통신 지원 / 슈퍼 게임보이 지원 / 포켓 프린터 지원

▲ 원작은 아타리 사의 PC용 게임이다.

패미컴 등으로도 발매된 「스파이 VS 스파이」의 이식작. 두 스파이 '조크'와 '대거'가 서류를 찾아 거대한 저택 안을 돌아다니며, 때로는 함정을 깔아 상대를 방해해서라도 목적을 달성해야 한다.

낚시선생 2

게임보이 컬러 / 게임보이
RPG J·WING 1999년 7월 23일 4,800엔

통신 케이블 지원 / 적외선 통신 지원 / 슈퍼 게임보이 지원 / 포켓 프린터 지원

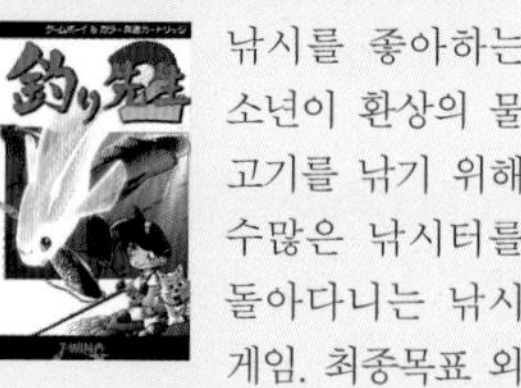

낚시를 좋아하는 소년이 환상의 물고기를 낚기 위해 수많은 낚시터를 돌아다니는 낚시 게임. 최종목표 외에 실러캔스 등의 고대어도 낚을 수 있으며, 여러 목표를 제시해주므로 파고드는 맛이 있다.

▲ 전작과는 달리, '북 베타 마을'이라는 곳에서 스토리가 시작된다.

도라에몽 : 걸어라, 걸어라, 라비린스

게임보이 컬러 / 게임보이
ACT 에포크 사 1999년 7월 23일 3,980엔

통신 케이블 지원

폭주한 로봇에게 납치당한 이슬이를 구하러 가는 진구. 플레이어는 도라에몽이 되어, 멋대로 돌아다니는 진구에게 '달려!', '방향을 바꿔!' 등등을 지시하여 골 지점까지 잘 유도해야 한다.

▲ 트레이닝 스테이지에서 진구의 유도 방법을 확실히 익히자.

부라이 파이터 컬러

게임보이 컬러 / 게임보이 비지원
STG 키드 1999년 7월 23일 3,980엔

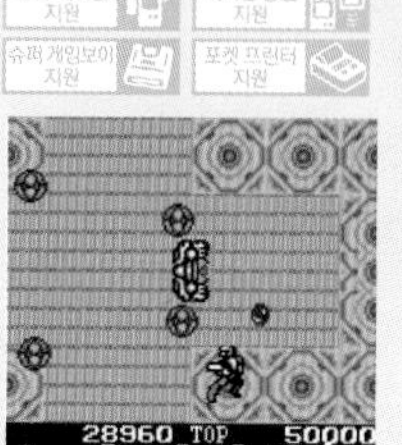

'부라이 파이터'를 조작해 초문명 기계화생물을 물리치는 슈팅 게임. 플레이어는 아이템으로 무기를 파워업시키고, 샷의 방향전환 및 고정 기능을 잘 구사하여 5마리의 보스를 쓰러뜨려야 한다.

▲ 「부라이 파이터 디럭스」를 컬러화 및 개변한 게임.

포켓 루어 보이

게임보이 컬러 / 게임보이 비지원
RPG 킹 레코드 1999년 7월 23일 3,980엔

통신 케이블 지원

탑 앵글러가 되고픈 소년이 각지의 라이벌과 낚시 승부를 벌이며 자신의 테크닉을 연마하는 낚시 게임. 각지의 라이벌을 찾아 그들이 가진 테크닉과 루어를 획득하여, 전설의 앵글러와 승부하자.

▲ 모든 물고기를 낚아 이 호수를 내 앞마당으로 만들자.

메다로트 2 : 장수풍뎅이 버전

게임보이 컬러 / 게임보이
RPG 이매지니어 1999년 7월 23일 3,980엔

통신 케이블 지원 / 슈퍼 게임보이 지원

호평을 받은 「메다로트」의 속편이 등장했다. 전작의 비스트 마스터가 쓰러진 후의 세계를 무대로, 새로운 주인공 '잇키'가 새로운 메다로트와 만난다. 이번에도 '장수풍뎅이 버전'에선 시작 시 사격 특화형 메다로트를 받는다.

▲ 속편답게, 게임의 볼륨이 대폭 증가했다.

메다로트 2 : 사슴벌레 버전

게임보이 컬러 / 게임보이
RPG 이매지니어 1999년 7월 23일 3,980엔

통신 케이블 지원 / 슈퍼 게임보이 지원

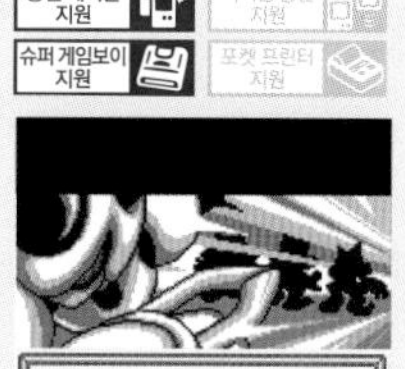

「메다로트 2」의 '사슴벌레 버전'은 초기에 받게 되는 메다로트가 격투에 특화되어 있다. 이번 작품부터는 메다로트의 메달이 성장하면 강력한 필살기 '메다포스'를 사용할 수 있도록 했다.

▲ 컬러 지원 추가로, 메다로트의 컬러링도 표현했다.

삼국지 : 게임보이판 2

게임보이 컬러 / 게임보이
SLG 코에이 1999년 7월 30일 4,800엔

슈퍼 게임보이 지원

「삼국지 II」를 이식한 역사 시뮬레이션 게임. 중국 난세의 영웅을 지휘해 중국 전토의 통일을 노린다. 첩자를 보내거나, 적 무장을 끌어들여 반란을 일으키는 등, 온갖 지략을 동원해보자.

▲ 컬러가 지원되어, 맵 화면과 무장 능력치를 보기 편해졌다.

젬젬 몬스터

게임보이 컬러 / 게임보이
SLG 키드 1999년 7월 30일 3,980엔

통신 케이블 지원 / 슈퍼 게임보이 지원

통조림에서 만들어진 몬스터를 육성하는 「통조림 몬스터 파르페」의 속편. 타이틀은 바뀌었지만, 통조림에 든 몬스터와 다양한 능력을 지닌 젬을 조합시켜 배틀에 내보내는 시스템은 여전하다.

▲ 배틀에서 승리해 젬을 모아, 덱을 강화시키자.

 게임보이 지원  게임보이 비지원 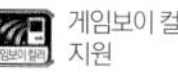 게임보이 컬러 지원   통신 케이블 지원 게임  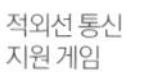 적외선 통신 지원 게임  슈퍼 게임보이 지원 게임  포켓 프린터 지원 게임

쵸로Q : 하이퍼 커스터머블 GB
RPG 타카라 1999년 7월 30일 3,980엔

▲ 다양한 사람들과 대화하여 쵸로Q 파츠를 모으자.

일본에선 더없이 유명한 자동차 완구 '쵸로Q'를 소재로 삼은 게임. 쵸로Q를 커스터마이즈해 최강의 차체를 만들어 보자. 레이스는 턴제로, 쵸로Q가 달릴 방향을 지정하여 벽에 부딪치면 반사되는 등의 성질을 이용해 골인한다.

아더 라이프 애저 드림스 GB
RPG 코나미 1999년 8월 5일 4,300엔

▲ 합성을 잘 활용하면 오리지널 사역마가 만들어진다.

사역마와 함께 마물의 탑으로 쳐들어가, 아이템과 합성으로 사역마를 강화시켜 가는 RPG. 탑의 내부구조와 아이템 배치는 플레이할 때마다 무작위로 결정되므로, 반복 플레이하여 마물의 탑을 공략하자.

목장이야기 GB 2
RPG 팩 인 소프트 1999년 8월 6일 3,980엔

▲ 애완동물은 개와 고양이 중 선택 가능. 각각 특색 있는 활약을 한다.

헐리고 테마파크가 세워질 위기인 목장의 재건을 위해, 3년간 농업에 매진하는 목장 경영 시뮬레이션 게임. 전작에 비해 아이템과 이벤트가 늘어났으며, 사육할 수 있는 동물 종류도 많아졌다.

포켓 패밀리 GB 2
SLG 허드슨 1999년 8월 6일 3,980엔

▲ 어느 가족이든 개성파. 즐길 수 있는 미니게임 종류도 늘었다.

관리인이 되어, 자택에 입주한 가족들을 케어하는 커뮤니케이션 게임 제 2탄. 전작은 가족 하나만을 돌봤지만, 이번에는 가족들이 넷이나 동시에 입주하는지라 더욱 정신없는 전개가 되었다.

마리오 골프 GB
SPT 닌텐도 1999년 8월 10일 3,800엔

▲ 육성한 캐릭터는 「마리오 골프 64」에서 사용할 수 있다.

컬러 화면과 큼직한 캐릭터, 입체적인 코스 표현 덕에 더욱 보기 편해진 골프 게임. 스토리 모드에서는 골프를 플레이하여 경험치를 모아 자신만의 캐릭터를 육성할 수 있게 되었다.

Get' 곤충 클럽 : 모두의 곤충대도감
SLG 잘레코 1999년 8월 13일 4,400엔

▲ 곤충채집 일변도의 게임. 화면이 디테일해 매우 아름답다.

요정에 의해 이세계에 오게 된 소년이, 원래 세계로 돌아가기 위해 곤충 200종류를 채집해야만 하게 된 곤충 채집 게임. 맵 위나 이동한 곳의 화면을 돋보기로 조사하며 끊임없이 곤충을 채집하게 된다.

J리그 익사이트 스테이지 GB
SPT 에포크 사 1999년 8월 13일 3,980엔

▲ 포메이션을 변경하여 시합을 플레이할 수 있다.

J리그 16개 팀의 선수 256명이 등록된 축구 게임. 두 버튼으로 총 4종류의 킥을 구사 가능해, 조작이 심플하여 간단히 플레이할 수 있다. 캐릭터들도 모두 SD화되어 있어 화면이 알아보기 쉽다.

섀도우게이트 리턴
AVG 켐코 1999년 8월 13일 3,980엔

▲ 판타지 세계를 표현한 그래픽이 매우 멋지다.

마왕 워록의 성 '섀도우게이트'에 과감하게 쳐들어간 용사의 이야기를 그린 커맨드식 어드벤처 게임. 패미컴으로도 발매된 작품으로, 양 버전 모두 즉사하는 선택지가 많아 난이도가 높기로 유명한 타이틀이다.

백개먼

TBL 알트론 1999년 8월 27일 3,980엔

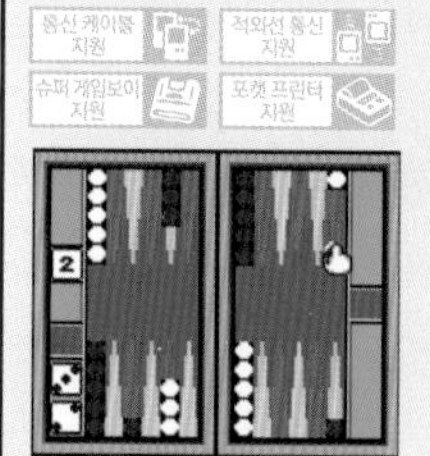

▲ 정석이 충분히 연구되어 있어 깊이가 상당한 백개먼의 세계.

두 플레이어가 교대로 주사위를 굴리고 자신의 말 15개를 룰에 따라 이동시켜, 모든 말을 먼저 적 진지로 이동시키는 쪽이 승리하는 보드 게임의 고전. CPU가 상대하는 토너먼트를 즐길 수 있다.

뿌요뿌요 외전 : 뿌요 워즈

PZL 컴파일 1999년 8월 27일 3,980엔

▲ 개조한 오리지널 '텍터'를 통신으로 교환할 수도 있다.

퍼즐 게임 「뿌요뿌요」에 등장하는 '뿌요'들이 활약하는 시뮬레이션 게임. '뿌요'들은 '텍터'라 불리는 메카닉 병기에 탑승해 싸운다. 아군 유닛은 개조·합체로 강화시킬 수도 있다.

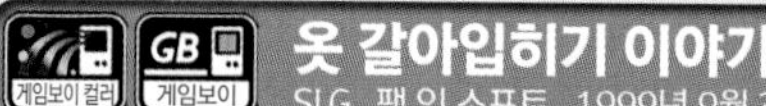

옷 갈아입히기 이야기

SLG 팩 인 소프트 1999년 9월 3일 3,800엔

▲ 남녀 7명으로 구성된 친구들과 만나 패션 센스를 연구하자.

마녀의 세계에서 찾아온 소녀가 인간 세계에서 패션 센스를 연구해 다양한 옷을 모은다는 내용의 육성 시뮬레이션 게임. 옷이 총 190종류 이상으로 막대한 양을 자랑하며, 다양한 시나리오를 경험하여 수집한다.

빙글빙글 고물즈

RPG 아틀라스 1999년 9월 10일 4,300엔

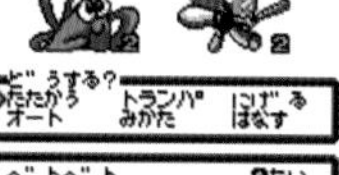

▲ 비주얼은 귀엽지만, 몬스터 수집 요소는 제법 치밀하다.

고물을 모아 '브링월드'라는 세계로 가져가면 '빙글빙글 몬스터'가 되어 적 몬스터와 싸워주는 독특한 스타일의 RPG. 잘 대화하면 적도 아군으로 만들 수 있어, 동료를 늘려가는 과정이 재미있다.

튜록 2 : 시공 전사

ACT 스타피시 1999년 9월 10일 3,980엔

▲ 썩 괜찮은 BGM과 함께 스피디한 액션을 즐길 수 있다.

타 기종에서 FPS 게임으로 일세를 풍미했던 「튜록」이지만, 게임보이판은 전작에 이어 독자적인 액션 게임으로 진화했다. 기본적으론 횡스크롤 액션 게임이지만, 슈팅 스테이지와 카누 스테이지 등도 있다.

드래곤 퀘스트 I·II

RPG 에닉스 1999년 9월 23일 4,900엔

▲ 오리지널 요소로서, 오프닝 데모를 추가했다.

슈퍼 패미컴판 「드래곤 퀘스트 I·II」의 이식판. 버튼 수가 적으므로 B 버튼으로 커맨드를 열고, A 버튼은 '편리 버튼'이라 하여 주요 기본조작을 여기에 통합시켰다. 언제든지 저장 가능한 '중단의 책'을 추가했다.

귀여운 펫샵 이야기

RPG 타이토 1999년 9월 23일 3,980엔

▲ 주인공이 직접 약을 조합해 만드는 시스템도 있다.

몸이 불편한 할머니를 대신해, 소녀가 펫샵을 경영하고 동물을 키우는 육성 시뮬레이션 게임. 애완동물을 대회에 내보내 우승을 노릴 수도 있으며, 동물을 야생으로 잡아온다는 놀라운 시스템이 은근히 화제가 되었다.

합격 보이 시리즈 : □난 머리를 ○게 만들자. 국어 배틀 편

ETC 이매지니어 1999년 9월 24일 2,680엔

▲ 통신 케이블로 친구와 일본어 실력을 비교해볼 수 있다.

니치노켄 사의 중학입시 문제집 '□난 머리를 ○게 만들자.'가 합격 보이 시리즈로 등장했다. 트레이닝 후 '챌린지'로 현자와 실력을 겨룬다. 게임을 즐기며 한자와 가나 표기법, 관용구 등을 재미있게 배울 수 있다.

슈퍼로봇대전 : 링크 배틀러

게임보이 컬러 / 게임보이

SLG 반프레스토 1999년 10월 1일 4,500엔

통신 케이블 지원 / 적외선 통신 지원 / 슈퍼 게임보이 지원 / 포켓 프린터 지원

▲「슈퍼로봇대전」 넘버링 작품들과는 다른 느낌의 게임.

과거의 대전쟁에 사용되었던 슈퍼로봇 등을 온라인상에서 대전시키는 가상의 경기 '링크 배틀'. 플레이어는 이 경기에 참가해, 정해진 포인트 내에서 자기 팀의 로봇을 편성하여 상대 팀과 일대일로 싸운다.

프론트 로우

게임보이 컬러 / 게임보이

RCG 키드 1999년 10월 1일 3,980엔

통신 케이블 지원 / 적외선 통신 지원 / 슈퍼 게임보이 지원 / 포켓 프린터 지원

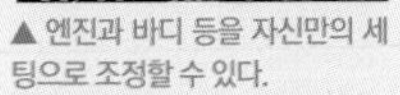

▲ 엔진과 바디 등을 자신만의 세팅으로 조정할 수 있다.

세계의 16개 코스가 무대인 탑뷰 시점의 F1 레이싱 게임. 플레이어 차량이 핸들을 꺾는 방향에 따라 화면이 스크롤되는 방식이며, 라이벌 차량과 충돌하지 않으므로 쾌적하게 레이스의 스피드감을 맛볼 수 있다.

오델로 밀레니엄

게임보이 컬러 / 게임보이

TBL 츠쿠다 오리지널 1999년 10월 8일 3,980엔

통신 케이블 지원 / 적외선 통신 지원 / 슈퍼 게임보이 지원 / 포켓 프린터 지원

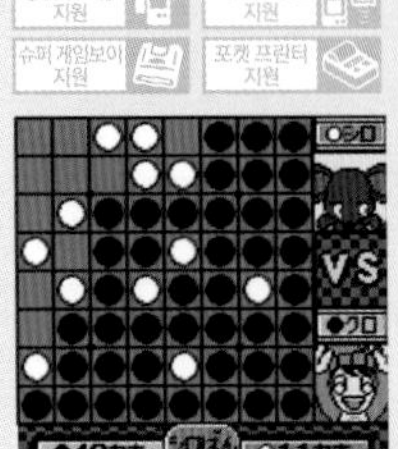

▲ 대전 모드에서는 역사적 인물을 선택해 오델로로 대전한다.

일반적인 '대전'과 '스토리', 두 모드를 준비한 정통파 오델로 게임. '스토리'에서는 오델로를 좋아하는 주인공이 오델로 나라에서 온 '포론'과 여행하며 오델로 관련 퀴즈와 오델로 대전을 진행해간다.

격투요리전설 비스트로 레시피 : 격투★푸든 배틀 편

게임보이 컬러 / 게임보이

RPG 반프레스토 1999년 10월 8일 3,980엔

통신 케이블 지원 / 적외선 통신 지원 / 슈퍼 게임보이 지원 / 포켓 프린터 지원

▲ 푸든끼리의 배틀을 반복해, 더욱 강한 요리를 찾아내자.

'북경오리 요리와 마파두부가 싸우면 누가 이기지?'라는 왕의 의문에서 시작된, '비스틀러'라 불리는 요리사들의 대결. 비스틀러가 요리와 레시피 카드를 조합해 몬스터 '푸든'을 소환한다는, 독특한 느낌의 RPG다.

슈퍼 리얼 피싱

게임보이 컬러 / 게임보이

ACT 바텀 업 1999년 10월 8일 4,500엔

통신 케이블 지원 / 적외선 통신 지원 / 슈퍼 게임보이 지원 / 포켓 프린터 지원

▲ 취향에 맞춰 3가지 모드 중 하나를 골라 낚시를 즐기자.

컬러화 덕에 수면의 반짝임까지 표현된 호수에서 블랙배스 등을 낚는 게임. 진동 카트리지이므로, 물고기가 걸렸을 때의 진동도 리얼하게 재현된다. 환상의 물고기를 낚을 때까지 계속 캐스팅해 보자!

포켓몬스터 청

게임보이

RPG 닌텐도 1999년 10월 10일 3,000엔

통신 케이블 지원 / 적외선 통신 지원 / 슈퍼 게임보이 지원 / 포켓 프린터 지원

▲ 타이틀 화면에는 적·녹 버전과는 달리 꼬부기가 나온다.

대히트작 「포켓몬스터」의 어나더 버전. 원래 잡지 '코로코로 코믹' 지면에서만 통신 판매했지만, 이후 일반 판매도 되었다. 포켓몬의 일러스트와 해설이 달라졌으며, 포켓몬 출현확률도 전작들과 다르다.

V-RALLY : 챔피언십 에디션

게임보이 컬러 / 게임보이

RCG 스파이크 1999년 10월 14일 3,980엔

통신 케이블 지원 / 적외선 통신 지원 / 슈퍼 게임보이 지원 / 포켓 프린터 지원

▲ 배경으로 각국의 특징적인 경치를 묘사해, 현장감이 느껴진다.

시뮬레이터 스타일로, 주행에 특화시킨 랠리 게임. 실존하는 랠리 카를 모델로 삼은 차량을 선택하여, 각국의 코스를 주행한다. 챔피언십 모드에서는 각 코스들을 순서대로 주파하게 된다.

실바니안 패밀리 : 동화나라의 펜던트

게임보이 컬러 / 게임보이

AVG 에포크 사 1999년 10월 15일 3,980엔

통신 케이블 지원 / 적외선 통신 지원 / 슈퍼 게임보이 지원 / 포켓 프린터 지원

▲ 귀여운 실바니안 패밀리를 화면 속에 잘 재현했다.

실바니아 마을에 사는 동물 인형 '실바니안 패밀리'가 주인공인 어드벤처 게임. 구해준 요정에게서 '이 펜던트를 동화나라에 전해달라'고 부탁받은 아이보리 토끼가, 동화나라를 찾아 마을을 모험한다.

데자뷔 I & II

AVG 켐코 1999년 10월 15일 3,980엔

▲ 커맨드를 약간만 잘못 골라도 즉시 게임 오버돼버린다.

패미컴으로 이식된 바 있는 「데자뷔」를, 패미컴으로는 미발매된 속편과 합본해 이식했다. 원작은 매킨토시용으로 발매된 추리 어드벤처 게임으로, 화장실에서 정신이 든 주인공이 마피아의 음모를 밝혀낸다.

포켓 GT

RCG MTO 1999년 10월 15일 3,980엔

▲ 차가 꽤 크게 나오므로, 다른 차를 피하려면 기술이 좀 필요하다.

총 24개 코스를 주파하며, 입수한 파츠로 차량을 튠업하면서 승리를 노리는 레이싱 게임. 자신의 차량을 강화하는 GT 파크 모드를 비롯해 타임 어택, 배틀 등의 모드를 준비했다.

총강전기 블릿 배틀러

RPG 코나미 1999년 10월 21일 4,500엔

▲ 적의 데이터를 흡수하거나, 배틀러를 합체시킬 수도 있다.

탈것과 무기로 쓸 수 있는 생물형 거대 머신 '배틀러'를 입수하여 적의 배틀러와 전투시키는 RPG. 주인공 '류트'는 '아르하 라우스'라는 세계에서 최강의 배틀러를 얻기 위해 모험 여행을 떠난다.

야광충 GB

AVG 아테나 1999년 10월 22일 3,800엔

▲ 게임보이 화면으로 원작의 분위기를 잘 표현해냈다.

슈퍼 패미컴용 텍스트 어드벤처 게임 「야광충」의 이식판. 플레이어는 스토리의 무대인 대형 화물선 다이애나 호의 선장이 되어, 선택지에 따라 분기되는 스토리를 체험해 나가게 된다.

아쿠아라이프

SLG 탐 1999년 10월 22일 3,980엔

▲ 시나리오는 3종류로, 이를 통해 열대어를 육성해간다.

게임보이 화면을 어항으로 간주하여, 다양한 열대어를 육성하는 아쿠아리움 시뮬레이터. 열대어 전문 잡지 '아쿠아라이프'의 협조로 제작되었으며, 190마리 이상의 물고기를 키울 수 있다는 것이 세일즈포인트.

퀵스 어드벤처

PZL 타이토 1999년 10월 22일 3,980엔

▲ 컬러풀한 화면으로 돌아온 「퀵스」. BGM도 즐겁다.

과거 게임보이로도 이식되었던 「퀵스」가, 산뜻한 분위기의 스토리 모드를 탑재해 돌아왔다. 보물상자를 라인으로 둘러싸 아이템을 얻거나, 캐릭터 도감을 채우는 등, 새로운 재미 요소가 추가된 것이 특징이다.

위저드리 엠파이어

RPG 스타피시 1999년 10월 29일 3,980엔

▲ 화면은 심플하지만, 그 안엔 두근거리는 모험이 있다.

던전 RPG의 고전으로 유명한 「위저드리」에서 파생된 신 시리즈 작품. 시스템 자체는 종족과 속성을 정해 캐릭터를 만들어 6명 파티로 던전을 모험한다는 기존작의 스타일을 답습하였다.

웨트리스 GB

PZL 이매지니어 1999년 10월 29일 3,980엔

▲ 입체적으로 그려진 지형에 물이 넘치지 않도록 해야 한다.

쿼터뷰 시점으로, '물을 저수'하는 게 목적인 독특한 퍼즐 게임. 물이 새거나 넘치지 않도록 블록을 배치하고, 불꽃으로 물을 증발시키기도 한다. 아이템으로 지형을 올리거나 내려, 속속 등장하는 물을 모아야 한다.

골프가 좋아!

게임보이 컬러 / 게임보이

SPT 키드 1999년 10월 29일 3,980엔

통신 케이블 지원 / 적외선 통신 지원 / 슈퍼 게임보이 지원 / 포켓 프린터 지원

▲ VS CPU 모드에서는 성격이 다른 캐릭터와 대전 가능.

토너먼트, 매치 플레이 등의 3가지 모드를 플레이하는 골프 게임. 좌우로 긴 막대 게이지로 샷 파워를 조절해 샷을 날린다. 볼이 날아가는 연출을 과감히 생략한 탓에, 게임 전개가 매우 스피디하다.

햄스터 클럽

게임보이 컬러 / 게임보이

SLG 조르단 1999년 10월 29일 3,980엔

통신 케이블 지원 / 적외선 통신 지원 / 슈퍼 게임보이 지원 / 포켓 프린터 지원

▲ 처음에는 '시겟치' 등, 원작에 등장하는 햄스터를 육성한다.

인기 만화 '햄스터 클럽'을 원작으로 삼은 햄스터 육성 시뮬레이션 게임. 햄스터를 키워 브리더 랭크를 올리고, 다양한 컵에서 우승을 노린다. 원작의 주인공 햄스터도 등장한다.

메다로트 2 파츠 컬렉션

게임보이 컬러 / 게임보이

RPG 이매지니어 1999년 10월 29일 3,980엔

통신 케이블 지원 / 적외선 통신 지원 / 슈퍼 게임보이 지원 / 포켓 프린터 지원

▲ 전작과는 다른 분위기에서 메달과 파츠를 모을 수 있다.

「메다로트 2」의 새 주인공 '잇키'가 2편의 싸움을 끝낸 이후의 이야기다. 뜬금없이 우주인의 부탁을 받아, 다시 메다로트로 싸우는 나날이 시작된다. '장수풍뎅이'·'사슴벌레' 버전과는 다른 스토리를 즐길 수 있다.

합격 보이 시리즈: □난 머리를 ○게 만들자. 이과 배틀 편

게임보이

ETC 이매지니어 1999년 11월 5일 2,680엔

통신 케이블 지원 / 적외선 통신 지원 / 슈퍼 게임보이 지원 / 포켓 프린터 지원

▲ 카드를 모으기 위해서라도 학습 모드를 떼어야 한다.

니치노켄 사의 중학입시 문제집 '□난 머리를 ○게 만들자.'가 합격 보이 시리즈로 등장했다. 카드를 모으는 '챌린지 모드', 모은 카드를 사용하는 '통신대전' 등 게임성을 대폭 강화해, 즐겁게 학습할 수 있다.

컬럼스 GB : 테즈카 오사무 캐릭터즈

게임보이 컬러 / 게임보이

PZL 미디어 팩토리 1999년 11월 5일 3,800엔

통신 케이블 지원 / 적외선 통신 지원 / 슈퍼 게임보이 지원 / 포켓 프린터 지원

▲ 추억의 테즈카 캐릭터와 함께 「컬럼스」를 즐긴다.

테즈카 오사무의 캐릭터들과 콜라보한, 게임보이로는 유일한 「컬럼스」. 일반 룰인 '클래식 컬럼스'와 문제를 푸는 '퍼즐 모드'가 있으며, 각각 '아톰' 등의 인기 테즈카 캐릭터가 등장한다.

테트리스 어드벤처 : 가자! 미키와 친구들

게임보이 컬러 / 게임보이

PZL 캡콤 1999년 11월 12일 3,800엔

통신 케이블 지원 / 적외선 통신 지원 / 슈퍼 게임보이 지원 / 포켓 프린터 지원

▲ 다양한 룰이 준비되어, 새롭게 「테트리스」를 즐길 수 있다.

디즈니 캐릭터들을 내세운 「테트리스」. 스탠다드 모드를 비롯해 대전용 '업다운 테트리스', 블록에 묻혀있는 열쇠구멍 블록을 없애야 하는 '타워링 테트리스' 등, 다양한 종류의 「테트리스」를 즐길 수 있다.

포켓몬스터 금

게임보이 컬러 / 게임보이

RPG 닌텐도 1999년 11월 21일 3,800엔

통신 케이블 지원 / 적외선 통신 지원 / 슈퍼 게임보이 지원 / 포켓 프린터 지원

▲ 컬러를 제대로 지원해, 색이 다른 포켓몬도 획득 가능.

새로운 시나리오와 맵은 물론, 100 종류의 포켓몬이 새로 추가된 「포켓몬스터」 속편. 카트리지에 시계 기능을 내장해, 게임 내에서도 리얼타임으로 시간이 흘러가는 것이 큰 특징이다.

포켓몬스터 은

게임보이 컬러 / 게임보이

RPG 닌텐도 1999년 11월 21일 3,800엔

통신 케이블 지원 / 적외선 통신 지원 / 슈퍼 게임보이 지원 / 포켓 프린터 지원

▲ '금'과 '은'은 출현하는 포켓몬이 다르므로 주의해야 한다.

전작과 마찬가지로, 이번 작품 역시 '금'·'은' 두 버전으로 발매되었다. '금'과 '은'은 동일 포켓몬이라도 일러스트가 다른 경우가 있다. 과거 작품인 '적'·'녹'·'청' 버전과도 통신하여 포켓몬을 교환할 수 있다.

R-TYPE DX

STG 아이렘 1999년 11월 22일 3,980엔

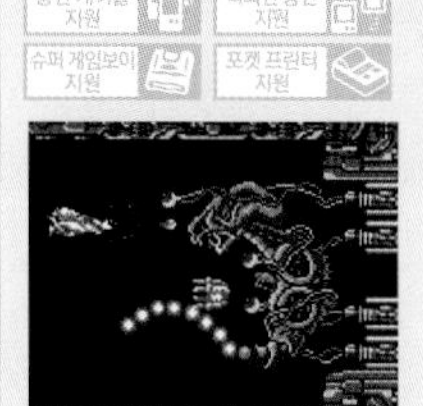

▲ 도트 그래픽의 극치인 캐릭터들에, 드디어 색깔을 입혔다.

과거 발매된 「R-TYPE」·「R-TYPE Ⅱ」를 합본한 작품. 게임보이 컬러로 구동시킬 경우, 두 타이틀을 연속해 한 작품 형태로 즐기는 'DX 모드'를 즐길 수 있다.

근육 랭킹 GB : 도전자는 너다!

ACT 코나미 1999년 11월 25일 4,500엔

▲ 사용 가능한 캐릭터는 케인 코스기와 오사루 등, 총 7명이다.

일본에서 1999년 봄 TBS 계열로 방송된 스포츠계 예능 프로 '제 3회 SASUKE' 기반으로 제작한 게임. 원작격인 'SASUKE 모드'와 함께 '킥 타깃', '삼진 아웃' 등 4종목의 머슬 모드를 수록했다.

비트매니아 GB2 가챠믹스

ACT 코나미 1999년 11월 25일 4,300엔

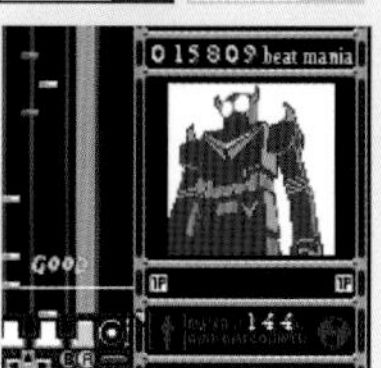

▲ 밴드·아이돌·애니메이션 송 등 5개 장르를 수록했다.

「비트매니아 GB」 시리즈 제 2탄. ZARD의 '지지 말아요', 레베카의 '프렌즈', 스피츠의 '로빈슨', SMAP의 '밤하늘 저편에는', '우주전함 야마토' 등, 숨겨진 곡을 포함해 총 25곡을 플레이할 수 있다.

리틀 매직

PZL 알트론 1999년 11월 26일 3,980엔

▲ 룰은 알기 쉽지만, 은근히 두뇌를 시험하는 퍼즐 게임.

마법학교의 실기 시험에 도전하는 신출내기 마법사 '메이'가 주인공으로 활약하는 퍼즐 게임. 하트 모양의 마법석을 밀거나 마법으로 움직여 제단에 올린 뒤 출구까지 도달하면 스테이지 클리어다.

더 그레이트 배틀 POCKET

RPG 반프레스토 1999년 12월 3일 3,980엔

▲ 히어로 외에도 괴수·괴인 카드가 다수 존재한다.

'울트라맨'·'가면라이더'·'건담' 등 다양한 시리즈물의 히어로들이 등록된 카드를 사용해 배틀을 벌이는 RPG. 플레이어는 BUCS(바커스)라는 조직이 운영하는 대회에 참가해 우승을 노린다.

날아라 호빵맨 : 신비한 싱글벙글 앨범

RPG 탐 1999년 12월 3일 4,300엔

▲ 호빵맨이 사진 촬영할 수 있는 '친구'는 100명 이상이나 된다.

신비한 앨범에 갇혀버린 짤랑이와 메론빵소녀를 구출하기 위해, 호빵맨이 '사진'을 모으는 필드형 RPG. 필드를 돌아다니며 촬영하거나 미니게임을 즐기는 등, 전체적으로 느긋한 분위기가 매력이다.

격투요리전설 비스트로 레시피 : 결투★비스트가룸 편

RPG 반프레스토 1999년 12월 10일 3,980엔

▲ 비스틀러는 이번에도 세계여행으로 더욱 강한 푸든을 찾는다.

전작 '푸든 배틀 편'의 불과 2개월 후에 신속하게 발매된 속편으로. 스토리도 전작의 엔딩 직후부터 시작된다. 잡지 '코믹 봄봄'과의 연동기획으로, 잡지에 게재된 패스워드로만 입수 가능한 푸든도 있었다.

그랜듀얼 : 깊은 던전 속의 보물

RPG 바텀 업 1999년 12월 10일 4,500엔

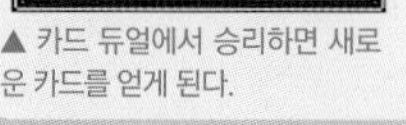

▲ 카드 듀얼에서 승리하면 새로운 카드를 얻게 된다.

카드들을 조합한 덱을 구축하여 싸우는 RPG. 수수께끼의 카드 '고르곤졸라'를 찾아, 지하 100층 규모의 던전을 모험하며 카드로 듀얼을 벌인다. 카드끼리 합성시켜 더욱 강력한 카드로 강화할 수도 있다.

슈퍼 블랙배스 : 리얼 파이트

게임보이 컬러 / 게임보이

ACT 스타피시 1999년 12월 10일 4,500엔

통신 케이블 지원 / 적외선 통신 지원 / 슈퍼 게임보이 지원 / 포켓 프린터 지원

▲ 물속의 물고기들 상황을 1인칭 시점처럼 표시해주어 박력만점.

수중 3D 시점이 특징인 블랙배스 낚시 게임. 진동 카트리지이므로, 고기가 물었을 때의 감촉도 리얼하게 재현돼 있다. 통신기능을 사용하면 100종류 이상의 도구를 다른 유저와 교환할 수도 있다.

슈퍼 봄블리스 디럭스

게임보이 컬러 / GB 게임보이

PZL BPS 1999년 12월 10일 3,980엔

통신 케이블 지원 / 적외선 통신 지원 / 슈퍼 게임보이 지원 / 포켓 프린터 지원

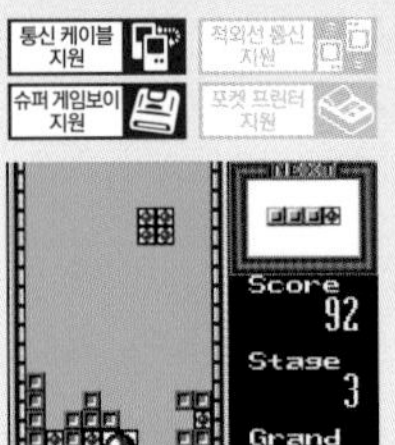

▲ 컬러화되어 블록을 구분하기 쉬워진 덕분에 공략도 편해졌다.

이전에 발매된 「슈퍼 봄블리스」를 컬러화한 버전. 컬러화되면서 모든 블록을 없애는 것이 목표인 '콘테스트', 나오는 블록이 미리 정해져 있는 '퍼즐', CPU와의 대전 등, 몇 가지 모드가 추가되었다.

전차로 GO!

게임보이 컬러 / 게임보이

SLG 사이버프론트 1999년 12월 10일 4,200엔

통신 케이블 지원 / 적외선 통신 지원 / 슈퍼 게임보이 지원 / 포켓 프린터 지원

▲ 화면 내에 마스터 컨트롤러도 제대로 묘사해, 철도 팬도 만족.

일본에서 아케이드로 히트했던 「전차로 GO!」를 게임보이로 즐긴다. 컬러 화면과, 각종 수치 표시를 효율적으로 잘 정돈한 레이아웃 덕에 리얼한 전철 운전을 즐길 수 있다. 4가지 노선을 주파해 보자.

모두의 쇼기 : 초급 편

게임보이 컬러 / GB 게임보이

TBL MTO 1999년 12월 10일 3,980엔

통신 케이블 지원 / 적외선 통신 지원 / 슈퍼 게임보이 지원 / 포켓 프린터 지원

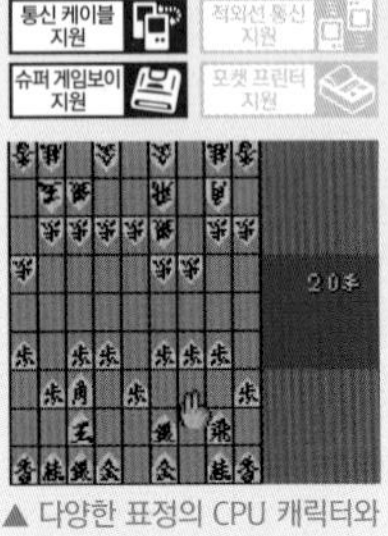

▲ 다양한 표정의 CPU 캐릭터와 쇼기 대국을 벌인다.

영세기성, 고 요네나가 쿠니오가 감수한 쇼기 소프트. CPU 캐릭터와 대국하면서 단위를 올려간다. 대국 전에는 박보장기 문제도 출제된다. '초급 편'이라고는 하나, 실은 이 작품 하나만 발매되었다.

힘내라 고에몽 : 요괴 여행길, 나와라 나베부교!

게임보이 컬러 / GB 게임보이

RPG 코나미 1999년 12월 16일 4,500엔

통신 케이블 지원 / 적외선 통신 지원 / 슈퍼 게임보이 지원 / 포켓 프린터 지원

▲ 고에몽·에비스마루·야에·사스케와 여행을 떠나자.

게임보이용 「고에몽」 시리즈 제 4탄. 고에몽 일행이 일본 전국을 여행하는 RPG로, 이번 작품에서는 적으로 나오는 '요괴'를 호리병에 가둬 아군으로 삼을 수 있다. 요괴는 융합시켜 강화할 수도 있다.

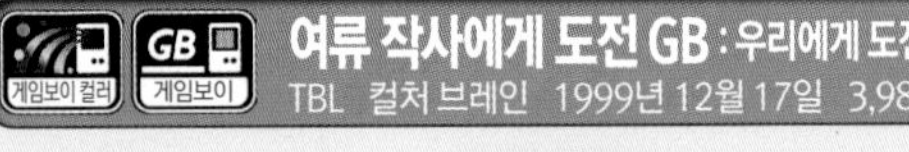

여류 작사에게 도전 GB : 우리에게 도전해봐!

게임보이 컬러 / GB 게임보이

TBL 컬처 브레인 1999년 12월 17일 3,980엔

통신 케이블 지원 / 적외선 통신 지원 / 슈퍼 게임보이 지원 / 포켓 프린터 지원

▲ 각 방마다 룰과 클리어 조건이 다르다. 꼼꼼히 확인하자.

여류 작사 6명이 실사로 등장하는 4인 대국 마작 게임. 각 작사의 이름이 붙은 방 중에서 골라 대국한다. 작사의 마작 스타일과 성격 등의 데이터를 디테일하게 재현해, 여류작사들과의 개성적인 대국을 만끽할 수 있다.

스위트 안제

게임보이 컬러 / GB 게임보이

TBL 코에이 1999년 12월 17일 3,980엔

통신 케이블 지원 / 적외선 통신 지원 / 슈퍼 게임보이 지원 / 포켓 프린터 지원

▲ 멋진 과자를 만들어 미남에게 마음껏 먹여보자.

과자 나라에 있는 학교에서 개최되는 콘테스트에서 우승하기 위해, 레시피와 재료를 모아 과자를 만드는 시뮬레이션 게임. 스위트 나이츠라는 미남과의 친교를 다지면서 과자를 만들어보자.

탑기어 포켓 2

게임보이 컬러 / 게임보이

RCG 켐코 1999년 12월 17일 4,200엔

통신 케이블 지원 / 적외선 통신 지원 / 슈퍼 게임보이 지원 / 포켓 프린터 지원

▲ SD화된 랠리 카가 귀여우면서도 멋지다.

랠리 카로 폭주하는 게임 「탑기어 포켓」의 속편. 이번 작품에선 레이스로 모은 포인트를 사용해 파츠를 구입하고, 차를 개조하고, 새로운 차를 살 수 있게 되었다. 진동 카트리지라 리얼한 주행감이 느껴지는 것도 매력.

봄버맨 MAX : 빛의 용사

게임보이 컬러 / 게임보이

ACT 허드슨 1999년 12월 17일 3,980엔

적외선 통신 지원

▲ 통신 기능으로 '어둠의 전사' 편과 스테이지를 교환할 수 있다.

제어 컴퓨터의 폭주로 기계화되어 버린 행성에서 '캐러봄'이라는 몬스터를 구출하기 위해, 빛의 용사 '봄버맨'이 활약한다. 각 지역별로 미션을 클리어하면서 다음 스테이지로 진행하자.

봄버맨 MAX : 어둠의 전사

게임보이 컬러 / 게임보이

ACT 허드슨 1999년 12월 17일 3,980엔

적외선 통신 지원

▲ 기본적으로는 봄버맨이지만, 검은 모습의 이질적인 히어로다.

수많은 '캐러봄'을 구하라는 지령을 받은 또 하나의 전사 '맥스'가 활약하는 어나더 버전. '빛의 용사' 편과는 스테이지 구성이 달라, 기본 룰은 동일하지만 신선한 감각으로 플레이할 수 있다.

파친코 필승 가이드 : 데이터의 왕

게임보이 컬러 / 게임보이

ETC BOSS 커뮤니케이션 1999년 12월 22일 4,980엔

▲ 파친코 데이터 기록뿐만 아니라, 용돈수첩 기능도 있다.

잡지 '파친코 필승 가이드'와 제휴한 파친코 활용 소프트. 해당 잡지에 게재되었던 '파치코드'를 입력하면, 소프트에 데이터가 반영된다. 파친코를 즐기는 모드와 스토리 모드도 탑재했다.

포켓 컬러 트럼프

게임보이 컬러 / 게임보이

TBL 바텀 업 1999년 12월 22일 3,980엔

▲ 컬러 화면이라, 트럼프 무늬가 직감적으로 파악된다.

트럼프를 사용하는 게임을 즐길 수 있다. 「트럼프 컬렉션 GB」에 수록된 게임의 컬러화 버전을 비롯해, '대부호', '스피드', '페이지 원', '블랙잭', '도봉'까지 카드 게임 5종류를 수록하였다.

포켓 컬러 마작

게임보이 컬러 / 게임보이

TBL 바텀 업 1999년 12월 22일 3,980엔

통신 케이블 지원

▲ 개성적이고 강력한 캐릭터들을 상대로 4인 마작을 친다.

실전 레벨로 4인 마작을 즐기는 작품 「포켓 마작」을 컬러화했다. 원작부터 버림패가 실제 마작과 동일하게 표시되어 즐기기 편했지만, 컬러 화면이 됨으로써 마작패 파악이 더욱 쉬워졌다.

할리우드 핀볼

게임보이 컬러 / 게임보이

TBL 스타피시 1999년 12월 23일 3,980엔

▲ 핀볼 팬이라면 플리퍼만 움직여 봐도 대만족할 듯.

할리우드 영화가 모티브인 핀볼을 즐길 수 있는 소프트. 실제 영화를 테마로 삼은 것은 아니며, 어디까지나 유명한 영화와 비슷한 비주얼 이미지를 채택한 핀볼 기기 7종류가 수록되어 있다.

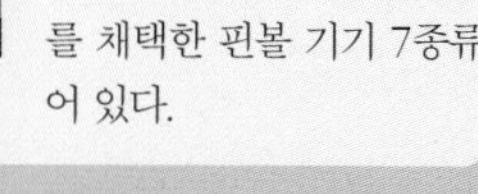

춤추는 천재 애완동물! 댄싱 퍼비

게임보이 컬러 / 게임보이

ACT 토미 1999년 12월 24일 3,980엔

통신 케이블 지원

▲ 커다란 눈이 특징인 '퍼비'가 화면 안에서 신나게 춤춘다.

세계적으로 대유행했던 미국산 완구 '퍼비'가 춤을 추는 음악 게임. 댄스에 맞춰 화면 아래에 지나가는 기호대로 해당 버튼을 눌러야 한다. 적외선 통신을 이용해 실제 완구 '퍼비'를 컨트롤할 수도 있었다.

기동전함 나데시코 : 루리루리 마작

게임보이 컬러 / 게임보이

TBL 킹 레코드 1999년 12월 24일 3,980엔

통신 케이블 지원 / 포켓 프린터 지원

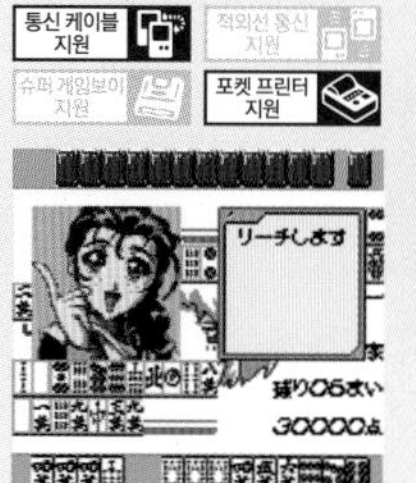

▲ 타이틀 화면과 대화 장면에서는 음성이 나오기도 한다.

애니메이션 '기동전함 나데시코'의 캐릭터를 사용한 마작 게임. 나데시코의 승무원들을 상대로, 함장 자리를 걸고 마작 대결을 벌인다. 게임 내에 트레이딩 카드 수집 요소와, 수집한 카드의 인쇄 기능 등도 있다.

 게임보이 지원  게임보이 비지원  게임보이 컬러 지원 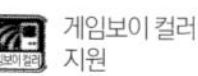 통신 케이블 지원 게임  적외선 통신 지원 게임 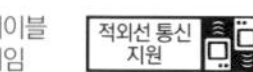  슈퍼 게임보이 지원 게임 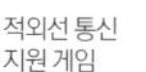  포켓 프린터 지원 게임 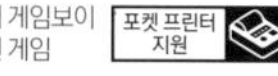

슈퍼 차이니즈 파이터 EX

게임보이 컬러 / 게임보이

ACT 컬처브레인 1999년 12월 24일 3,900엔

통신 케이블 지원

▲ 인기 시리즈를 격투 게임화한 타이틀이 컬러로 부활했다.

캐릭터 12명이 싸우는 격투 게임 「슈퍼 차이니즈 파이터 GB」를 컬러 지원 및 신규 요소를 추가하여 재발매했다. 대결로 입수한 부적을 사용하여 자신의 캐릭터를 강화할 수도 있다.

폭주전기 메탈워커 GB : 강철의 우정

게임보이 컬러 / 게임보이

RPG 캡콤 1999년 12월 24일 4,300엔

통신 케이블 지원

▲ 메탈워커의 데이터를 모아가는 게 재미있다.

진화하는 금속 '코어'로 파워 업하는 로봇 '메탈워커'를 사용해 아버지를 찾는 소년의 이야기. 전투 시에는 볼 형태의 메탈워커를 마치 당구처럼 벽에 반사시켜 적을 직접 타격한다.

포켓 컬러 당구

게임보이 컬러 / 게임보이

TBL 바텀업 1999년 12월 24일 3,980엔

통신 케이블 지원

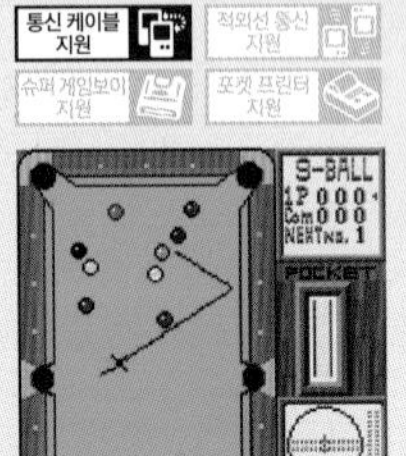

▲ 컬러 화면이라 볼 색깔이 잘 구별되므로 시인성이 뛰어나다.

9번 볼을 집어넣어야 하는 '나인볼', 지정된 포켓에 8번 볼을 넣어야 하는 '에이트볼', 볼 번호가 곧 점수가 되는 '로테이션'을 즐길 수 있는 당구 게임. 공식 룰을 채용한 본격파 당구 게임이다.

몬스터 팜 배틀 카드 GB

게임보이 컬러 / 게임보이

RPG 테크모 1999년 12월 24일 3,980엔

통신 케이블 지원 / 슈퍼 게임보이 지원

▲ 플레이스테이션용 게임이 원작인 카드 게임이다.

트레이딩 카드 게임 '몬스터 팜 배틀 카드'의 룰과 시스템을 도입한 롤플레잉 게임. 세계를 모험하며 입수한 카드로 팀을 구성해, 전투에서 승리하며 유적을 탐색해 나간다.

로봇 퐁코츠 : MOON 버전

게임보이 컬러 / 게임보이

RPG 허드슨 1999년 12월 24일 3,980엔

통신 케이블 지원 / 슈퍼 게임보이 지원

▲ 시작부터 전작 이상으로 강력한 로보퐁을 받게 된다.

이미 발매된 바 있는 「로봇 퐁코츠」 시리즈의 어나더 버전. 원래는 '코믹 봄봄' 잡지 지면에서 통신 판매되었던 '코믹 봄봄 스페셜 버전'을 일반 판매한 것이다. 일부 캐릭터의 능력치를 조정했다.

로봇 퐁코츠 : 코믹 봄봄 스페셜 버전

게임보이 컬러 / 게임보이

RPG 허드슨 1999년 12월 24일 3,980엔

통신 케이블 지원 / 슈퍼 게임보이 지원

▲ 처음부터 다른 버전에 비해 강력한 로보퐁을 입수할 수 있다.

잡지 '코믹 봉봉' 지면을 통해 한정 판매된 특수 버전. 이 게임의 만화판 작화를 담당했던 만화가 타모리 와타루가 일부 로보퐁 등의 그래픽에 참여했으며, 신규 이벤트도 수록되어 있다.

개그맨 요이코의 게임 도(道) : 아빠 찾아 3번가

게임보이 컬러 / 게임보이

AVG 코나미 1999년 12월 25일 4,500엔

통신 케이블 지원 / 슈퍼 게임보이 지원

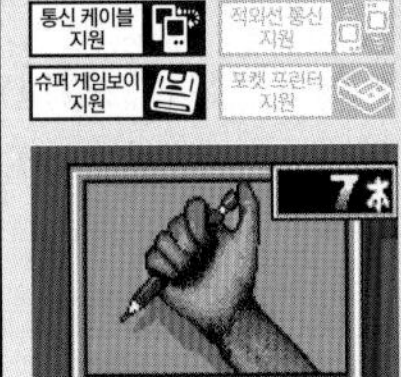

▲ 아직 아리노가 '과장'이기 전의 게임이니 나름 귀중할지도.

일본의 개그맨 콤비 '요이코'가 프로듀스한 게임. 소년이 아버지를 찾는 어드벤처 게임으로, 미니게임으로 전투를 벌이며 게임을 진행한다. 입수한 미니게임은 통신대전으로 즐길 수도 있다.

창고지기 전설 : 빛과 어둠의 나라

게임보이 컬러 / 게임보이

PZL J·WING 1999년 12월 25일 4,300엔

통신 케이블 지원 / 적외선 통신 지원 / 슈퍼 게임보이 지원 / 포켓 프린터 지원

▲ 다른 「창고지기」와는 화면 구성이 다르지만, 퍼즐 자체는 본격파.

어둠의 나라 마왕인 '블러드'에게 납치당한 빛의 나라 공주 '소피아'를 구하러 왕자 '셸'이 활약하는, 스토리가 있는 「창고지기」 신작. 스토리는 좀 당황스럽지만, 게임 자체는 순수한 퍼즐 게임 「창고지기」 그대로다.

GAME BOY
SOFTWARE ALL CATALOGUE

2000년에 발매된 소프트 수는 총 178개 타이틀로, 게임보이 소프트 역사상 발매 타이틀 수 최다량을 기록한 해이다.

특히 주목할 점은 이중 게임보이 컬러 전용 소프트가 무려 111개 타이틀로, 전체의 60% 이상에 달한다는 것이다. 「레이맨」처럼 게임보이의 제한된 팔레트를 최대한 활용하여 아름다운 그래픽을 구현한 게임도 등장하는 등, 개발사 쪽에서도 게임보이의 스펙을 충분히 끌어낼 수 있게 된 원숙기였다고 할 수 있겠다.

대피 덕 : 미끄러지고, 넘어지고, 부자도 되고

ACT 선 소프트 2000년 1월 1일 3,980엔

▲ 대피 덕의 모션을 보고만 있어도 즐거운 게임.

돈에 환장한 '대피 덕'이 온갖 난관을 돌파하면서 보물을 찾아내는 점프 액션 게임. 대피는 시한폭탄을 무기 삼아 스테이지를 진행한다. 캐릭터의 풍부한 애니메이션 패턴이 인상적인 게임이다.

에리의 아틀리에 GB

RPG 이매지니어 2000년 1월 8일 4,500엔

▲ 소재와 아이템 수집의 재미를 즐기는 사람에게 추천.

연금술사가 다양한 소재를 모아 의뢰에 맞춰 연금술로 아이템을 생성하는 플레이스테이션용 롤플레잉 게임 제 2탄을 게임보이로 이식했다. 게임보이판은 시리즈 첫 작품의 이식작 「마리의 아틀리에」와의 동시발매다.

마리의 아틀리에 GB

RPG 이매지니어 2000년 1월 8일 4,500엔

▲ 조그만 캐릭터가 이리저리 돌아다니는 화면이 재미있다.

아카데미 사상 최고의 낙제생인 마를로네가 졸업을 위해 특별시험에 도전하기로 한다. 그로부터 시작되는 아틀리에 생활. 다양한 의뢰를 받고 다양한 사람들과 교류하며 성장해 가는, 당시의 대인기 RPG다.

잭의 대모험 : 대마왕의 역습

RPG 이매지니어 2000년 1월 15일 3,980엔

▲ 전투 시엔 십자 키로 마법 속성을 선택해 적을 공격한다.

정령의 수호를 받는 섬 '엘트란드'에서 정령왕의 책 '에테르 서'가 도난당했다. 견습 정령술사 '잭'은 정령의 책을 찾아 여행을 떠난다. 레벨 개념이 없고, 능력치가 개별적으로 성장하는 RPG다.

하이퍼 올림픽 : 윈터 2000

ACT 코나미 2000년 1월 27일 4,500엔

▲ 각 종목별로 조작 타이밍을 익혀 기록에 도전하자.

동계올림픽을 소재로 삼은, 「하이퍼 올림픽」 시리즈 작품. 종목은 스키·스피드스케이트·스노보드·봅슬레이 경기로서 총 8종목이다. 각 종목에서 좋은 기록을 내면 다른 경기가 서서히 개방된다.

친근한 펫 시리즈 1 : 귀여운 햄스터

SLG MTO 2000년 1월 28일 3,980엔

▲ 돌봄 항목이 많아, 우선순위를 빨리 간파하는 게 중요하다.

게임보이 속에 있는 귀여운 동물을 키우는 육성 시뮬레이션 게임 시리즈 제 1탄. 햄스터에게 먹이를 주고, 같이 놀아주고, 방 청소도 해주는 등 열심히 돌봐주며 친근함 포인트를 올리자.

동키 콩 GB : 딩키 콩 & 딕시 콩

게임보이 컬러 | 게임보이

ACT 닌텐도 2000년 1월 28일 3,800엔

▲ 게임보이 컬러 전용이라 그래픽이 향상돼. 스테이지 묘사에 깊이감이 느껴진다.

슈퍼 패미컴으로 발매된 「슈퍼 동키 콩」 3번째 작품인 「수수께끼의 크레미스 섬」을 게임보이 컬러로 개변 이식했다. 개발은 원작과 동일하게 레어 사가 담당했다. 스토리는 새로 짰으며, 맵과 스테이지 등의 구성도 오리지널로 신규 디자인했다. 원작의 각종 장치는 대부분 삭제했지만, 오리지널 요소로 이를 잘 커버하여 플레이 템포가 좋은 작품으로 완성했다.

빅토리 구슬동자 : 파이널 메가튠

게임보이 컬러 | 게임보이

RPG 미디어 팩토리 2000년 2월 4일 3,980엔

▲ 아머와 아이템을 조합하여 최강 튠업을 찾아보자.

게임보이용 비드맨 시리즈 제 3탄(원작의 원제는 'B비다맨 폭외전V'). 세계를 구하기 위해 비드캅이 12개의 크리스몬드를 모으는 RPG다. 배틀로 60종류 이상의 아머를 입수하여 캐릭터를 강화한다.

어락왕(語楽王) TANGO!

게임보이 컬러 | 게임보이

PZL J·WING 2000년 2월 11일 3,980엔

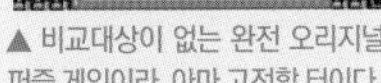

▲ 비교대상이 없는 완전 오리지널 퍼즐 게임이라, 아마 고전할 터이다.

액자 안에 배치된 글자 패널들을 상하좌우로 움직여, 십자말풀이 퍼즐처럼 단어를 만들어가는 퍼즐 게임. 룰은 단순하지만, 배치된 모든 문자를 써서 단어를 만들어야 하므로 의외로 난이도가 높다.

본격대전 쇼기 아유무

게임보이 컬러 | 게임보이

TBL 컬처 브레인 2000년 2월 18일 3,900엔

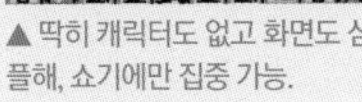

▲ 딱히 캐릭터도 없고 화면도 심플해, 쇼기에만 집중 가능.

고속사고 루틴이 세일즈포인트인, 고전적인 스타일의 쇼기 게임. 일반적인 대국 모드와 박보장기 모드를 탑재하였다. 대국 모드에서는 상대의 레벨을 선택할 수 있으며, 박보장기는 총 100문제를 준비했다.

포켓 당구 : 펑크 더 나인볼

게임보이 컬러 | 게임보이

TBL 탐 2000년 2월 19일 3,980엔

▲ 캐릭터에 특징이 있어 빨리 친숙해지는 당구 게임이다.

'블레이크'와 '락'이라는 당구 플레이어가 승부를 펼치는 당구 게임. 룰 자체는 나인볼이지만, 볼 속에 '타마피'라는 캐릭터가 숨어서 플레이어를 도와주는 모드도 있다.

트레이드 & 배틀 : 카드 히어로

게임보이 컬러 | 게임보이

ETC 닌텐도 2000년 2월 21일 3,800엔

▲ 카드로 불러낸 몬스터를 전열과 후열에 배치한다.

주인공이 자신과 만나는 사람들과 '카드 히어로'라는 카드 게임으로 배틀을 벌여 수많은 카드를 입수하며 진행하는 트레이딩 카드 게임. 튜토리얼이 충실한 편이라, 쉽고 간편하게 플레이할 수 있다.

F1 월드 그랑프리 II for 게임보이 컬러

게임보이 컬러 | 게임보이

RCG 비디오 시스템 2000년 2월 24일 4,300엔

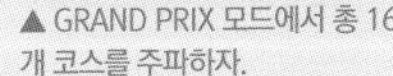

▲ GRAND PRIX 모드에서 총 16개 코스를 주파하자.

F1 오피셜 라이선스를 취득하여, 총 11개 팀의 드라이버와 총 16개 코스가 실명으로 등장하는 게임. 컬러로 제작한 레이스 화면과, 심플한 녹색 기조의 각종 미터 표시 덕에 화면이 눈에 잘 들어온다.

프로 마작 츠와모노 GB 2

TBL 컬처브레인 2000년 2월 24일 3,900엔

▲ 이번 작품에선 6개 타이틀을 제패하면 게임 클리어다.

전작 「츠와모노 GB」와 마찬가지로, 프로 작사와 시리즈 전통인 '마작 선인'의 지도를 받아 실력을 쌓는다. 기본 시스템은 동일하며, 이번 작품에서 새로 등장하는 여러 미녀 작사는 기초 강습도 해준다.

본격 화투 GB

TBL 알트론 2000년 2월 24일 4,500엔

▲ 연습 모드와 프리 대전 모드 두 종류로 즐길 수 있다.

화투를 즐기는 게임. 룰은 계절이 같은 화투장을 맞춰 합계점수를 경쟁하는 '하나아와세', 패를 만들어 고득점을 노리는 '코이코이', 자기 패의 합계를 규정 숫자에 근접시키는 '오이쵸카부'의 3종류다.

명탐정 코난 : 기계장치 사원 살인사건

AVG 반프레스토 2000년 2월 24일 4,500엔

▲ 캐릭터를 전환하는 시스템을 잘 이용해 수수께끼를 풀자.

여행을 떠난 후 소식이 끊긴 란의 친구를 찾아 코난 일행이 방문한 사원에서 벌어진 사건을 조사하는 어드벤처 게임. 시나리오 분기 요소가 있던 전작과 달리, 외길 시나리오로 스토리가 전개된다.

메타파이트 EX

RPG 선소프트 2000년 2월 24일 3,980엔

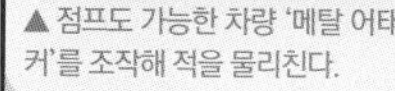
▲ 점프도 가능한 차량 '메탈 어태커'를 조작해 적을 물리친다.

패미컴으로 발매되었던 「메타파이트」의 속편이라는 설정의 액션 게임. 전투만능차량 '메탈 어태커'를 조작하거나, 때로는 탑승자인 레오나르도가 단신으로 미로처럼 꼬인 적진을 탐색한다.

메타모드

RPG 코에이 2000년 2월 24일 3,980엔

▲ 유니크하고 컬러풀한 '모습'이 가득한 게임.

'메타모드'라는 신비한 도구를 사용해 다양한 모습으로 변신하며 적을 쓰러뜨리는 액션 롤플레잉 게임. 90종류 이상으로 변신 가능한 '모습'과, 통신 협력 플레이를 구사하여 게임을 진행한다.

슈퍼 마리오브라더스 디럭스

닌텐도 파워 독점판매

ACT 닌텐도 2000년 3월 1일 1,000엔

▲ 패미컴판에 비해 게임 화면이 좁은 것이 특징.

재기록 판매 서비스 '닌텐도 파워' 독점으로 제공된 게임. 일반 게임을 플레이할 수 있는 '오리지널 모드', 스테이지 내에서 특정 아이템을 찾는 '챌린지 모드', 통신대전이 가능한 'VS 모드'가 있다.

돌격! 빳빠라대

STG J·WING 2000년 3월 10일 4,500엔

▲ 스토리를 따라가는 모드와, 개별로 즐기는 모드가 있다.

같은 제목의 애니메이션이 슈팅 게임 중심의 미니게임 모음집으로 등장했다. 원작에 등장하는 캐릭터를 사용한 슈팅 게임을 수록했으며, 대부분 가볍게 즐길 수 있는 게임 스타일로 구성되어 있다.

도라에몽 메모리즈 : 진구의 추억 대모험

ACT 에포크사 2000년 3월 10일 3,980엔

▲ 오랜 원작 팬이라면 반가운 장면이 가득할 게임.

'도라에몽'에 등장하는 캐릭터를 조작하여, 횡스크롤 점프 액션 게임을 클리어하면서 원작의 명장면을 즐기는 소프트. 때때로 도라에몽에 관한 퀴즈도 출제되어, 플레이어의 팬심을 테스트한다.

메다로트 카드 로보틀 : 장수풍뎅이 버전

게임보이 컬러 / 게임보이

ETC 이매지니어 2000년 3월 10일 3,980엔

통신 케이블 지원 / 적외선 통신 지원 / 슈퍼 게임보이 지원 / 포켓 프린터 지원

▲ 원작 「메다로트」와 마찬가지로, 두 가지 버전으로 나왔다.

「메다로트」의 세계를 카드 게임으로 즐긴다! 메달과 파츠의 능력이 모두 카드로 표현되며, 메다로터 카드와 조합시켜 싸우는 시스템이다. 룰이 복잡하지만, 튜토리얼이 충실한 편이라 안심해도 좋다.

메다로트 카드 로보틀 : 사슴벌레 버전

게임보이 컬러 / 게임보이

ETC 이매지니어 2000년 3월 10일 3,980엔

통신 케이블 지원 / 적외선 통신 지원 / 슈퍼 게임보이 지원 / 포켓 프린터 지원

▲ 두 버전은 각각 입수 가능한 카드가 다르다.

메다롯 섬에서 개최되는 카드 로보틀 대회. 이 대회의 우승을 노리는 주인공이, 게임 도중에 만난 사람들과 승부하며 카드를 입수해간다. 전개 자체는 전형적이지만, 카드 배틀은 꽤나 본격적인 작품.

야구 시뮬레이션 : 포켓 프로야구

게임보이 컬러 / 게임보이

SPT 에포크 사 2000년 3월 10일 3,980엔

통신 케이블 지원 / 적외선 통신 지원 / 슈퍼 게임보이 지원 / 포켓 프린터 지원

▲ 게임 도중에 등장하는 선수·구장은 모두 실명으로 나온다.

프로야구를 소재로 삼은 시뮬레이션 게임. 야구 장면은 실시간으로 진행되지만, 스스로 선수를 조작하는 시스템이 아니며 자동으로 시합이 전개된다. 플레이어는 감독 입장에서 지시를 내리게 된다.

RPG 만들기 GB

게임보이 컬러 / 게임보이

ETC 아스키 2000년 3월 17일 4,800엔

통신 케이블 지원 / 적외선 통신 지원 / 슈퍼 게임보이 지원 / 포켓 프린터 지원

▲ 게임보이용으로 기능을 한정시켜, 제작하기 쉽도록 했다.

PC용으로 출시된 바 있는, 스스로 직접 오리지널 롤플레잉 게임을 제작하는 개발 툴 소프트의 게임보이판. 맵과 몬스터부터 시나리오까지 제작이 가능하며, 통신 기능으로 제작한 게임을 교환할 수 있다.

합격 보이 시리즈 : □난 머리를 ○게 만들자. 상식의 책

게임보이

ETC 이매지니어 2000년 3월 17일 3,800엔

통신 케이블 지원 / 적외선 통신 지원 / 슈퍼 게임보이 지원 / 포켓 프린터 지원

▲ '보너스 게임'은 포인트를 모으면 미니게임으로 개방된다.

니치노켄 사의 중학교 입시 문제집 '□난 머리를 ○게 만들자.'의 합격 보이 시리즈. 국어·산수·이과·사회 과목의 기본적인 문제가 출제된다. '일본 전국 순례'에서는 일본 전역에서 메달을 모으는 퀴즈 게임도 즐길 수 있다.

합격 보이 시리즈 : □난 머리를 ○게 만들자. 난문의 책

게임보이

ETC 이매지니어 2000년 3월 17일 3,800엔

통신 케이블 지원 / 적외선 통신 지원 / 슈퍼 게임보이 지원 / 포켓 프린터 지원

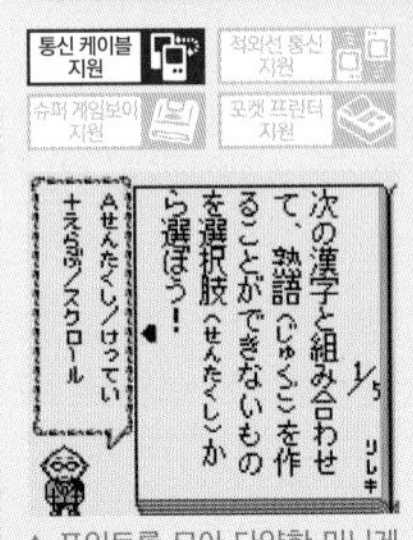

▲ 포인트를 모아 다양한 미니게임을 개방하자!

니치노켄 사의 중학교 입시 문제집 '□난 머리를 ○게 만들자.' 시리즈 중 하나. '상식의 책' 편보다 대상연령을 올려 문제를 리뉴얼했다. 문제 수도 1,000종이 넘으며, 여행 무대도 세계일주로 업그레이드되었다.

실바니아 멜로디 : 숲의 친구들과 춤을 춥시다!

게임보이 컬러 / 게임보이

ACT 에포크 사 2000년 3월 17일 3,980엔

통신 케이블 지원 / 적외선 통신 지원 / 슈퍼 게임보이 지원 / 포켓 프린터 지원

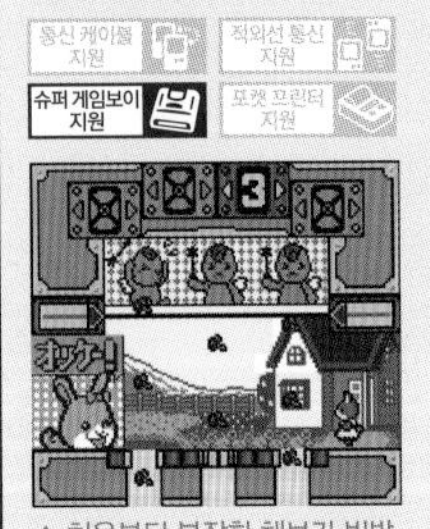

▲ 처음부터 복잡한 채보가 빈발. 퍼펙트 클리어는 상당히 어렵다.

멜로디에 맞춰 버튼을 누르는 리듬 게임. 실바니아의 캐릭터들이 음악에 맞춰 즐겁게 춤을 춘다. 이야기를 따라 진행하는 '스토리 모드', 자유롭게 연주 가능한 '프리 플레이 모드'를 수록했다.

퍼즈 루프

게임보이 컬러 / 게임보이

PZL 캡콤 2000년 3월 17일 3,800엔

통신 케이블 지원 / 적외선 통신 지원 / 슈퍼 게임보이 지원 / 포켓 프린터 지원

▲ 딱 봐도 컬러풀하고 심플해, 바로 즐길 수 있는 퍼즐 게임.

회오리처럼 뱅글뱅글 한 줄로 나열된 컬러풀한 돌 행렬의 중간에 같은 색 돌을 쏴 맞춰 없애가는 퍼즐 게임. 돌 행렬이 계속 길어져 화면에 꽉 차면 실패이니, 최소한의 효율적인 발사로 돌들을 없애는 게 중요하다.

햄스터 파라다이스 2(츄)

SLG 아틀라스 2000년 3월 17일 3,980엔

▲ 햄스터가 사는 우리도 리뉴얼 했다. 새로운 마음으로 키워보자.

수천 년에 한 번 태어난다고 전해지는, 찬란히 빛나는 '미라클 햄스터'를 얻는 것이 목표였던 전작에 이어, 이번에는 '말하는 햄스터'를 찾아내기 위해 햄스터를 번식시키며 진행한다.

포켓 프로레슬링 : 퍼펙트 레슬러

SPT J·WING 2000년 3월 17일 3,980엔

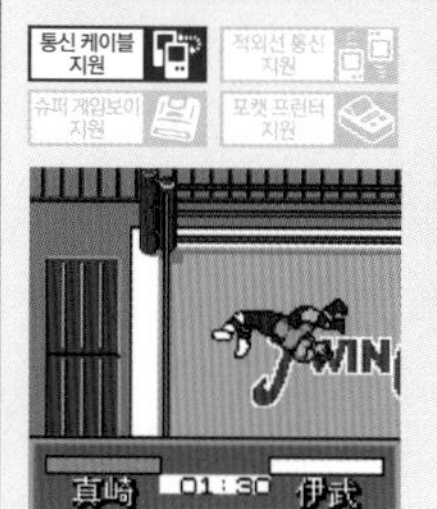

▲ 캐릭터가 큼직해, 박력 넘치는 프로레슬링을 즐길 수 있다.

10명의 레슬러 중 하나를 선택해 링 위에서 뜨거운 대결을 벌이는 프로레슬링 게임. 타격기와 수플렉스, 관절기 등을 합쳐 총 55종 이상의 기술이 가능한 것이 특징. 레슬러 입장 연출부터 디테일하다.

마크로스 7 : 은하의 하트를 북돋워라!!

STG 에포크사 2000년 3월 17일 3,980엔

▲ 보스 전에서는 리듬 게임 풍 화면으로 변한다.

같은 제목의 애니메이션 기반이면서도 오리지널 스토리가 전개되는 작품. FIRE BOMBER를 비롯한 캐릭터 6명 중 3명을 선택해, 임의로 교대하며 싸운다. 기체 변신과 음악 등, 원작의 특징을 잘 재현하였다.

와리오 랜드 3 : 신비한 오르골

ACT 닌텐도 2000년 3월 21일 3,800엔

▲ 돌진도 하고 회전도 하는 등, 와리오의 모션이 리얼해 즐겁다.

와리오라는 캐릭터가 슬슬 정착하게 된 「와리오 랜드」 시리즈 3번째 작품. 신비한 오르골에 갇혀버린 와리오가 파워풀 어택을 구사해 탈출을 노린다. 불사신 와리오는 다채로운 리액션을 보여주며 열쇠를 찾는다.

슈퍼 사이보그 네로 : 데빌 부활!!

ACT 코나미 2000년 3월 23일 4,500엔

▲ 스피디한 스크롤 화면상에서 파괴율 100%를 노린다.

만화와 애니메이션으로 인기였던 작품(원제는 '사이보그 쿠로짱')의 캐릭터를 사용한 횡스크롤 액션 게임. '네로'는 각 스테이지에서 장비할 무기를 선택해, 화면 내에 등장하는 적들을 마구 파괴한다.

디즈니즈 타잔

ACT 시스컴 엔터테인먼트 2000년 3월 24일 4,300엔

▲ 타잔이 리얼한 모션으로 액션을 펼치는 게 큰 볼거리.

디즈니의 애니메이션 영화 '타잔'을 게임화했다. 타잔이 어린 시절부터 어른이 될 때까지를 게임 내용에 담아낸 액션 게임. 정글을 종횡무진 누비며, 바나나를 모아 스테이지를 클리어해 보자.

원숭이 펀처

SLG 타이토 2000년 3월 24일 3,980엔

▲ 통신 기능으로 친구의 원숭이와 짝짓기해도 새끼가 태어난다.

원숭이를 키워, 원숭이 복싱계의 챔피언을 노리는 육성 시뮬레이션 게임. 플레이어는 트레이너가 되어 원숭이를 훈련시킨다. 육성이 끝나 은퇴한 원숭이는 짝짓기로 차세대 원숭이와 교대하게 된다.

쟈가이누 군

ACT 빅터 인터랙티브 소프트웨어 2000년 3월 24일 3,800엔

▲ 쟈가이누 군과 친구 캐릭터들이 귀엽다.

감자 모양의 개를 캐릭터화한 '쟈가이누 군'이 음악에 맞춰 친구의 포즈를 흉내 내는 리듬 게임. 귀여운 캐릭터만큼이나 게임의 플레이 감각과 난이도도 실로 쉽고 친절하기 그지없다.

 게임보이 지원
 게임보이 비지원
 게임보이 컬러 지원
 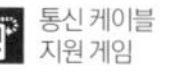 통신 케이블 지원 게임
 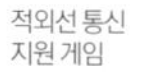 적외선 통신 지원 게임
 슈퍼 게임보이 지원 게임
  포켓 프린터 지원 게임

친근한 펫 시리즈 2 : 귀여운 토끼

게임보이 컬러 / 게임보이
SLG MTO 2000년 3월 24일 3,980엔

▲ 토끼를 좋아하는 사람이라면 만족할 그래픽이 가득한 게임.

게임보이 안에 사는 귀여운 동물을 키우는 육성 시뮬레이션 게임 시리즈 제 2탄. 토끼에게 먹이를 주고, 같이 놀아도 주고, 청소도 해주는 등 다양한 방식으로 돌보며 친근함 포인트를 올려 간다.

수퍼 구슬탄 : 격탄! 라이징 발키리!!

게임보이 컬러 / 게임보이
RPG 타카라 2000년 3월 24일 4,500엔

▲ 다양한 비드맨을 입수하여 대회 우승을 노리자.

같은 제목의 인기 만화(원제는 '폭구연발!! 슈퍼 비다맨')가 원작인 롤플레잉 게임. 플레이어는 비드맨을 조작하는 '비더'가 되어, 전국의 라이벌과 배틀을 펼쳐가며 비드맨을 강화해야 한다.

레이맨 : 미스터 다크의 함정

게임보이 컬러 / 게임보이
ACT UBISOFT 2000년 3월 24일 4,200엔

▲ 컬러풀하게 그려진 판타지 풍 세계가 인상적이다.

'레이맨'이라는 신기한 캐릭터가 악의 대왕에 사로잡힌 빛의 요정을 구하러 가는 점프 액션 게임. 레이맨은 자신의 손을 발사하듯 하여 펀치를 구사하며, 이 특성을 활용해 앞을 가로막는 적을 쓰러뜨린다.

배틀 피셔즈

게임보이 컬러 / 게임보이
SLG 코나미 2000년 3월 30일 4,500엔

▲ 물고기 중량 혹은 수 등, 승리 조건이 배틀에 따라 달라진다.

낚시 실력으로 모든 것을 결정하는 비밀 학교가 무대인 작품. 주사위를 굴려 나온 눈에 따라 발생하는 이벤트와 낚시 배틀을 진행하며 졸업을 노린다. 개성 넘치는 캐릭터와 질릴 틈이 없는 게임 디자인이 매력이다.

파워프로 군 포켓 2

게임보이 컬러 / 게임보이
SPT 코나미 2000년 3월 30일 4,500엔

▲ 「파워프로 군」 속편에선 프로야구 팀에 입단해 대활약한다.

선수를 육성할 수 있는 석세스 모드를 탑재한 「파워프로 군 포켓」의 속편. 약소 팀 '드릴 두더지즈'에 입단한 선수를 키워, 팀을 우승으로 이끌자. 통신으로 선수를 교환하여 강화시킬 수도 있다.

팝픈 뮤직 GB

게임보이 컬러 / 게임보이
ACT 코나미 2000년 3월 30일 4,300엔

▲ 스테레오 사운드로 연주되는 악곡은 듣기만 해도 즐겁다.

오락실에서 대히트한 바 있는 리듬 게임 「팝픈 뮤직」의 이식작. 악곡에 맞춰 떨어지는 소리 마크를 정확한 타이밍으로 쳐 없애는 단순명쾌한 음악 게임이다. 콤보가 계속 이어지면 표시되는 'FEVER'가 상쾌하다!

아르르의 모험 : 마법의 주얼

게임보이 컬러 / 게임보이
RPG 컴파일 2000년 3월 31일 4,200엔

▲ 몬스터는 보석을 세팅하여 강화시킬 수 있다.

카드로 변해버린 뿌요뿌요를 구하는 것이 목적이다. 플레이어는 '아르르'가 되어 카드에서 '몬스터'를 소환해 사역마로 부리며 모험한다. 「뿌요뿌요」처럼 경쾌한 스토리를 즐길 수 있는, 라이트한 RPG다.

스노보드 챔피언

게임보이 컬러 / 게임보이
SPT 바텀 업 2000년 3월 31일 3,980엔

▲ 라이벌을 이기면 새로운 트릭을 얻게 된다.

스노보드 경기로 라이벌과 승부하여 대회 우승을 노리는 게임. 경기는 '원메이크'·'슬라롬'·'하프파이프'·'보더크로스' 4종류가 있다. 커맨드를 입력해 화려한 트릭을 구사해 보자!

트릭 보더 그랑프리

게임보이 컬러 / 게임보이
SPT 아테나 2000년 3월 31일 3,800엔

통신 케이블 지원

▲ 스피드를 겨루는 타임 트라이얼도 있어, 다양하게 즐길 수 있다.

화려한 트릭의 구사에 초점을 맞춘 스노보드 게임. 그랑프리 모드에는 총 9개 코스가 있으며, 각 코스에서 다양한 트릭을 펼쳐 고득점을 노린다. 통신 케이블을 사용하면 대전 플레이도 가능하다.

필살 파친코 BOY : CR 몬스터 하우스

게임보이 컬러 / 게임보이
ETC 선 소프트 2000년 3월 31일 3,980엔

▲ 화면 중앙에서 회전하는 액정 화면 연출도 디테일해 재미있다.

실기 파친코 'CR 몬스터 하우스'를 게임보이로 시뮬레이트했다. 코믹하게 그려진 서양 요괴들이 등장하는 파친코 기체다. 실기 공략 모드를 비롯해, 리치 카탈로그로 실기의 리치 패턴을 찾아볼 수도 있다.

명탐정 코난 : 기암도 비보전설

게임보이 컬러 / 게임보이
AVG 반프레스토 2000년 3월 31일 4,500엔

슈퍼 게임보이 지원

▲ 기암도를 꼼꼼히 돌아다니며 살펴, 명 추리로 사건을 해결하자.

'명탐정 코난' 시리즈 제 4탄. 황금상을 계기로 섬 '기암도'에 방문한 코난 일행은, 섬에 있는 거대한 저택에서 사건에 휘말린다. 게임의 진행 과정 자체가 명탐정도(度) 평가 시스템에 따라 채점된다.

VS 레밍스

게임보이 컬러 / 게임보이
PZL J·WING 2000년 4월 7일 4,500엔

통신 케이블 지원 / 적외선 통신 지원 / 포켓 프린터 지원

▲ 1인용으로도 2인용으로도 즐길 수 있는 신개념 「레밍스」.

일렬로 걸어가는 레밍들에게 다양한 작업을 지시하여 출구까지 유도하는 서양 게임을, 대전 시스템을 붙여 개변 이식했다. 화면이 컬러화됐으며, 통신대전 기능이 추가되고 스테이지 수도 늘어난 것이 주요 특징.

유희왕 몬스터 캡슐 GB

게임보이 컬러 / 게임보이
ETC 코나미 2000년 4월 13일 4,500엔

통신 케이블 지원 / 슈퍼 게임보이 지원

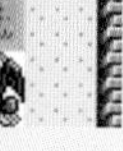

▲ 난이도는 높은 편. 캐릭터와 몬스터 그래픽도 뛰어난 완성도로 구현했다.

「유희왕 듀얼몬스터즈」가 히트함에 따라, 같은 제목의 플레이스테이션판 타이틀을 이식했다. 게임보이로 발매된 카드 게임 중에선 매우 평가가 높으며, 캐릭터 게임이라는 측면에서도 호평받았다. 특징은 사실 카드 배틀이 아니라, 몬스터를 모아 배틀시킨다는 것. 원작 만화 초기의 캐릭터가 다수 등장하는데, 상당한 팬이라도 모든 캐릭터명을 대기 힘들 정도. 스토리는 오리지널이다.

성패전설

게임보이 컬러 / 게임보이
TBL 갭스 2000년 4월 14일 2,800엔

슈퍼 게임보이 지원

▲ 4인 대국 마작의 작탁을 멋진 그래픽으로 그려냈다.

얼핏 판타지 세계 비슷한 스토리로 진행되지만, 승부는 마작으로 내는 이색 마작 롤플레잉 게임. 일반적인 '대전 모드'도 탑재했으며, 캐릭터를 선택하여 4인 대국으로 프리 대결도 즐길 수 있다.

디럭스 모노폴리 GB

게임보이 컬러 / 게임보이
TBL 타카라 2000년 4월 21일 3,980엔

슈퍼 게임보이 지원

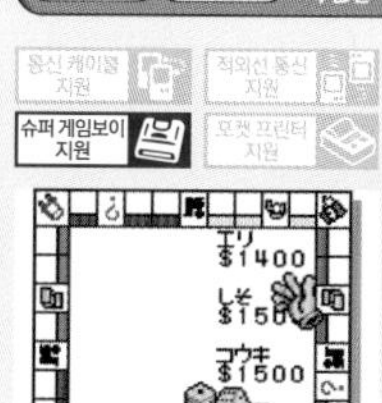

▲ CPU와 직접 교섭해 건물을 사고팔 수도 있다.

「모노폴리」 게임은 게임보이로 여러 회사가 발매한 바 있는데, 그중 최후의 작품. 개성적인 캐릭터 12명 중에서 대전 상대를 선택해 즐기는 '프리 대전'과, 혼자서 플레이하는 '스토리 모드' 등을 준비했다.

버거 파라다이스 인터내셔널

게임보이 컬러 / 게임보이

SLG 갭스 2000년 4월 21일 2,980엔

통신 케이블 지원 / 적외선 통신 지원 / 슈퍼 게임보이 지원 / 포켓 프린터 지원

▲ 쇼군 버거 체인에도 지지 않을 맛의 버거를 만들어내자.

햄버거 가게를 세워 햄버거를 만들며, 초대형 버거 체인과 맞서 싸울 수 있도록 경영해 가는 시뮬레이션 게임. 점포의 입지에서 우위를 차지하고 라이벌 점포와 맛의 차이를 벌려, 점유율을 확대해야 한다.

벅스 버니 : 크레이지 캐슬 4

게임보이 컬러 / 게임보이

ACT 켐코 2000년 4월 21일 3,980엔

통신 케이블 지원 / 적외선 통신 지원 / 슈퍼 게임보이 지원 / 포켓 프린터 지원

▲ 라이프가 다 떨어져야만 죽는 등, 전작보다 많이 쉬워졌다.

공포의 크레이지 캐슬을 당근의 성으로 착각한 '벅스 버니'가, 태즈 아일랜드에 있는 성으로 들어가게 되는 액션 게임. 복잡하게 꼬여 있는 섬과 성 내부의 수수께끼를 풀고 열쇠를 찾아내자!

메탈기어 고스트 바벨

게임보이 컬러 / 게임보이

ACT 코나미 2000년 4월 27일 4,500엔

통신 케이블 지원 / 적외선 통신 지원 / 슈퍼 게임보이 지원 / 포켓 프린터 지원

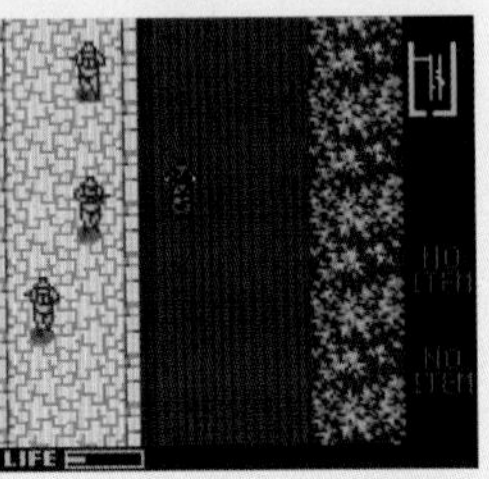

▲ 디테일한 그래픽이 일품. 통신 화면에 캐릭터 영상이 전파로 지직거리는 연출도 넣었다.

서양 팬들의 요망을 받아 제작된, 휴대용 게임기 최초의 「메탈기어」. 코지마 히데오 감독은 프로듀서 형태로 참가했으나, 게임보이 소프트 중에서도 으뜸가는 완성도로서 MSX에서 시작된 「메탈기어」의 계보를 계승했다. 스토리는 「메탈기어 2 : 솔리드 스네이크」의 7년 후. 짬짬이 플레이할 수도 있도록 배려한 시스템이라, 스테이지 형식과 플레이 모드의 선택이 용이해졌다.

한자 de 퍼즐

게임보이 컬러 / 게임보이

PZL MTO 2000년 4월 28일 4,200엔

통신 케이블 지원 / 적외선 통신 지원 / 슈퍼 게임보이 지원 / 포켓 프린터 지원

▲ 각종 게임 모드 이름을 잘 보면 다양한 작품의 패러디다!

일본 상용한자를 사용한 퍼즐을 즐기는 작품. 화면에 준비된 '한자'를 사용해 십자말풀이 식으로 숙어를 만들거나 '한자의 부수'를 조합하여 2글자 단어를 만드는 등, 여러 게임 모드를 즐길 수 있다.

경마장에 가자! 와이드

게임보이 컬러 / 게임보이

ETC 헥트 2000년 4월 28일 3,980엔

통신 케이블 지원 / 적외선 통신 지원 / 슈퍼 게임보이 지원 / 포켓 프린터 지원

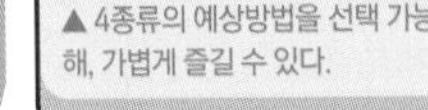

▲ 4종류의 예상방법을 선택 가능해, 가볍게 즐길 수 있다.

게임보이 컬러 최초의 경마예상 소프트. 레이스의 데이터를 입력하고 결과 예상을 즐기며 '경마용어'도 배워볼 수 있다. 오히려 경마 초보자를 위한 입문용 소프트로서의 실용도가 더 높다고 할 만한 작품.

목수 겐 씨 : 딱딱한 망치가 딱!

게임보이 컬러 / 게임보이

ACT 바이옥스 2000년 4월 28일 3,980엔

통신 케이블 지원 / 적외선 통신 지원 / 슈퍼 게임보이 지원 / 포켓 프린터 지원

▲ 망치의 특수조작을 제대로 익히는 게 게임 진행에 필수적이다.

이 작품은 이전 시리즈들과는 완전히 다르게, 퍼즐 요소를 강화시켰다. 적을 블록으로 만드는 망치, 적이나 블록을 부수는 망치, 적을 화나게 만드는 망치 등 총 3종류의 망치를 적절히 사용해 다양한 퍼즐을 풀어보자.

도라에몽의 퀴즈 보이

게임보이 컬러 / 게임보이

ETC 에포크 사 2000년 4월 28일 3,800엔

통신 케이블 지원 / 적외선 통신 지원 / 슈퍼 게임보이 지원 / 포켓 프린터 지원

▲ 말이 초등학생용이지, 퀴즈 난이도가 높아 꽤 힘들다.

당시 일본 초등학교 교과서 기반의 약 4,500문제가 출제되는 학습 퀴즈 게임. '업다운 퀴즈', '타임 트라이', '패널 어택' 3종류의 퀴즈가 있어, 도라에몽과 함께 즐기면서 공부할 수 있다.

디노 브리더 4

SLG J·WING 2000년 4월 28일 4,800엔

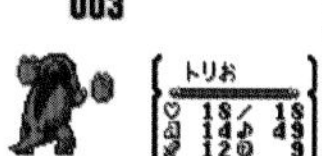

▲ 새로운 요소를 도입했지만, 플레이 자체는 이 시리즈 그대로다.

디노 게놈을 연구하던 '마츠나가 박사'가 행방불명되었다. 플레이어는 마츠나가 박사의 손자가 되어 타임머신을 타고 과거로 거슬러 올라가, 디노를 연구하며 마츠나가 박사를 찾아야 한다.

퍼즐 보블 4

PZL 알트론 2000년 4월 28일 3,800엔

▲ 이제는 퍼즐 게임의 표준이 된 인기 시리즈.

게임보이로는 두 번째 「퍼즐 보블」 시리즈 작품. 타 기종으로 발매된 넘버링 작품이 사이에 끼어있어서 '4'가 되었다. '혼자서 퍼즐', '결판내기 대전', '챌린지' 3가지 모드를 탑재했다. 컬러풀한 풍선을 마구 터뜨리자.

페럿 이야기 : 디어 마이 페럿

SLG 컬처 브레인 2000년 4월 28일 3,900엔

▲ 게임보이 안에서 등장하는 페럿이 귀엽기 그지없다.

'페럿'은 귀여운 족제비과 동물로, 본 작품은 이 페럿을 게임보이에서 육성하는 시뮬레이션 게임이다. 플레이어는 먹이와 물을 관리하며, 미니게임 등으로 육성한 페럿으로 콘테스트의 상위 입상을 노린다.

마작 여왕

TBL 와라시 2000년 4월 28일 3,980엔

▲ 보너스 일러스트는 게임보이 답게 건전해졌다.

대국 상대로 등장하는 작사가 전부 여성인, 특정 취향 유저를 타게팅한 듯한 마작 소프트. '프리 대국', '여왕들의 궁전', '여왕님 퀴즈' 모드를 즐길 수 있다. 클리어하면 보너스 그래픽도 나온다.

로드 러너 : 돔돔 단의 야망

ACT 엑싱 엔터테인먼트 2000년 4월 28일 3,980엔

▲ 에디트 모드에서 만든 스테이지는 통신으로 교환 가능.

액션 게임의 명작 「로드 러너」에 스토리 모드를 탑재했다! 목적은 돔돔 단에게 잡힌 동물들을 구하는 것. 구출한 동물을 육성하면 게임 달성도가 표시되며, '에디트 모드'도 탑재되어 있다.

게임 편의점 21

ETC 스타피시 2000년 5월 19일 3,980엔

▲ 대작보다 라이트한 게임 쪽을 즐기고 싶다면 이 작품으로!

제목만 보면 편의점 경영 게임 같지만, 실은 미니게임 21개를 수록한 작품. 수록 게임이 버라이어티해, 가볍게 즐기는 트럼프 게임부터 단편 슈팅 게임, 블록깨기 게임, 심지어 마작까지 수록했다.

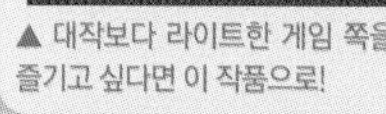

타이토 메모리얼 : 체이스 H.Q.

RCG 죠르단 2000년 5월 26일 3,980엔

▲ 맵 화면에서 범인 차량을 찾아 내 경찰차로 추격하라.

과거에도 발매했었던 「체이스 H.Q.」가 컬러 화면으로 새롭게 등장했다. 게임 시스템을 어느 정도 개변하여, 각자 능력이 다른 경찰관 3명 중 하나를 선택해 범인 체포에 출동시킬 수 있게 되었다.

타이토 메모리얼 : 버블 보블

ACT 죠르단 2000년 5월 26일 3,980엔

▲ 노멀·어나더 모드로 총 120스테이지라는 빵빵한 빅 볼륨.

「버블 보블」은 과거에 이미 발매된 바 있지만, 이쪽은 컬러화하면서 여러 가지로 추가 개량한 어레인지 버전이다. 거품에 적을 가두고 박치기로 터뜨리는 기본 룰은 동일하나, 스토리 화면과 배경이 추가되었다.

GAME BOY | 1989 | 1990 | 1991 | 1992 | 1993 | 1994 | 1995 | 1996 | 1997 | 1998 | 1999 | 2000 | 2001 | 2002 | 2003

대패수 이야기 : 뽀용의 던전 룸 2

게임보이 컬러 / 게임보이

RPG 허드슨 2000년 6월 2일 3,980엔

통신 케이블 지원 / 적외선 통신 지원 / 슈퍼 게임보이 지원 / 포켓 프린터 지원

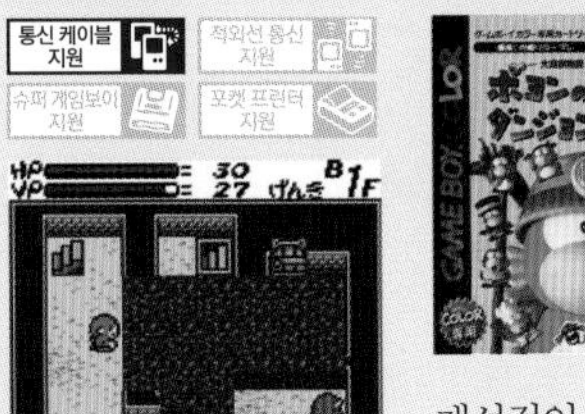

▲ 시스템의 자유도가 높아, 자신만의 스타일로 공략할 수 있다.

「대패수 이야기」의 캐릭터 '뽀용'이 던전을 탐색하는 RPG의 속편. 테크니컬(직업)과 스킬(특기)을 조합하여 개성적인 캐릭터를 만들 수 있다. 몬스터 도감을 채우는 수집 작업이 은근히 재미있다.

빅쿠리맨 2000 : 차징 카드 GB

게임보이 컬러 / GB 게임보이

ETC 이매지니어 2000년 6월 10일 3,980엔

통신 케이블 지원 / 적외선 통신 지원 / 슈퍼 게임보이 지원 / 포켓 프린터 지원

▲ 수집한 카드로 특정 배열을 만들어 대전 상대와 승부하는 게임.

'빅쿠리맨' 트레이딩 카드 게임을 게임보이로 플레이할 수 있다. 게임 중에서 만난 사람들과 배틀을 펼쳐, '빅쿠리맨 2000' 스티커를 입수해 카드에 '차지'하는 시스템이다.

헌터×헌터 : 헌터의 계보

게임보이 컬러 / 게임보이

SLG 코나미 2000년 6월 15일 4,500엔

통신 케이블 지원 / 적외선 통신 지원 / 슈퍼 게임보이 지원 / 포켓 프린터 지원

▲ 헌터가 되면 새로 제자를 들여 육성할 수 있다.

만화 'HUNTER×HUNTER'를 원작으로 삼은 헌터 육성 게임. 원작에도 등장한 바 있는 '헌터 시험'이 테마로, 플레이어는 다양한 헌터들과의 만남을 거쳐 최종적으로 시험 합격을 노리게 된다.

미스터 드릴러

게임보이 컬러 / 게임보이

PZL 남코 2000년 6월 29일 3,800엔

통신 케이블 지원 / 적외선 통신 지원 / 슈퍼 게임보이 지원 / 포켓 프린터 지원

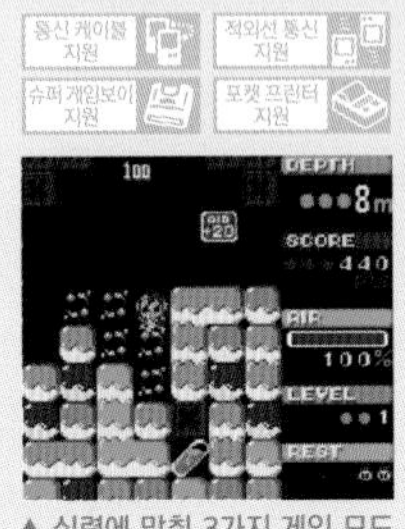

▲ 실력에 맞춰 3가지 게임 모드 중 하나를 선택 가능.

「디그더그」 주인공의 아들이란 설정인 주인공 '호리 스스무' 군을 조작해 지저로 계속 파고 들어가는 단순명쾌한 액션 퍼즐 게임. 산소를 적절히 보급하고 장애물에 깔리지 않도록 주의하며 지저로 계속 내려가 보자!

이데 요스케의 마작교실 GB

게임보이 컬러 / 게임보이

TBL 아테나 2000년 6월 30일 3,980엔

통신 케이블 지원 / 적외선 통신 지원 / 슈퍼 게임보이 지원 / 포켓 프린터 지원

▲ 화면 구성이 잘 정돈돼 있어, 마작을 기본부터 가르쳐주는 게임이다.

도쿄대 출신 프로 작사 이데 요스케의 이름을 딴 마작 게임. 4인 대국 플레이가 가능한 것은 물론, '마작교실 모드'에서는 마작 플레이법을 처음부터 배우며, 용어와 점수계산 퀴즈로 자신의 실력을 시험해볼 수도 있다.

오쟈루마루 : 만간 신사는 축제날이올시다!

게임보이 컬러 / GB 게임보이

ETC MTO 2000년 6월 30일 4,200엔

통신 케이블 지원 / 적외선 통신 지원 / 슈퍼 게임보이 지원 / 포켓 프린터 지원

▲ 인기 캐릭터와 축제의 시끌벅적한 분위기를 즐겨보자.

애니메이션 '오쟈루마루'가 테마인 미니게임 모음집. 오쟈루마루와 함께 신사 축제를 돌며 '두더지 잡기', '사격', '타코야키' 등 일본 전통 축제풍의 게임을 즐길 수 있다. 딱지를 모아 통신대전도 가능.

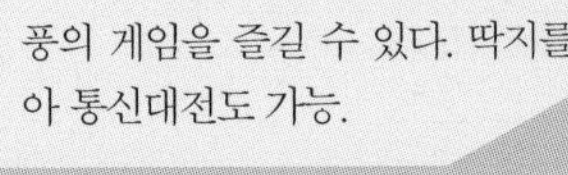

한자 BOY 2

게임보이 컬러 / GB 게임보이

ETC J·WING 2000년 6월 30일 4,800엔

통신 케이블 지원 / 적외선 통신 지원 / 슈퍼 게임보이 지원 / 포켓 프린터 지원

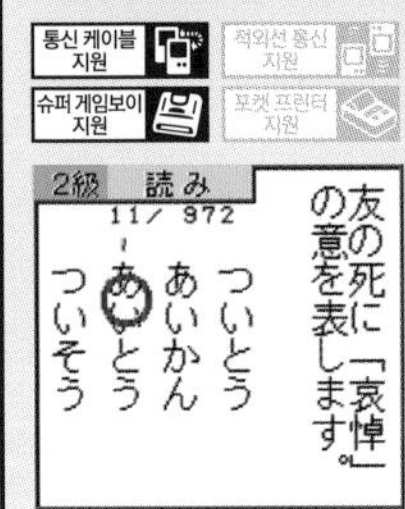

▲ 어려운 한자를 공부해, 실제 한자검정에 도전해볼 만도.

재단법인 일본한자능력검정협회가 감수한 한자 학습 게임 제 2탄. 전작은 7급까지의 한자에 대응했지만, 이번 작은 10급까지의 한자도 수록했다. 마라톤 모드에서 모든 한자를 테스트해볼 수도 있다.

무민의 대모험

게임보이 컬러 / 게임보이

ACT 선 소프트 2000년 6월 30일 3,980엔

통신 케이블 지원 / 적외선 통신 지원 / 슈퍼 게임보이 지원 / 포켓 프린터 지원

▲ 무민 이외의 캐릭터도 등장해, 화목한 분위기가 넘친다.

애니메이션으로 친숙한 '무민'이, 무민 골짜기에서 일어난 지진을 계기로 발생하는 사건을 접하며 다양한 액션 게임을 진행해 나가는 판타지 풍 게임이다. 큼직하게 그려진 캐릭터가 인상적이다.

대전 박보장기 닌텐도 파워 독점판매

TBL 아테나 2000년 7월 1일 1,000엔

▲ 무의미한 수가 하나도 없도록 철저하게 연구해야 하는 쇼기.

엄선된 쇼기 박보장기 200문제가 수록된, '박보장기' 전문 소프트. 플레이어가 한 수를 두면 CPU가 즉시 반격 수를 두며, 규정된 수순 이내로 상대를 외통수로 몰 수 있을지가 게임의 승부처다.

어디서나 파친코 GB : CR 몬스터 하우스

ETC 탐 2000년 7월 4일 3,980엔

▲ 리치 액션과 대박 그림도 실기를 충실하게 재현했다.

실기로 호평을 받았던 디지털 파친코 'CR 몬스터 하우스'를 게임보이 컬러로 즐긴다. 달성 조건을 걸고 몬스터 캐릭터와 대전하는 '스토리 모드', 못의 기울기 등의 특징이 있는 기기를 공략하는 '플레이 모드'를 수록했다.

월드 사커 GB 2000

SPT 코나미 2000년 7월 6일 4,500엔

▲ 모드가 풍부해, 더욱 간편하게 즐길 수 있는 축구 게임.

「월드 사커 GB 2」에 이은 시리즈 제3탄. 총 48개 팀이라는 볼륨은 전작과 마찬가지이며, '인터내셔널 컵', '미니 리그', '미니 토너먼트', 'PK 모드' 등 게임 모드가 풍부해졌다.

모으며 즐기는 곰돌이 푸 : 숲 속의 보물

ACT 토미 2000년 7월 7일 3,980엔

▲ 곰돌이 푸와 친구들이 즐겁게 미니게임을 플레이한다.

그림책과 디즈니 애니메이션으로 친숙한 '곰돌이 푸'의 무대인 '백 평짜리 숲'을 돌아다니며, 여러 미니게임을 클리어하는 것이 목적인, 한가로운 분위기의 게임. 숲 지도를 완성해가며 그림책을 입수해 보자.

힘내라! 일본! 올림픽 2000

SPT 코나미 2000년 7월 13일 4,500엔

▲ 한 경기만 즐기는 모드와, 모든 경기를 플레이하는 모드가 있다.

타이틀명은 다르지만 「하이퍼 올림픽」의 계보를 계승한, 추억의 버튼 연타형 스포츠 게임. 유명한 육상경기는 물론, '펜싱'과 '클레이 사격' 등 총 11개 종목의 경기를 즐길 수 있다.

유희왕 듀얼몬스터즈 III 3성 전신강림

ETC 코나미 2000년 7월 13일 4,500엔

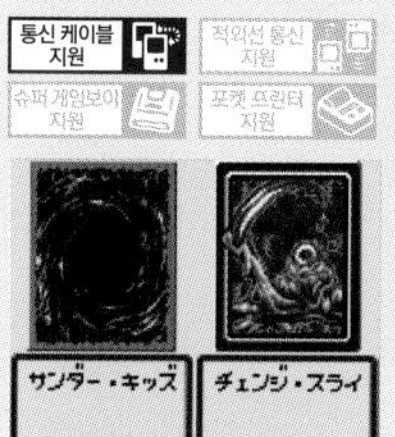

▲ 몬스터를 제작할 수 있는 '컨스트럭션'을 탑재했다.

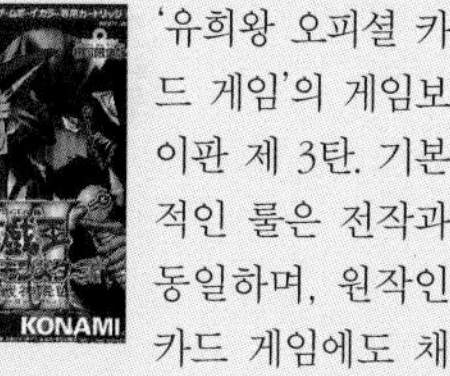

'유희왕 오피셜 카드 게임'의 게임보이판 제 3탄. 기본적인 룰은 전작과 동일하며, 원작인 카드 게임에도 채용되었던 '제물 소환 시스템' 등이 새로 도입되었다.

오쟈루마루 : 달밤 연못의 보물

TBL 석세스 2000년 7월 14일 3,980엔

▲ 오쟈루마루가 읊는 단가가 우아한 분위기를 연출하는 게임.

오쟈루마루가 만간 신사의 쌍둥이 개와 '우아한 물건 모으기'로 승부를 벌인다는 스토리의 말판놀이 게임. 주사위를 굴려 멈춘 칸에서 일어나는 이벤트와 미니게임을 클리어해 점수를 벌어 승부를 결정한다.

도카폰?! : 밀레니엄 퀘스트

RPG 아스믹 에이스 엔터테인먼트 2000년 7월 14일 3,980엔

▲ 적은 플레이어의 행동에 맞춰 움직이는 경우가 많다.

우정파괴 게임으로 유명한 작품이 로그라이크 RPG가 되어 돌아왔다. 이번에는 친구가 아니라 던전을 공략하게 된다. 죽어도 레벨이 유지되지만 강화시켜 온 장비는 잃게 되므로, 세심하게 주의하면서 행동하자.

 게임보이 지원  게임보이 비지원  게임보이 컬러 지원 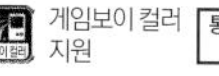 통신 케이블 지원 게임  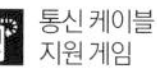 적외선 통신 지원 게임  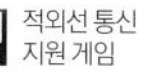 슈퍼 게임보이 지원 게임  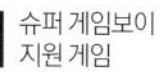 포켓 프린터 지원 게임 

서바이벌 키즈 2 : 탈출!! 쌍둥이섬!

게임보이 컬러 | GB 게임보이

SLG 코나미 2000년 7월 19일 4,500엔

통신 케이블 지원 / 적외선 통신 지원 / 슈퍼 게임보이 지원 / 포켓 프린터 지원

▲ 스페셜 엔딩은 조건을 만족시키기 꽤 힘들다.

무인도에서 탈출하는 RPG 제 2탄. 이번 작품은 주인공을 둘 중에서 선택하게 된다. 각자 고유의 스토리가 있고, 다른 섬에서 서바이벌 생활을 보낸다. 엔딩은 형제를 구해내 탈출하는 것 등, 총 6종류가 있다.

디어 다니엘의 스위트 어드벤처 : 키티를 찾아서

게임보이 컬러 | GB 게임보이

ACT 이매지니어 2000년 7월 19일 3,980엔

통신 케이블 지원 / 적외선 통신 지원 / 슈퍼 게임보이 지원 / 포켓 프린터 지원

▲ 러브러브 포인트를 얻어, 숨겨진 스테이지를 찾아내자.

키티의 파트너인 '다니엘'이 주인공으로 등장하는 점프 액션 게임. 다니엘은 세계 각지의 스테이지에서 러브러브 포인트를 올려, 아이템과 코스튬을 입수해 가면서 키티를 찾아 헤맨다.

헬로키티의 스위트 어드벤처 : 다니엘을 만나고파

게임보이 컬러 | GB 게임보이

ACT 이매지니어 2000년 7월 19일 3,980엔

통신 케이블 지원 / 적외선 통신 지원 / 슈퍼 게임보이 지원 / 포켓 프린터 지원

▲ 러브러브 포인트를 모으면 게임 전개가 점점 유리해진다.

키티 쪽에서 다니엘을 찾아다니는, 「디어 다니엘의 스위트 어드벤처」의 어나더 버전. 이쪽은 주인공이 키티이며, 일부 스테이지 구성과 스테이지 내의 장치 등에 차이가 있다.

데이터 내비 프로야구

게임보이 컬러 | 게임보이

SPT 나우프로덕션 2000년 7월 21일 4,300엔

통신 케이블 지원 / 적외선 통신 지원 / 슈퍼 게임보이 지원 / 포켓 프린터 지원

▲ 선수 데이터가 실명으로 등록되어, 다양한 응용이 가능하다!

감독이 되어 지시를 내리며 페넌트레이스의 흐름을 지켜보는 야구 시뮬레이션 게임. 지시 가능한 항목은 20종류 이상에 달해, 라이벌 선수 데이터 등을 참고해 어떤 전략으로 시합할지 고려하면서 진행해야 한다.

폭주 데코토라 전설 GB 스페셜 : 배짱 남아 천하통일

게임보이 컬러 | 게임보이

ACT 키드 2000년 7월 21일 3,980엔

통신 케이블 지원 / 적외선 통신 지원 / 슈퍼 게임보이 지원 / 포켓 프린터 지원

▲ 애수어린 BGM과 함께 도로가 내 것인 양 폭주하는 데코토라의 세계.

트럭을 보란 듯이 온갖 전구로 화려하게 장식한 데코레이션 트럭, 통칭 '데코토라'를 몰고 전국을 폭주하는 게임. 파츠를 구입해 스피드와 토크를 올리고, 방해하는 라이벌은 공공도로라도 주저 없이 밀어내 이겨라.

메다로트 3 : 장수풍뎅이 버전

게임보이 컬러 | 게임보이

RPG 이매지니어 2000년 7월 23일 4,300엔

통신 케이블 지원 / 적외선 통신 지원 / 슈퍼 게임보이 지원 / 포켓 프린터 지원

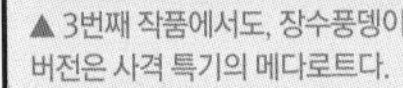

▲ 3번째 작품에서도, 장수풍뎅이 버전은 사격 특기의 메다로트다.

어나더 버전과 파츠 컬렉션 등, 수많은 파생 타이틀이 발매된 바 있는 시리즈의 제 3탄. 주인공 '잇키'는 로보틀 대회 '메다림픽'에 출장해 우승을 노린다. 땅속과 바닷속까지 펼쳐진 넓은 세계가 무대다.

메다로트 3 : 사슴벌레 버전

게임보이 컬러 | 게임보이

RPG 이매지니어 2000년 7월 23일 4,300엔

통신 케이블 지원 / 적외선 통신 지원 / 슈퍼 게임보이 지원 / 포켓 프린터 지원

▲ 사슴벌레 버전은 이전과 마찬가지로 격투형 메다로트다.

제 3탄은 컬러 전용 게임이 되어 그래픽이 강화되었다. 또한 음성합성을 도처에 사용해, 다양한 장면에서 캐릭터 보이스가 나온다. 성우도 애니메이션과 동일해, 더욱 뛰어난 몰입감으로 즐길 수 있다.

카란코론 학원 : 화투·마작

게임보이 컬러 | 게임보이

TBL J·WING 2000년 7월 28일 4,800엔

통신 케이블 지원 / 적외선 통신 지원 / 슈퍼 게임보이 지원 / 포켓 프린터 지원

▲ 캐릭터 16명 중에서 대전 상대를 골라 승부한다.

소프트 하나로 마작과 화투를 즐길 수 있는 작품. 양쪽 게임 모두 소녀와 대전하는 형식으로 즐긴다. 마작은 4인 대국으로, 화투는 코이코이로 진행된다. 전원과 싸우는 토너먼트 모드와, 단위인정 모드도 탑재했다.

사쿠라대전 GB : 격, 화조 입대!

SLG 미디어 팩토리 2000년 7월 28일 4,800엔

세가새턴으로 발매된 바 있는 어드벤처 게임 「사쿠라대전」의 스핀오프 작품. 주인공은 제국화격단 '화조'에 체험 입대하여, 훌륭한 대장이 되기 위해 미니게임 등으로 능력치를 키우게 된다.

▲ 게임보이로도 「사쿠라대전」 캐릭터와 만날 수 있다.

벌룬 파이트 GB

닌텐도 파워 독점판매

ACT 닌텐도 2000년 7월 31일 3,143엔

'닌텐도 파워' 서비스를 통해 재기록 가능한 GB 메모리 프리라이트판으로 발매된 액션 게임. 패미컴으로 발매된 바 있는 「벌룬 파이트」의 개변 이식판으로, 3종류의 게임을 즐길 수 있다.

▲ 2P 대전도, 패미컴판과는 느낌이 완전히 달라졌다.

카라무쵸는 대 난장판! 추가요!

닌텐도 파워 독점판매

PZL 스타피시 2000년 8월 1일 1,500엔

코이케야 사의 과자 '카라무쵸'의 캐릭터 '할머니'가 주인공인 퍼즐 게임 「카라무쵸는 대 난장판!」이 스테이지를 리뉴얼해 재등장했다. 각 맵에 설치된 열쇠를 입수해 탈출하자. 총 100스테이지라 오래 즐길 수 있다.

▲ 코이케야 사의 코믹한 캐릭터와 추가로 놀아보자.

댄스 댄스 레볼루션 GB

ACT 코나미 2000년 8월 3일 4,800엔

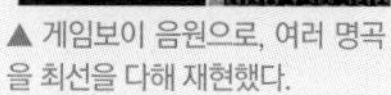

아케이드 게임으로 히트했던 댄스 게임 「댄스 댄스 레볼루션」을, 전용 손가락 컨트롤러를 동봉하면서까지 끝내 이식해낸 의욕작. 화면상에서 올라오는 화살표에 맞춰 버튼을 누르는 게임이 되었다.

▲ 게임보이 음원으로, 여러 명곡을 최선을 다해 재현했다.

조이드 : 사신 부활! 제노 브레이커 편

RPG 토미 2000년 8월 4일 4,500엔

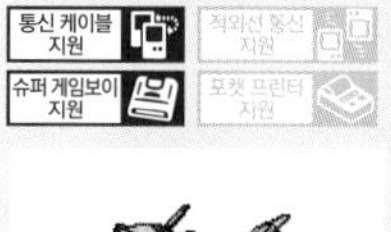

윈드 콜로니 마을을 거점 삼아, 던전을 공략하는 RPG. 애니메이션 1기와 2기 사이에 일어난 사건을 다뤘다. 애니메이션에 나온 조이드보다 기존 시리즈 조이드가 더 많이 등장해, 팬들의 평가가 엇갈린 작품.

▲ 무작위 생성 던전에 돌입해, 강력한 조이드를 격파하자.

소울 게터 : 방과 후 모험 RPG

RPG 마이크로캐빈 2000년 8월 4일 3,980엔

판타지 세계가 무대인 RPG. 주인공은 학교가 끝나는 방과 후에 모험하며, 쓰러뜨린 적에게서 얻은 소울을 펜던트와 조합시켜 마법을 만들게 된다. 총 62종류의 마법을 모두 만들어 보자.

▲ 어떤 펜던트에 어떤 소울을 담느냐로 마법의 종류가 결정된다.

척척 히어로즈

RPG 미디어 팩토리 2000년 8월 4일 5,980엔

소프트에 동봉된 '풀체인저'라는 장치를 잡고 실제로 척척 휘두르면 다양한 히어로로 변신할 수 있는 RPG. 우주의 평화를 어지럽히는 갤럭터스를 쓰러뜨리기 위해 브라이트 파워를 모아야 한다.

▲ 70종류의 히어로로 변신하기 위한 파워를 찾아내자.

던전 세이비어

RPG J·WING 2000년 8월 4일 4,800엔

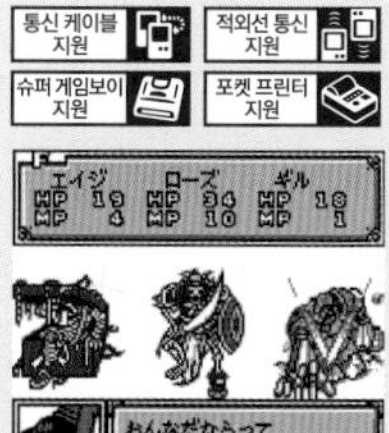

자신의 던전을 만들어, 몬스터들로 파티를 짜 자기 던전에 배치하여 적의 침공을 방어하고, 그와 동시에 적의 던전에도 자신의 파티를 파송하여 상대 던전을 공략해 함락시켜야 하는 대전형 RPG다.

▲ 시스템이 독특한 신개념 RPG. 할 수 있는 일도 풍부하다.

대어 낚시 어드벤처 : 카이토의 모험

RPG 빅터 인터랙티브 소프트웨어 2000년 8월 4일 4,200엔

▲ 낚은 물고기를 저장고에 모으며, 신대륙으로 행동범위를 확대하자.

대양을 모험하며 대어를 노리는 해적 풍 RPG. 물고기뿐만 아니라 별자리를 발견해 도감에 기록하는 기능이 있어, 북반구와 남반구 각각에서 보이는 별자리를 관측한다. 닻을 사출해 대어를 낚는 라스트 배틀이 박력만점.

매지컬 체이스 GB : 견습 마법사, 현자의 골짜기로

STG 마이크로캐빈 2000년 8월 4일 3,480엔

▲ 원작의 분위기에 손색없도록 매우 충실하게 이식한 작품이다.

PC엔진용 횡스크롤 슈팅 게임 「매지컬 체이스」의 이식판. 크리스탈을 모아 아이템을 구입해 주인공을 파워 업시켜야 한다. 다중 스크롤과 캐릭터의 움직임 등, 여러 가지 면에서 호평을 받은 작품.

러브히나 포켓

AVG 마벨러스 엔터테인먼트 2000년 8월 4일 4,800엔

▲ 캐릭터 일러스트가 150종류나 있고, 감상한 횟수도 기록된다.

만화·애니메이션으로 인기였던 '러브히나'를 게임화했다. 기숙사 주민들과의 상성치를 올려 엔딩을 노리는 연애 게임. 실시간으로 계속 진행되며 랜덤 이벤트도 있는 등 난이도가 높지만, 도전하는 보람이 상당하다.

근육 랭킹 GB 2 : 노려라! 머슬 챔피언!

SPT 코나미 2000년 8월 10일 4,500엔

▲ 이번 작품에서도 캐릭터를 육성하며 완전 제패를 노린다.

「근육 랭킹 GB」시리즈 2번째 작품. 수록 종목은 '게임 메이커', '삼진 아웃', '3색 근육', 'SASUKE 주니어' 등 6종류다. 통신 케이블을 사용하면 다른 친구와 함께 경쟁할 수도 있다.

K.O. : 더 프로 복싱

SPT 알트론 2000년 8월 11일 4,500엔

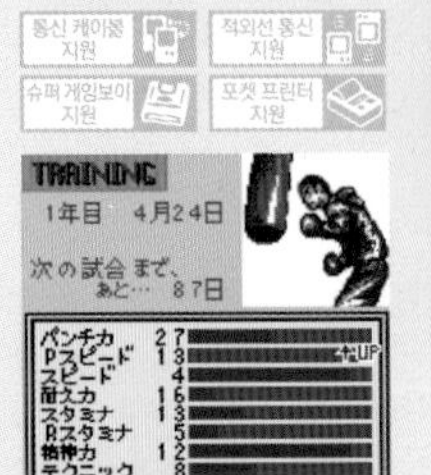

▲ 능력치에 따라 시합 시의 퍼포먼스가 디테일하게 변화한다.

JBC(일본권투위원회)가 감수한 권투선수 육성 시뮬레이션 게임. 파워형, 스피드형 등의 여러 타입 중에서 플레이어의 분신이 될 견습 복서를 선택해, 은퇴할 때까지 계속 시합과 트레이닝 스케줄을 짜며 육성한다.

해저 전설!! 트레저 월드

SPT 다즈 2000년 8월 11일 3,980엔

▲ 이 작품에는 탐색해야 할 스테이지가 세계 곳곳에 존재한다.

바다 속에 잠긴 고대문명의 봉인을 풀기 위해 동료들과 모험하는 시뮬레이션 RPG. 주인공은 하루 단위의 턴제 형태 행동으로 조사하게 된다. 탐색이 목적인 게임이라 클리어하려면 상당히 끈기가 있어야 한다.

실전에 유용한 묘수풀이 바둑

TBL 포니 캐년 2000년 8월 11일 3,980엔

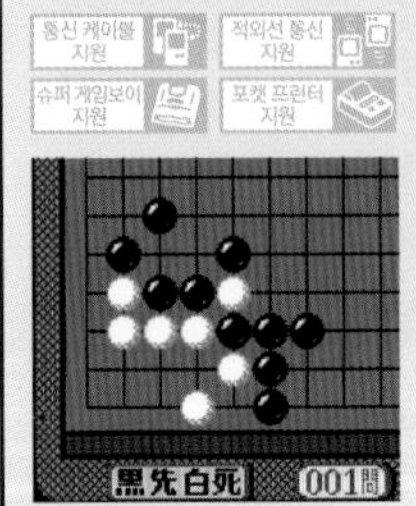

▲ 도중에는 딱히 조언이 없으니, 심사숙고해 다음 수를 두자.

바둑실력을 올리려면 '묘수풀이'로 트레이닝하자!!…라는 취지로 발매된 작품. 다양한 '묘수풀이' 바둑 문제를 다수 준비했으며, 모든 수순을 입력한 후에야 정답 여부를 지도해주는 시스템이다.

타니무라 히토시 류 파친코 공략대작전 : 돈키호테가 간다

ETC 아틀라스 2000년 8월 11일 4,500엔

▲ 타니무라의 독특한 이론 '잘 터지는 회전수'란 정말 존재할까?

파친코 공략지에서 지금도 만화가로 활약 중인 타니무라 히토시가 등장하는 파친코 게임. 타니무라가 창안해 낸 독특한 이론과 조언을 토대로 다양한 기기의 메커니즘을 간파해, 통 한 가득 구슬을 따내는 승자가 되어보자!

트위티 세계일주 : 80마리의 고양이를 찾아라!

게임보이 컬러 · 게임보이 | ACT 캡콤 2000년 8월 11일 4,200엔

통신 케이블 지원 · 적외선 통신 지원 · 슈퍼 게임보이 지원 · 포켓 프린터 지원

▲ 귀여운 트위티가 화면을 정신없이 누비는 액션 게임이다.

트위티가 아이들을 위해 세계를 순회하며 고양이 80마리의 발자국 모양을 모은다는 스토리다. 일본의 경우 요코하마가 등장한다. 조작성도 좋고 가볍게 즐길 수 있는 난이도라, 누구에게도 재미있을 수작이다.

토코로 씨의 세타가야 컨트리클럽

게임보이 컬러 · 게임보이 | SPT 나츠메 2000년 8월 11일 3,980엔

통신 케이블 지원 · 적외선 통신 지원 · 슈퍼 게임보이 지원 · 포켓 프린터 지원

▲ 이지 모드는 대충 샷을 쳐도 들어갈 정도다.

일본의 연예인 토코로 죠지를 만화화한 캐릭터가 활약하는 골프 게임. 그의 트레이드마크인 선글라스를 낀 캐릭터가 귀엽고, 게임도 초보자부터 즐길 수 있도록 다양한 모드가 준비되어 있다.

친근한 펫 시리즈 3 : 귀여운 강아지

게임보이 컬러 · 게임보이 | SLG MTO 2000년 8월 11일 3,980엔

통신 케이블 지원 · 적외선 통신 지원 · 슈퍼 게임보이 지원 · 포켓 프린터 지원

▲ 신기능 '훈련'으로, 강아지에게 재주를 가르칠 수 있게 되었다.

강아지와의 생활을 즐기는 육성 시뮬레이션 게임. 맡겨진 강아지라 딱 10일간만 함께 지낼 수 있으나, 얼마나 친근해졌는지(친근 포인트량)에 따라 다음 강아지와 지내는 기간이 늘어난다. 친근 레벨 10이 되면 클리어다.

퍼펙트 쵸로Q

게임보이 컬러 · 게임보이 | RPG 타카라 2000년 8월 11일 3,980엔

통신 케이블 지원 · 적외선 통신 지원 · 슈퍼 게임보이 지원 · 포켓 프린터 지원

▲ 필드 이동 시에는 일반적인 RPG 느낌으로 즐길 수 있다.

일본에서 1980년대 초두에 큰 붐이었던 '쵸로Q'를 소재로 삼은 RPG 작품. 기본적으로는 직진만 가능한 차량을 다양하게 커스터마이즈해가며, 실제 코스를 어떻게 달릴지 연구해 관전하며 즐겨보자.

탑블레이드 : FIGHTING TOURNAMENT

게임보이 컬러 · 게임보이 | RPG 허드슨 2000년 8월 11일 3,980엔

통신 케이블 지원 · 적외선 통신 지원 · 슈퍼 게임보이 지원 · 포켓 프린터 지원

▲ 패스워드를 입력하면 특수한 대회나, DJ와의 배틀도 가능.

타카라의 취미용 완구를 소재로 삼은 RPG. 각지의 토너먼트에 도전해 최강자 자리를 노린다. 전작보다 파츠 종류가 많아져 강화의 선택지가 늘어났으며, 배틀하면서 성장해가는 파츠 육성이 재미있다.

팝픈 뮤직 GB : 애니메이션 멜로디

게임보이 컬러 · 게임보이 | ACT 코나미 2000년 9월 7일 4,500엔

통신 케이블 지원 · 적외선 통신 지원 · 슈퍼 게임보이 지원 · 포켓 프린터 지원

▲ 악곡별로 특정 조건을 달성하면 숨겨진 그래픽이 나온다.

'드래곤볼'과 '거울요정 라라'(원제는 '비밀의 앗코') 등, 일본의 60년대~90년대까지의 인기 애니메이션 주제가를 비롯한 총 20곡을 수록했다(이 중 2곡은 숨겨진 곡). 모두 친숙한 곡들뿐이라, 초보자에게도 쉽고 재미있다.

데굴데굴 커비

게임보이 컬러 · 게임보이 | ACT 닌텐도 2000년 8월 23일 4,500엔

통신 케이블 지원 · 적외선 통신 지원 · 슈퍼 게임보이 지원 · 포켓 프린터 지원

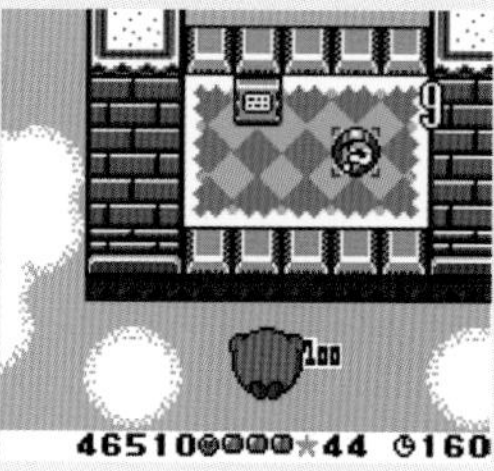

▲ 코스 도중에 배치된 레드 스타를 모으면 달성률이 상승한다.

게임보이 본체를 기울여서 커비를 굴려 골인 구멍까지 유도하는 직감형 액션 게임. 모션 센서 카트리지를 세계 최초로 탑재한 획기적인 작품이다. 코스의 다양성이 풍부해, 커비를 핀볼처럼 튕기거나 점프시키는 등 다채로운 액션을 구사해야 한다. 센서를 이용한 미니게임도 수록하여, 오랫동안 흥미롭게 플레이할 수 있는 게임 디자인을 자랑한다.

 게임보이 지원
 게임보이 비지원
 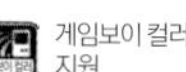 게임보이 컬러 지원
 통신 케이블 지원 게임
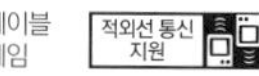 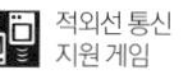 적외선 통신 지원 게임
 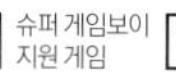 슈퍼 게임보이 지원 게임
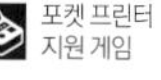 포켓 프린터 지원 게임

방가방가 햄토리 : 친구 대작전입니다츄

게임보이 컬러 | 게임보이

ETC 닌텐도 2000년 9월 8일 3,800엔

통신 케이블 지원 | 적외선 통신 지원 | 슈퍼 게임보이 지원 | 포켓 프린터 지원

▲ 햄토리가 너무 귀여운지라, 햄스터를 좋아한다면 최고의 작품.

햄스터 '햄토리'(일본명 '햄타로')와 친해지는 게임. 우리 안의 햄토리 모습을 슬쩍 엿보거나, 상성과 성격을 점쳐볼 수도 있다. 점괘 결과를 친구 카드북에 저장해 통신 기능으로 교환도 가능하다.

포켓몬으로 패널퐁

게임보이 컬러 | 게임보이

PZL 닌텐도 2000년 9월 21일 3,800엔

통신 케이블 지원 | 적외선 통신 지원 | 슈퍼 게임보이 지원 | 포켓 프린터 지원

▲ 룰이 심플한 만큼, 중독성도 제법이다.

아래에서 밀려올라오는 패널을 교체해가며 같은 색 패널을 붙여 없애는 퍼즐 게임 「패널로 퐁」을 포켓몬 테마로 리메이크했다. 게임을 진행할수록 알이나 체육관 관장을 통해 새로운 포켓몬을 얻는다.

햄스터 클럽 : 한꺼번에 찍찍

게임보이 컬러 | 게임보이

PZL 죠르단 2000년 9월 22일 3,980엔

통신 케이블 지원 | 적외선 통신 지원 | 슈퍼 게임보이 지원 | 포켓 프린터 지원

▲ 연쇄를 계속 이으면 오른쪽의 햄스터가 매우 기뻐한다.

만화 '햄스터 클럽'을 소재로 삼은 낙하계 퍼즐 게임. 같은 색 블록을 3개 붙이면 블록이 사라진다. 계속 플레이하다 보면 레벨이 올라, 한 번에 떨어지는 블록과 방해 블록 수가 증가한다.

나의 캠프장

게임보이 컬러 | 게임보이

SLG 나그자트 2000년 9월 22일 3,980엔

통신 케이블 지원 | 적외선 통신 지원 | 슈퍼 게임보이 지원 | 포켓 프린터 지원

▲ 시간제한은 없으니, 느긋하게 플레이해도 된다.

여행을 떠난 아버지를 대신해, 망해가는 캠프장을 재건시키는 경영 시뮬레이션 게임. 엔딩을 본 후에도 계속 플레이할 수 있으며, 모든 수치를 최대치까지 올리는 파고들기 플레이도 가능하다.

포켓 뿌요뿌욘

게임보이 컬러 | 게임보이

PZL 컴파일 2000년 9월 22일 3,980엔

통신 케이블 지원 | 적외선 통신 지원 | 슈퍼 게임보이 지원 | 포켓 프린터 지원

▲ 방해뿌요를 상쇄시키면 발생하는 태양뿌요 등, 변경점이 많다.

낙하계 퍼즐 게임의 결정판인 「뿌요뿌요」시리즈 작품. 원래는 드림캐스트로 먼저 출시되었던 타이틀이지만, 이식 과정에서 스토리와 특기 시스템을 대폭 수정하여 사실상 리메이크에 가까운 형태가 되었다.

퍼즐로 승부하자! 우타마짱

게임보이 컬러 | GB 게임보이

PZL 나그자트 2000년 9월 28일 3,800엔

통신 케이블 지원 | 적외선 통신 지원 | 슈퍼 게임보이 지원 | 포켓 프린터 지원

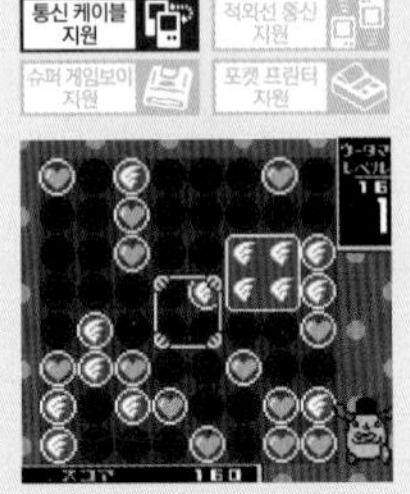

▲ 3가지 게임 모드를 비롯해, 대전도 지원한다.

토에이 애니메이션 사의 캐릭터를 소재로 삼은 퍼즐 게임. 사각형 틀을 좌우로 돌려, 같은 색 블록(타마링)을 모아 사각형 덩어리로 뭉치면 사라진다. 블록이 사라지기 전까지의 여유시간을 이용하면 연쇄도 가능.

비트매니아 GB 가챠믹스 2

게임보이 컬러 | 게임보이

ACT 코나미 2000년 9월 28일 4,300엔

통신 케이블 지원 | 적외선 통신 지원 | 슈퍼 게임보이 지원 | 포켓 프린터 지원

▲ 이 작품부터 게임보이 컬러 전용이 되었다.

게임보이판 「비트매니아」 시리즈 3번째 작품. 원래는 모바일 시스템 GB를 지원하는 신작 「비트매니아 GB3 NETJAM」으로 발매될 예정이었다. 숨겨진 곡을 포함해 총 25곡이며, 오리지널 곡 없이 기존 인기곡을 수록했다.

엘리베이터 액션 EX

게임보이 컬러 | 게임보이

ACT 알트론 2000년 9월 29일 4,500엔

통신 케이블 지원 | 적외선 통신 지원 | 슈퍼 게임보이 지원 | 포켓 프린터 지원

▲ '개'는 시점이 낮다보니 꽤 귀찮은 적 캐릭터다.

기밀문서를 훔치기 위해 적지에 잠입하는 액션 게임. 플레이어 캐릭터를 4명(그중 1명은 숨겨진 캐릭터) 중에서 선택할 수 있는 등, 원작 격인 게임보이판도 개변 이식이었는데 여기에 더 많은 개변을 가해 완성했다.

곤타의 즐거운 대모험

게임보이 컬러 / 게임보이

ACT 레이업 2000년 9월 29일 3,980엔

▲ 그림일기는 페이지별로 흩어져 마을 곳곳에 숨겨져 있다.

당시 일본에서 TV 광고로 인기가 많았던 탤런트 개 '곤타'가 주인공인 심부름 게임. 남에게 보여주기 싫은 아들의 그림일기를 찾아 곤타가 마을을 탐색한다는 내용이며, TV광고의 구도를 재현한 미니게임도 수록했다.

신세기 에반게리온 : 마작보완계획

게임보이 컬러 / 게임보이

TBL 킹 레코드 2000년 9월 29일 3,980엔

통신 케이블 지원 / 포켓 프린터 지원

▲ PC판에 있었던 탈의 요소는 삭제했다.

사도도 NERV 총사령관도 마작에 빠져 있는 '에바' 월드를 그린 작품. PC판을 바탕으로, 「기동전함 나데시코 : 루리루리 마작」과 동일한 시스템을 활용해 제작했다. 트레이딩 카드는 포켓 프린터로 인쇄 가능.

스페이스 인베이더 X

게임보이 컬러 / 게임보이

STG 타이토 2000년 9월 29일 3,980엔

▲ 적탄을 막는 실드는 스페셜 샷에도 사용할 수 있다.

서양에서 제작한 타이틀의 로컬라이즈판. 10개 행성마다 각각 15개 스테이지를 수록했으며, 보스를 물리치면 해당 행성을 클리어한다. 볼륨이 상당하지만, 패스워드 컨티뉴를 지원하므로 중단도 가능하다.

솔로몬

게임보이 컬러 / 게임보이

ACT 테크모 2000년 9월 29일 4,300엔

통신 케이블 지원

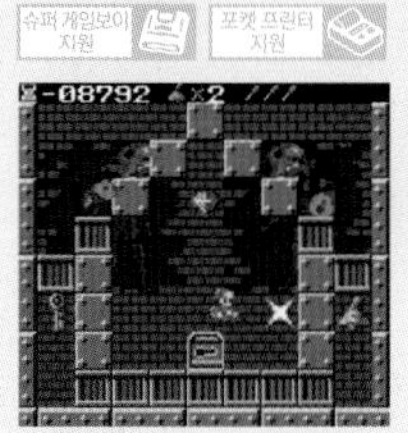

▲ 「몬스터 팜」의 탐험가 '콕스'의 한창 때를 그렸다.

구작 「솔로몬즈 클럽」을, 「몬스터 팜」 시리즈의 캐릭터를 사용하고 해당 시리즈의 35년 후를 무대로 잡아 리메이크한 작품. 스테이지 에디트 기능도 있고, 통신 기능을 사용하면 교환도 가능한 것이 장점이다.

목장이야기 GB 3 : 보이 미츠 걸

게임보이 컬러 / 게임보이

SLG 빅터 인터랙티브 소프트웨어 2000년 9월 29일 4,200엔

통신 케이블 지원

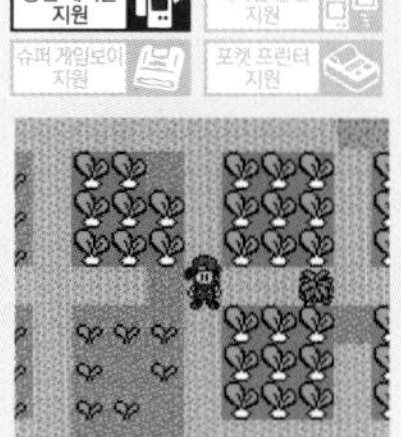

▲ 벼농사와 말 여러 마리의 사육 등, 전작보다 가능한 일이 늘었다.

이성 파트너와 함께 목장을 경영하는 시뮬레이션 게임. 농사가 특기인 남자, 동물 돌보는 일이 특기인 여자 중에서 조작 캐릭터를 선택하며, 고르지 않은 쪽이 파트너가 된다. 파트너에게 일을 맡기는 것도 가능하다.

카드캡터 체리 : 토모에다 초등학교 대운동회

게임보이 컬러 / 게임보이

ACT MTO 2000년 10월 6일 4,280엔

통신 케이블 지원 / 포켓 프린터 지원

▲ 통신대전으로 친구와 홍백전도 가능하다.

운동회를 소재로 삼은 미니게임 모음집. 홍팀·백팀 중 참가할 팀을 골라, 각 경기로 승패를 겨룬다. 학부형 참가 경기와 아동 참가 경기가 있어, 능력치와 스태미나를 고려해 출장 선수를 잘 선택해야 한다.

인형공주 리카 : 옷 갈아입히기 대작전

게임보이 컬러 / 게임보이

AVG VR·1 2000년 10월 6일 4,300엔

적외선 통신 지원

▲ 의상은 상점에서 사거나, 조건을 충족시켜 입수할 수 있다.

같은 제목 애니메이션의 초반 스토리를 게임화한 어드벤처 게임. 미니게임으로 돈을 벌어 의상을 모으면 인형 기사가 강화된다. 의상은 색이 다른 것을 포함해 200종 이상이며, 통신기능으로 친구와 교환할 수도 있다.

슈퍼 사이보그 네로 2 : 화이트우즈의 역습

게임보이 컬러 / 게임보이

ACT 코나미 2000년 10월 19일 4,500엔

통신 케이블 지원

▲ 건물의 내구력이 올라가, 파괴율 100% 달성이 어려워졌다.

아기고양이 부치의 구원요청을 받아, 화이트우즈 타도를 위해 네로가 또 다시 대활약한다. 전작에는 없었던 원작 캐릭터와 숨겨진 캐릭터가 늘어났으며, 무기가 400종류에 달하는 등 여러모로 업그레이드되었다.

 게임보이 지원  게임보이 비지원  게임보이 컬러 지원 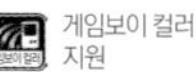  통신 케이블 지원 게임 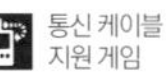  적외선 통신 지원 게임 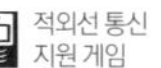  슈퍼 게임보이 지원 게임   포켓 프린터 지원 게임

록맨 X : 사이버 미션

게임보이 컬러 / 게임보이

ACT 캡콤 2000년 10월 20일 3,980엔

▲ 일본에서는 지금도 닌텐도 3DS로 다운로드판이 판매중.

「록맨 X」시리즈 최초의 휴대용 게임기용 게임이며, 첫 번외편이기도 한 작품. 해킹당한 마더 컴퓨터를 탈환하기 위해 과거의 강적들과 싸운다. 스토리의 중요 시점에 삽입되는 일러스트가 인상적이다.

괴인 조나

게임보이 컬러 / 게임보이

ETC 닌텐도 2000년 10월 21일 3,800엔

▲ 간단히 생각하면 바로 풀리는 문제가 많다. 차분히 답하자.

일본의 인기 TV프로 '오하스타'의 캐릭터인 '괴인 조나'를 주인공으로 삼은 퀴즈 게임. 수수께끼가 출제되면, 답과 그것이 답인 이유를 모두 제출해야 한다. 답안은 문자 혹은 단어 선택으로 입력한다.

JET로 GO!

게임보이 컬러 / 게임보이

SLG 알트론 2000년 10월 27일 4,500엔

▲ 침로를 벗어나지 않도록 섬세하게 조작해야 한다.

JAL(일본항공)의 전면 협력으로 제작된 플레이스테이션판 게임의 이식작. 실존 공항에서 이착륙만을 시뮬레이트하는 '플라이트 모드', 순항도 가능한 '크루즈 모드'와 미니게임이 수록돼 있다.

합격 보이 시리즈 : □난 머리를 ○게 만들자. 도형의 달인

게임보이

ETC 이매지니어 2000년 10월 27일 3,800엔

▲ 최종적으론 입시 수준의 문제도 풀게끔 단련시키는 구성이다.

당시 일본의 초등학교 3학년 이상이 대상인 도형 학습 소프트. 입체도형과 평면도형 관련 문제를 1,000문제 수록해, 기본부터 응용까지 제대로 배울 수 있다. 문제를 맞히며 목적지까지 가는 RPG 풍 모드도 있다.

마리오 테니스 GB

게임보이 컬러 / 게임보이

SPT 닌텐도 2000년 11월 1일 3,800엔

▲ 마리오 캐릭터를 사용한 미니게임도 있다.

「마리오 테니스」 2번째 작품. 로열 테니스 아카데미에 입학한 주인공을 성장시키는 '스토리 모드'와 '엑시비션'이 있으며, '64GB 팩'을 사용하면 성장시킨 캐릭터를 「마리오 테니스 64」에서도 사용할 수 있다.

피와 땀과 눈물의 고교야구

게임보이 컬러 / 게임보이

SLG J·WING 2000년 11월 3일 4,800엔

▲ 부원과 대화해 고민을 들어주면 새로운 능력에 각성하기도 한다.

전설의 감독을 목표 삼아 야구부를 지도하는 시뮬레이션 게임. 부원별로 연습 메뉴와 강도를 지시하고, 스카우트와 연습시합도 설정하여 야구부를 강화시킨다. 시합 승리로 얻은 포인트를 지불해 연습설비를 증강할 수도 있다.

휴대전수(携帯電獣) 텔레팽 : 스피드 버전

게임보이 컬러 / 게임보이

RPG 스마일소프트 2000년 11월 3일 4,700엔

▲ 전화번호를 교환하면 전수가 먼저 전화해주기도 한다.

휴대전화 풍의 기능을 게임 시스템에 도입한 RPG. 물리친 전수(電獣)와 전화번호를 교환해, 작품의 잔지식을 배우거나 배틀에 소환하여 함께 싸울 수 있다. '파워 버전'과는 등장하는 전수 종류가 다르다.

휴대전수 텔레팽 : 파워 버전

게임보이 컬러 / 게임보이

RPG 스마일소프트 2000년 11월 3일 4,700엔

▲ 전수의 성격에 따라 배틀 시 보여주는 행동이 달라진다.

전수계로 갈 수 있는 휴대폰 'D샷'을 입수한 소년이 수많은 전수들과 친구가 되면서 모험하는 RPG. '스피드 버전'과는 스토리 및 맵이 공통이지만, 등장하는 전수 종류와 파트너가 되는 전수가 달라진다.

테일즈 오브 판타지아 : 코스프레 던전

게임보이 컬러 / 게임보이

RPG 남코 2000년 11월 10일 4,500엔

통신 케이블 지원 / 적외선 통신 지원 / 슈퍼 게임보이 지원 / 포켓 프린터 지원

▲ 다른 남코 게임 및 시리즈 캐릭터의 의상도 등장한다.

다양한 직업의 옷을 착용하면 그 직업의 능력을 얻는 '코스프레 사'인 쌍둥이 남매가 모험하며 출생의 비밀을 찾아나가는 RPG. 원작의 뒷이야기를 보완하는 내용과 중후한 스토리로 높은 평가를 받았다.

댄스 댄스 레볼루션 GB 2

게임보이 컬러 / 게임보이

ACT 코나미 2000년 11월 16일 4,800엔

통신 케이블 지원 / 적외선 통신 지원 / 슈퍼 게임보이 지원 / 포켓 프린터 지원

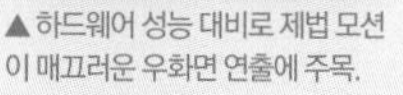

▲ 하드웨어 성능 대비로 제법 모션이 매끄러운 우화면 연출에 주목.

총 20곡의 악곡을 플레이할 수 있는 리듬 게임. 아케이드판 「3rd MIX」에서 추가된 논스톱 모드가 수록되어, 4곡 연속 도전이 가능해졌다. 전작과 동일하게, 본체에 장착하는 손가락 컨트롤러가 동봉되어 있다.

진 여신전생 데빌 칠드런 : 붉은 책

게임보이 컬러 / 게임보이

RPG 아틀라스 2000년 11월 17일 4,300엔

통신 케이블 지원 / 적외선 통신 지원 / 슈퍼 게임보이 지원 / 포켓 프린터 지원

▲ '검은 책'과는 다른 스토리로 전개되지만, 서로 연결되어 있다.

인간과 데빌 사이에서 태어난 소녀 '미라이'가, 행방불명된 아버지를 찾아 마계를 모험하는 RPG. 설득하여 동료가 된 데빌을 합성시켜, 새로운 데빌을 만들어내거나 능력치를 강화하는 시스템이 독특하다.

진 여신전생 데빌 칠드런 : 검은 책

게임보이 컬러 / 게임보이

RPG 아틀라스 2000년 11월 17일 4,300엔

통신 케이블 지원 / 적외선 통신 지원 / 슈퍼 게임보이 지원 / 포켓 프린터 지원

▲ 데빌라이저 강탈에 실패한 데빌은 세츠나의 동생을……

'붉은 책'과는 다른 시점의 스토리로, 이 작품에서는 데빌에게 동생을 빼앗긴 소년 '세츠나'의 모험을 그렸다. 주인공과 파트너의 성능도 '붉은 책'과는 다르기 때문에, 두 작품 모두 신선한 감각으로 플레이할 수 있다.

두근두근 전설 : 마법진 구루구루

게임보이 컬러 / 게임보이

RPG 에닉스 2000년 11월 17일 5,900엔

통신 케이블 지원 / 적외선 통신 지원 / 슈퍼 게임보이 지원 / 포켓 프린터 지원

▲ 스토리는 원작 초반의 내용대로 진행된다.

만화·애니메이션 '마법진 구루구루'를 소재로 삼은 액션 RPG. 물리공격은 니케가, 마법공격은 쿠쿠리가 담당한다. 마법진은 오리지널로 디자인했으며, 원작의 캐릭터를 소환해 몬스터에게 보낼 수도 있다.

몬스터 택틱스

게임보이 컬러 / 게임보이

RPG 닌텐도 2000년 11월 21일 3,800엔

통신 케이블 지원 / 적외선 통신 지원 / 슈퍼 게임보이 지원 / 포켓 프린터 지원

▲ 적에게서 시선을 돌리면 위치를 들킬 확률이 내려간다.

맵 단위로 몬스터를 전멸시키며 진행하는 RPG. 어둠에 몸을 숨겨 잽싸게 몬스터를 공격하고 이탈하는 스텔스 풍 배틀이 특징인 작품이다. 물리친 몬스터의 어탁…이 아니라 '몬탁'을 수집하는 파고들기 요소도 재미있다.

에어포스 델타

게임보이 컬러 / 게임보이

STG 코나미 2000년 11월 22일 4,300엔

통신 케이블 지원 / 적외선 통신 지원 / 슈퍼 게임보이 지원 / 포켓 프린터 지원

▲ 거대한 적과의 공중대결 미션은 박력만점.

드림캐스트용 플라이트 슈팅 게임의 게임보이 이식판. 델타 기지 소속 파일럿이 되어 미션을 진행해, 받은 보수로 새로운 기체나 잔기를 구입한다. 난이도는 4단계 중 하나로 선택할 수 있다.

그린치

게임보이 컬러 / 게임보이

ACT 코나미 2000년 11월 22일 4,500엔

통신 케이블 지원 / 적외선 통신 지원 / 슈퍼 게임보이 지원 / 포켓 프린터 지원

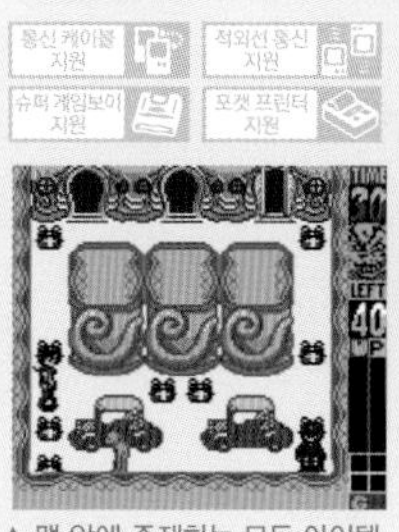

▲ 맵 안에 존재하는 모든 아이템을 입수하면 클리어다.

같은 제목의 영화를 게임화한 작품. 크리스마스가 너무 싫은 그린치가, 크리스마스를 망치기 위해 모든 선물을 훔쳐버리기로 한다. 내용 자체는 단순하지만, 그러면서도 제법 깊이 있는 시스템을 겸비한 게임이다.

커맨드 마스터

게임보이 컬러 / 게임보이

RPG 에닉스 2000년 11월 22일 5,900엔

통신 케이블 지원

▲ 커맨드 입력에 성공하면 화면 내의 주인공이 포즈를 잡는다.

모션 센서 카트리지를 활용한 RPG. 게임기 본체를 기울여 커맨드를 입력해, 네오스를 소환하여 싸우는 시스템이다. 요시자키 미네, 후지오카 켄키 등, 캐릭터 디자인을 맡은 작가진이 호화로운 것도 이 작품의 특징.

팝픈 뮤직 GB : 디즈니 튠즈

게임보이 컬러 / 게임보이

ACT 코나미 2000년 11월 22일 4,500엔

통신 케이블 지원

▲ 디즈니 팬이라면 들어본 적 있는 곡들이 많을지도?

아케이드용 게임 「팝픈 뮤직 : 미키 튠즈」의 이식판. 디즈니 애니메이션 송 중 가장 오래된 노래인 'Minnie's Yoo-Hoo!'를 비롯해, 리드미컬한 악곡 14곡을 수록했다. 노 미스 클리어하면 스페셜 그래픽이 나온다.

날아라 호빵맨 : 다섯 탑의 왕

게임보이 컬러 / 게임보이

ACT 탐 2000년 11월 23일 4,300엔

▲ 탑의 최상층 직전에선 세균맨과 보스 전을 치른다.

호빵맨을 조작하여 5개의 탑을 탐험하는 RPG. 탑 내부에는 적의 방해나 함정이 다수 깔려 있어, 호빵펀치와 비행 액션으로 돌파해야만 한다. BGM과 캐릭터의 재현도가 뛰어난, 퀄리티 높은 작품.

선계이문록 준제대전 : TV 애니메이션 '선계전 봉신연의'에서

게임보이 컬러 / 게임보이

SLG 반프레스토 2000년 11월 24일 3,980엔

슈퍼 게임보이 지원

▲ 스토리 분기점이 많아, 다회차 플레이가 재미있는 작품.

선계대전에서 숙적 문중과 결판을 낸 직후 이계로 전송돼 버린 태공망 일행의 싸움을 그린 완전 오리지널 작품. 문중과 달기도 동료로 삼을 수 있을 만큼 자유도가 높고, 보패 커스터마이즈 등 독자적인 개성도 강하다.

메다로트 3 파츠 컬렉션 : Z에서 온 초전장

게임보이 컬러 / 게임보이

RPG 이매지니어 2000년 11월 24일 4,300엔

통신 케이블 지원

▲ 로보틀에 특화된 의문의 시설 '로보틀 월드'가 이번 작품의 무대.

「메다로트 3」에 등장했던 모든 메달과 파츠를 입수할 수 있는 보완판 작품. 스토리 면에서는 3편의 후일담에 해당하며, 주요 캐릭터뿐만 아니라 서브 캐릭터들의 뒷이야기도 알 수 있다.

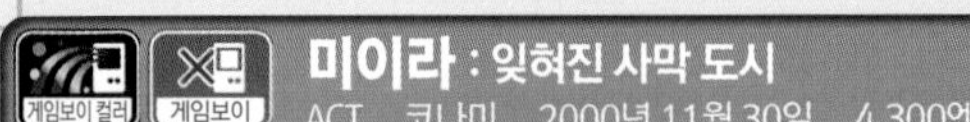

미이라 : 잊혀진 사막 도시

게임보이 컬러 / 게임보이

ACT 코나미 2000년 11월 30일 4,300엔

▲ 각 스테이지마다 정해진 물건을 입수해 골로 이동한다.

같은 제목의 영화(일본에선 '하무납트라'로 개봉)가 소재인 액션 게임. 특기·성능이 다른 세 캐릭터를 전환하며 퍼즐에 도전한다. 스토리는 영화대로이나, 매 장마다 설명과 사진이 나오므로 영화를 본 적이 없어도 괜찮다.

GB 하로보츠

게임보이 컬러 / 게임보이

RPG 선라이즈 인터랙티브 2000년 12월 1일 4,800엔

통신 케이블 지원 / 적외선 통신 지원

▲ 42작품이 넘는 120종 이상의 선라이즈 로봇으로 변신 가능.

'기동전사 건담' 시리즈에 등장하는 로봇 '하로'를 육성해 전투시키는 RPG. 파츠 조합 및 적외선 통신으로 로보 데이터를 발견하면, 하로를 다양한 선라이즈 작품 등장 로봇으로 변신시킬 수 있게 된다.

슈퍼 미메일 GB : 미메일 베어의 해피 메일 타운

게임보이 컬러 / 게임보이

AVG 토미 2000년 12월 1일 3,980엔

적외선 통신 지원

▲ 다리를 흔들며 편지 내용을 고심하는 모습이 귀엽다.

토미의 휴대폰 완구 '미메일'을 소재로 삼은 작품. 게임의 목적은 해피 메일 타운의 주민 전원과 친구가 되는 것으로, 플레이어는 '미메일 베어'를 조작해 주민들과 문자 메시지를 교환하며 교류의 폭을 넓혀야 한다.

도널드 덕 : 데이지를 구하라!

ACT UBISOFT 2000년 12월 1일 4,300엔

▲ 매 스테이지 어딘가에 설계도 1장이 존재한다. 꼭 발견해내자.

사로잡힌 여자친구 '데이지'를 구출하러 멀록의 신전에 가야 하는 도널드. 신전으로 가는 전송장치를 완성하려면 16장의 설계도를 전부 모아야 한다. 완성된 장치를 사용해 데이지를 구출하러 가자.

육문천외 몬코레 나이트 GB

RPG 카도카와쇼텐 2000년 12월 1일 4,300엔

▲ 원작인 애니메이션의 느낌대로 분위기를 유지했다.

비보 '몬몬 아이템'을 찾아 육문세계를 여행하는 모험 RPG. 도중에 만난 몬스터를 동료로 삼으면, 몬스터 간의 콤보로 배틀을 유리하게 이끌 수 있다. 애니메이션에서 친숙했던 캐릭터들도 등장한다.

Pia♥캐럿에 어서 오세요!! 2.2

SLG NEC 인터채널 2000년 12월 2일 5,300엔

▲ 프롤로그 이벤트는 전작을 답습한 형태로 진행된다.

2편에서 주인공이 누구와도 맺어지지 않게 된 미래를 그린 속편. 2편 가정용 이식판에 등장했던 히로인을 공략대상에 추가했다. 원화를 고토 쥰지가 담당하고 원제작사인 F&C가 감수해, 전체적으로 퀄리티가 뛰어나다.

유희왕 듀얼몬스터즈 4 최강결투자 전기 카이바 덱

ETC 코나미 2000년 12월 7일 4,800엔

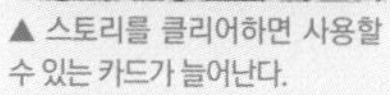

▲ 스토리를 클리어하면 사용할 수 있는 카드가 늘어난다.

총 900종류의 카드가 수록된 카드 게임. 이 버전에서만 사용할 수 있는 카드로서, 카이바 세토가 사용하던 바이러스 카드 등을 수록했다. 소프트에 '오벨리스크의 거신병' 카드(+랜덤 3장)를 동봉했다.

유희왕 듀얼몬스터즈 4 최강결투자 전기 죠노우치 덱

ETC 코나미 2000년 12월 7일 4,800엔

▲ 기존 시리즈 작품보다 듀얼의 템포가 개선되었다.

지금은 금지된 일반 마법 카드 '욕망의 항아리'를 사용할 수 있는 유일한 버전. 그래서인지 다른 버전보다 통신대전 시의 듀얼에서 유리해지기 쉽다. 소프트에 '라의 익신룡' 카드 및 울트라 레어 카드 3장을 동봉했다.

유희왕 듀얼몬스터즈 4 최강결투자 전기 유우기 덱

ETC 코나미 2000년 12월 7일 4,800엔

▲ 각 버전별로 대전 불가능한 캐릭터가 있다.

'죽은 자의 소생', '빛의 봉인검' 등 원작에서 유우기가 자주 쓰던 카드를 사용할 수 있는 유일한 버전. 소프트에 '오시리스의 천공룡' 카드 및 울트라 레어 카드 3장을 동봉했다. 랜덤 동봉 카드는 버전에 따라 다르다.

다! 다! 다! : 갑자기★카드에 배틀에 점괘라니!?

ETC 비디오 시스템 2000년 12월 8일 4,500엔

▲ 스토리의 플레이어 캐릭터는 미유와 카나타 중 선택 가능.

같은 제목의 애니메이션·만화(국내명은 '우리 아기는 외계인')가 소재인, 대부호와 비슷한 카드 게임 및 어드벤처를 결합한 작품. 스토리 모드를 비롯해 개인정보를 이용하는 점술 모드, 카드 게임의 단독 모드도 수록했다.

데지코의 마작 파티

TBL 킹 레코드 2000년 12월 8일 3,980엔

▲ 'Welcome!' 등의 인기 곡을 사용한 BGM도 퀄리티가 높다.

게임점 체인 '게이머즈'에서 개최되는 마작대회에서, '디지캐럿' 관련 캐릭터 총 20명과 대전하는 게임. 마작에서 승리하면 얻는 포인트는 게이머즈에서 쇼핑할 때 사용하며, 물건을 구입해 컬렉션을 채울 수 있다.

전차로 GO! 2

게임보이 컬러 / 게임보이

StG 사이버프론트 2000년 12월 8일 5,200엔

▲ 클리어 시마다 볼 수 있는 일러스트가 추가되는데, 양이 많다.

대히트 아케이드 게임 「전차로 GO! 2」의 이식판. 전철 운전사가 되어 지정된 노선을 시각표에 맞춰 운행한다. 3D 시점의 리얼한 게임 화면을 즐길 수 있으며, 이번 작품의 핵심인 역 도착 시의 차량 조작은 특히 재미있다!

드래곤 퀘스트 Ⅲ : 전설의 시작

게임보이 컬러 / 게임보이

RPG 에닉스 2000년 12월 8일 6,400엔

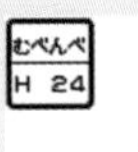

▲ 오프닝에는 용사 오르테가의 모험도 데모 장면으로 수록했다.

슈퍼 패미컴으로 리메이크된 「드래곤 퀘스트 Ⅲ」의 이식판. 통신 기능을 사용한 몬스터 메달 등의 오리지널 요소도 추가했다. 「드래곤 퀘스트 Ⅰ·Ⅱ」와 마찬가지로 '중단의 책'도 사용할 수 있다.

포켓몬스터 크리스탈 버전

게임보이 컬러 / 게임보이

RPG 닌텐도 2000년 12월 14일 3,800엔

▲ '금·은' 버전에 비해 그래픽이 대폭 향상되었다.

전년도에 발매된 「포켓몬스터 금·은」의 마이너 체인지 버전. 별매된 '모바일 어댑터 GB'를 사용하면 시리즈 최초로 온라인 서비스 이용이 가능했다. 여주인공이 처음으로 등장한 작품으로도 유명하다.

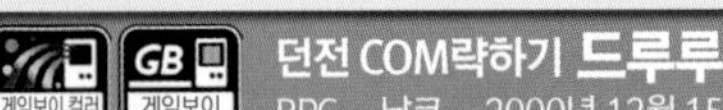

던전 COM략하기 드루루루아가

게임보이 컬러 / 게임보이

RPG 남코 2000년 12월 15일 4,500엔

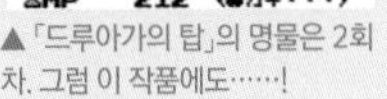

▲ 「드루아가의 탑」의 명물은 2회차. 그럼 이 작품에도……!

아케이드 게임 「드루아가의 탑」의 100년 후를 그린, 액션 요소와 시뮬레이션 요소를 결합한 작품. 난이도가 꽤 높다. 게임을 진행하다 보면 적을 물리칠 힌트가 나오므로, 처음엔 얌전히 힌트를 따르며 진행하자.

친근한 쿠킹 시리즈 1 : 맛있는 케이크 가게

게임보이 컬러 / 게임보이

SLG MTO 2000년 12월 15일 3,980엔

▲ 재료와 레시피 수집의 힌트는 다양한 곳에 숨겨져 있다.

「친근한 쿠킹 시리즈」제 1탄. 주인공 '코무기'가 과자 만들기에 도전! 가게를 돌며 재료와 레시피를 모아 맛있는 디저트를 만들자. 요리 장면은 미니게임으로 구성하여, 요리 만들기 공부에도 도움이 될 듯!

햄스터 클럽 2

게임보이 컬러 / 게임보이

SLG 죠르단 2000년 12월 15일 4,300엔

▲ 일정 조건을 충족시켜 클리어하면 숨겨진 요소가 개방된다!

전작인 「햄스터 클럽」의 시스템을 계승했고, 신규 스토리와 미니게임을 추가했으며 사용 가능한 캐릭터도 늘렸다. 햄스터들은 개성이 풍부하고 매우 귀여우므로, 게임보이 안에 두고 즐겁게 지내보자!

햄스터 파라다이스 3(츄리)

게임보이 컬러 / 게임보이

SLG 아틀라스 2000년 12월 15일 4,300엔

▲ 햄스터를 돌봐줄 때의 애니메이션이 풍부해졌다.

「햄스터 파라다이스」 시리즈 제 3탄. 전작에서 말하는 햄스터를 찾아낸 후의 얘기로, 이번 작품은 햄타운 내를 이동하며 햄스터를 키우는 육성 시뮬레이션이 되었다. 전작에 비해 그래픽이 대폭 향상되었다.

소년탐정 김전일 : 10년째의 초대장

게임보이 컬러 / 게임보이

AVG 반프레스토 2000년 12월 16일 4,500엔

▲ 원작의 분위기를 잘 살렸으며, 그래픽도 재현도가 높다.

주간 '소년 매거진' 연재 인기 만화(원제는 '긴다이치 소년의 사건수첩')의 게임화. 소설식 어드벤처 게임으로, 여러 다양한 엔딩을 준비했다. 일단 노멀 엔딩을 클리어하면 아케치 켄고(국내명 '오지명')의 샤워 신이 나온다.

도라에몽의 스터디 보이 : 구구단 게임

게임보이 컬러 / 게임보이
ETC 쇼가쿠칸 2000년 12월 20일 3,980엔

▲ 미니게임인 '블록 미로', 「창고 지기」를 연상시키는 게임이다.

도라에몽이 등장하는 학습지원 소프트. 같은 시리즈 중 「구구단 마스터」의 컬러 버전으로, 세이브 기능을 추가했다. 버전 업되면서 구구단 연습 시에 보이스로 읽어주는 기능이 추가되어 구구단을 외우기 쉬워졌다.

힘내라 고에몽 : 성공사(星空士) 다이너마이츠 나타나다!!

게임보이 컬러 / 게임보이
ACT 코나미 2000년 12월 21일 4,800엔

▲ 기본에 충실하고 완성도가 높다. 스테이지 수도 길이도 적절하다.

게임보이판 「고에몽」 시리즈 제 5탄. 전형적인 횡스크롤 액션 게임으로, 시스템은 슈퍼 패미컴판 2편을 답습했다. 일부 보스전에서는 '고에몽 임팩트'에 탑승하여 1인칭 시점으로 배틀을 벌이기도 한다.

위저드리 엠파이어 : 부활의 지팡이

게임보이 컬러 / 게임보이
RPG 스타피시 2000년 12월 22일 3,980엔

▲ 모든 전투에서 도망이 먹히므로, 위기일 땐 일단 도망치고 보자.

「엠파이어」시리즈 제 2탄. 제위의 증표인 '부활의 지팡이'를 찾아 던전을 탐색한다. 적이 강화되어 난이도는 상승했으나, 숨겨진 직업으로 전직하는 아이템이 이벤트만 거치면 반드시 획득되도록 바뀌어 즐기기 편해졌다.

귀여운 펫샵 이야기 2

게임보이 컬러 / 게임보이
SLG 타이토 2000년 12월 22일 4,200엔

▲ 동물 수집 컴플리트를 노리는 재미가 있는 것도 이 게임의 특징.

바다에서 조난당한 아버지 대신, 귀여운 소녀가 펫샵을 경영하게 된다는 육성 RPG. 시스템 자체는 전작을 답습해 제작했지만, 포획 가능한 동물에 악어와 판다 곰이 추가되는 등 동물들의 다양성이 풍부해졌다.

그란디아 : 패러렐 트리퍼즈

게임보이 컬러 / 게임보이
RPG 허드슨 2000년 12월 22일 4,500엔

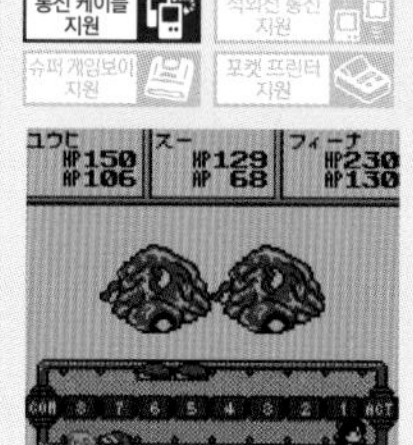

▲ 전투가 카드 배틀화되는 등, 시스템이 기존작들과 판이하다.

타 기종으로 발매된 같은 제목 시리즈물의 병렬세계격 작품. 현실세계의 초등학생이 그란디아 세계로 전이되어 버린다는 설정이라, 과거 작품들의 세계관을 몰라도 즐길 수 있다. 시리즈 전통의 캐릭터도 등장한다.

실바니안 패밀리 2 : 오색찬란한 숲의 판타지

게임보이 컬러 / 게임보이
AVG 에포크사 2000년 12월 22일 3,980엔

▲ 계절 개념을 도입하여, 8일이 지날 때마다 계절이 변화한다.

전작 「실바니안 패밀리」의 확장판이라 할 수 있는 작품. 맵은 새로 바뀌었지만 시스템과 게임의 목적 등은 거의 전작과 동일하다. 저연령층을 노린 소프트지만, 미니게임은 액션성이 강해 난이도가 높은 편.

퍼즐 보블 밀레니엄

게임보이 컬러 / 게임보이
PZL 알트론 2000년 12월 22일 4,200엔

▲ 오락실에서 자주 들었던 그 경쾌한 BGM도 그대로다!

버블을 발사해 같은 색을 3개 붙이면 터지는, 이제는 널리 알려진 타이토 작품 「퍼즐 보블」의 게임보이 이식판. 이번 작품이 이 시리즈의 3번째 타이틀이 되었으며, 통신대전이 가능해졌다.

비룡의 권 열전 GB

게임보이 컬러 / 게임보이
ACT 컬처 브레인 2000년 12월 22일 3,980엔

▲ 컬러화되어 비교할 수 없을 만큼 플레이가 편해졌다!

1990년 발매되었던 「비룡의 권 외전」을 컬러화하고 스토리를 변경해 리뉴얼한 타이틀. 게임 모드는 횡스크롤 액션 게임인 '액션'과, 대전 플레이를 반복하는 '대전' 2가지를 수록했다.

GAME BOY
SOFTWARE ALL CATALOGUE

2001년의 소프트 발매 수는 총 122개 타이틀이다. 그중 컬러 전용 소프트가 103개 타이틀에 달했으므로, 전체의 85%가 컬러 전용이었다고 할 수 있다.

3월에는 게임보이 어드밴스가 발매되었고, GBA용 소프트도 발매 첫 해부터 132개 타이틀이나 나오는 등 압도적인 기세로 투입되었다. 게임보이 진영에도 「드래곤 퀘스트 몬스터즈 2」, 「포켓몬 카드 GB 2」등의 인기 소프트가 있었으나, 이 해를 기점으로 급격하게 시장이 축소 기미를 띠게 되었다.

애니멀 브리더 4
게임보이 컬러 / 게임보이
SLG J·WING 2001년 1월 1일 4,800엔

통신 케이블 지원 / 적외선 통신 지원 / 슈퍼 게임보이 지원 / 포켓 프린터 지원

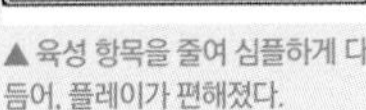

▲ 육성 항목을 줄여 심플하게 다듬어, 플레이가 편해졌다.

전작까지의 세계관을 탈피하여, 판타지 세계를 무대 삼아 동물을 키워 합체시켜 신종을 만들어내는 식으로 진행되는 시뮬레이션 게임. 동물은 총 128종류가 있으며, 도감을 전부 채우면 게임 클리어다.

모모타로 전설 1→2
게임보이 컬러 / 게임보이
RPG 허드슨 2001년 1월 1일 4,300엔

통신 케이블 지원 / 적외선 통신 지원 / 슈퍼 게임보이 지원 / 포켓 프린터 지원

▲ 이 게임이 「모모타로 전설」시리즈로서는 마지막 작품이다.

PC엔진용 「모모타로 전설 터보」·「모모타로 전설 Ⅱ」를 하나로 합본한 타이틀. 게임 밸런스를 조정해 난이도를 내렸으며, PC엔진판 Ⅱ의 미사용 곡을 본편에 사용하는 등의 여러 변경점이 있다.

도라에몽의 스터디 보이 : 학습한자 게임
게임보이 컬러 / 게임보이
ETC 쇼가쿠칸 2001년 1월 12일 3,980엔

통신 케이블 지원 / 적외선 통신 지원 / 슈퍼 게임보이 지원 / 포켓 프린터 지원

▲ 미니게임은 통신 케이블을 사용한 2인 대전도 지원한다.

도라에몽의 한자 학습 소프트. '삼진 아웃'과 '퍼즐' 등의 미니게임을 즐기면서 한자 읽고 쓰기를 배울 수 있다. 당시의 일본 초등학교 1~6학년용 문제를 수록했고, 각 학년 문제의 출제 여부는 옵션에서 개별 설정 가능.

동키 콩 2001
게임보이 컬러 / 게임보이
ACT 닌텐도 2001년 1월 21일 3,800엔

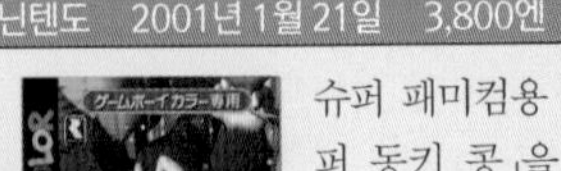

통신 케이블 지원 / 적외선 통신 지원 / 슈퍼 게임보이 지원 / 포켓 프린터 지원

▲ 사운드 테스트와 미니게임 등도 충실하게 갖췄다.

슈퍼 패미컴용 「슈퍼 동키 콩」을 이식한 작품. 기종의 성능차가 있긴 하나 상당한 이식도를 자랑하며, 도중의 스테이지 재현도도 높다. 디테일한 애니메이션으로 구현한 캐릭터 모션도 눈여겨볼 만하다.

브레이브사가 : 신장 아스타리아
게임보이 컬러 / 게임보이
RPG 타카라 2001년 1월 26일 4,800엔

통신 케이블 지원 / 적외선 통신 지원 / 슈퍼 게임보이 지원 / 포켓 프린터 지원

▲ 영혼을 가진 로봇이 인간과 손잡고 어둠과 싸우는 열혈 전개의 작품.

선라이즈의 '용자 시리즈'·'엘드란 시리즈'를 비롯한 로봇 애니메이션의 크로스오버 작품. 로봇과 인간이 공존하는 행성 아스타리아를 무대로, 부활한 마인과 싸우는 스토리가 총 36화의 애니메이션 풍으로 전개된다.

러브히나 파티
게임보이 컬러 / 게임보이
AVG 마벨러스 엔터테인먼트 2001년 1월 26일 4,500엔

통신 케이블 지원 / 적외선 통신 지원 / 슈퍼 게임보이 지원 / 포켓 프린터 지원

▲ 작품의 지식을 테스트하는 퀴즈를 350문제 이상 수록했다.

미니게임과 퀴즈에 도전하며 히나타장 입주자들과 친해지게 되는 어드벤처 게임. 게임보이판 2번째 작품에 해당하며, 전작과 달리 원작 기준의 설정과 애니메이션판의 캐릭터 디자인을 채용했다.

사무라이 키드

ACT 코에이 2001년 2월 2일 3,980엔

▲ 건물의 각종 장치를 간파하며 보스의 방까지 도달하라!

'호리병'·'검'·'부채'를 무기로 사용하는 주인공 '사무라이 키드'가 저택 내부를 공략하는 횡스크롤 액션 게임. 곳곳에 설치된 블록을 부수거나 이동시키는 것이, 다음으로 넘어가기 위한 중요 포인트다.

오하스타 댄스 댄스 레볼루션 GB

ACT 코나미 2001년 2월 8일 4,800엔

▲ 악곡으로 '오하스타'에서 8곡, 기타 4곡을 수록했다.

일본의 유명 아동용 인기 TV프로와의 콜라보로 제작된 작품이며, 원래 플레이스테이션판을 이식한 것이다. 프로의 오프닝곡과 '괴인 조나의 노래'를 수록했고, 미니게임으로는 '폭탄 릴레이', '착륙 게임'을 삽입했다.

승부사 전설 테쯔야 : 신주쿠 천운 편

TBL 아테나 2001년 2월 9일 4,700엔

▲ 테쯔야가 전후 부흥 중인 신주쿠에 오면서 스토리가 시작된다.

2차대전 후의 신주쿠가 무대인 만화(국내명은 '마작의 제왕 테쯔야') 원작의 마작 게임. '스토리 모드', '프리 대국 모드'는 물론 '단치의 마작강좌 모드'가 있어, 기초 중의 기초부터 도해로 마작을 배워볼 수 있다.

헤로헤로 군

RPG 이매지니어 2001년 2월 9일 4,800엔

▲ 이 작품의 장르명은 'RPG'지만, '롤플레잉 개그'의 약자라고.

월간 '코믹 봄봄'에 연재되었던 개그 만화의 게임화 작품. '헤로헤로 군' 일행이 다니는 학교에 전학 온 주인공이, 잠들어버린 일행을 구하게 된다. 웃음과 눈물이 교차하는 시나리오로 호평받은, 숨겨진 명작이다.

친근한 펫 시리즈 4 : 귀여운 아기고양이

SLG MTO 2001년 2월 16일 4,200엔

▲ 먹이와 음료는, 고양이가 좋아하는 것일수록 행동력이 더 소모된다.

「친근한 펫 시리즈」의 신작. 부탁받은 아기고양이를 돌봐 호감도를 올리면, 다음 고양이를 돌볼 기간이 늘어난다. 문을 열면 고양이가 외출하며, 지붕 위를 산보하거나 다른 고양이의 집회에 참가한 모습도 나온다.

팝픈 팝

PZL 죠르단 2001년 2월 16일 3,800엔

▲ 인베이더 게임처럼, 구름이 점점 지상으로 밀려온다!

타이토 인기 캐릭터들이 집합한, 위로 쏘는 스타일의 퍼즐 액션 게임. 구름 아래로 모여 붙어있는 풍선들과 같은 색 풍선을 지상에서 쏘아 올려, 가로나 세로로 3개 붙여 없애자! 모든 풍선을 없애면 스테이지 클리어다.

근육 랭킹 GB 3 : 신세기 서바이벌 열전!

ACT 코나미 2001년 2월 22일 4,800엔

▲ 캐릭터의 '경험'을 모으면 능력치를 올릴 수 있다.

「근육 랭킹 GB」시리즈 3번째 작품. '제 6회 SASUKE', '스프레이 히터', '파워 포스'등 6종목을 수록했다. 당시 프로 출연자였던 야마다 카츠미, 아키야마 카즈히코, 야마모토 신고 등이 모델인 숨겨진 선수도 등장한다.

슈퍼로봇 핀볼

TBL 미디어팩토리 2001년 2월 23일 4,500엔

▲ 화면은 상하로 스크롤되므로, 플리퍼는 신중하게 조작하자!

「슈퍼로봇대전」에 등장하는 캐릭터들을 활용한 핀볼 게임. 사용 가능 캐릭터는 스테이지 클리어 시마다 늘어난다. 일반 핀볼 게임에선 '틸트'로 간주될 '기기 흔들기' 행위가 반칙이 아니니, 잘 활용해 고득점을 노리자!

 게임보이 지원
 게임보이 비지원
  게임보이 컬러 지원
 통신 케이블 지원 게임
  적외선 통신 지원 게임
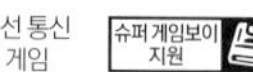  슈퍼 게임보이 지원 게임
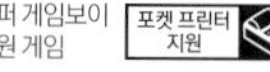 포켓 프린터 지원 게임

위저드리

RPG 아스키 2001년 2월 23일 4,500엔

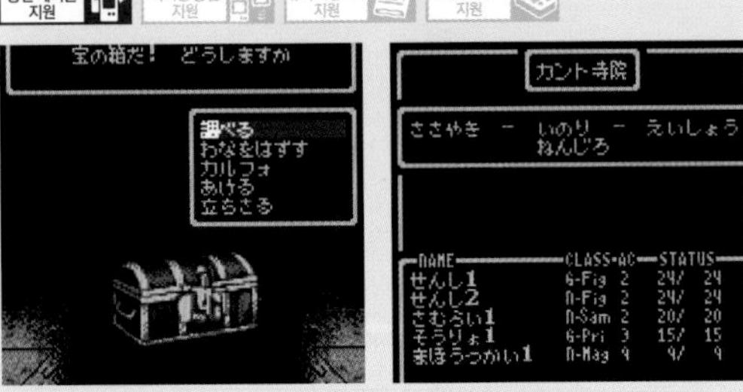

▲ 각 버전별로 'EX 던전'이라는 고난이도 던전을 추가했다.

3D 던전 RPG를 대표하는 작품인 「위저드리」 시리즈 중 제 1탄을 게임보이 컬러용으로 이식 발매한 작품. 이식하면서 중단/재개 기능을 탑재해, 언제든 게임을 중단할 수 있게 했다. 또한 게임보이판의 오리지널 요소로서, 동시 발매된 Ⅰ·Ⅱ·Ⅲ편 세 작품 간에 캐릭터 전송·전생이 가능하다. 아예 이 기능을 활용해야만 나오는 이벤트도 발생하는 등, 다양한 요소가 추가되었다.

위저드리 Ⅱ : 릴가민의 유산

RPG 아스키 2001년 2월 23일 4,500엔

▲ '설정'에서 던전을 와이어프레임 표시로 바꿀 수도 있다.

PC판으로는 Ⅲ에 해당하는 '릴가민의 유산' 편의 이식작. 선과 악을 강조한 스토리로, 선이냐 악이냐로 입장 가능한 층이 제한되므로 선 파티와 악 파티를 전환해 진행해야만 하는 것이 이 작품의 특징이다.

위저드리 Ⅲ : 다이아몬드의 기사

RPG 아스키 2001년 2월 23일 4,500엔

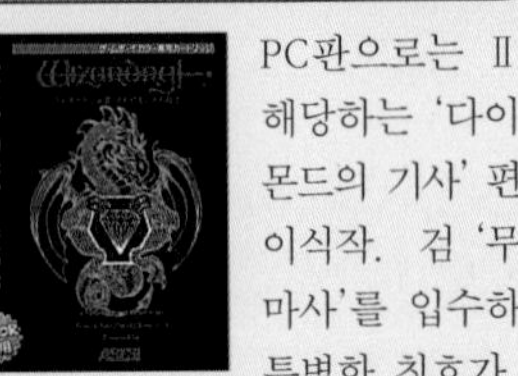

▲ 다이아몬드의 기사가 될 수 있는 직업은 전사·사무라이·로드뿐.

PC판으로는 Ⅱ에 해당하는 '다이아몬드의 기사' 편의 이식작. 검 '무라마사'를 입수하면 특별한 칭호가 붙으며, 이 칭호가 붙은 캐릭터를 데리고 특정 장소로 가면 각 시나리오별로 강력한 아이템을 얻는다.

조그만 에일리언

ETC 크리처즈 2001년 2월 23일 4,800엔

▲ 심플한 미니게임 외에, 파친코 기기 풍 스테이지도 있다!

게임보이 컬러의 적외선 통신 기능을 이용해, 방의 빛 등을 감지하여 '조그만 에일리언'을 포획해 묻어있는 검댕을 닦아주고, 그 검댕을 모아 우주로 돌려보낸다는 내용의 미니게임 모음집이다. 가볍게 즐길 수 있는 작품.

프론트 라인 : The Next Mission

ACT 알트론 2001년 2월 23일 4,200엔

▲ 드럼통에 숨겨진 아이템은 탱크에서 내려 얻어야 한다.

당시에도 20년쯤 전의 게임이었던 「프론트 라인」의 속편 작품. 전작에서는 제법 느렸던 캐릭터의 움직임이 스마트해졌고, 게임 진행도 스피디해졌다. 전장에서 홀로 활약하던 원작의 분위기는 이번에도 마찬가지.

포켓 킹

SLG 남코 2001년 2월 23일 4,200엔

▲ 신비한 생물 '푸클'의 말을 힌트 삼아 게임을 진행하자.

패미컴용 게임 「킹 오브 킹스」의 외전격 작품. 주인공 '엘릭'과 크랄 국의 '루드 왕자'는, 서로 용모가 꼭 닮았음을 이용해 서로의 입장을 교체하며 마왕 토벌 여행을 떠난다. 스토리를 중시한 시뮬레이션 RPG다.

웃는 개의 모험 GB : SILLY GO LUCKY!

ETC 캡콤 2001년 2월 23일 4,300엔

▲ '코스다 부장'과 '밀 언니' 등, 프로의 인기 캐릭터가 등장한다.

같은 제목의, 당시 일본에서 인기였던 TV 코미디 프로 소재 미니게임 모음집. 플레이어는 신인 디렉터가 되어, 프로 내 콩트 기반의 미니게임을 성공시켜야 한다. 리허설(조작 연습)에도 돈이 든다는 설정이 리얼하다.

젤다의 전설 이상한 나무열매 : 시공의 장

게임보이 컬러 / 게임보이

RPG 닌텐도 2001년 2월 27일 3,800엔

통신 케이블 지원 / 적외선 통신 지원 / 슈퍼 게임보이 지원 / 포켓 프린터 지원

▲ 시간의 무녀를 구하러 어둠의 사제와 싸우는 스토리가 전개된다.

얼핏 보기에 「대지의 장」 편과는 게임 시스템 외의 공통점이 없어 보이지만 실은 스토리가 하나로 연결돼 있어, 한쪽을 클리어한 후 표시되는 암호를 다른 쪽에서 입력하면 두 세계를 왕래하며 흑막에 도전할 수 있다.

젤다의 전설 이상한 나무열매 : 대지의 장

게임보이 컬러 / 게임보이

RPG 닌텐도 2001년 2월 27일 3,800엔

통신 케이블 지원 / 적외선 통신 지원 / 슈퍼 게임보이 지원 / 포켓 프린터 지원

▲ 이 작품에서는 대지의 무녀를 구하려는 모험이 펼쳐진다.

대지의 무녀가 납치당해 사계절이 어긋나버린 홀로드럼 대륙을 구하려는 모험을 그린 작품. 스피드 변화 등의 특성이 있는 나무열매를 사용한 액션과, 통신교환 가능한 수집용 아이템 '반지' 등, 신규 요소가 풍부하다.

더 블랙 오닉스

게임보이 컬러 / 게임보이

RPG 타이토 2001년 3월 2일 4,500엔

통신 케이블 지원 / 적외선 통신 지원 / 슈퍼 게임보이 지원 / 포켓 프린터 지원

▲ 몬스터가 돈을 드롭하지 않기도 하니, 돈 버는 법을 알아야 한다.

일본에 3D 던전 RPG 장르를 널리 알렸던 같은 제목 작품의 이식판. 원작을 충실하게 재현한 '레거시 모드'와, 원작의 그래픽 및 시스템을 개선한 '레전드 모드' 두 종류의 모드를 탑재하였다.

드래곤 퀘스트 몬스터즈 2 : 마르타의 신기한 열쇠 - 루카의 여행

게임보이 컬러 / 게임보이

RPG 에닉스 2001년 3월 9일 6,400엔

통신 케이블 지원 / 적외선 통신 지원 / 슈퍼 게임보이 지원 / 포켓 프린터 지원

▲ 클리어 후에도 파고들 요소가 많아, 레벨 올리기 말고도 재미가 있다.

호평을 받은 「드래곤 퀘스트 몬스터즈」의 속편. 전작은 「드래곤 퀘스트 VI」의 스핀오프였지만, 이번에는 완전 오리지널 작품이다. 시스템을 더욱 세련되게 다듬고 컨텐츠도 알차, 이 작품 역시 호평을 얻었다.

코토배틀 : 천외의 수호자

게임보이 컬러 / 게임보이

RPG 알파드림 2001년 3월 9일 4,500엔

통신 케이블 지원 / 적외선 통신 지원 / 슈퍼 게임보이 지원 / 포켓 프린터 지원

▲ 여타 카드 게임처럼, 장비한 코토다마 20개를 모두 소진하면 패배한다.

한자 한 글자를 '코토다마'(언령)라 하며, 코토다마의 힘을 몬스터 카드로서 소환하거나, 아이템으로 만들거나, 마법 카드로서 발동시킬 수 있는 독특한 발상의 카드 배틀 RPG. 사용한 코토다마는 4개까지 이력에 기록되며, 그 이력으로 숙어를 만들면 '콤보 카드'라 불리는 더욱 강력한 카드로 쓸 수도 있다. 한자 공부도 되는, 제법 두뇌를 사용해야 하는 RPG다.

무적왕 트라이제논

게임보이 컬러 / 게임보이

SLG 마벨러스 엔터테인먼트 2001년 3월 9일 4,800엔

통신 케이블 지원 / 적외선 통신 지원 / 슈퍼 게임보이 지원 / 포켓 프린터 지원

▲ 슬롯을 잘 맞추면 기력이 회복되고 공격력도 상승한다.

같은 제목의 애니메이션 작품이 소재인 시뮬레이션 게임. 전략 게임이지만 마구 밀어붙여도 대충 해결되므로 막힘없이 진행된다. 스테이지 사이의 대화 장면도, 원작 팬이라면 씨익 웃게 될 개그로 가득하다.

딱따구리의 고! 고! 레이싱

게임보이 컬러 / 게임보이

RCG 코나미 2001년 3월 15일 4,500엔

통신 케이블 지원 / 적외선 통신 지원 / 슈퍼 게임보이 지원 / 포켓 프린터 지원

▲ 별을 밟으면 아이템을 사용해 라이벌을 방해할 수 있다.

유니버설 픽처즈의 인기 캐릭터 '딱따구리'(원제는 '우디 우드페커')가 주인공으로 등장하는 레이싱 게임. 그레이드를 사용해 자신의 차량을 세팅할 수 있는 등, 파고들 만한 요소를 많이 준비했다.

댄스 댄스 레볼루션 GB 3

게임보이 컬러 | 게임보이

ACT 코나미 2001년 3월 15일 4,800엔

통신 케이블 지원

▲ 이번에도 본체에 장착하는 손가락 컨트롤러를 동봉했다.

숨겨진 곡을 포함해 총 23곡을 수록한 게임보이 컬러판 「DDR」 제3탄. 아케이드 모드를 비롯해 논스톱 모드, 프리 플레이 모드, 버서스 모드를 수록했다. 일부 곡에는 오리지널 채보도 있다.

스페이스넷 : 코스모 블루

게임보이 컬러 | 게임보이

RPG 이매지니어 2001년 3월 16일 4,800엔

통신 케이블 지원

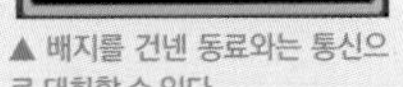

▲ 배지를 건넨 동료와는 통신으로 대화할 수 있다.

우주의 평화를 지키는 요원이 되어 일곱 행성을 여행한다는 스토리를 그린 RPG. 변신해 싸우는 '모드 체인지', 탐사기 여행 시스템 등 우주에 대한 로망이 가득한 작품. 「산리오 타임넷」과의 공통 요소가 일부 있다.

스페이스넷 : 코스모 레드

게임보이 컬러 | 게임보이

RPG 이매지니어 2001년 3월 16일 4,800엔

통신 케이블 지원

▲ 모드 체인지는 적도 아군도 사용할 수 있다.

「코스모 블루」 편과는 별개의 신인 요원이 주인공이다. 동료로 삼을 수 있는 우주인은 총 180명이고 이중엔 사용 언어가 다른 상대도 있어, 그를 설득하려면 상대에 맞춘 레보 형태가 될 필요가 있다.

도라에몽 : 너와 애완동물의 이야기

게임보이 컬러 | 게임보이

RPG 에포크 사 2001년 3월 16일 4,300엔

통신 케이블 지원

▲ 스토리는 도라에몽이 아니라 주인공 중심으로 진행된다.

플레이어의 분신인 '주인공'과 도라에몽 일행이 협력하여, 애완동물 행방불명 사건의 비밀을 쫓는다는 내용의 RPG. 주인공의 외모·성별은 플레이어가 선택할 수 있으며, 선택한 성별에 따라 시나리오가 변화한다.

멋쟁이 일기

게임보이 컬러 | 게임보이

SLG 빅터 인터랙티브 소프트웨어 2001년 3월 23일 4,200엔

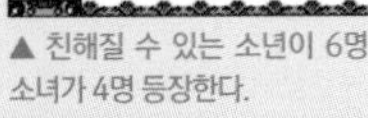

▲ 친해질 수 있는 소년이 6명, 소녀가 4명 등장한다.

「옷 갈아입히기 이야기」(151p)에 이은 '옷 갈아입히기' 시리즈 2번째 작품. 의상과 화장품을 모아 멋쟁이 포인트를 올려, 히어로와의 엔딩을 노리자. 이번 작품에서는 옷 갈아입기뿐만 아니라 화장도 가능해졌다.

환상마전 최유기 : 사막의 사신

게임보이 컬러 | 게임보이

ETC J·WING 2001년 3월 23일 4,980엔

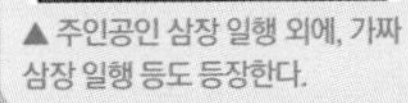

▲ 주인공인 삼장 일행 외에, 가짜 삼장 일행 등도 등장한다.

무술대회 우승을 목표로 싸우는 카드 게임. 배틀에서 승리하고 새로운 카드를 입수하면서 덱을 강화해 간다. 타이틀명에 있는 '사신(四神)'은 게임 내에서 강력한 카드로 강조되나, 정작 입수는 어렵지 않은 편.

메다로트 4 : 장수풍뎅이 버전

게임보이 컬러 | 게임보이

RPG 이매지니어 2001년 3월 23일 4,500엔

통신 케이블 지원

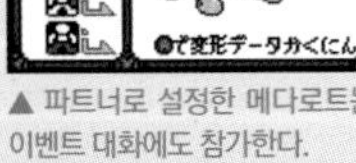

▲ 파트너로 설정한 메다로트는 이벤트 대화에도 참가한다.

시리즈 초기부터의 주인공 '잇키'의 마지막 싸움. 메다마스터를 목표로 삼아, 사천왕에게도 도전한다. 로보틀 외에도 메다로트를 활약시킬 수 있는 미니게임, 60개 이상의 신규 기체 등 수많은 신규 요소가 담겨 있다.

메다로트 4 : 사슴벌레 버전

게임보이 컬러 | 게임보이

RPG 이매지니어 2001년 3월 23일 4,500엔

통신 케이블 지원

▲ 「메다로트 3 파츠 컬렉션」과 통신해도 기체 강화가 가능하다.

「메다로트 3」를 기반으로 하여 전투 템포 등의 시스템을 개량한 시리즈 집대성격의 타이틀. 메다로트의 핵인 메달에 개성을 부여해 임의로 대화도 가능한 등, 애니메이션판의 설정에 더 가까운 요소도 추가했다.

닌자보이 란타로 : '닌자학교에 입학하자' 편

게임보이 컬러 / 게임보이

ACT 애스크 2001년 3월 23일 4,500엔

▲ '포술 훈련'에서는 좌우로 이동하는 표적을 연속 파괴한다.

같은 제목 애니메이션 소재 미니게임 모음집. 장단점이 다른 닌자보이 중 하나를 골라(특정 조건 달성 시 선생도 선택 가능) 조작, 수리검술·수영술·도약술·포술·오리보트술 게임에서 고득점을 노린다. CPU전·대인전도 지원.

포켓몬 카드 GB 2 : GR단 등장!

게임보이 컬러 / 게임보이

ETC 포켓몬 2001년 3월 28일 3,900엔

▲ 튜토리얼이 매우 상세해, TCG 초보자라도 즐기기 쉽다.

그레이트로켓단과의 싸움을 그린 속편. 효과가 복잡한 카드는 수록하지 않았으나, 주인공의 성별을 고를 수 있게 했고 오리지널 카드도 등장한다. 입수한 카드는 포켓 프린터로 인쇄도 가능하다.

댄스 댄스 레볼루션 GB : 디즈니 믹스

게임보이 컬러 / 게임보이

ACT 코나미 2001년 3월 29일 4,800엔

▲ 플레이 도중엔 캐릭터들이 곡에 맞춰 춤을 춘다.

GB판 DDR 시리즈 마지막 작품. 디즈니와 콜라보하여, 숨겨진 곡을 포함해 디즈니의 명곡 15곡을 수록했다. 이 작품에는 미니의 옷을 갈아입히는 모드가 있으며, 특정 코스튬 조합으로 개방되는 곡도 있다.

애니마스터 GB

게임보이 컬러 / 게임보이

RCG 미디어 팩토리 2001년 3월 30일 3,980엔

▲ 카드를 사용하는 공격이나 특기로 상대를 방해할 수도 있다.

사이버 공간에서 데이터 생명체 '애니마'를 경주시키는 근미래 경주 게임. 레이스는 이어달리기식으로 진행되는데, 다양한 타입의 지형을 통과하므로 지형과 애니마 간의 상성을 따져 멤버와 순서를 결정해야 한다.

합격 보이 시리즈 : □난 머리를 ○게 만들자. 한자의 달인

게임보이

ETC 이매지니어 2001년 3월 30일 3,800엔

▲ 읽기·쓰기·획순·숙어 등을 간편하게 공부할 수 있다.

니치노켄 사의 오리지널 문제를 풀며 배울 수 있는 한자학습 소프트. 학습 모드를 비롯해, 게임 속 TV프로에 참가하는 '챔피언에 도전' 모드, 판단력과 추리력을 요구하는 '게임으로 한자를' 모드도 수록했다.

합격 보이 시리즈 : □난 머리를 ○게 만들자. 계산의 달인

게임보이

ETC 이매지니어 2001년 3월 30일 3,800엔

▲ 정답 수가 많아지면 게임 내 평가의 성적 랭크가 상승한다.

니치노켄 사가 감수한 계산학습 소프트. 스토리를 추가해, 계산에 자신이 없는 주인공(성별 선택 가능)이 박사와 상담해, 계산력을 겨루는 TV프로에 도전할 수 있도록 실력을 키운다는 식으로 구성했다.

스트리트 파이터 ALPHA

게임보이 컬러 / 게임보이

ACT 캡콤 2001년 3월 30일 4,300엔

▲ 「파이널 파이트」의 캐릭터도 출연해, 기존 시리즈 작품 이상으로 화려해졌다.

아케이드 게임 「스트리트 파이터 ZERO」의 이식판. 서양 발매 타이틀을 역수입한지라, 타이틀명과 캐릭터명은 서양판 기준이다. 버튼을 누르는 시간에 따라 기술의 위력이 결정되는 시스템을 도입했으며, 소프트 용량 문제로 삭제되기 십상이었던 프랙티스 모드도 탑재해, 게임보이 컬러로도 조작이 쉽도록 충분히 배려했다. 하드웨어 성능 대비로 이식도 도높다.

HUNTER×HUNTER : 금단의 비보

게임보이 컬러 | 게임보이

ACT 코나미 2001년 4월 12일 4,500엔

통신 케이블 지원 / 적외선 통신 지원 / 슈퍼 게임보이 지원 / 포켓 프린터 지원

▲ 경험치를 모아 레벨 업하면 넨 능력도 사용할 수 있다.

같은 제목 만화가 소재인 탐색형 액션 게임. 주연급 멤버 전원을 조작 가능하고, 각 캐릭터마다 개성을 살린 액션이 마련돼 있다. 또한 원작 설정과 어긋나지만 인기가 많은 '넨' 능력도 사용 가능케 하여 호평받았다.

크로스 헌터 : 엑스 헌터 버전

게임보이 컬러 | 게임보이

RPG 게임빌리지 2001년 4월 12일 4,800엔

통신 케이블 지원 / 적외선 통신 지원 / 슈퍼 게임보이 지원 / 포켓 프린터 지원

▲ 나오는 몬스터 그래픽 중에 독특한 것이 많다.

'코믹 봄봄' 잡지상의 독자참여형 기획 '사상 최강의 RPG 계획'을 통해 탄생한 작품. 이 작품 개발 시기에 맞춰, 본작의 캐릭터 디자인을 맡았던 카이 마코토가 그린 만화판도 해당 잡지에 게재되었다.

크로스 헌터 : 트레저 헌터 버전

게임보이 컬러 | 게임보이

RPG 게임빌리지 2001년 4월 12일 4,800엔

통신 케이블 지원 / 적외선 통신 지원 / 슈퍼 게임보이 지원 / 포켓 프린터 지원

▲ 세 작품 모두, 첫 모험 때는 파트너와의 만남이 있다.

총 141종류(이중 16종류는 독자의 아이디어로 제작)의 몬스터를 펫으로 삼아 함께 싸울 수 있다. 이 버전에서는 플레이어가 트레저 헌터이며, 최초의 마을을 거점으로 하여 마왕 '자간'과 싸우게 된다.

크로스 헌터 : 몬스터 헌터 버전

게임보이 컬러 | 게임보이

RPG 게임빌리지 2001년 4월 12일 4,800엔

통신 케이블 지원 / 적외선 통신 지원 / 슈퍼 게임보이 지원 / 포켓 프린터 지원

▲ 이벤트 도중 돈을 지불하면 펫이 되는 몬스터도 있다.

「크로스 헌터」 세 작품은 통신대전을 지원해, 몬스터 스티커를 걸고 서로의 펫을 내세워 싸울 수 있다. 또한, 버전별로 다른 카드를 동봉하기도 하여, 현실에서도 카드 배틀을 즐길 수 있도록 했다.

드래곤 퀘스트 몬스터즈 2 : 마르타의 신기한 열쇠 - 이르의 모험

게임보이 컬러 | 게임보이

RPG 에닉스 2001년 4월 12일 6,400엔

통신 케이블 지원 / 적외선 통신 지원 / 슈퍼 게임보이 지원 / 포켓 프린터 지원

▲ 「루카의 여행」 편과 스토리는 공통이지만 일부 대화가 다르다.

「루카의 여행」 편과 동시 발매할 예정이었으나, 대폭 연기되어 출시된 어나더 버전. 필드상에 출현하는 몬스터 차별화 외엔 큰 차이가 없으나, 두 버전에서 모두 열쇠를 모아야만 숨겨진 보스를 만날 수 있다.

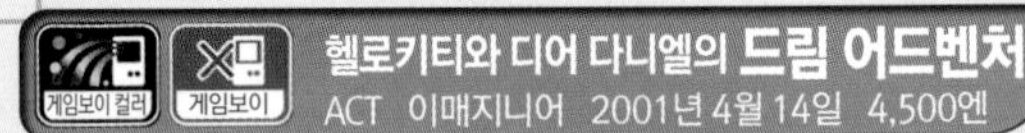

헬로키티와 디어 다니엘의 드림 어드벤처

게임보이 컬러 | 게임보이

ACT 이매지니어 2001년 4월 14일 4,500엔

통신 케이블 지원 / 적외선 통신 지원 / 슈퍼 게임보이 지원 / 포켓 프린터 지원

▲ 일반 복장 외에, 능력이 변화하는 복장으로 갈아입을 수도 있다.

헬로키티가 주인공인 점프 액션 게임. 각 스테이지 클리어 시의 스코어와 잔여시간에 따라 엔딩이 바뀌는 시스템이며, 입수한 선물을 방에 장식하거나 사진을 모으는 등의 파고들기 요소가 풍부한 작품.

친근한 쿠킹 시리즈 2 : 맛있는 빵집

게임보이 컬러 | 게임보이

SLG MTO 2001년 4월 20일 4,200엔

통신 케이블 지원 / 적외선 통신 지원 / 슈퍼 게임보이 지원 / 포켓 프린터 지원

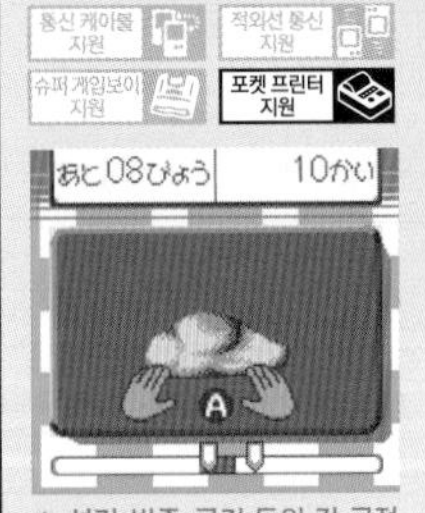

▲ 섞기·반죽·굽기 등의 각 공정을 게임화했다.

다양한 빵을 만들어보는 미니게임 모음집. '코무기'를 조작해 마을에서 재료를 모아, 여러 미니게임을 통해 빵 만들기 공정을 체험해본다. 각 미니게임의 결과에 따라 완성된 빵의 맛이 달라지게 된다.

방가방가 햄토리 2 : 햄토리들 대집합입니다츄

게임보이 컬러 | 게임보이

AVG 닌텐도 2001년 4월 21일 3,800엔

통신 케이블 지원 / 적외선 통신 지원 / 슈퍼 게임보이 지원 / 포켓 프린터 지원

▲ 원작 재현도가 높은 대화와 그래픽도 이 작품의 매력.

햄스터들 간의 유행어 '햄어'를 배워 햄토리들과 커뮤니케이션을 시도하는 어드벤처 게임. 옷 갈아입히기, 사진 촬영, 오리지널 댄스 창작, 숨겨진 아이템 수집 등 온갖 즐길거리를 가득 수록했다.

이리 오렴, 라스칼

게임보이 컬러 | 게임보이

SLG 탐 2001년 4월 25일 4,500엔

통신 케이블 지원 | 적외선 통신 지원 | 슈퍼 게임보이 지원 | 포켓 프린터 지원

▲ 라스칼은 기분이 좋지 않으면 미니게임을 거부하기도 한다.

병에 걸린 미국너구리(이름 기본값은 '라스칼')를 보호하며 1년간을 지내는 시뮬레이션 게임. 라스칼과 함께 외출하며 교류하거나, 미니게임에서 입수한 아이템을 주어 호감도를 상승시켜 간다.

DX 인생게임

게임보이 컬러 | 게임보이

TBL 타카라 2001년 4월 27일 4,500엔

통신 케이블 지원 | 적외선 통신 지원 | 슈퍼 게임보이 지원 | 포켓 프린터 지원

▲ 보너스 요소를 다 개방하려면 반복 플레이를 거쳐야 한다.

'시끌벅적 모드', '러브러브 모드', '파란만장 모드'를 즐길 수 있는 파티 게임. 보너스 요소로 '인생게임 섬'이 있어, 본편에서 모은 돈으로 미니게임을 플레이할 수도 있고, 반복 플레이로 섬을 발전시킬 수도 있다.

From TV animation ONE PIECE : 꿈의 루피 해적단 탄생!

게임보이 컬러 | 게임보이

RPG 반프레스토 2001년 4월 27일 4,500엔

통신 케이블 지원 | 적외선 통신 지원 | 슈퍼 게임보이 지원 | 포켓 프린터 지원

▲ 원작의 명장면을 도트 그래픽으로 잘 재현한 것도 좋은 볼거리.

'ONE PIECE'의 이스트 블루 편에 기반한 RPG. 플레이어는 루피가 되어, 꿈에 그리던 해적단을 결성하게 된다. 원작에 등장하는 동료들 외에, 팬들 사이에서 유명한 숨겨진 캐릭터 '팬더맨' 등도 동료로 삼을 수 있다.

스파이더맨

게임보이 컬러 | 게임보이

ACT 석세스 2001년 4월 27일 3,980엔

통신 케이블 지원 | 적외선 통신 지원 | 슈퍼 게임보이 지원 | 포켓 프린터 지원

▲ 플레이스테이션용으로도 동시 발매된 타이틀이다.

네버소프트 사가 개발한 액션 게임. 부드럽고 스피디한 액션과 대화 이벤트가 원작을 잘 재현하여 서양에서 호평받았다. 특정 조건을 충족시키면 캡틴 유니버스를 비롯한 추가 복장의 입수가 가능하다.

X-MEN : 뮤턴트 아카데미

게임보이 컬러 | 게임보이

ACT 석세스 2001년 4월 27일 3,980엔

통신 케이블 지원 | 적외선 통신 지원 | 슈퍼 게임보이 지원 | 포켓 프린터 지원

▲ 화면 하단의 게이지가 다 차면 필살기를 쓸 수 있다.

미국 코믹스가 원작인 대전격투 게임. 플레이스테이션판을 이식하는 과정에서, 버튼을 누르는 시간에 따라 기술의 강약이 결정되는 시스템으로 개변했다. 색채가 화려한 그래픽으로도 정평이 난 작품.

빙글빙글 타운 하나마루 군

게임보이 컬러 | 게임보이

ETC J·WING 2001년 4월 27일 4,980엔

통신 케이블 지원 | 적외선 통신 지원 | 슈퍼 게임보이 지원 | 포켓 프린터 지원

▲ 아동용 퀴즈 게임이라, 퀴즈 내용이 매우 간단한 편.

아동용 애니메이션 원작의 미니게임 모음집. 퀴즈·숨바꼭질 등을 하자고 조르는 캐릭터와의 미니게임에서 승리하고 어머니의 심부름도 완수하는 게 게임의 목적이다. 심부름과 미니게임 내용은 매번 무작위로 결정된다.

작급생 : 코스프레★파라다이스

게임보이 컬러 | 게임보이

TBL 엘프 2001년 4월 27일 4,800엔

통신 케이블 지원 | 적외선 통신 지원 | 슈퍼 게임보이 지원 | 포켓 프린터 지원

▲ 게임보이라고는 믿어지지 않을 미려한 그래픽에 주목하자.

「동급생」·「하급생」의 캐릭터들이 코스프레하는 착의 마작 게임. 기한 내에 마작 동호회 회원을 모아야 하는 스토리 모드를 비롯해 프리 대국, 교류전을 즐길 수 있다. 의상은 메이드·바니걸·간호사 등 7종류다.

친근한 펫 시리즈 5 : 귀여운 햄스터 2

게임보이 컬러 | 게임보이

SLG MTO 2001년 4월 27일 4,200엔

통신 케이블 지원 | 적외선 통신 지원 | 슈퍼 게임보이 지원 | 포켓 프린터 지원

▲ 새로운 먹이와 장난감을 주어 햄스터와 친해지자.

정체불명의 누님으로부터 부탁받은 햄스터를 정해진 기간 동안만 돌봐줘야 하는 시뮬레이션 게임. 마지막 날에는 누님으로부터 그간 돌본 내용에 대한 조언을 받고, 다음 햄스터도 부탁받게 된다.

 게임보이 지원  게임보이 비지원  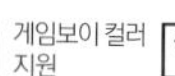 게임보이 컬러 지원  통신 케이블 지원 게임  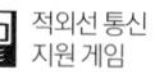 적외선 통신 지원 게임  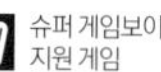 슈퍼 게임보이 지원 게임 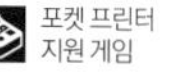 포켓 프린터 지원 게임

다이카타나 닌텐도 파워 독점판매

게임보이 컬러 / 게임보이

ACT 켐코 2001년 5월 1일 1,000엔

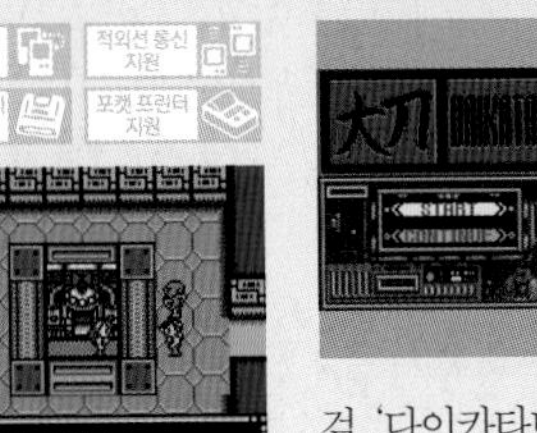

일본에선 닌텐도 64로 나왔던 FPS 「DAIKATANA」의 스토리에 기반한 RPG. 주인공의 선조가 제련했다는 검 '다이카타나'를 '카게 미시마'로부터 되찾아, 개변된 역사를 수정하고 세계정복의 야망을 저지해야 한다.

▲ FPS가 원작인 게임이라 그런지, 원거리 무기가 충실하다.

배트맨 비욘드 닌텐도 파워 독점판매

게임보이 컬러 / 게임보이

ACT 켐코 2001년 5월 1일 1,000엔

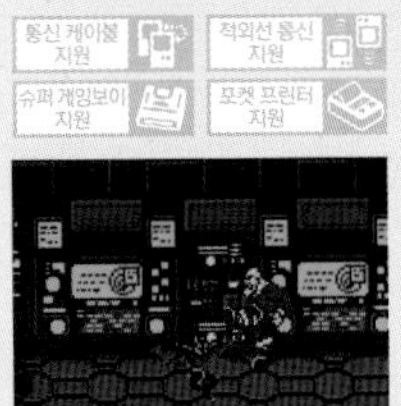

원작은 일본에서는 카툰 네트워크에서 방송했던 애니메이션(일본 제목은 '배트맨 더 퓨처'). 기본적으론 횡스크롤 액션 게임으로, 목적은 조커의 격파다. 그래픽은 원작 애니메이션을 준수해 재현률이 상당하다.

▲ 서양에서는 닌텐도 64판과 플레이스테이션판도 발매했다.

모바일 골프

게임보이 컬러 / 게임보이

SPT 닌텐도 2001년 5월 11일 5,800엔

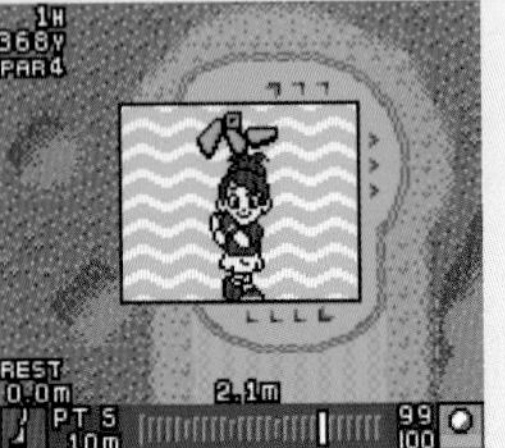

▲ '지팡구 코스'에는 홋카이도 모양의 그린도 있어 재미있다!

닌텐도가 발매한 골프 게임. 이 작품의 최대 특징은 '모바일 어댑터 GB'로 통신망에 접속해 신규 코스를 플레이하거나 스코어도 등록 가능했다는 점이다. 플레이어 캐릭터 육성 시스템도 있어, 레벨 상승 시 얻는 포인트를 수동 배분해 자기 취향의 선수로 만들 수도 있다. 특히 샷의 비거리를 늘리면 스코어가 크게 변화하므로, 혼자서 반복 플레이해도 재미있는 작품.

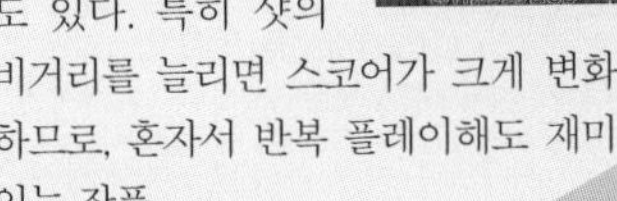

DT : Lords of Genomes

게임보이 컬러 / 게임보이

ETC 미디어 팩토리 2001년 5월 25일 4,500엔

「드루아가의 탑」과 「제비우스」로 유명한 엔도 마사노부가 디렉터를 맡은 카드 어드벤처 게임. 폭력적 묘사가 강한 작품이지만, 치밀하게 구성한 설정 및 카드 텍스트 등으로 높은 평가를 받았다.

▲ 애니메이션 'DT 에이트론'이 원작이지만, 스토리는 별개다.

명탐정 코난 : 저주받은 항로

게임보이 컬러 / 게임보이

AVG 반프레스토 2001년 6월 1일 4,500엔

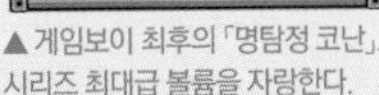

호화 여객선에서 개최되는 미스터리 투어에 초대받은 코난 일행이 진짜 사건에 말려든다. 이 작품에서는 파트너에 따라 서브 이벤트가 바뀌며, 특정 이벤트를 보았는지 여부로 엔딩이 변화한다.

▲ 게임보이 최후의 「명탐정 코난」. 시리즈 최대급 볼륨을 자랑한다.

ZOIDS : 백은의 수호신 라이거 제로

게임보이 컬러 / 게임보이

RPG 토미 2001년 6월 15일 4,500엔

'조이드'를 소재로 삼은 RPG. 적으로 등장하는 조이드를 물리치면 무기를 빼앗거나 동료로 삼을 수 있다. 또한 이번 작품에서는 무기 조합에 따라 강력한 특수기를 발동할 수 있도록 했다.

▲ 도감을 채우기 위해서라도 조이드를 많이 포획해야 한다.

스누피 테니스

게임보이 컬러 / 게임보이

SPT 앙포그람 허드슨 2001년 6월 20일 3,980엔

전 세계에서 사랑받는 만화 '피너츠'의 캐릭터들이 등장하는 테니스 게임. 이 작품의 독특한 점은 효과음 사운드에 매우 공을 들여, 테니스를 플레이하는 감각을 매우 잘 표현해냈다는 것이다.

▲ 미스했을 때 보여주는 스누피의 행동이 귀엽다!

스타 오션 : 블루 스피어

RPG 에닉스 2001년 6월 28일 5,800엔

▲ 난이도는 높지만, 시스템이 개성적이고 육성 자유도도 높아 호평받았다.

「스타 오션」시리즈의 외전. 플레이스테이션으로 발매되었던 「세컨드 스토리」의 후일담이며, 성장 시스템과 전투 시스템은 독자적으로 새로 디자인했다. 해당 작품의 팬을 위해 제작된 작품이라 하겠다.

가이아마스터 DUEL : 카드 어태커즈

ETC 캡콤 2001년 6월 29일 4,300엔

▲ 내용은 카드 게임에 가깝다. 주사위를 던진 결과로 전개가 변한다.

'모노폴리'를 베이스로 삼아 개변한 보드 게임. 플레이스테이션으로 발매했던 「가이아마스터 : 신들의 보드 게임」의 이식판이지만, 맵은 오리지널 디자인이다. 무기 카드가 늘어났고, 덱 편집도 가능해졌다.

친근한 쿠킹 시리즈 3 : 즐거운 도시락

SLG MTO 2001년 6월 29일 4,200엔

▲ 도시락 재료는 동네에서 정보를 모으며 수집하자.

「친근한 쿠킹」 제3탄. 주인공 '코무기'가 이번에는 도시락 만들기에 도전한다! 실력을 쌓고 레퍼토리를 늘려, 100종류 가까이 되는 재료들을 조합해 도시락을 만들자! 각종 미니게임들도 클리어해 보자!

코구루구루구루 : 구루구루와 사이좋게 (닌텐도 파워 독점판매)

RPG 스팅 2001년 7월 1일 1,000엔

▲ 일부러 낙서 풍으로 그려 개성적인 캐릭터 그래픽이 독특하다.

신비한 생물 '구루'와 교류해가며 몬스터 '코구루'를 수집해 육성하는 RPG. 코구루에게 가르친 단어는 구루도 쓸 수 있게 되어, 점점 대화가 충실해진다. 모은 코구루는 통신으로 교환하거나 배틀을 시킬 수도 있다.

파도타기 맨! (닌텐도 파워 독점판매)

SPT 나츠메 2001년 7월 1일 1,000엔

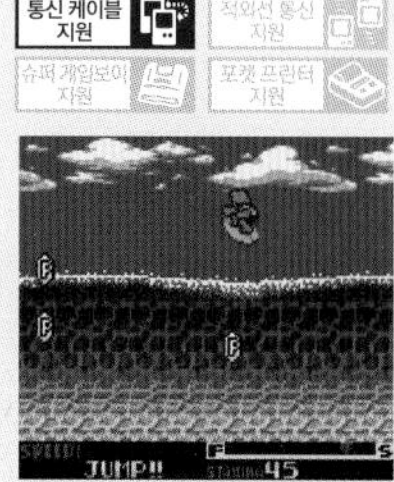
▲ 서핑뿐만 아니라, 비치 플래그 등의 미니게임도 수록했다.

게임보이 최초의 서핑 게임. 프리 모드에서 연습하여 캐릭터를 육성하고, 그랑프리에 나가 우승을 노린다. 속도뿐만 아니라, 아이템으로 스태미나를 회복하고 적절한 타이밍에 기술을 뽐내는 것도 중요하다.

넷으로 겟 : 미니게임@100

ETC 코나미 2001년 7월 12일 5,800엔

▲ 퍼즐 게임과 액션 게임, 반사신경을 시험하는 게임이 가득!

휴대폰을 통해 통신망에 접속하는 '모바일 어댑터 GB'를 지원하는 미니게임 모음집. 단순명쾌한 미니게임 10종이 구입 시부터 내장돼 있고, 통신망 접속으로 새로운 미니게임을 한 작품 당 100엔에 다운로드 추가 가능했다.

데이터 내비 프로야구 2

SPT 나우프로덕션 2001년 7월 13일 4,300엔

▲ 감독이 시합 중 선수에 전할 수 있는 지시가 전작 이상으로 늘었다!

선수가 아니라 감독이 되어, 팀을 승리로 이끌자! 세상에 발매된 수많은 야구 게임 중 특이하게 '지휘'를 내리는 스타일의 작품. 2001년도 일본 리그 프로야구 선수들을 실명으로 등록해, 감독 기분을 제대로 맛볼 수 있다.

낚시 가자!!

SLG 아스키 2001년 7월 19일 4,500엔

▲ 루어 낚시뿐만 아니라, 물고기 도감 컴플리트도 재미있다.

루어 피싱 클럽의 멤버가 되어 낚시 실력을 연마해 가는 RPG. 물고기를 후킹한 후부터의 파이트 조작이 별도로 있는 게 특징으로, 화면에 지나가는 화살표와 같은 방향으로 십자키를 눌러 낚아올린다.

이상한 던전 : 풍래의 시렌 GB 2 – 사막의 마성

게임보이 컬러 / 게임보이

RPG 춘 소프트 2001년 7월 19일 4,500엔

통신 케이블 지원 / 적외선 통신 지원 / 슈퍼 게임보이 지원 / 포켓 프린터 지원

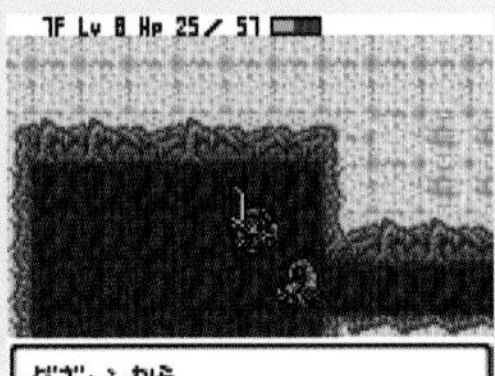

▲ 무기·방어구에는 상성이 있어, 특정한 조합으로 공명이 일어나 특수효과가 발동된다.

게임보이판 「풍래의 시렌」 제 2탄. 슈퍼 패미컴판 이후의 스토리라, 해당 작품에 등장했던 캐릭터가 이 작품에도 등장한다. 여기에 닌텐도 64판의 캐릭터·시스템도 도입해, 시리즈의 집대성이라 할 만한 작품이 되었다. 또한 이 작품에 처음 등장하는 '풍래 구조대' 덕분에 던전에서 게임 오버되어도 포기할 필요가 없는 등, 안심하고 즐길 수 있는 게임이 되었다.

록맨 X2 : 소울 이레이저

게임보이 컬러 / 게임보이

ACT 캡콤 2001년 7월 19일 3,980엔

통신 케이블 지원 / 적외선 통신 지원 / 슈퍼 게임보이 지원 / 포켓 프린터 지원

▲ 게임성에 영향을 주는 치명적인 버그가 있으니, 플레이 시 주의하도록.

전작「록맨 X : 사이버 미션」에 이은 휴대용 게임기용 작품으로,「록맨 X」 시리즈의 외전격 작품이다. 휴대용 게임기임을 고려한 오리지널 요소를 강화했으며, 스토리도 액션도 실로 뛰어나다.

J리그 익사이트 스테이지 택틱스

게임보이 컬러 / 게임보이

SPT 에포크 사 2001년 7월 20일 4,300엔

통신 케이블 지원 / 적외선 통신 지원 / 슈퍼 게임보이 지원 / 포켓 프린터 지원

▲ 에디트로 오리지널 선수를 만들 수 있다. 얼굴도 작성 가능.

J1 리그의 16개 팀, J2 리그의 11개 팀과 일본 대표팀까지 총 28개 팀 중에서 하나를 골라, 클럽 오너가 되어 우승까지 이끄는 팀 운영 게임. 통신 케이블을 사용하면 서로가 육성한 팀끼리 대전할 수 있다.

우주인 타로로 RPG 만들기 GB 2

게임보이 컬러 / 게임보이

ETC 엔터브레인 2001년 7월 20일 5,200엔

통신 케이블 지원 / 적외선 통신 지원 / 슈퍼 게임보이 지원 / 포켓 프린터 지원

▲ 수록된 샘플 게임도 우수해, 게임 제작 시 참고할 만하다.

설명이 필요 없는 인기 소프트「RPG 만들기」와, 당시 '코로코로 코믹' 잡지에 연재되던 '우주인 타로'(원제는 '우주인 다나카 타로')의 콜라보 작품. 만화에 등장하는 캐릭터들을 사용해 자신만의 RPG 제작을 즐겨 보자.

맥도날드 이야기

게임보이 컬러 / 게임보이

SLG TDK 코어 2001년 7월 20일 4,500엔

통신 케이블 지원 / 적외선 통신 지원 / 슈퍼 게임보이 지원 / 포켓 프린터 지원

▲ 게임을 함께 진행할 동료 5명은, 이름을 직접 입력할 수 있다.

'맥도날드'의 점장이 되는 것을 목표로, 점원 5명과 함께 일하는 시뮬레이션 게임. 5종류의 미니게임이 있고, 여기서 고득점을 얻으면 동료의 신뢰도가 상승한다. 햄버거 체인점 일을 간이 체험해볼 수 있다.

슈퍼 갤즈

게임보이 컬러 / 게임보이

ETC 코나미 2001년 7월 26일 4,800엔

통신 케이블 지원 / 적외선 통신 지원 / 슈퍼 게임보이 지원 / 포켓 프린터 지원

▲ 통신기능으로 친구끼리 사인 카드 교환도 가능하다.

카리스마 여고생 '고토부키 란'이 주인공인 같은 제목 만화(원제는 '초 GALS! 고토부키 란')를 게임화했다. 당시 일본 여고생 유행어가 가득한 퀴즈 게임과 점술 모드 등이 있고, 퀴즈에서 승리하면 다양한 아이템을 얻는다.

곤충박사 3

게임보이 컬러 / 게임보이

RPG J·WING 2001년 7월 27일 4,980엔

통신 케이블 지원 / 적외선 통신 지원 / 슈퍼 게임보이 지원 / 포켓 프린터 지원

▲ 소년답게, 눌러쓴 모자를 이용한 곤충채집 등이 재미있다.

「곤충박사」 시리즈 제 3탄. 이번 작품은 사이드뷰 시점으로 스토리가 전개되며, 주인공이 사는 마을 내의 곤충들을 채집해 도감을 완성시켜 간다. 200종류 이상의 곤충을, 통신기능도 사용해 전부 모아보자.

진 여신전생 데빌 칠드런 : 하얀 책

게임보이 컬러 / 게임보이

RPG 아틀라스 2001년 7월 27일 4,500엔

통신 케이블 지원 / 적외선 통신 지원 / 슈퍼 게임보이 지원 / 포켓 프린터 지원

▲ 전투도 설득도 파트너들에게 맡겨 강화시키자.

「검은 책」·「붉은 책」 편의 3개월 후, 새로운 주인공이 친구의 여동생을 구출하러 떠나는 모험을 그린 작품. 앞서 두 작품의 주인공도 등장한다. 기존 시리즈와 달리, 전투 중에 적 파티 전원을 '설득'할 수 있는 게 특징.

진 여신전생 트레이딩 카드 : 카드 서머너

게임보이 컬러 / 게임보이

ETC 엔터브레인 2001년 7월 27일 5,200엔

통신 케이블 지원 / 적외선 통신 지원 / 슈퍼 게임보이 지원 / 포켓 프린터 지원

▲ 매니아에 맞춘 게임이지만, 룰은 적절하게 간략화했다.

'진 여신전생 트레이딩 카드'에 기반해 제작한 카드 게임. 작품의 타깃이 매우 협소한 편이긴 하나, 룰 자체는 '매직 더 개더링' 기반이므로 다른 카드 게임의 플레이 경험이 있다면 쉽게 익숙해질 수 있다.

탑블레이드

게임보이 컬러 / 게임보이

RPG 브로콜리 2001년 7월 27일 4,800엔

통신 케이블 지원 / 적외선 통신 지원 / 슈퍼 게임보이 지원 / 포켓 프린터 지원

▲ 탑블레이더 DJ의 실황과 함께 뜨거운 배틀을 즐길 수 있다.

같은 제목의 애니메이션(원제는 '폭전슛 베이블레이드')이 소재인 액션 게임. 타이틀명인 '탑블레이드'는 5개 파츠로 구성되며, 파츠를 변경 조합하여 다양한 특성과 형태로 만들 수 있는 팽이 완구다.

꽃보다 남자 : ANOTHER LOVE STORY

게임보이 컬러 / 게임보이

AVG TDK 코어 2001년 7월 27일 4,500엔

통신 케이블 지원 / 적외선 통신 지원 / 슈퍼 게임보이 지원 / 포켓 프린터 지원

▲ 게임 진행에 필수적인 세이브 기능을 잘 활용하자!

같은 제목의 인기 소녀만화 작품을 게임화했다. 주인공 '마키노 츠쿠시'(국내명 '금잔디')를 둘러싸고 벌어지는 원작의 스토리대로 진행되는 노벨 게임. 게임보이판의 추가요소로서, 게임 전용 신규 스토리도 들어있다.

미즈키 시게루의 신 요괴전

게임보이 컬러 / 게임보이

ETC 프라임 시스템 2001년 7월 27일 4,800엔

통신 케이블 지원 / 적외선 통신 지원 / 슈퍼 게임보이 지원 / 포켓 프린터 지원

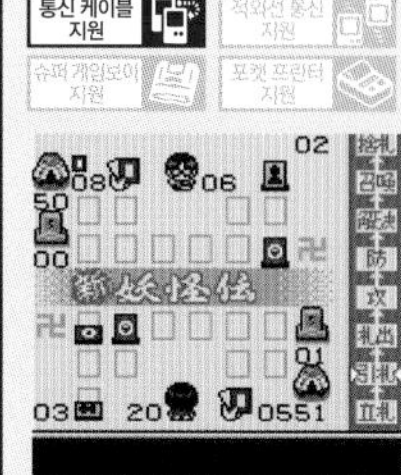

▲ 효율적으로 카드를 모으려면 배틀과 통신의 밸런스가 중요하다.

만화가 미즈키 시게루의 일러스트 약 300종류를 이용해 즐기는 카드 게임. '요괴 월드'에서 배틀을 반복하며 다양한 카드를 모으자. 통신기능을 이용하면 다른 유저와의 카드 교환도 가능하다.

Loppi 퍼즐 매거진 : 궁리하는 퍼즐 창간호

게임보이 컬러 / 게임보이

닌텐도 파워 독점판매

PZL 석세스 2001년 8월 1일 600엔

통신 케이블 지원 / 적외선 통신 지원 / 슈퍼 게임보이 지원 / 포켓 프린터 지원

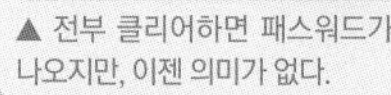

▲ 전부 클리어하면 패스워드가 나오지만, 이젠 의미가 없다.

편의점 '로손'에 설치된 멀티미디어 단말기 'Loppi'를 통해 제공된 재기록 판매 서비스 전용 타이틀 중 하나. 퍼즐 게임들을 수록한 타이틀로, '스도쿠'·'슬리더링크'·'네모네모 로직'을 수록했다.

마루코는 아홉 살 : 마을 사람들 모두와 게임하자!

게임보이 컬러 / 게임보이

TBL 에포크 사 2001년 8월 10일 4,300엔

통신 케이블 지원 / 적외선 통신 지원 / 슈퍼 게임보이 지원 / 포켓 프린터 지원

▲ 혼자서도, 4명이 모여 즐겨도 재미있는 게임이다.

인기 만화 '마루코는 아홉 살'이 보드 게임으로 나왔다. 플레이어와 함께 3명이 주사위를 던져 진행하며, 동네 어딘가에 숨겨진 '추억의 보물'을 찾아내자. 1명부터 4명까지, 각 캐릭터가 되어 플레이할 수 있다.

가짜몬 퍼즐이da몬 : 패로몬 구출 대작전!

게임보이 컬러 / 게임보이

ACT 프라임 시스템 2001년 8월 10일 4,500엔

통신 케이블 지원 / 적외선 통신 지원 / 슈퍼 게임보이 지원 / 포켓 프린터 지원

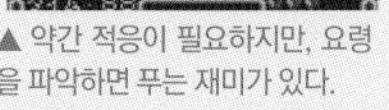

▲ 약간 적응이 필요하지만, 요령을 파악하면 푸는 재미가 있다.

사고력을 시험하는 요소가 있는 액션 게임. '악당몬'에게 잡힌 '가짜몬'을 구출하는 게 목적으로, 구출한 '가짜몬'은 동료가 된다. 가짜몬 수는 총 68종류. 실수 없는 조작이 필요해, 제법 도전욕구를 자극하는 게임이다.

 게임보이 지원  게임보이 비지원  게임보이 컬러 지원   통신 케이블 지원 게임  적외선 통신 지원 게임 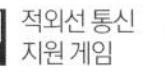  슈퍼 게임보이 지원 게임 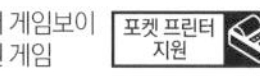 포켓 프린터 지원 게임

GAME BOY | 1989 | 1990 | 1991 | 1992 | 1993 | 1994 | 1995 | 1996 | 1997 | 1998 | 1999 | 2000 | 2001 | 2002 | 2003

배드바츠마루 로보배틀

게임보이 컬러 / 게임보이

TBL 이매지니어 2001년 8월 10일 4,500엔

통신 케이블 지원

▲ 파츠 수가 풍부해, 조합 패턴이 무려 80만 종류 이상이다!

산리오의 인기 캐릭터 '배드바츠마루'의 바츠마루가 로보배틀 대회에 출전한다. 게임은 말판놀이식으로 진행되며, 칸별로 다양한 이벤트가 발생한다. 경험치와 무기·방어구 파츠로 로봇을 강화해 우승을 노리자.

포켓 쿠킹

게임보이 컬러 / 게임보이

ETC J·WING 2001년 8월 24일 4,800엔

통신 케이블 지원 / 적외선 통신 지원

▲ 오리지널 요리도 제작 가능하며, 통신 케이블로 교환할 수도 있다.

기울어져가는 가게의 재건을 위해, 진정한 요리인을 목표로 수행에 매진한다. 썰고, 찌고, 볶고, 양념하여 요리를 완성시키자. 공정이 실제 요리와 동일하므로, 레시피를 외워두면 실제 요리로도 만들어볼 수 있다.

게임보이 워즈 3

게임보이 컬러 / 게임보이

SLG 허드슨 2001년 8월 30일 3,800엔

적외선 통신 지원

▲ 121개 맵을 수록했고 대전까지 지원하는 빵빵한 볼륨이 매력.

「게임보이 워즈」 시리즈 최신작. 모바일 어댑터 GB를 이용하면 신규 맵을 다운로드할 수 있었던 것이 특징. 유닛들의 능력을 대폭 조정했으며, 16개 맵으로 구성된 '비기너 모드'로 게임을 차분히 배워볼 수 있다.

Loppi 퍼즐 매거진 : 착안하는 퍼즐 창간호

닌텐도 파워 독점판매

게임보이 컬러 / GB 게임보이

PZL 석세스 2001년 9월 1일 600엔

슈퍼 게임보이 지원

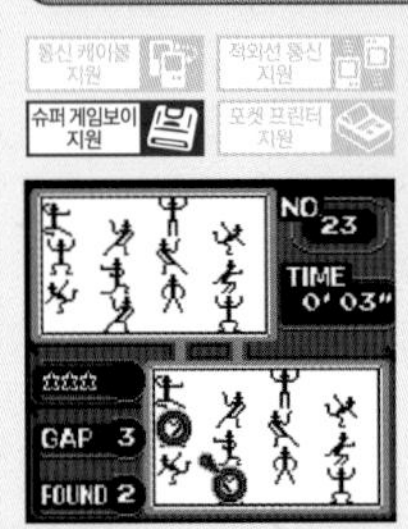

▲ 움직이는 그림에서 다른 부분 찾기. 난이도는 꽤 높은 편이다.

「궁리하는 퍼즐」 편에 이어 등장한 '퍼즐 매거진' 신작. 전작과 마찬가지로 퍼즐 게임 3종류를 즐길 수 있다. 수록된 게임은 '넘버 크로스워드' 16문제, '크로스워드' 24문제, '틀린 그림 찾기' 24문제다.

에스트폴리스 전기 : 되살아나는 전설

게임보이 컬러 / 게임보이

RPG 타이토 2001년 9월 7일 4,800엔

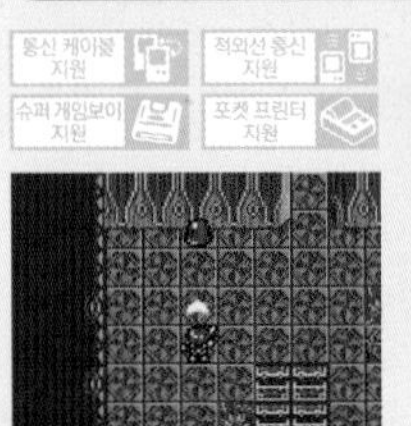

▲ 전투 시 대열을 잘 짜야 한다. 각 캐릭터의 '웨이브' 간섭을 고려하자.

슈퍼 패미컴용으로 발매되었던 「에스트폴리스」 시리즈의 외전작. 던전은 보스 층 외에는 자동생성이라 매번 신선하다. 동료 수도 늘었고, 배틀 시스템이 독자적이라 파고들 요소도 충실해, 오래오래 즐길 수 있는 작품.

전일본 소년축구대회 : 목표는 일본 최강 팀!

게임보이 컬러 / 게임보이

SPT 석세스 2001년 9월 7일 4,800엔

통신 케이블 지원

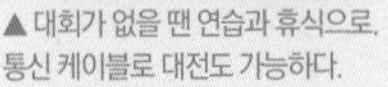

▲ 대회가 없을 땐 연습과 휴식으로, 통신 케이블로 대전도 가능하다.

일본 전국의 소년 축구 2,000개 팀이 등장하는 축구 시뮬레이션 게임. 소년 축구팀 지도자가 되어, 전국대회를 우승하는 게 목표다. 이벤트 연출이 적어 꽤나 담백한 게임으로, 선수 육성은 연습과 시합으로 진행한다.

재규어 미싱자수기 전용 소프트 : MARIO FAMILY

게임보이 컬러 / 게임보이

ETC 재규어 인터내셔널 코포레이션 2001년 9월 10일 6,800엔

통신 케이블 지원

▲ 재규어 컴퓨터 미싱기 'JN-2000' 전용 소프트이니 주의.

일본 재규어 사의 컴퓨터 미싱기 'JN-2000'에 GBC를 연결하기 위한 소프트로, 마리오 패밀리를 묘사한 자수 32종류의 도면을 수록했다. 화면 지시에 따라 조작하고 미싱기를 스타트하면 화려한 자수를 자동 제작해준다.

햄스터 클럽 : 가르쳐줄게요츄

게임보이 컬러 / 게임보이

ETC 죠르단 2001년 9월 21일 5,800엔

통신 케이블 지원

▲ 수백 문제에 달하는 햄스터 퀴즈는 제법 어렵다!?

게임에 등장하는 출제자는 귀여운 햄스터! 게다가 문제는 전부 햄스터에 관련된 것들뿐이다! 그 외에도 각 레벨을 클리어하면 플레이 가능한 미니게임과, 클리어한 후 즐길 수 있는 4컷만화 등이 있다.

햄스터 파라다이스 4

게임보이 컬러 / 게임보이

SLG 아틀라스 2001년 9월 28일 4,500엔

통신 케이블 지원 / 적외선 통신 지원 / 슈퍼 게임보이 지원 / 포켓 프린터 지원

▲ 이번 작품에도 말하는 햄스터 '햄츄'가 등장한다.

이번에도 햄타운에서 다양한 종류의 햄스터를 육성하게 되는, 시리즈 제 4탄. 전작에서 은퇴한 '햄조 씨'가 복귀했고, 햄스터도 2마리 동시 사육이 가능해진 '사이좋은 룸' 시스템으로 진화했다.

Loppi 퍼즐 매거진: 궁리하는 퍼즐 제 2호

닌텐도 파워 독점판매

게임보이 컬러 / GB 게임보이

PZL 석세스 2001년 10월 1일 600엔

통신 케이블 지원 / 적외선 통신 지원 / 슈퍼 게임보이 지원 / 포켓 프린터 지원

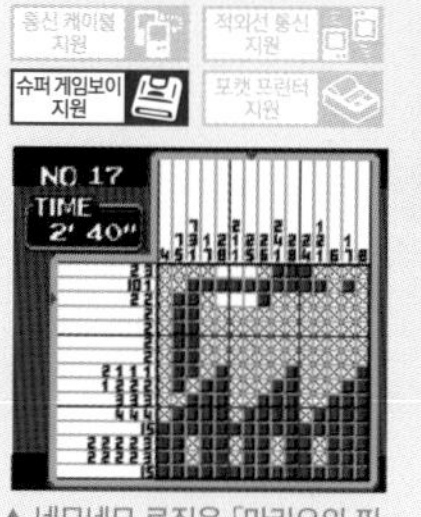

▲ 네모네모 로직은 「마리오의 피크로스」로도 친숙한 그 퍼즐.

로손 편의점의 Loppi 단말기를 통해 제공된 퍼즐 매거진 소프트. 수록된 퍼즐은 창간호와 동일한 '스도쿠'·'슬리더링크'·'네모네모 로직' 3종이다. 전부 클리어하면 패스워드가 나오는데, 당시의 이벤트 상품 응모용이었다.

토마스와 친구들 : 소도어 섬의 친구들

게임보이 컬러 / 게임보이

ETC 탐 2001년 10월 12일 4,500엔

통신 케이블 지원 / 적외선 통신 지원 / 슈퍼 게임보이 지원 / 포켓 프린터 지원

▲ 각 스테이지마다 미니게임이 있다! 잠시 한숨 돌려 보자.

영국에 있다는 가상의 섬 '소도어 섬'에서 벌어지는 이야기. 태풍으로 파괴돼버린 선로를 기관차 토마스와 친구들이 수리해, 마을에 활기를 되찾아줘야 한다. 친구들은 차량과 헬리콥터, 버스 등의 탈것이다.

격주! 탄환 레이서 : 음속 버스터 DANGUN 탄

게임보이 컬러 / 게임보이

SLG 이매지니어 2001년 10월 12일 4,600엔

통신 케이블 지원 / 적외선 통신 지원 / 슈퍼 게임보이 지원 / 포켓 프린터 지원

▲ 오리지널 머신을 만들 수 있고, 만화의 필살기도 사용 가능.

'코로코로 코믹' 지의 인기 만화 '음속 버스터 DANGUN 탄'을 게임화했다. '탄환 레이서'란 당시 타미야 모형이 발매했던 차세대 레이싱 미니카다. 만화의 캐릭터가 라이벌로 등장해, 뜨거운 배틀을 펼친다.

두근×두근하게 해줘!!

게임보이 컬러 / 게임보이

SLG 빅터 인터랙티브 소프트웨어 2001년 10월 26일 4,200엔

통신 케이블 지원 / 적외선 통신 지원 / 슈퍼 게임보이 지원 / 포켓 프린터 지원

▲ 콘서트가 성공하지 못하면 그룹 해산의 위기가 온다!?

당시 만화잡지 '나카요시'에 게재되었던 만화작품을 게임화했다. 주인공은 아이돌 그룹 '아스트로 봄버'의 홍일점 '유카리'. 레슨을 받고 다양한 이벤트를 클리어하며, 1년 후에 있을 콘서트를 대성공시켜보자!

Loppi 퍼즐 매거진: 착안하는 퍼즐 제 2호

닌텐도 파워 독점판매

게임보이 컬러 / GB 게임보이

PZL 석세스 2001년 11월 1일 600엔

통신 케이블 지원 / 적외선 통신 지원 / 슈퍼 게임보이 지원 / 포켓 프린터 지원

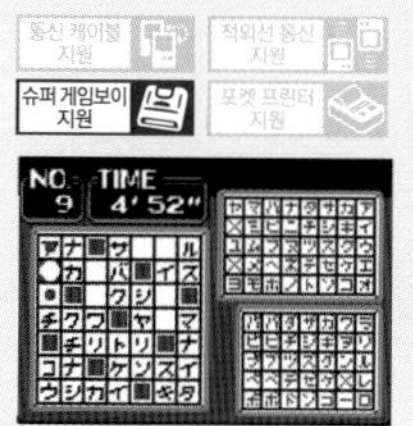

▲ 힌트를 토대로 가로·세로 문자를 채워가는 퍼즐 게임이다.

로손의 Loppi를 통해 제공된 퍼즐 매거진 제 4탄. 「착안하는 퍼즐 창간호」와 동일하게 '넘버 크로스워드' 16문제, '크로스워드' 24문제, '틀린 그림 찾기' 24문제를 수록했다. 이 작품에도 응모 이벤트가 있었다.

앙천인간 배트실러 : 독토르 가이의 야망

게임보이 컬러 / 게임보이

RPG 코나미 2001년 11월 1일 4,800엔

통신 케이블 지원 / 적외선 통신 지원 / 슈퍼 게임보이 지원 / 포켓 프린터 지원

▲ 다이어트하여 변신하면 듬직한 미남 히어로가 된다.

'코믹 봄봄'에서 연재되던 만화판의 스토리에 기반한 RPG. 세계를 구하기 위해 피스 스톤을 모아야 한다. 게임을 진행하다 보면 다양한 캐릭터의 스티커를 모을 수 있으며, 통신으로 스티커 교환도 가능하다.

네트워크 모험기 : 버그사이트 알파

게임보이 컬러 / 게임보이

RPG 스마일소프트 2001년 11월 2일 4,800엔

통신 케이블 지원 / 적외선 통신 지원 / 슈퍼 게임보이 지원 / 포켓 프린터 지원

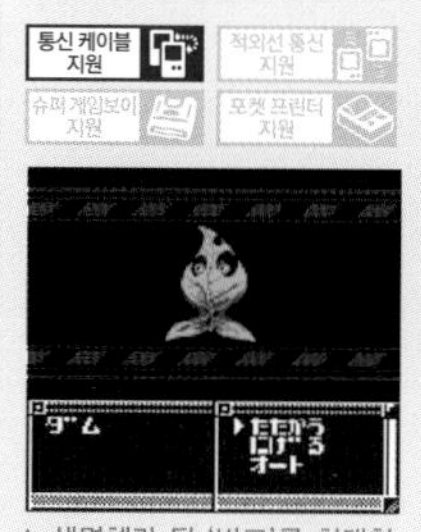

▲ 생명체가 된 '버그'를 최대한 많이 찾아내는 것이 지름길.

가상공간 '버그사이트'와 현실을 왕래하며, 주인공 주변에서 일어난 사건을 해결해가는 RPG. '버그'라는 생명체가 가상공간에 존재하고 있어, 이들을 육성시키면서 스토리를 진행한다.

 게임보이 지원  게임보이 비지원  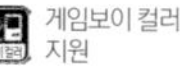 게임보이 컬러 지원  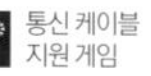 통신 케이블 지원 게임  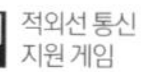 적외선 통신 지원 게임  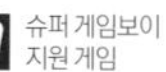 슈퍼 게임보이 지원 게임  포켓 프린터 지원 게임

네트워크 모험기 : 버그사이트 베타

게임보이 컬러 게임보이

RPG 스마일소프트 2001년 11월 2일 4,800엔

통신 케이블 지원 / 적외선 통신 지원 / 슈퍼 게임보이 지원 / 포켓 프린터 지원

▲ 바이러스를 제거해 버그를 잔뜩 포획하자!

앞 쪽에서 소개했던 「버그사이트 알파」의 어나더 버전. 「포켓몬스터」의 시스템과 마찬가지로, 몬스터인 '버그'의 종류가 '알파' 편과 다르고 스토리도 일부 차이가 있으나, 기본적인 게임 시스템은 동일하다.

친근한 쿠킹 시리즈 4 : 즐거운 디저트

게임보이 컬러 게임보이

SLG MTO 2001년 11월 16일 4,200엔

통신 케이블 지원 / 적외선 통신 지원 / 슈퍼 게임보이 지원 / 포켓 프린터 지원

▲ 디저트의 퀄리티에 따라 엔딩에 변화가 생긴다!?

「친근한 쿠킹 시리즈」제 4탄으로, 이번 작품에서도 여전히 코무기가 주인공이며, 이번에는 디저트 만들기에 도전한다. 시스템도 전작을 계승해, 레시피와 식재료를 모아 미니게임으로 조리 과정을 익히게 된다.

괴짜 레이스

게임보이 컬러 게임보이

RCG 시스컴 엔터테인먼트 2001년 11월 22일 3,600엔

통신 케이블 지원 / 적외선 통신 지원 / 슈퍼 게임보이 지원 / 포켓 프린터 지원

▲ 'W' 문자를 획득하면 방해용 아이템이 들어온다.

미국의 TV 애니메이션(원제는 'Wacky Races')이 소재인 3인칭 시점 레이싱 게임. 애니메이션처럼 라이벌들을 공격하며 레이스 1위를 노린다. 차량에 무게 개념이 있어, 가벼운 차는 부딪치면 튕겨나가니 주의하자.

Loppi 퍼즐 매거진 : 궁리하는 퍼즐 제 3호

닌텐도 파워 독점판매

게임보이 컬러 게임보이

PZL 석세스 2001년 12월 1일 600엔

통신 케이블 지원 / 적외선 통신 지원 / 슈퍼 게임보이 지원 / 포켓 프린터 지원

▲ '슬리더링크'는 점끼리 선으로 이어 커다란 고리를 만들어야 한다.

로손의 Loppi를 통해 제공된 퍼즐 매거진. 수록된 퍼즐은 '스도쿠'·'슬리더링크'·'네모네모 로직' 3종류다. 각각 스도쿠가 16문제, 슬리더링크가 32문제, 네모네모 로직이 32문제씩 수록되어 있다.

해리 포터와 마법사의 돌

게임보이 컬러 게임보이

RPG 일렉트로닉 아츠 스퀘어 2001년 12월 1일 4,800엔

통신 케이블 지원 / 적외선 통신 지원 / 슈퍼 게임보이 지원 / 포켓 프린터 지원

▲ 마법사 카드는 총 100종류. 열심히 모아보자.

같은 제목의 소설이 원작인 RPG. 투명 망토, 개구리 초콜릿 등의 친숙한 아이템도 등장한다. 학교 행사와 훈련으로 입수할 수 있는 기숙사 점수의 결과로 엔딩이 달라지므로, 최대한 우수한 학생이 될 필요가 있다.

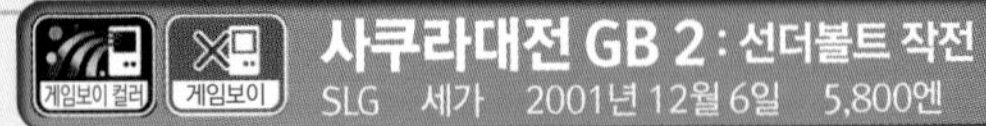

사쿠라대전 GB 2 : 선더볼트 작전

게임보이 컬러 게임보이

SLG 세가 2001년 12월 6일 5,800엔

통신 케이블 지원 / 적외선 통신 지원 / 슈퍼 게임보이 지원 / 포켓 프린터 지원

▲ 전작에 비해 캐릭터 그래픽이 향상되었다.

플레이어는 '화조' 일원이 되어, 공중전함 '미카사' 내부로 잠입해 잊혀진 마신기를 회수하는 특수임무를 담당하게 된다. 광무를 커스터마이즈하거나, 사라진 사람들을 찾아내는 등의 파고들기 요소를 준비했다.

미니 & 프렌즈 : 꿈의 나라를 찾아서

게임보이 컬러 게임보이

AVG 허드슨 2001년 12월 13일 4,800엔

통신 케이블 지원 / 적외선 통신 지원 / 슈퍼 게임보이 지원 / 포켓 프린터 지원

▲ 얼굴이 달린 나무가 미니에게 힌트를 준다.

꿈에서 본 '꿈의 나라'를 두고서 미키와 다툰 미니. 화해는 했지만, 두 사람은 따로따로 꿈의 나라를 찾는 모험에 나선다. 플레이어는 미니를 조작해, 미키 일행과 문자 메시지로 연락하면서 수수께끼를 풀며 진행한다.

메다로트 5 스스타케 마을의 전학생 : 장수풍뎅이

게임보이 컬러 게임보이

RPG 이매지니어 2001년 12월 14일 4,800엔

통신 케이블 지원 / 적외선 통신 지원 / 슈퍼 게임보이 지원 / 포켓 프린터 지원

▲ 주인공의 라이벌이 상당히 강해, 어지간한 노력으론 어림도 없다.

캐릭터를 리뉴얼해 등장한, 새로운 「메다로트」. 시리즈가 거듭되면서 너무 비대해진 전투 시스템도 재편해, 전략성에 중점을 둔 게임으로 거듭났다. 메다로트 종류도 대폭 증가해, 조합하는 재미도 늘어난 작품.

메다로트 5 스스타케 마을의 전학생 : 사슴벌레

게임보이 컬러 / 게임보이

RPG 이매지니어 2001년 12월 14일 4,800엔

통신 케이블 지원 / 적외선 통신 지원 / 슈퍼 게임보이 지원 / 포켓 프린터 지원

▲ 시리즈 최고봉이라 불릴 정도의 전투 밸런스를 자랑한다.

무대가 도시에서 시골 '스스타케 마을'로 바뀐 이번 작품. 로보틀의 전투 방식과 승패로 스토리가 분기되는 것도 이번 작품이 처음이다. 이전까지의 「메다로트」 시리즈 스토리를 몰라도 문제없이 즐길 수 있다.

루니 툰 컬렉터 : 마션 퀘스트!

게임보이 컬러 / 게임보이

ACT 시스컴 엔터테인먼트 2001년 12월 14일 3,700엔

통신 케이블 지원 / 적외선 통신 지원 / 슈퍼 게임보이 지원 / 포켓 프린터 지원

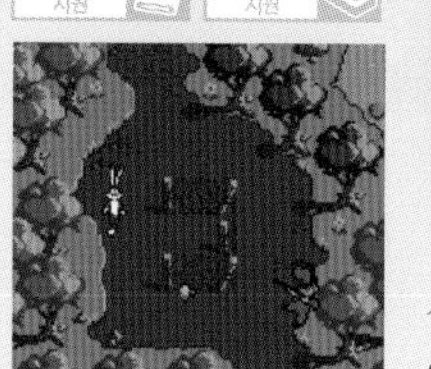
▲ 벅스를 비롯해, 엘머와 대피 등의 인기 캐릭터가 등장한다.

'루니 툰'의 캐릭터들이 등장하는 액션 RPG. 사용할 수 있는 캐릭터는 총 14명이다. 각 장면에 맞춰 교체하면서 진행하게 된다. 화성인 '마빈'의 손아귀에서 지구를 지켜내자.

옷 갈아입는 햄스터

게임보이 컬러 / 게임보이

ETC 빅터 인터랙티브 소프트웨어 2001년 12월 21일 4,200엔

통신 케이블 지원 / 적외선 통신 지원 / 슈퍼 게임보이 지원 / 포켓 프린터 지원

▲ 통신 케이블을 사용하면 친구와 아이템 교환도 가능하다.

햄스터를 사육하는 게임이 아니라, 햄스터가 되어 생활하는 게임이다. 햄스터의 옷을 모아, 모자와 액세서리 등을 조합해 옷 갈아입기를 즐기거나, 점술 및 학교생활을 모티브로 한 말판놀이 게임도 즐길 수 있다.

샤먼킹 : 초 점사약결 훈바리 편

게임보이 컬러 / 게임보이

RPG 킹 레코드 2001년 12월 21일 3,980엔

통신 케이블 지원 / 적외선 통신 지원 / 슈퍼 게임보이 지원 / 포켓 프린터 지원

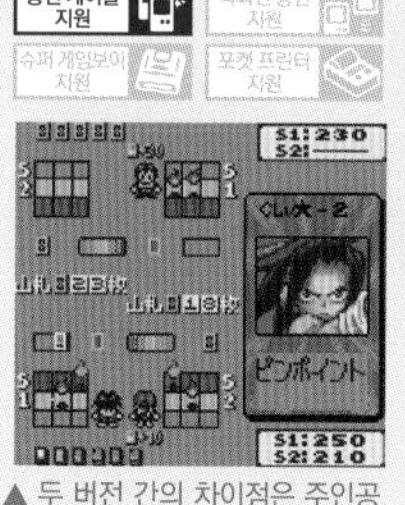
▲ 두 버전 간의 차이점은 주인공 캐릭터이니, 취향에 맞춰 선택하자.

주간 '소년 점프'에서 연재했던 인기 만화의 게임판으로, 2종류의 버전을 동시 발매했다. 부제목에 있는 '초 점사약결'이란, 원작에 등장하는 최강의 비법서 이름이다. 주인공은 '카이타'·'미츠루'·'마리아' 3명이다.

샤먼킹 : 초 점사약결 메라메라 편

게임보이 컬러 / 게임보이

RPG 킹 레코드 2001년 12월 21일 3,980엔

통신 케이블 지원 / 적외선 통신 지원 / 슈퍼 게임보이 지원 / 포켓 프린터 지원

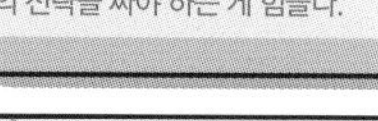

▲ 튜토리얼이 전혀 없어, 자신만의 전략을 짜야 하는 게 힘들다.

같은 날 발매된 「훈바리 편」과는 주인공이 다르다. 이 작품은 '츠요시'·'케빈/CM킹'·'카나'를 선택 가능. 고른 주인공에 따라 각각 스토리가 달라진다. 느긋한 분위기의 카드 배틀 게임으로, 난이도도 그리 어렵지 않다.

실바니안 패밀리 3 : 별이 내리는 밤의 모래시계

게임보이 컬러 / 게임보이

AVG 에포크 사 2001년 12월 21일 4,300엔

통신 케이블 지원 / 적외선 통신 지원 / 슈퍼 게임보이 지원 / 포켓 프린터 지원

▲ 수집한 아이템으로 가구를 만들거나 꽃을 기르는 등, 자유도가 높다.

일본에선 에포크 사가 발매하는 오리지널 피규어와 돌 하우스가 모티브인 어드벤처 게임. 전작처럼 저연령용 게임이지만 제법 빡빡해, 시간제한도 있는 등 은근히 긴장감이 넘친다. 아이템 합성과 수집 요소도 있다.

나의 키친

게임보이 컬러 / 게임보이

SLG 키랏토 2001년 12월 21일 3,980엔

통신 케이블 지원 / 적외선 통신 지원 / 슈퍼 게임보이 지원 / 포켓 프린터 지원

▲ 요리를 익힐 때는 반드시 뒷정리도 배워두자!

요리를 막 배우기 시작한 어린이를 위한 조리 학습이 목적인 시뮬레이션 게임. 쇼핑과 식재료 고르기부터 시작해, 약 20종류의 요리 체험이 가능하다. 완성한 요리는 게임 중에 등장하는 가족이 평가해 준다.

쇼기 3

게임보이 컬러 / 게임보이

TBL 포니 캐년 2001년 12월 24일 4,800엔

통신 케이블 지원 / 적외선 통신 지원 / 슈퍼 게임보이 지원 / 포켓 프린터 지원

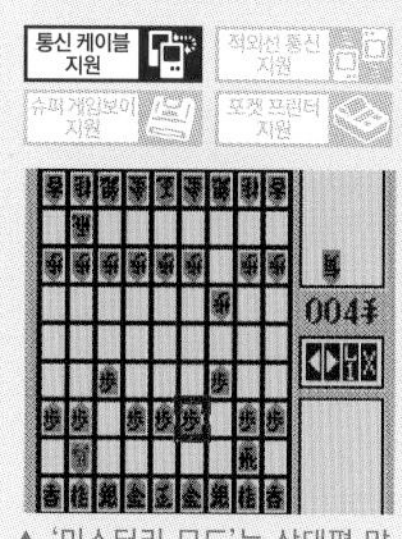
▲ '미스터리 모드'는 상대편 말 중 일부가 표시되지 않는다.

박보장기도 수록한 본격파 쇼기 게임. 대국 모드의 경우 컴퓨터 쪽의 사고시간이 조금 긴 편이긴 하나, 제법 잘 두는 편이라서 쇼기 경험자라면 두는 재미가 있다. 통신대전으로 친구와 대국할 수도 있다.

 게임보이 지원  게임보이 비지원  게임보이 컬러 지원  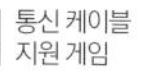 통신 케이블 지원 게임  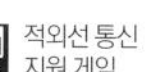 적외선 통신 지원 게임  슈퍼 게임보이 지원 게임 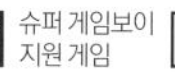 포켓 프린터 지원 게임

GAME BOY SOFTWARE ALL CATALOGUE

2002년에 발매된 소프트 수는 불과 15개 타이틀뿐. 작년도 감소 추세이긴 했으나, 이제 시장의 중심축이 완전히 게임보이 어드밴스로 넘어갔음을 여실히 보여준 한 해였다. 닌텐도 파워(28p)로의 소프트 공급도 「착안하는 퍼즐 제 3호」를 끝으로 종료되었지만, 한편으로는 「몬★스타 트래블러」와 「바이오하자드 GAIDEN」 등 양질의 오리지널 소프트도 발매되어, 게임보이 시장 말기를 유종의 미로 장식하였다.

Loppi 퍼즐 매거진 : 착안하는 퍼즐 제 3호

닌텐도 파워 독점판매

게임보이 컬러 / 게임보이

PZL 석세스 2002년 1월 1일 600엔

통신 케이블 지원 / 적외선 통신 지원 / 슈퍼 게임보이 지원 / 포켓 프린터 지원

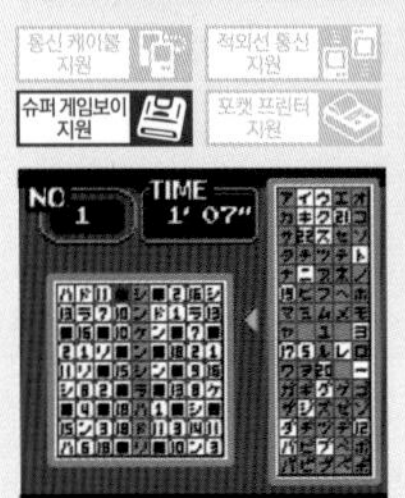

▲같은 숫자에는 같은 문자가 들어간다. 잘 추리해 단어를 조합하자.

Loppi 퍼즐 매거진 및 닌텐도 파워용 타이틀로는 마지막 작품. '착안하는 퍼즐' 시리즈 공통의 게임 3종류를 수록했다. 닌텐도 파워는 이 해의 8월 31일을 기해 로손에서의 서비스를 종료했다.

슈퍼 갤즈 2 : 미라클 → 게팅

게임보이 컬러 / 게임보이

PZL 코나미 2002년 2월 7일 4,800엔

통신 케이블 지원 / 적외선 통신 지원 / 슈퍼 게임보이 지원 / 포켓 프린터 지원

▲본편이 퍼즐 게임화되어, 좀 더 쉽게 즐길 수 있다.

전작과 마찬가지로, 카리스마 여고생 '고토부키 란'이 주인공이다. 이번 작품에선 스토리 진행 과정에서 낙하계 퍼즐 게임을 플레이하며, 그 결과에 따라 다양한 아이템과 옷 등을 입수해 멋지게 차려입을 수 있다.

Dr.링에게 물어봐! : 링이 봐주는 사랑의 풍수 점!

게임보이 컬러 / 게임보이

AVG 허드슨 2002년 2월 21일 3,980엔

통신 케이블 지원 / 적외선 통신 지원 / 슈퍼 게임보이 지원 / 포켓 프린터 지원

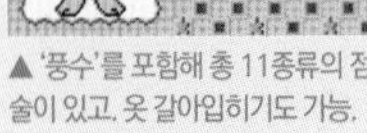

▲'풍수'를 포함해 총 11종류의 점술이 있고, 옷 갈아입히기도 가능.

같은 제목의 애니메이션 작품이 소재인 연애 어드벤처 게임. 주인공은 메이링 일행이 다니는 학교로 전학 온 중2 학생으로, 작품의 등장인물들과 친구가 되거나 연인관계도 되면서 학교생활을 보내게 된다.

헬로키티의 해피 하우스

게임보이 컬러 / 게임보이

ETC MTO 2002년 3월 2일 4,500엔

통신 케이블 지원 / 적외선 통신 지원 / 슈퍼 게임보이 지원 / 포켓 프린터 지원

▲방의 물건과 배치를 바꿔, 멋진 집으로 만들어보자.

'해피 하우스'라 불리던 저택을 옛 모습대로 되돌리기 위해, 키티와 함께 대화와 행동을 하면서 '해피 포인트'를 모아야 한다. 통신기능을 지원하므로, 친구와 메시지 교환도 할 수 있다.

몬★스타 트래블러

게임보이 컬러 / 게임보이

RPG 타이토 2002년 3월 8일 4,300엔

통신 케이블 지원 / 적외선 통신 지원 / 슈퍼 게임보이 지원 / 포켓 프린터 지원

▲코즈몬은 트레이닝과 전투로 성장하며, '진화'와 '변신'으로 강력한 기술을 익힌다.

'코즈몬'과 함께 우주를 모험하며 고대도시를 찾는 RPG. '코즈몬'이란 '코즈믹 몬스터'의 약칭으로, 작품 내에는 총 10단계로 50종류의 형태가 등장하며, 전투시엔 풍부한 애니메이션 패턴을 보여준다. 전체적으로 완성도가 높고 조작성도 좋아 누구에게나 추천할 수 있는 작품이며, 전투도 보스전 외에는 언제나 도망 가능하고, 힌트도 적절한 위치에 배치했다.

바이오하자드 GAIDEN

게임보이 컬러 / 게임보이

AVG 캡콤 2002년 3월 29일 4,200엔

▲ 좀비와 만나는 것을 최대한 피하면서 목적지로 향하자.

대히트 작품 「바이오하자드」의 외전 격으로 제작된 작품으로, 플레이어의 시점도 탑뷰 형태로 변경했다. 이동 신과 전투 신이 구분되어 있으며, 전투에는 독자적인 시스템을 채용하였다.

바다표범 전대 이나즈마 : 두근두근 대작전!?

게임보이 컬러 / 게임보이

ETC 오메가 프로젝트 2002년 3월 29일 3,980엔

▲ 미니게임을 클리어하면, 바다표범이 악과 싸우는 전대로 변신한다.

일본의 록밴드 '페니실린'과 인기 캐릭터 '초밥 바다표범'의 콜라보로 태어난 미니게임 모음집. 주인공 '이나즈마 바다표범'은 페니실린의 한 멤버가 모델이며, 게임 내 BGM에도 페니실린의 곡을 사용했다.

친근한 쿠킹 시리즈 5 : 코무기의 케이크를 만들자!

게임보이 컬러 / 게임보이

PZL MTO 2002년 4월 5일 4,200엔

▲ 코무기의 과자 만들기는 타 기종 작품으로 계속 이어진다.

인기 시리즈 제 5탄. 이번 작품에선 주인공 '코무기'가 케이크를 만들기 위해, 과자의 도시 '케이크 타운'에서 레시피를 모으며 미니게임에 도전한다. 완성된 케이크의 맛은 그 미니게임의 결과로 결정된다.

모험! 두구둥 섬

게임보이 컬러 / 게임보이

SLG 글로벌 A 엔터테인먼트 2002년 4월 18일 4,300엔

▲ 마을의 주민이 된 몬스터들은 마음씨 좋은 캐릭터들 뿐!

표류 끝에 도착하게 된 '두구둥 섬'에 살고 있는 몬스터와 함께 생활하며, 섬에서 탈출하기 위해 탈것을 만들고, 느긋한 섬 주민들과 함께 마을을 발전시켜 가는, 시뮬레이션 요소가 강한 인기 작품이다.

나의 레스토랑

게임보이 컬러 / 게임보이

SLG 키랏토 2002년 4월 26일 3,980엔

▲ 전작에 비해 요리를 배우는 모드의 난이도가 상승했다.

「나의 키친」의 속편. 레스토랑을 열게 된 주인공 '유메미'가, 가게에서 내놓을 요리를 만들기 위해 선생님의 지도를 받는다. 13종류의 요리를 능숙하게 만들 수 있도록 수행해야 한다.

From TV animation ONE PIECE : 환상의 그랜드 라인 모험기!

게임보이 컬러 / 게임보이

RPG 반프레스토 2002년 6월 28일 4,500엔

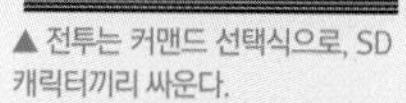
▲ 전투는 커맨드 선택식으로, SD 캐릭터끼리 싸운다.

인기 애니메이션 'ONE PIECE'를 모티브로 삼은 RPG. 이 계열로는 마지막 게임보이용 작품이 되었다. 특징은 캐릭터가 매우 많이 등장한다는 점으로, 선택하기 따라서는 원작과 전혀 다른 해적단도 만들 수 있다.

곤충 파이터즈

게임보이 컬러 / 게임보이

RPG 디지털키즈 2002년 7월 26일 4,200엔

▲ 곤충의 체력을 회복시키는 각종 먹이에도 재미있는 것이 많다.

곤충을 사육해 강력한 곤충으로 성장시키는 육성형 RPG. 성장과정에서 미니게임을 플레이해, 플레이 결과로 각종 능력을 좌우하는 능력치를 올릴 수 있다. 라이벌과 전투하여 살아남는 것이 게임의 목적이다.

드래곤볼 Z : 전설의 초전사들

게임보이 컬러 / 게임보이

RPG 반프레스토 2002년 8월 9일 4,500엔

▲ 사이어인 편부터 마인 부우 편까지로, 스토리 분량이 상당하다.

'드래곤볼 Z'를 소재로 삼은 카드 게임. 통신 케이블을 사용하는 플레이도 지원하며, 이를 이용해 대전이나 카드 교환이 가능하다. 게임 룰이 배우기 쉬운 편이라, 간단하게 즐길 수 있다.

햄스터 이야기 GB + 마지햄의 마법소녀

ETC 컬처브레인 2002년 8월 9일 3,980엔

햄스터를 키워 다양한 모습으로 성장시키는 육성 시뮬레이션 게임 「햄스터 이야기 GB」와, 햄스터가 되어 햄스터 월드의 위기를 구하는 어드벤처 게임 「마지햄의 마법소녀」 두 작품을 수록했다.

▲ 독립된 두 게임을 즐길 수 있는 알뜰 소프트다.

도라에몽의 퀴즈 보이 2

ETC 에포크 사 2002년 10월 4일 3,980엔

▲ 전원에게 승리하면 라스트 보스와의 퀴즈 대결이 가능.

'도라에몽'에 등장하는 캐릭터를 답안자로 골라, 다양한 퀴즈에 도전한다. 퀴즈 문제는 당시 일본의 초등학생용 학습내용 중에서 출제했다. 게임보이 후기 작품이라서인지, 인터넷에 관한 문제 등도 마련되어 있다.

2003 GAME BOY SOFTWARE ALL CATALOGUE

이 해에 발매된 게임보이용 타이틀은 게임보이 컬러 전용 소프트 단 2종류뿐이다. 게임보이 어드밴스 발매 후 이미 2년이 경과했기에, 게임보이에서 게임보이 어드밴스로의 세대교체가 완전히 종료되었다고 할 수 있다.

마지막까지 게임보이 소프트의 철옹성으로 여겨졌던 아동용 교육 소프트 시장은 의외로 게임보이 어드밴스로 넘어가지 않고 맥이 끊겨 버려, 닌텐도 DS의 이른바 「두뇌 트레이닝」으로 본격 개화한 교육·실용계 소프트 붐이 오기 전까지 수년 동안 소프트 라인업에서 종적을 감추었다.

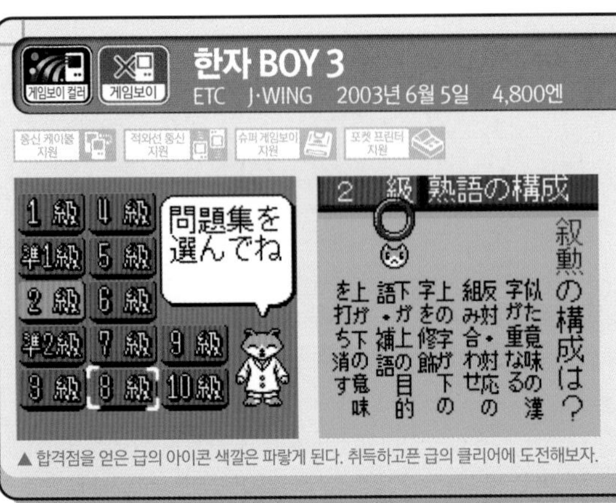

한자 BOY 3

ETC J·WING 2003년 6월 5일 4,800엔

▲ 합격점을 얻은 급의 아이콘 색깔은 파랗게 된다. 취득하고픈 급의 클리어에 도전해보자.

일본한자능력검정협회가 감수하고, 문부과학성(한국의 교육부에 해당)이 인정한 한자검정용 문제집. 이전 두 작품에 있었던 미니게임은 삭제되고, 한자 읽고쓰기·획수·숙어 등이 출제되는 '문제집'과 정답률을 확인하는 '성적표'만 수록하여 학습에 특화시켰다. 시리즈 최초로 한자검정 1급 대응이 되어, 1~10급까지 모든 급을 이 소프트 하나로 학습할 수 있게 되었다.

도라에몽의 스터디 보이 : 한자 읽고쓰기 마스터

ETC 쇼가쿠칸 2003년 7월 18일 3,980엔

▲ 사전엔 당시 일본의 초등학교 1·2학년이 배우던 한자를 수록했다.

도라에몽이 등장하는 학습지원 소프트. 일본에서 2002년도부터 시행된 신 학습지도요령 대응판이다. 학습 레벨은 '1학년생'·'2학년생'·'마스터 코스'로 나뉘어, 레벨에 따른 내용을 학습할 수 있다. 그밖에 사전과 미니게임도 수록하여, 읽기·쓰기를 각각 게임으로 익힐 수 있다. 미니게임 자체는 난이도가 낮아, 전반적으로 학습에 중점을 둔 소프트가 되었다.

Chapter 3

일본 발매 게임보이 소프트 색인

INDEX OF ALL GAMEBOY SOFTWARE

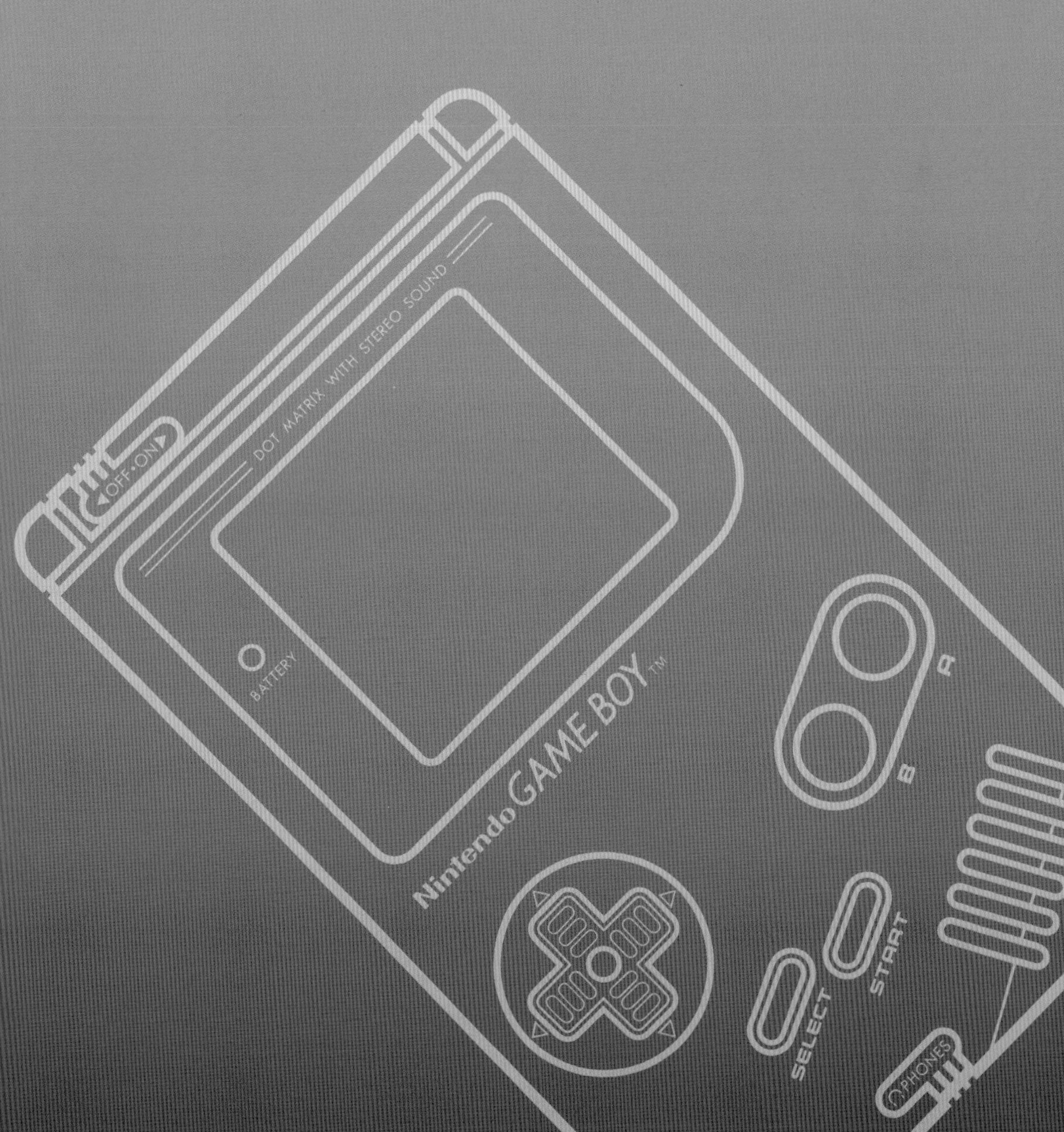

원하는 타이틀을 즉시 찾아낼 수 있는 전체 타이틀 색인

일본 발매 게임보이 소프트 색인

이 페이지는 Chapter 2에서 소개한, 일본에서 발매된 게임보이 및 게임보이 컬러용 소프트 총 1,262개 타이틀을 가나다순으로 정렬한 색인이다.

이 책에 수록된 해당 게재 페이지도 소개하였으므로, 당시 갖고 있었던 게임을 회고한다거나, 컬렉션 수집을 위해 타이틀을 조사한다거나…… 등등의 이유로 추억의 게임을 찾는 데 참고자료로 활용해준다면 감사하겠다. 닌텐도 파워(28p)로도 제공된 타이틀은 푸른색 글자로 표기하였다.

Chapter 4

한국의 게임보이 이야기

GAMEBOY KOREAN CATALOGUE

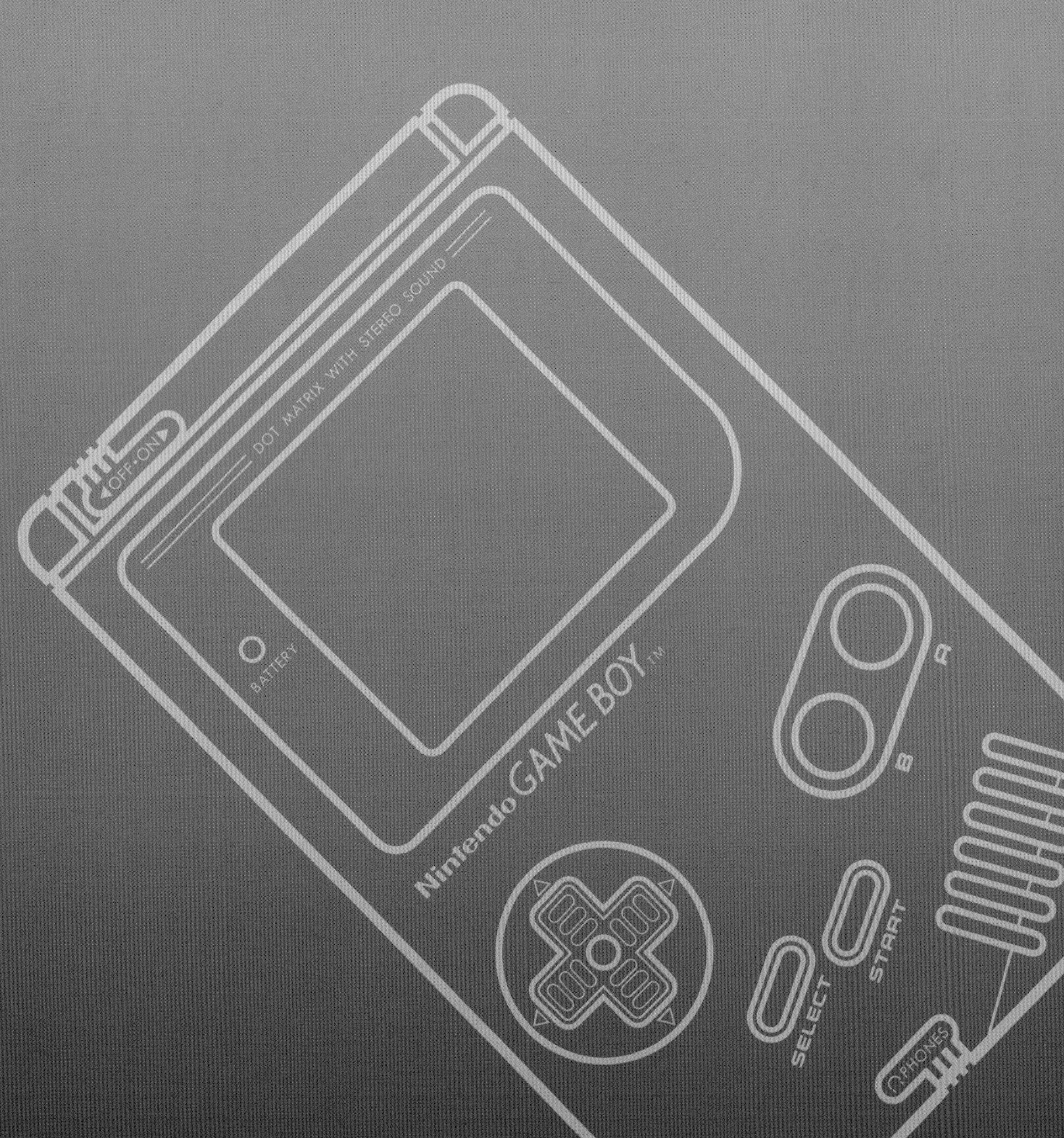

해설 한국의 게임보이 이야기

COMMENTARY OF GAMEBOY #3

현대전자에 의해 '미니컴보이' 브랜드로 발매

제 4장은 원서인 일본판에는 없는 한국어판의 독자적인 추가 지면으로서, 원서 감수자인 마에다 히로유키 씨의 허락 하에 한국어판 감수자가 추가 집필하였음을 먼저 밝혀둔다.

1989년 현대종합상사와 닌텐도 간의 라이선스 계약에 의해 닌텐도 게임기의 한국 공식 판매대행사가 된 현대그룹 산하의 현대전자는, 1989년 10월 컴보이(북미판 NES의 한국 공식 유통품)를 시작으로 하여 1990년 11월 25일부터는 '미니컴보이' 브랜드를 붙인 게임보이를 한국에 발매 개시한다. 일본 첫 발매 후 약 1년 반 만의 국내 상륙이니 비교적 빠른 소개였다고 할 수 있다.

이후 1992년 10월부터 출시된 슈퍼컴보이(유럽판 SNES의 한국 공식 유통품)와 함께, 미니컴보이는 현대전자가 판매하던 대표적 닌텐도 게임기로서 근 8년여에 걸친 오랜 기간동안 꾸준히 시판되어, 한국의 닌텐도 팬들에게 추억의 단편으로서 자리 잡게 되었다. 다만 본국인 일본에서조차 패미컴의 자매기기에 머물러 휴대용 게임기라는 독자적인 플랫폼으로 잘 정착하지 못했던 게임보이의 존재감은 한국에서도 마찬가지였는지, 슈퍼컴보이와 함께 제일 오래 판매된 기기임에도 불구하고 소프트 공급이 지지부진했음은 물론 광고나 홍보의 기세도 슈퍼컴보이보다 열세였던 아쉬운 점도 보여주었다.

97년 1월부터의 수입선 다변화(※) 정책 변화로 인해 하드웨어 병행수입이 자유화된 데 대한 자구책이었는지, 현대전자는 97년경부터 미니컴보이 브랜드를 사실상 포기하고 '게임 보이' 브랜드의 단순수입 판매로 전환했으며, 같은 시기 게임보이 포켓도 정식 출시하는 등 나름대로 분전했다. 하지만 98년 중순의 환율 폭등과 게임산업 위축, IMF 사태 등 악재가 속출하여, 결국 현대전자는 97년 7월의 컴보이 64(닌텐도 64의 한국판) 출시를 마지막으로 98년 5월경 게임사업부를 해체함으로써 닌텐도 게임 유통사업에서 철수하게 된다.

▲ 월간 게임챔프 1994년 9월호에 실린 슈퍼미니컴보이 광고. 현대전자가 정식발매한 거의 유일한 게임보이 관련 주변기기로서, 「동키 콩」과 함께 출시되었다.

▲ 월간 게임월드 1992년 1월호에 실린 미니컴보이 광고. 비교적 출시 초기에 해당하는 광고 지면이다.

▲ 월간 게임매거진 1995년 11월호의 광고. 소프트 라인업이 대동소이한 등, 광고 내용 자체에는 그다지 차이가 없다. 박스 디자인 리뉴얼과 휴대가방·「테트리스」 번들 제공을 어필하고 있다.

▲ 매우 최근에야 실제 발매 사실이 확인된, 97년 1월부터 출시 시작되었다는(한국경제 1997년 1월 27일 기사 근거) 현대전자의 한국 정식발매판 게임보이 포켓. 전반적인 패키지 디자인과 구성물은 일본판과 대동소이해, 역시 단순 수입 형태였던 것으로 보인다.

(※) 국내산업 보호·육성을 위해 외국제품 수입을 규제하는 무역정책으로, 한국은 대일무역적자 억제를 위해 일본을 대상으로 1978년부터 시행하여, 일본제 상품(특히 전자제품) 규제에 적극 활용해왔다. 80년대 초엔 규제범위가 900여 종에 달했다 하나 이후 국내 공업기반 발전에 맞춰 단계적으로 철폐되어, 90년대 후반 일본문화 개방 이슈와 함께 해제가 가속되고 99년 6월 30일 완전 폐지됨으로써 일본제품 수입이 자유화되었다.

GBA의 자매품으로서, 대원씨아이가 게임보이 컬러를 일시 유통

현대전자의 닌텐도 게임기 유통 포기 이후 닌텐도의 게임기 전반은 일본·미국판의 병행수입 위주로 유통되었으나, 대원C&A(현 대원미디어)의 자회사로서 만화·잡지·애니메이션 등 일본 미디어·캐릭터 라이선스 서비스 사업을 다년간 해온 대원씨아이가 1998년 11월 '조이툰 소프트'라는 브랜드로 게임사업부를 신설하면서 닌텐도 게임기·소프트웨어의 한국 유통을 다시 추진, 닌텐도와의 정식 계약을 거쳐 2000년 12월부터 게임보이 컬러의 소량 수입유통을 시작하면서 사업을 개시했다. 다만 이 시점부터 이미 대원씨아이 게임사업부는 후일의 게임보이 어드밴스(이하 GBA) 및 닌텐도 게임큐브 유통에 역점을 두고 있었으므로, 게임보이 컬러는 어디까지나 초기의 소량 수입 판매에 그쳤다.

이후 2002년 1월 7일 한국판 GBA의 시판을 개시하면서 GBA용 소프트는 수입판매 위주로 유통하였으나, 대신 오랫동안 팬들로부터 국내 정식 발매 요구가 높았던 「포켓몬스터」 시리즈의 최신작(당시 기준) 「포켓몬스터 금·은」을 2002년 4월 완전 한글화로 정식 발매하여, 닌텐도 게임의 첫 한글화 출시라는 쾌거를 이룬다. 당시 「포켓몬스터」는 이미 TV 애니메이션 방영을 통해 국내 아동층에 친숙해져 있었기에, 실질적으로는 게임보이 컬러용 게임이었다는 한계에도 불구하고 'GBA로도 구동 가능'이라는 호환성의 이점을 살려 오랫동안 꾸준히 판매되어, 최종적으로 판매량 약 9만 장(금·은 합계)에 이르는 롱테일 히트를 기록했다.

대원씨아이가 게임보이 컬러용으로서 국내에 정식 발매한 소프트는 불과 3종이었고 그나마도 후계기인 GBA와의 병행판매로서 시기가 매우 뒤늦었다는 한계는 있었으나, 적어도 한국에 「포켓몬스터」를 처음으로 정식 발매하는 이정표를 세웠다는 점만큼은 분명하다.

▲ 2000~2001년 당시 조이툰 소프트(대원씨아이 게임사업부)가 국내 시장에 유통한 게임보이 컬러의 패키지 뒷면. 실질적으로는 서양판 패키지에 정식수입을 알리는 스티커를 붙인 형태였다. 광고나 홍보 없이 조용히 판매하고 단종했기 때문에, 게임보이 컬러가 국내 정식 발매된 적이 있다는 것을 아는 게이머는 당시에도 많지 않았다.

▲ 한글판 「포켓몬스터 금·은」의 잡지광고. 한국에선 이미 1999년부터 TV 애니메이션이 먼저 방영되었기에 당시 시점에서도 상대적으로 뒤늦은 게임판 발매였고 초반의 반응도 비교적 둔했다고 하나, 초등학생 유저층을 중심으로 서서히 입소문과 인기가 퍼지며 수년에 걸쳐 롱셀러로 보급되었다. 6년 뒤인 2008년 2월 닌텐도 DS로 「포켓몬스터DP 디아루가·펄기아」 한글판이 나오기 전까지는 유일한 한글판 「포켓몬스터」였다.

게임보이의 공식 한국 발매판

미니컴보이

현대전자 1990년 11월 25일 130,000원

▲ 90년대 초기부터 중기까지의 패키지 외장 박스로, 「테트리스」를 번들 게임으로 제공했다. 커버 아트는 당시의 북미판 패키지를 따랐다.

▲ 현대전자 유통 말기인 97년경의 패키지 외장 박스. '미니컴보이' 로고 없이 '게임 보이' 명칭으로만 판매한 것이 특징으로, 본체에도 미니컴보이 로고가 없다.

현대전자의 '컴보이' 브랜드를 가미해 한국에 출시

미니컴보이는 게임보이(10p)의 한국 발매판으로서, 당시 닌텐도의 한국 공식 판매대행사였던 현대전자가 1990년 11월 25일부터 국내 시판을 개시한 모델이다. 동 시기 패미컴(정확히는 북미판인 NES)의 한국판이었던 '컴보이'와 함께 유통되었으며, 이후 1992년의 '슈퍼컴보이'(슈퍼 패미컴의 한국판)와 함께, 현대전자가 닌텐도 게임 유통사업에서 철수하는 98년경까지 근 8년여간에 걸쳐 몇 번의 패키지 리뉴얼을 거치며 지속적으로 판매되었다.

기본적인 구성물 및 외장 디자인은 보통 동 시기의 북미판을 기준으로 하였으며, 본체 역시 한국판으로서의 오리지널 사양은 없고, 기본적으로 게임보이 본체 중앙부의 게임보이 로고 아래에 실크 인쇄로 '미니컴보이' 로고를 추가해 넣은 것이 전부다. 그 외의 모든 하드웨어적 사양은 타국의 게임보이와 공통.

초중기에는 게임 소프트 카트리지를 번들 제공하기도 하여, 북미와 마찬가지로 「테트리스」를 번들한 패키지가 비교적 널리 알려진 편이다.

시판이 확인된 미니컴보이의 공식 주변기기는 슈퍼 게임보이(27p)의 국내판인 슈퍼미니컴보이(1994년 6월 20일 발매, 7만원)뿐이며, 유통 말기인 97년 1월에는 게임보이 포켓(16p)을 국내에 정규 시판하기도 하였다. 다만 일본판 하드 · 소프트의 병행수입과 유통이 활발했던 당시 사정을 감안할 때, 시장에서의 판매는 원활하지 않았던 것으로 추측될 따름이다.

ADVERTISING

SOFTWARE

한국에 발매된 게임보이 컬러 지원 공식 한글화 소프트들을 한데 모은

게임보이 컬러 한글화 소프트 카탈로그

이 페이지에서는, 한국에 정규 발매된 게임보이 계열 소프트 중 한글화로 발매된 '한글판' 소프트 총 3타이틀을 카탈로그 형식으로 소개한다.

현대전자가 미니컴보이 브랜드로 게임보이 국내 공식판매를 진행하던 시절에는 십수 종의 소프트가 정규 유통되었다 하나 모두 영문판이었으며, 98년경 철수할 때까지 끝내 소프트웨어 한글화 시도는 이루어지지 않았다.

이후 2000년 12월부터 게임보이 국내 유통을 재시작한 대원씨아이 게임사업부는, '게임보이 어드밴스 대응'으로서 게임보이 컬러용 한글판 소프트 3작품을 출시했다. 이중엔 역시 「포켓몬스터 금·은」이 유명하나, 나머지 하나도 한국에만 발매된 소프트인 점이 특이하다.

포켓몬스터 금

게임보이 컬러 / 게임보이

RPG 대원씨아이 2002년 4월 24일 45,000원

통신 케이블 지원 / 적외선 통신 지원 / 슈퍼 게임보이 지원 / 포켓 프린터 지원

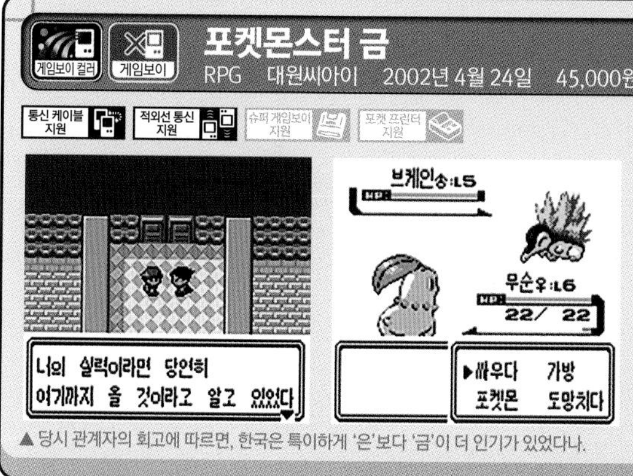

▲ 당시 관계자의 회고에 따르면, 한국은 특이하게 '은'보다 '금'이 더 인기가 있었다나.

국내에 완전 한글화되어 정식발매된 첫 「포켓몬스터」 게임이자, 최초의 닌텐도 게임 국내 한글화 발매작이기도 한 기념비적인 작품. 한국의 경우 SBS의 1999년 TV 애니메이션 방영 이후에 게임판이 발매되었으므로, 주요 포켓몬 명칭 등 고유명사 상당수가 TV판 표기를 따랐다. 양 버전 모두, 2017년 9월 22일 닌텐도 3DS 버추얼 콘솔로 한국에 재출시되었다.

포켓몬스터 은

게임보이 컬러 / 게임보이

RPG 대원씨아이 2002년 4월 24일 45,000원

통신 케이블 지원 / 적외선 통신 지원 / 슈퍼 게임보이 지원 / 포켓 프린터 지원

▲ 대부분의 용어·명칭의 기준이 된, 한국의 '포켓몬' 팬들에겐 원점과도 같은 작품.

위의 「포켓몬스터 금」과 동시 발매된 어나더 버전. 한국판은 원작인 일본판을 비롯한 타국 발매판과는 차이점이 많아, 구 게임보이 비지원인 게임보이 컬러 전용 게임이며(카트리지 디자인도 GB 컬러 규격의 오리지널), 슈퍼 게임보이·포켓 프린터 지원 기능도 삭제됐다. 한글 폰트는 닌텐도 내부 제작으로, 용량 절약을 위해 분할된 자소를 조합하는 식이라고.

봄버맨 셀렉션

게임보이 컬러 / 게임보이

ACT 대원씨아이 2003년 6월 45,000원

통신 케이블 지원 / 적외선 통신 지원 / 슈퍼 게임보이 지원 / 포켓 프린터 지원

▲ 최초의 게임 선택 화면과, 구형 게임보이 구동 시 경고문. 딱 이 두 화면만 한글화됐다.

게임보이 어드밴스 SP 출시 후라는 뒤늦은 타이밍에 조용히 나왔다 사라진 게임으로, 한국에만 발매된 특이한 합본 소프트다. 일본판 「봄버맨 컬렉션」(114p)에서 「봄버맨 GB 2」를 삭제하고 타이틀 화면 및 메시지를 영문화한 작품으로, 즉 「봄버보이」·「봄버맨 GB」의 합본. 원작과 달리 게임보이 컬러 전용으로, 게임보이·슈퍼 게임보이 호환성을 삭제했다.

한국 발매 미니컴보이·게임보이 컬러 소프트를 표로 게재

미니컴보이·게임보이 컬러 한국 정식발매 소프트 리스트

이 페이지에서는 현대전자가 90년 11월부터 미니컴보이용으로 동시 발매한 소프트 9개 타이틀과, 2002년 이후 대원씨아이가 게임보이 컬러용으로 발매한 소프트 3개 타이틀, 총 12개 타이틀을 발매시기 순으로 정렬해 리스트화하였다. 본서에 이미 소개된 타이틀의 경우 해당 게재 페이지와 타이틀명도 함께 기재해 두었다.

본 리스트는 역자가 보유한 게임잡지 및 네이버 카페 '추억의 게임 여행'에서 취합된 사진 및 자료를 기초로 하여, 실물 및 사진이 남아있는 소프트 데이터를 최대한 보강하여 다듬었다. 다만 시간과 자료의 한계로 누락이나 오류가 있을 수 있으며 리스트의 정확성을 완전히 담보하지는 못하므로, 이 점은 너른 양해를 구하고자 한다. 또한 현대전자가 리패키징하여 정규 발매한 소프트만을 기준으로 삼았으므로, 94년 이후 판매된 북미 수입판 소프트(보통 스티커 패치 등을 붙여 유통), 병행수입 소프트, 타사의 비 라이선스 소프트 등은 목록에 수록하지 않았다.

- 본 리스트의 소프트명 표기는 실제 패키지 표기 기준이다.
- 국내 발매 시기는 최대한 근사치를 기재하려 노력했으나, 당시 소프트 발매 특성상 불명확한 부분이 많기 때문에 대부분이 추정치이며, 발매 순서 등이 실제와 다를 수 있다.
- 기본적으로 거의 대부분의 소프트는 영문판이며, 한글판 등의 일부 소프트는 비고에 기재해 두었다.

발매일(추정)	제품번호	소프트명	가격	본서 소개 정보	비고
90.11.25	DMG-ML-KOR	슈퍼 마리오 랜드	25,000원	슈퍼 마리오 랜드(32p)	
90.11.25	DMG-AW-KOR	앨리웨이	25,000원	앨리웨이(32p)	
90.11.25	DMG-BS-KOR	야구	25,000원	베이스볼(32p)	
90.11.25	DMG-TN-KOR	테니스	25,000원	테니스(32p)	
90.11.25	DMG-TR-KOR	테트리스	25,000원	테트리스(33p)	기기 번들판인 벌크 팩도 존재
90.11.25	DMG-GO-KOR	골프	25,000원	골프(34p)	
90.11.25	DMG-SS-KOR	솔라스트라이커	25,000원	솔라 스트라이커(36p)	
90.11.25	DMG-QX-KOR	퀵스	25,000원	퀵스(38p)	
94.중순	-	동키 콩	45,000원	동키 콩(97p)	제품번호 없음
02.4.24	CGB-AAUK-KOR	포켓몬스터 금	45,000원	포켓몬스터 금(154p, 217p)	한글판
02.4.24	CGB-AAXK-KOR	포켓몬스터 은	45,000원	포켓몬스터 은(154p, 217p)	한글판
03.6.	CGB-B2CK-KOR	봄버맨 셀렉션	45,000원	봄버맨 셀렉션(217p)	부분 한글판

GAME BOY

게임보이
퍼펙트 카탈로그

1판 1쇄 | 2020년 10월 26일
감　　수 | 마에다 히로유키, 조기현
옮 긴 이 | 김경문
발 행 인 | 김인태
발 행 처 | 삼호미디어
등　　록 | 1993년 10월 12일 제21-494호
주　　소 | 서울특별시 서초구 강남대로 545-21 거림빌딩 4층
www.samhomedia.com
전　　화 | (02)544-9456(영업부) (02)544-9457(편집기획부)
팩　　스 | (02)512-3593

ISBN 978-89-7849-627-8 (13690)

이 도서의 국립중앙도서관 출판예정도서목록(CIP)은
서지정보유통지원시스템 홈페이지(http://seoji.nl.go.kr)와
국가자료종합목록 구축시스템(http://kolis-net.nl.go.kr)에서
이용하실 수 있습니다.
(CIP제어번호 : CIP2020040604)